KB177040

최고의 칭찬

어떻게 그렇게 많은 사람들과 잘 지낼 수 있지요?

최고의 칭찬

이창우 지음

모아북스
MOABOOKS

*이야기를 시작하기에 앞서, 이 책의 모든 내용을 정리하고 압축하여 일상생활에서 직접 사용할 수 있는 칭찬의 말을 한데 모았다.

① 사람들을 사로잡는 긍정의 표현

지금까지 잘해 왔어요
이 부분이 당신만의 강점입니다
수고했어요
언제나 믿음이 갑니다
끈기가 있군요
느낌이 좋은걸요
당신이 최고입니다
아주 잘했어요
훌륭해요!
대처 능력이 점점 좋아지는군요
미소가 멋져요
멋지네요
센스 있어요
굉장해요!
대범하시군요
좋은데요?
역시, 하면 되잖아요
대단하군요
매우 우수합니다
균형 감각이 좋네요
솜씨가 좋아졌어요
훨씬 나아졌어요
수준이 높아졌어요

인성이 좋은 사람이군요
배려심이 있군요
따뜻한 말을 하는 좋은 사람이에요
능력이 있네요
아이디어가 풍부해요
매력적이에요
빛이 나서 눈이 부시네요
다정한 사람이에요
능숙하네요
반했어요
판단력이 뛰어나군요
대인 관계가 좋군요
행동력이 있어요
참을성이 대단하군요
오늘 일을 말끔히 해치웠네
호감도가 높아지고 있어요
장래가 유망합니다
능력이 향상됐어요
장래성이 있습니다
성장하고 있어요
창의력이 뛰어납니다

그동안 수많은 사람을 대상으로 적용해보고 실제로 효과가 탁월한 말과 표현만 모았으므로, 잘 선택해서 바로 사용해도 좋다.

② 사람들을 기분 좋게 하는, 듣기 좋은 표현

사랑을 전하는 말
애정이 담긴 말
고마움을 표현하는 말
웃겨주는 말
편하게 해주는 말
좋은 뉴스
반가운 인사
칭찬하는 말
축하하는 말
교훈을 주는 말
용기를 주는 말
격려하는 말
관계를 돈독히 하는 말
응원하는 말
확신과 믿음에 찬 말

상냥한 말
이해하고 공감하는 말
찬성하는 말
초대하는 말
진심 어린 충고의 말
사과하는 말
도움을 주는 말
용서하는 말
진심을 담은 말
장점을 칭찬하는 말
가치 있는 말
관심을 보이며 묻는 말
인정하는 말
존중하는 말

사람들이 듣고 싶어 하는 표현 등을 정리하여 소개 한다.

③ 사람들이 칭찬으로 듣고 싶어하는 말

성실하다

든직하다

착하다

따뜻하다

믿음이 간다

정의롭다

자랑스럽다

친근하다

다정하다

상냥하다

정의롭다

총명하다

영리하다

똑똑하다

지혜롭다

건강하다

살 빠졌다

날씬하다

섹시하다

잘생겼다

예쁘다

귀엽다

아름답다

웃기다

재밌다

위트가 넘친다

빠릿빠릿하다

용감하다

매력 있다

감미롭다

감동적이다

매혹적이다

달콤하다

신비롭다

깨끗하다

단아하다

시적이다

음악 같다

자신감 넘친다

인성이 좋다

품격 있다

남다르다

특별하다 등

하지 말아야 할 말과 듣기 싫어하는 말들을 정리했다.

④ 사람들이 듣기 싫어하는 말

욕
거짓말
아첨
험담
고발
고함치는 소리
불쾌한 언사
매사 부정적인 말
협박
언쟁
끼어들기
아는 척
과장
잔인하고 고통을 주는 말
불평불만과 투덜거림
다른 이에 대한 비판
자기 연민

낙담시키는 말
남을 배려하지 않는 무례한 말
난처하고 굴욕적인 언어
단점을 지적하는 말
나이나 권위로 억누르는 말
귀찮게 들볶는 말
교묘한 속임수
인종차별 및 비방
성차별적인 말
성희롱
나이와 관련한 말
쉬지 않는 자기 자랑
남의 이야기를 부풀려
전하는 말
거짓과 불성실함으로
거짓 감동을 주는 말 등

예시 등을 일목요연하게 볼 수 있도록 표로 정리하여 소개한다.

매일 칭찬하는 '해' 시리즈		
사랑해	칭찬해	감사해
기특해	대견해	훌륭해
특별해	건강해	같이해
좋아해	축복해	행복해
소중해	속상해	미안해

상황별 매일 칭찬법	
직장에서	가정에서
참 잘 해냈습니다.	사랑해.
참신한 아이디어네요!	우리 집의 기둥이야.
놀랍군, 놀라워!	너를 믿는다.
잘 알고 있었군, 바로 그거야!	멋쟁이야.
역시 자네야!	당신은 일류 요리사.
도와줘서 고맙습니다.	당신 생각이 옳아요.
소문처럼 틀림없군. 정말 대단해!	고생했어요.
요즘 멋져 보입니다.	훌륭해, 감탄했어.
아주 훌륭합니다.	고맙구나.
일하는 모습이 정말 멋집니다.	자랑스러워.

개인별 매일 칭찬법		
남성에게	여성에게	나에게
결단력을 칭찬하라.	미소와 얼굴 표정을 칭찬하라.	성공적이야!
재능을 칭찬하라.	말투와 목소리를 칭찬하라.	낙천적이야!
정의로움을 칭찬하라.	액세서리와 옷차림을 고른 센스를 칭찬하라.	용기 있어!
용감함을 칭찬하라.	머리 모양과 화장을 칭찬하라.	난 강해!
성실함을 칭찬하라.	자기 역할을 칭찬하라.	자제심이 있어.
협동심을 칭찬하라.	세련미와 아름다움을 칭찬하라.	희망적이야!
책임감을 칭찬하라.	재치와 유머 감각을 칭찬하라.	난 관대하다.
관대함을 칭찬하라.	품위와 우아함을 칭찬하라.	매력적이야.
친절함을 칭찬하라.	강점을 칭찬하라.	친절해.
위대함을 칭찬하라.	마음씨를 칭찬하라.	사랑스러워.

1

인간관계의 최고
경쟁력이란 무엇인가?

가만히 머물러 있다면 아무것도 변하지 않는다

나만의 경쟁력을 가지려면 무엇이 필요할까? 많은 사람이 최고가 되려는 열정과 의지가 있어야 한다고 말한다. 그렇다면 열정과 의지는 경쟁력을 갖추는 데 대단한 힘을 발휘할까?

누구나 성공을 꿈꾸고 최고의 경쟁력을 갖기를 원한다. 나는 성공하는 삶으로 변하기까지 어떤 노하우가 있는지 직접 경험하고 연구해왔다. 수많은 책과 성공한 위인들의 생애를 훑으며 성공의 정수를 알아내고자 시간과 비용을 아낌없이 투자했고 가장 효과적이면서 절대 변하지 않는 바람직한 삶으로의 노하우를 분석했다. 수많은 책들이 성공을 말하지만, 이론과 실제는 다르다. 이 책은 당신이 원하는 변화를 이뤄낼 수 있도록 노하우를 알려주는 효과적인 지침서다.

동기 부여를 하려면 단순히 마음만 먹고 머릿속으로만 계산하지 말고, 작고 쉬운 부분부터 변화시켜 실천해야 한다. 그리고 행동하려면 나와 내 주변 환경부터 바꿔나가는 것이 필요하다.

수많은 경험과 실제적인 사례를 통해, 내 삶이지만 내 삶이 내 통제에서 벗어나는 것을 많이 보았다. 나는 소위 말해 깡촌 출신에 어린 시절부터 가난하고 고단하게 살아왔다. 가난이 얼마나 무서운 것인지 일찍부터 체험해 지금은 시련이나 고난을 겪어도 면역력이 생겼지만, 가난에서 벗어나 성공하고 싶다고 쭉 갈망하며 살았다. 그러나 현실은 녹록지 않았다. 마음속에서 이상과 현실과의 괴리로 인해 갈등과 대립이 거듭되었고, 사람인지라 환경에 휩쓸려 어쩔 수 없이 쉽게 포기하고 싶기도 했다.

그러나 나를 향한 어머니의 헌신적인 희생과 사랑, 용기가 이 환경에서 벗어나야겠다고 결심하게 했다. 내 엄격한 어머니는 비겁한 것을 싫어하시고, 중도에 포기하는 것을 싫어하셨다. 나는 어려운 집안 형편을 생각해 고등학교를 졸업하고 공장에 취직해 단순노동을 하며 돈을 벌기 시작했다. 그러나 단순노동은 나에게 맞지 않는다는 것을 깨달았다. 내가 원하지 않는 삶을 살고 있음을 깨달은 즉시, 기회가 찾아왔고 그 기회를 놓치지 않았다. 인생에서 공부가 전부는 아니지만, 더 나은 미래를 만들어가기 위해 토대를 닦으려면 공부가 필요했다. 대학에 진학하여 관련 업종으로 운 좋게 취업을 했지만, 공장에서의 단순 노동과 별다를 게 없다는 생각이 들었다. 이 상태에 머문다면 나는 전과 달라지지 않은 똑같은 사람일 뿐 나 자신을 변화시키고 리셋할 수 없다는 사실을 깨달았다.

'이창우'라고 하면 사람들은 화장품 세일즈를 하던 때를 떠올린다. 높은 연봉과 보기 드문 초고속 승진, 1999년 신지식인 선정 등 괄목할 만한 성과를 단기간에 이루어냈기 때문이다. 세일즈와 마케팅 분야가 적성에 맞던 나는 사업에 뛰어들어 과거의 경험을 발판 삼아 남들보다 빠르게 성장해갔다.

실적이 상승곡선으로 이어지며 연봉 6억에 다다른 어느 날, 갑자기 출근하기가 싫어졌다. 신나서 미친 듯이 일해 왔는데, 온갖 핑계를 대며 출근하지 않았다. 더구나 사는 게 재미가 없었다. 내가 하는 일에 자부심이 없었고, 자존감이 바닥까지 떨어졌다. 잘 나가는 고액 연봉의 마케터, 똑소리 나는 명강사였지만, 스스로 보람을 찾을 수 없었다. 마음의 소리를 듣고 원인을 찾은 뒤에 회사에 사표를 냈다. 100억 원의 연봉을 준대도 떨어진 자존감이 회복될 것 같지 않아 내린 결단이었다.

현재의 삶이 쳇바퀴 속의 다람쥐처럼 느껴져 다시 한 번 나를 일으켜 세울 자극제가 필요했다.

인생에서 가장 중요한 것은 무엇인가?

내가 정말 바라는 모습은 어떤 모습인가? 내가 소중히 여기는 것과 최우선 순위를 무엇에 두어야 하는지 알아야 잘못된 습관을 바꾸고 바로잡을 수 있다. 그러나 열정과 의지를 운운하며 자신에게만 집중한다면 아무 소용이 없다. 스스로 변화하길 원한다면 주변 환경을 이용해야 한다. 환경이 바뀌면 어쩔 수 없이 그 환경 안에서 변화해야 한다.

변화하기 위해 중요한 것은 바로 배려와 칭찬이라는 것을 알았다. 조금의 배려와 약간의 칭찬이라는 도구를 이용하면 자존감이 높아지며 삶이 바뀌는 강력한 효과를 발휘한다. 방법은 아주 간단하다. 배려하고 칭찬하면 된다. 겨우 그거냐고 반문할 수도 있지만, 그 효과는 절대적이다. 빠르면 며칠 만에 효과를 본다.

그렇다면, 단순히 자신을 칭찬하기만 하면 될까? 그렇지 않다. 몇 가지 노하우와 기술이 필요하다. 왜 칭찬에 인색했는지 이유를 파악하고, 칭찬할 때 지켜야 할 원칙을 익히고, 칭찬의 표현법과 좋은 관계를 유지하기 위한 상황별 칭찬법과 칭찬 포인트를 알아야 한다.

이 책에 그 방법들을 알기 쉽게 담아 소개했으니, 읽으면서 바로 실행하면 된다.

전문가와
아마추어의 차이란?

전문가와 아마추어의 차이는 어디에서 생길까?

어떤 사람들은 남보다 조금이라도 더 잘하면 잘난 척하고, 남보다 뒤처지면 소외감을 느낀다. 그래서 자신이 더 앞선다고 알리고 싶어 조금 아는 지식으로 남을 가르쳐야 한다고 생각한다. 그러나 이미 알고 있고, 아는 게 많은 사람은 자신이 아는 것을 남도 안다고 생각하고 자연스럽게 이야기한다.

여기에서 바로 전문가와 아마추어의 차이가 생긴다. 전문가일수록 많은 사람이 공감할 수 있도록 눈높이를 맞추어 쉽게 설명한다. 사람들은 그 사람의 말을 자연스럽게 받아들이며 경청하고 의미 있는 정보를 얻어서 뜻깊은 시간을 보냈다고 생각한다. 사람들에게 뿌듯한 시간을 만들어주는 사람이 바로 전문가다.

그러나 아마추어는 아는 정보의 수준이 깊지 않기 때문에 같은 것도 어렵게 설명하면서 잘난 척으로 떠들기 바쁘다. 설사 좋은 정보였다고 할지라도 눈높이가 맞지 않아 남의 바쁜 시간을 허비하게 만든다.

보통, 전문가는 어떤 일을 전문으로 하거나 그런 지식이나 기술을 가진 사람을 말한다. 흔히 프로pro라고 하는데, '프로페셔널professional'의 축약어로 그 분야에서 아주 뛰어났을 때 취미를 직업으로 삼을 수 있는 사람을 말한다. 이렇게 전문가가 되었다고 해서 결승점에 도달한 것도 아니다. 오히려 프로가 된 이후부터가 시작이며 이름을 알려야 하므로 꾸준히 자기 발전을 계속해야 한다.

아마추어에 머무르지 않고 전문가가 되어 명성이 알려질수록 차이가 더 벌어진다. 전문가는 자랑하지 않는다. 당연히 갖추어야 할 숙달된 기술은 사실 기본이지 자랑거리나 잘난 척하며 내세우는 게 아니기 때문이다. 전문가의 숙달된 기술과 노하우는 굳이 내세워가며 말하지 않아도 이미 사람들 눈에는 다 보인다.

아마추어라고 전문가에 비해 실력이 부족할까?

물론 전문가 못지않은 실력과 정보를 가진 아마추어도 있다. 오히려 전문가가 아마추어보다 학설, 이론 등이 부족할 수도 있다. 그러나 전문가는 정보를 수집하고 분석하고 평가하면서 안목과 판단이 재빠르고 실행 단계에서 순발력을 발휘한다. 아마추어는 잡다하고 복합적인 데이터가 많아 선택하고 종합하는 데 많은 시간을 소요하고, 복잡한

틀에 얽매여 의사결정을 하는 데 어려움을 겪는다.

이제 무언가를 시작하려는 사람에게 가장 좋은 멘토는 바로 전문가다. 자신의 눈높이에 맞춰 쉽게 설명해주는 사람, 뛰어난 안목으로 엄청난 데이터 중 효과적인 기술만을 뽑아내어 바로 실행하여 훌륭한 결과를 뽑아줄 사람이다.

누구나 전문가처럼 인정받고 칭찬만을 듣는 삶을 살고 싶어한다. 그런 삶을 살기 위한 전략을 알려주고 거기에 보상까지 더해지면 더욱 좋다.

나는 이 책에서 칭찬의 정수만을 뽑아 소개했다. 칭찬의 폭넓은 효과와 즉시 적용하여 효과를 볼 방법을 쉽게 제시했으니, 독자 여러분은 편하게 책장을 넘기며 따라오면 된다. 한 장씩 페이지를 넘기며 바로 실행하여 효과를 볼 수 있다. 칭찬이 주는 행복한 삶으로의 여정을 함께 했으면 한다.

③

놀랍고도
엄청난 경험

부정적으로 생각하는 습관

매일 되풀이되는 습관은 한 사람의 인생 행로를 결정한다. 습관은
생각하는 습관과 행동하는 습관으로 나뉜다. 생각하는 습관이 행동하
는 습관을 결정하므로 같은 맥락에서 이해할 수 있다. 습관은 여러 번
되풀이함으로써 저절로 익혀져 굳은 행동으로, 애써 의식하지 않아도
행동이 저절로 그렇게 되고 만다.

똑같은 상황에서 부정적으로 생각하는 습관을 지닌 사람과 긍정적
으로 생각하는 습관을 지닌 사람은 다른 결과를 만들어낸다. 누군가
"짜증 나!"라고 두 명에게 말했을 때, 한 사람은 "나도 너 짜증 나, 나한
테 왜 짜증이야?"라고 말하고, 다른 한 사람은 "무슨 일이야? 힘든 일
이 있었구나"라고 반응한다. 만약 나에게 힘든 일이 있었을 때, 과연
누구에게 더 마음을 터놓고 싶을까?

부정적으로 생각하는 습관은 어떻게 만들어질까?

어릴 때부터 주변 사람들에게 들은 말이 쌓이고 쌓여 뇌를 자극하면서 만들어진다. 감정을 담당하는 뇌는 다른 부분보다 민감해서 분노, 슬픔, 미움, 짜증 등 격정적이고 자극적인 감정을 뇌에 오랫동안 새긴다. 부정적인 말이 부정적인 행동을 만들고, 그 행동을 다른 사람이 부정적으로 평가하고, 그 평가가 다시 부정적인 말을 만드는 악순환이 반복되면서 부정적인 사람으로 자라난다.

일생일대의 실수

한번 만들어진 부정적인 습관은 절대 바뀌지 않는 것일까?

그렇지 않다. 습관은 의도적으로 열심히 노력해서 바꿀 수 있다. 그리고 어떤 결정적인 계기로 인해 단번에 바뀌기도 한다. 나에게도 그런 경험이 있다.

어릴 때부터 가난에 찌들어 살면서 주변에서 들려왔던 소리는 가난을 한탄하는 소리, 무능력한 가장을 탓하는 소리, 철없는 자식을 꾸짖는 소리였다. 어른들은 빠듯한 살림살이에 대한 스트레스를 끊임없는 불평과 잔소리로 풀어냈다. 특별히 문제를 일으키지는 않았지만, 친구들과 놀다가 어른을 만나면 혼날까봐 숨고, 놀다가 부모님이 오시면 공부하는 척을 했다. 어른들이 원하는 모습을 보여야 싫은 소리를 듣지 않는다고 생각했기 때문이다.

　그렇게 자라다 보니 어른을 대하기가 불편했다. 고리타분하고, 고집이 세고, 큰소리로 마음껏 욕하고, 뜻에 맞지 않으면 감정적으로 자기주장만 하는 '꼰대'라고 생각했다. 그러다 대학을 졸업하고 한 병원의 임상병리과에 입사했다. 내 위로는 줄줄이 차장, 부장들이 있었는데, 아버지보다 나이가 많은 50대로 그 앞에만 서면 주눅이 들고 혼날까봐 늘 조마조마했다.

　그러던 어느 날, 내 생각을 완전히 뒤바꿔버린 놀랍고 엄청난 일생일대의 사건이 벌어졌다. 내가 같은 날 같은 검사를 한 두 환자의 결과를 바꿔서 기록하는 실수를 범한 것이다. 한 환자에게는 폐 질환을, 한 환자에게는 폐암을 통보해야 하는데 두 사람의 결과를 바꿔서 보내는 바람에, 두 집안은 희비가 엇갈리며 난리가 난 것이다.

　이 실수를 어떻게 만회하고 상황을 어떻게 정리해야 할지 심장이 쪼그라들어 숨도 못 쉴 지경으로 스트레스를 받았다. 그때 내 위의 과장이 나섰다.

　"이건 자네 선에서 해결할 문제가 아니야. 어떻게 하면 좋을지 고민해보자고."

　그러나 과장도 어떻게 대처해야 할지 모르자, 차장이 헐레벌떡 달려왔다.

　"내가 잘 설명하고 올 테니까 대기하고 있게. 환자와 가족의 충격이 걱정되긴 하지만, 다행히 아직 수습할 기회가 있어."

차장까지 나서서 일을 해결하고 나서, 환자들끼리 희비가 교차하는 한바탕 소동과 백배사죄와 감봉 처분이 있었지만, 상사들로부터 개인적인 응징은 없었다. 만약, 환자 앞에서 죄인이 되어 어쩔 줄 몰라 하는 상태에서 상사들까지 야단을 쳤더라면 나는 깊은 트라우마를 얻어 쉽게 회복되지 못했을 것이다.

상사들은 의연하고 침착하게 상황에 대처하고, 새파란 사회 초년생의 잘못을 다독여주고 환자의 원망을 자신들의 책임으로 돌렸다. 그때 그분들의 행동을 보면서 어른에 대한 생각이 바뀌었다. 어른은 풍부한 경험으로 사고에 의연하게 대처하고, 나이 어린 사람을 돌봐주고 지켜주는 사람이며, 나 역시 그런 멋진 어른이 되고 싶다고 생각했다.

이러한 경험으로 인해 어른에 대해 부정적으로 생각하는 습관이 긍정적으로 바뀌었다. 그리고 오랫동안 불편했던 감정이 편해졌으며, 긍정적인 사고에 대해 깊이 성찰하는 계기가 되었다.

이책의
구성은 …

이 책을 펼친 당신은 아마도 인간관계에 관심이 많고, 칭찬의 효과에 대해서는 익히 들었으나 실제로 어떻게 칭찬을 해야 하는지 방법을 알고 싶어하는 사람일 것이다. 특히, 최소한의 노력으로 인생의 부, 행복, 성공을 동시에 얻을 방법이 있는지 알고 싶을 것이다.

> 내가 긍정적으로 변하고, 상대도 내게 마음을 열고 그 마음이 내게 바람직한 방향으로 움직이게 하려면 어떻게 해야 할까? 불편한 상황에서도 내게 마음의 문을 열어주게 하려면 어떻게 해야 할까?

나는 이러한 문제에 도움을 주고자 이 책을 썼다. 이 분야의 전문가들이 다듬어온 칭찬의 정수를 뽑고, 지난 수년 동안 실제로 이 방법들을 적용하여 효과를 보았기에 자신 있게 권할 수 있다.

아무리 탁월한 기술이라도 모든 경우에 적용할 수는 없다. 개별 특성에 맞게 적용하고 실제로 효과를 볼 수 있어야 하기에 칭찬 스킬에 대한 유기적인 관점이 필요하다.

칭찬의 기법이나 효과를 전문적으로 쓴 책은 있어도 대화 기술이나 상황별 전반을 두루 살피며 각각의 칭찬 원칙이 왜 힘을 발휘하는지 이해시켜 주는 책은 찾아보기 힘들다. 그러한 점을 고려해 이 책에서는 왜 성공의 열쇠는 칭찬인지, 칭찬의 효과가 이토록 놀라운데 우리는 왜 인지하지 못하고 인색하기만 했는지 넓은 시야에서 살펴보았다.

1장에서는, 왜 칭찬이 중요하고, 인간관계 전반에 걸쳐 필요한 조건인지 알아본다. 잘 나가는 사람들은 어떤 특징을 지녔기에 사람들 사이에서 인기가 있는지, 칭찬이라는 요소를 어떻게 적절하게 발휘했는지 살펴본다. '칭찬은 고래도 춤추게 한다' 라는 말이 실제로 어떤 힘을 발휘하며, 어떻게 말이라는 도구를 사용하여 삶의 변화를 가져오고 운명까지 바꿀 수 있는지 이해하기 쉽도록 예시를 통해 서술했다.

2장에서는, 인간의 뇌가 칭찬을 어떻게 받아들이며 과학적으로 입증된 효과가 무엇인지를 알아보고, 칭찬을 습관으로 뇌에 정착시켰을 때의 놀라운 변화를 뇌 과학적 관점에서 살펴본다. 이러한 칭찬이 사람을 어떻게 위대하게 만들고 인생을 변화시켰는지 성공한 사람들의 실제 스토리를 소개한다.

3장에서는, **칭찬의 효과가 점점 퍼져가고 효과가 입증되는데도 왜 한국인이 유독 칭찬에 인색한지** 과거부터 현재까지의 방해 요인과 문제점을 제기하고 해결책을 제시한다.

4장에서는, **수많은 인간관계 중에서 불편한 관계를 어떻게 해결해나가고 어떻게 칭찬이라는 도구를 적절하게 사용하여** 남을 내 마음대로 움직이고 친밀감을 유지하게 할 수 있는지 특급 칭찬법과 비결을 공개한다.

5장에서는, **본격적으로 칭찬에 대해 알아본다.** 칭찬하기 전에 어떤 사안을 체크해야 하며, 칭찬의 원칙하에 효과적으로 칭찬할 방법을 실제 상황에 바로 적용할 수 있는 팁을 공개한다. 칭찬을 잘하는 비결과 하지 말아야 할 말과 태도에 대해 알아보고, 이러한 칭찬이 어떻게 사람을 한순간에 변화시켰는지 알아본다.

마지막 6장에서는, **인생에서 성공할 수 있는 언어 습관을 통해 나의 삶이 어떻게 변화되었는지 알아보고, 칭찬의 힘을 통해 스스로 일어나 성공한 사람들을 알아본다.** 칭찬을 적재적소 상황별 인간관계에 적용해 어떤 효과를 거두었는지 알아보고, 작은 변화는 칭찬으로부터 온다는 것을 깨달을 수 있게 될 것이다.

살면서 3번은 온다는 기회를 잡았는가?

인생을 살다 보면 문제가 끊임없이 나타난다. 그런데 인생에는 3번의 기회가 온다는 말이 있다. 누군가는 그 기회를 여러 번 잡았을 것이고, 누군가는 번번이 놓쳤을 것이다. 어쩌면 3번의 기회가 온다는 말은 실패를 거듭하는 사람을 위로하는 말일지도 모른다. 언젠가 올지도 안 올지도 모르는 기회인 데다, 기회인지 아닌지도 모르는 그것에 마냥 기다리고 있을 수는 없다.

이 책을 읽는 가운데 당신이 안고 있는 문제 중 하나라도 해결이 되어 가벼워지길 바란다. 인생을 풍요롭게 살고 싶다면 이 책에서 제시하는 새로운 비전과 스킬을 즉시 적용하라. 당신에게 주어진 기회 중 하나라고 확신한다.

성공한 사람들은 타고난 재능이 있어 성공한 것이 아니라, 주변 환경이 성공하게끔 이끌어왔다. 내가 변했고 내 주변 사람들이 변했듯 당신도 변할 수 있다. 이 책이 그래서 이 세상에 꼭 필요한 이유다.

외부에서 오는 자극으로 삶이 변화되길 바란다면 아마추어에 머무를 수밖에 없다. 나를 리셋시켜 내 안에 새로운 스위치를 켜는 사람만이 비로소 전문가의 길에 들어설 수 있다. 새로운 변화와 환경 속에서 당신은 당신이 원하는 사람이 될 수 있다. 당신의 진정한 모습이 무엇인지는 아무도 모른다. 할 수 있다. 어디에 있든 무엇을 하든 어떤 상황에 처해 있든, 당신은 할 수 있다. 그리고 달라질 것이다. 꿈꾸는 목표와 가치를 실현할 수 있다. 아마추어처럼 남이 내게 기회를 주길, 상황이 변하길 기다리지 마라. 혼자 모든 부담감을 짊어지고 변화하려고 하지 마라. 그 방법은 절대 통하지 않는다. 당신의 주변 환경이 바뀌어야만 변할 것이고, 전문가는 그 환경을 능동적으로 바꾼다.

> **생각의 패러다임을 리셋하고 당신의 스위치를 켜라!**
>
> **이제 바뀔 준비가 됐는가?**

이창우

차례

1장

우리는 왜 칭찬을 해야 하는가?

5장

칭찬을 잘하는 비결과 원칙

6장

좋은 관계를 결정짓는 상황별 칭찬법

우리는 왜
칭찬을 해야 하는가?

01

인간관계에서
변화를 일으키는 세 가지 조건

"나에게는 세 종류의 친구가 있다. 나를 사랑하는 사람, 나를 미워하는 사람, 그리고 나에게 무관심한 사람이다. 나를 사랑하는 사람은 나에게 유순함을 가르치고, 나를 미워하는 사람은 나에게 조심성을 가르쳐 준다. 그리고 나에게 무관심한 사람은 나에게 자립심을 가르쳐 준다." - J. E. 딩거

"인생을 얼마나 성공적으로 살았는지를 보려면 그 사람의 인간관계를 보면 된다"라는 말이 있다. 마음을 터놓는 진실한 인간관계를 많이 맺어왔다면 그 인생은 성공했다고 볼 수 있다. 그러나 사회가 크고 복잡해질수록 사람들은 다양한 관계를 맺어가지만, 깊이는 얕아지고 있다. 사람들은 자신이 원하는 대로 인간관계가 이뤄지지 않았고, 상대방이 바뀌면 모든 것이 더 좋아질 것이라고 생각하기도 한다.

많은 관계가 그냥 아는 관계에만 머물러 있으며, SNS 팔로워 수 늘리기에만 치중해 겉으론 친구가 많아 보이지만, 진정한 깊은 친구 관계로까지 이어지는 경우는 많지 않다. 현실에서는 아무도 관심을 두지 않아서 SNS 상에서라도 관심을 받으려고 거짓 사진과 잔뜩 멋이 든 글

을 올린다.

어떤 인간관계는 관계만 있고 사람이 낄 틈이 없다. '이 사람이 나에게 도움이 되는 사람인가', '미래에 도움이 될 것인가'를 판단하고 줄을 선다. 그래서 관계만 있고 사람은 없다.

소크라테스는 "성찰하지 못하는 인생은 살아갈 가치가 없다"라고 말했다. 자신의 인생을 어떻게 성찰해야 할까? 그 관계에는 좋은 인간관계의 3가지 핵심 조건인 존중, 배려, 공감이 있었는가? 그러려면 자기 내면에서 깨달음을 얻어야 한다. 잘못된 인간관계의 문제점을 상대방에서 찾는 것이 아니라 자신의 내면부터 들여다보고 먼저 변해야 한다.

(1) 좋은 인간관계의 첫 번째 조건: 존중

존중이란?

높이어 귀중하게 대하는 것이다. 존중의 기본 바탕은 인간의 존엄성을 지키는 첫 출발점이다.

관심은 이해를 낳고, 이해는 존중을 낳는다. 흔히 내 기준에 맞는 존재를 존중하고 사랑하는 것은 쉽지만, 나와 다른 존재를 사랑하고 존중하는 것은 어려운 일이다. 남자와 여자, 아이와 어른, 빈부의 차이,

다른 인종, 다른 문화권의 사람 등 다른 환경 속에서 다른 경험을 한 사람은 서로가 가진 기준이 다를 수밖에 없다. 그러나 사람은 그러한 사람들에게 둘러싸여 부대끼며 살아간다. 다름은 틀림이 아니다. 다름을 인정하고 받아들이는 데서 존중이 시작된다.

답답하고 울화가 치밀어도 존중하는 자세로 사람을 대해야 하는 상황을 종종 겪는다. 여기에서 많은 사람이 어려움을 느낀다. 자기 성격대로 화부터 내고 무시하며 큰소리를 내는 사람도 있지만, 일단 참고 경청하는 자세로 사람을 존중하며 대하는 사람을 보면 존경스럽기까지 하다.

옆에서 보면 서로서로 무시하고 있는데, 상대방이 자신을 무시한다고 말한다. 정작 자신이 상대방을 무시하는 행동과 말투를 사용하는데 스스로 돌아보지 못한다. 항상 자신이 옳다고 말하며 상대에게 뾰족한 가시를 내세우고 있다는 것을 알지 못한다.

상대방과 싸워 모멸감을 주고 상처를 주어 상대방을 꺾어버리고 싶을 때가 누구나 있다. 항상 자신에게는 그럴 만한 이유가 있다며 자신의 행동을 정당화한다. 그러나 그 모습 역시 상대방을 공격하는 나쁜 방법이다.

사람은 어느 위치에서 어떤 일을 하건 자신을 존중하는 사람을 좋아한다. 모두 자신이 옳다고 믿으며 어떤 상황에서도 존중받기를 원한다. 그러나 내가 존중을 받기 위해서는 상대를 먼저 존중해야 함을 잘

생각하지 못한다. 나는 언제나 옳고 상대방은 언제나 틀리다고 믿기 때문이다. 남들에게 무시받지 않으면서 겸손한 자세로 남을 존중해주고자 하지만, 성인 군자가 아닌 이상 쉬운 일이 아니다.

고객보다 직원을 먼저 존중한 스타벅스 전 회장 하워드 슐츠

스타벅스 前 CEO 하워드 슐츠는 미국 뉴욕의 빈민가에서 태어났다. 그의 꿈은 평생 저임금 노동자로 일한 아버지에서 비롯됐다. 아버지가 일하다 다리를 다쳤는데, 회사가 일하지 못하는 아버지를 내쫓은 것이다. 그걸 보고 하워드는 생각했다.

'내가 만약 회사를 운영한다면 무엇보다 일하는 사람들을 소중히 여길 거야.'

그래서 그의 경영 철학은 단순히 '돈 잘 버는 기업'이 아닌 '사람을 존중하는 가치 있는 기업'이다. 그는 스타벅스를 세계적인 기업으로 만들었는데, 4개의 커피 가게를 1만7,000개로 만든 힘은 바로 직원을 내 가족처럼 여기는 마음에서였다.

슐츠는 직원에게 기업의 성패가 달렸다고 믿었다. 그래서 항상 '직원이 첫 번째고, 고객은 두 번째'라고 강조해왔다. 행복한 직원이 훌륭한 서비스를 제공하고, 행복한 고객을 만든다는 믿음으로 직원을 피고용인이 아닌 '파트너'로 대우했다. 하워드는 직원의 친절과 웃음이 스타벅스의 분위기를 만든다고 믿었기 때문에 직원이 즐겁게 일할 수 있도록 늘 존중하고 배려했다.

존중받고 싶다면?

매 순간 상대방을 이해하기 위해 노력해야 한다. 상대방의 처지에서, 상대방의 눈에서 상황을 보라. 그렇다고 모든 것을 상대방에게 초점을 맞추고 손해를 봐야 한다는 것은 아니다. 상대방과 내가 다르다는 것을 인정하고, 타협하는 과정에서 상대를 존중하는 마음으로 부드럽게 나의 의견과 감정을 전달한다.

사람의 일은 무슨 일이든 해결할 방법이 있다. 화가 난다고 소리를 지른다고 흥분할 필요가 없다. 부드러운 말로 상대를 설득하지 못하는 사람은 위엄 있는 거친 말로도 설득할 수 없다.

(2) 좋은 인간관계의 두 번째 조건: 배려

배려란?

도와주거나 보살펴주려고 마음을 쓰는 것을 말한다.

사람은 선악이 공존하는 존재로, 아무리 선한 사람이라도 마음 한구석엔 이기심이 있으며, 아무리 악한 사람이라도 이타심을 가지고 있다. 남에게 잔인한 사람일지라도 자기 자식에겐 한없이 자애로우며,

자신의 어머니 앞에선 뜨거운 눈물을 흘린다. 그래서 좋은 사람의 기준을 생각할 때 선악이 아니라 남을 배려할 줄 아는가로 나누는 게 맞을지도 모른다.

타인에 대해 배려가 없는 사람들은 눈살을 찌푸리게 만든다. 지하철에서 다리를 쩍 벌리고 앉는 사람, 영화관에서 스마트폰을 하거나 통화를 하는 사람, 놀이터에서 담배를 피우는 사람들이 그렇다. 만약 상대방을 배려하려고 노력하며 산다면 이 세상에 문젯거리는 없어질지도 모른다. 배려가 없는 인간관계가 주는 문제와 불행은 그만큼 많은 비율을 차지하기 때문이다.

배려의 아이콘, 국민 MC 유재석

국민 MC 유재석은 메뚜기 탈을 쓰고 다니던 평균 이하의 외모, 전문대학 중퇴의 학력, 카메라 울렁증까지 있었으며 10년 동안 무명 시절을 겪었다. 그러던 그가 지금은 배려의 아이콘이자 리더십의 모범으로 손꼽힌다. 그 이유는 무엇일까?

개그맨 김제동은 유재석에 대해 이렇게 말했다.

"유재석은 내 안경을 벗기기 위해 자기가 먼저 안경을 벗는다."

또한, 유재석은 자신이 망가지더라도 출연자에 대한 배려를 잊지 않는다. 같이 출연하는 게스트 한 명 한 명의 이름을 모두 기억하고, 자신의 역량을 카메라 앞에서 발휘할 수 있도록 북돋워준다. 상대방이 당황할 만한 질문으로 우스꽝스러운 상황을 연출하지도 않는다. 무례한 질문을 피하면서 자연스러운 웃음을 전달한다.

유재석은 상대에 대한 배려로 내 얘기를 하고 싶은 욕구를 참고, 상대가 하고 싶은 말을 할 수 있도록 배려한다. 그의 질문은 게스트 모두에게 공평하고 상냥하다. 누구 하나 소외되지 않도록 노력한다. 자신이 먼저 낮아짐으로써 사람들에게 웃음을 준다.

배려가 빛을 발휘하려면?

어떤 인간관계에서든 타인의 처지에서 생각하고 배려해야 좋은 인간관계를 이어나갈 수 있다. 그러기 위해서는 자신은 부족한 점이 많다는 것을 인정하고 낮은 자세로 겸손해야 한다. 요즘 심각한 사회문제로 대두된 '갑질 현상'을 보면, 어떤 사람이 남을 배려하는 사람인가를 알아볼 방법이 있다. 바로 그 사람이 갑이라는 최고의 위치에 올랐을 때 을의 위치에 있는 사람을 대하는 태도를 보면 안다.

솔선수범은 배려에서 매우 중요한 요소다. 아무리 훌륭한 사람일지라도 자신은 실천하지 않고 말로만 옳은 일을 주장한다면 아무도 따르지 않는다.

또한, 배려는 나보다 남을 먼저 생각하는 마음으로 남이 불편해하지 않도록 미리 생각해 도와주거나 보살펴주는 가치 있는 행동이다.

삶에 위기가 닥쳤을 때, 배려는 더욱 빛을 발한다. 진심이 담긴 작은 배려와 존중이 쌓여 사랑이라는 꽃을 피우고 인간관계가 더욱더 깊어진다.

좋은 인간관계를 형성하고 싶다면, 다른 사람을 위해 뭔가를 해주려는 노력을 해야 한다. 시간과 돈이 들 수 있으며, 배려와 공감, 칭찬 등이 필요하다. 그 사람의 생일을 기억해서 축하를 해준다든지, 자녀의 이름을 기억하고 안부를 묻는다든지, 진심으로 상대방에게 관심을 갖고 관찰하여 그 사람이 원하는 면을 찾아 칭찬해주는 것도 빛이 나는 배려 기술이다.

(3) 좋은 인간관계의 세 번째 조건: 공감

공감이란?

남의 감정, 의견, 주장에 대하여 자기도 그렇다고 느끼거나 그렇게 느끼는 기분을 말한다. 공감은 다른 사람의 눈으로 듣고 보려는 태도를 말한다. 상대방의 관점이 자신과 달라도 그 사람의 처지에서 진실을 찾아내고 감정과 생각을 인정하고 이해한다.

대부분 사람은 자신의 감정과 생각을 중시하고 남에게 강요하려는 경향이 있다. 그리고 화가 나면 상대방을 인정하지 않으려고 하고 자신만이 옳으며 상대방에게서 진실을 찾지 않는다. 공감 능력이 없는 사람은 상대적 비교로 행복감을 느끼기도 한다. 옆에 있는 사람이 힘들어하면 오히려 즐기며 나는 힘들지 않다는 안도감과 타인보다 내가 더 낫다는 경쟁 심리에서 우월감을 느낀다. 타인의 힘듦이 나의 기쁨이 되는 상황은 어린 시절부터 경쟁 구도에서 살면서 상대평가를 통해 끊임없이 평가를 받으며 살아왔기 때문이다.

사람마다 정도의 차이는 있지만, 상대방이 진심으로 반응하고 공감할 때 자존감이 높아지면서 힘이 난다. 존재감을 인정받으면 상당히 기쁘다. 말 많은 내가 가장 보람을 느낄 때는, 사람들이 반응하고 변화하는 것을 지켜볼 때다.

알지 못하던 것을 새롭게 알게 되어 고개를 끄덕이고, 잘못 알았던 것을 바로 알게 되면서 감탄의 손뼉을 치고, 새로운 지식을 바탕으로 마음이 변화하고, 마음이 변화함에 따라 행동이 변화하는 사람을 옆에서 지켜보면 마음 한구석에서 뿌듯함이 생겨난다.

어떤 상황에서도 자기 생각과 감정을 잠시 내려놓고 상대방에게 공감하는 것은 매우 성숙한 태도이다. 인간관계가 점점 좁아지는 사람의 공통점을 보면, 상대에게 공감하지 않기 때문이다.

공감의 대명사, 오프라 윈프리

미국의 토크쇼 진행자 오프라 윈프리는 상대방의 존재를 인정하고 크게 일깨우며 감동을 전달하는 데 탁월한 재능이 있다. 눈물 젖은 빵을 먹어본 자만이 알 수 있듯 삶의 아픔을 뼈저리게 느껴봤기에 게스트가 가슴 아픈 이야기를 할 때면 동정이 아니라 공감을 하며 같이 울며 이야기를 들어준다. 가식 없는 질문, 센스 있는 유머로 게스트들을 편안하게 다독인다. 방송 녹화를 마치고 돌아가는 게스트들은 깊은 상처를 치유하고 간다고 말할 정도로, 오프라는 게스트와 공감하고, 그들의 존재가 외면받지 않도록 긍정적으로 지지한다.

공감 능력을 키우려면?

공감을 잘하려면 자기감정을 잠시 내려놓고 상대방의 처지에서 감정을 느껴보려고 노력해야 한다. 그리고 그 감정을 파악하여 인정한다. 상대를 진심으로 걱정하고 진심으로 한 말이 때로는 상대에게 필요한 공감의 전부일 수 있다. 공감은 문제 해결보다 더 큰 힘이 있다.

02

잘 나가는 사람들의 특별한 공통점

"습관을 조심하라. 운명이 된다." - 마거릿 대처

어떤 사람들이 잘 나가는 사람들일까?

돈을 많이 번 사람, 나이에 비해 건강한 사람, 획기적인 아이디어를 잘 내는 사람, 외모가 출중한 사람 등 성공한 사람들에게는 어떤 공통점이 있을까? 잘 나가는 사람들끼리만 아는 특별한 비법이 있을까?

누구나 쉽게 할 수 있지만, 꾸준히 하기는 힘들거나 귀찮아서 미뤄두었던 것들을 습관으로 삼고 꾸준히 하는 것, 즉 '귀차니즘'을 극복하고 좋은 습관을 꾸준히 이어나가 실천했을 때, 성공을 거머쥘 수 있다.

성공은 특별한 사람의 전유물이 아니다. 성공한 사람은 처음부터 금수저를 물고 태어난 사람이 아니라 고난과 역경을 딛고 일어난 사람이다. 그중에는 상상할 수도 없는 불우한 환경과 시련, 좌절을 겪기도 했으며, 신체적인 장애와 콤플렉스 덩어리인 사람도 있다.

지능이 떨어진다고 놀림을 받거나 남과 다른 생각을 한다는 이유로 죽음으로 내몰린 위기에 처한 사람도 있다. 그러나 그들이 마침내 성공할 수 있었던 것은 그 모든 악조건 앞에 무릎 꿇지 않고 이겨냈기 때문이다.

심리학자들이 성공한 사람들을 롤모델로 삼아 그들의 공통점을 조사하고 연구하여 법칙을 만들어냈다. 바로 '성공학'이다. 성공학은 어느 분야에든 적용할 수 있으며, 사람들을 성공으로 안내하는 유용한 지침이다. 성공학 이론에 따르면, 잘 나가는 사람은 계획하면 곧바로 실천했다. 실패하더라도 그 실패를 즐기고 발판 삼아 다시 일어났다.

누구에게나 처음은 있다. 첫 무대는 긴장의 연속이며 두렵기까지 하다. 그러나 처음 느낀 두려움을 극복하고 무대에서 내려오고 나면 해냈다는 성취감과 자신감이 상승한다. 생각보다 별것 아니라는 생각이 들고 다음번엔 요령이 생겨 좀 더 능숙하게 해낼 수 있다. 새로운 일을 찾아 해보지 않으면 아무것도 이뤄낼 수 없다.

여행을 갔다가 기가 막힌 아이템이 있어서 한국에서 해보면 성공할 것이라는 가정하에, 그 아이디어를 실천하는 사람은 과연 몇이나 될까?

곧 잊고 현실로 돌아온 사람이 절반, 상상의 나래 속에서 성공을 꿈꾸며 계획해본 사람이 30%, 실행하려다 실패가 두려워 포기한 사람이

10%, 실행했으나 초기에 잘 안 될 것 같아 접은 사람이 9%다. 단, 1% 만이 생각한 대로 계획하여 실천한다.

이렇게 실천단계까지 간 사람은 어떤 분야에서든 1%도 채 되지 않는다. 실행에 옮기기까지는 쉬운 일이 아니기 때문이다. 그러나 달리 생각해보면, 실천하지 않는 사람이 99%이기 때문에 실천한다면 성공할 확률이 비약적으로 높아진다. 99% 부정적이어도 1%의 긍정을 보고 나아가라. 부정적인 생각은 '다른 사람은 할 수 있어도 나는 못한다' 는 열등감에서 비롯된다. 부정적인 생각을 긍정적인 생각으로 한 번, 두 번, 세 번 시도하다 보면 곧 긍정으로 바뀐다.

내가 한 부정적인 생각과 말이 부정적인 사람으로 만들며 시도조차 포기하게 만든다. 부정적인 말은 감성이나 정서를 담당하는 뇌를 활성화시켜 사람의 심리를 불안하게 만든다. 말하는 대로, 생각하는 대로 이루어진다. "안 돼, 나는 못 해" 가 아니라 "난 할 수 있어" 라는 긍정적인 말이 사람을 긍정적으로 변화시킨다.

인생을 바꿔줄 기회가 찾아오길 기다리지 말고, 스스로 기회를 만들라. 잘 나가는 사람의 무언가가 부럽고, 이루고 싶은 꿈이 있다면 미루지 말고 지금부터 실천하라. 조금씩 나눠서 시도하고 습관으로 만들라. 반드시 당신의 인생이 바뀐다.

03

끌리는 사람에게는
칭찬의 비밀이 있다

"칭찬 한마디면 두 달을 견뎌낼 수 있을 만큼 기쁘다." - **마크 트웨인**

세상에는 두 종류의 사람이 있다. 함께 있으면 분위기가 환해지고, 에너지를 불어넣고, 웃음이 넘치며, 편안한 사람이다. 다른 한 종류의 사람은 그 사람이 없음으로써 분위기를 좋게 만드는 사람이다. 당연히 후자보다 전자의 사람이 되길 바랄 것이다.

어떤 사람이 인기가 있고 끌리는 사람일까? 대화가 잘 통하고 같이 있으면 편안한 사람이다. 자연스러운 모습을 유지하며 남에게 더 멋있게 보이기 위해 치장하지 않는 사람이다. 목표를 이루기 위해 노력하면서 비판에 사로잡히지 않는다. 꿈을 이루는 과정에는 긍정적인 태도를 유지하고 다른 사람을 존중하는 자세로 사랑으로 대하며 상대에게서 장점을 찾아낸다.

끌리는 사람은 진부하고 상투적이며 영혼이 없는 칭찬을 하지 않는다. 진심 어린 칭찬에 약간의 기술을 더한다면 상대방 마음속 문을 여는 열쇠가 된다.

끌리는 사람만이 알고 있는 칭찬의 비밀

(1) 친절하다

친절함은 만국 공통어로 단순히 친분 있는 관계에서만 사용하는 언어가 아니다. 친절함은 어떤 상황에서도 빛을 발하며, 특히 어려운 상황에서 강력한 힘을 낸다. 마크 트웨인은 "친절은 청각 장애인이 들을 수 있고, 시각 장애인이 볼 수 있다"라고 말했다. 진정한 친절은 매너나 예의 그 이상의 것이다. 좋은 성품을 가진 사람이 친절하며, 진심으로 우러나온 칭찬을 할 수 있다. 이때, 끌리는 사람이 하는 칭찬에는 진정한 배려와 존중을 기본으로 한다.

친절함으로 상대를 볼 때는 자연스럽고 따뜻한 시선으로 바라보게 된다. 이러한 시선은 상대를 편안하게 하고 동등한 위치에서 존중받고 있다고 느끼게 한다. 상대의 말을 수용할 때 고개를 끄덕이거나 상대방 쪽으로 살짝 몸을 기울여 인정한다고 표현한다. 대화를 좀 더 순조롭게 이어나가며 자신이 잘 듣고 있음을 알려주는 표현법이다.

자신을 푸대접하고 무시하는 사람을 받아주는 사람은 없다. 친절함을 베풀 때는 마치 어려운 상사를 대하듯 존중하고, 자녀에게 하는 것만큼 인내를 보여라. 싫어하는 사람을 바꾸려고 해서는 안 된다. 그 사람의 모습 그대로를 인정하고 필요한 만큼 지지를 해주면 된다.

(2) 솔직하게 칭찬한다

누군가를 칭찬할 때는 틀에 박힌 말로 어쩔 수 없이 한다는 식으로 할 거면 아예 하지 않는 것이 좋다. 가식이나 꾸밈없는 말로 칭찬하고, 솔직하고 대범하고 진실성 있게 칭찬해야 상대의 마음이 움직인다.

끌리는 사람은 솔직한 사람이다. 아무 이유도 없이, 대가를 바라면서 칭찬하고 다니지 않는다. 상대가 오늘 입은 옷이 마음에 들지 않으면 옷이 잘 어울린다거나 어디서 샀냐고 묻지 마라. 솔직히 느끼는 것을 말해줌으로써 다른 말로 행복하게 만들어줄 수 있기 때문이다. 옷차림에 대해 칭찬하는 대신 "네가 있어 참 좋아"와 같이 우정에 대한 감사나 애정 표현을 하면 된다. 단순한 이 한마디로 그들의 하루를 멋지게 만들어줄 수 있다.

사실 뻔한 칭찬에도 기분이 좋아지는 것은 어쩔 수 없는 현상이기도 하다. 기분이 좋아지면 뇌 활동이 활발해진다. 일반적으로 사람의 뇌는 자존심 상하게 하는 부정적 평가보다 입에 발린 소리여도 귀에 들기 좋은 칭찬을 더 듣고 싶어한다. 칭찬은 뇌에 주는 쾌락이다. 다른 사람에게 좋은 소리를 들으면 활성화가 되어 기분이 좋아지고 상황을 긍정적으로 바라보는 경향이 생긴다.

(3) 유머와 재치로 분위기를 살린다

유머 감각은 끌리는 사람이 가진 특징 중 하나다. 좋은 칭찬은 들었을 때 기분이 상쾌하고 생각할 때마다 미소가 지어진다. 유머 감각을 지닌 사람은 인생의 쓰디쓴 맛을 보고도 다시 생기를 찾아 일어서는 힘이 있다.

유머로 인생을 멋지게 반전시킨 대표적인 인물로는 미국의 위대한 대통령 중 한 명인 에이브러햄 링컨이 있다.

링컨은 10세에 어머니를 여의고, 19세에 누이가 아이를 낳다가 사망했다. 22세에 사업 실패, 23세에 하원의원 선거에 낙선, 26세에 사랑하는 애인의 사망, 27세에 신경쇠약으로 정신과 치료를 받았고, 30세에 결혼했으나 행복하지는 않았다. 34세부터 번번이 국회의원 선거에 낙선하고 또 낙선하다가 52세에 드디어 미국 대통령에 당선됐다.

그의 인생 행로를 보면 어둡고 시련에 가득 차기만 했다. 그런 그가 어떻게 빛나는 유머를 창조해낼 수 있었을까? 링컨은 다른 사람이 웃을 때 함께 웃으면서 인생은 즐거운 것이라는 것을 서서히 깨달아갔다. 어떤 상황에서든 유머를 찾을 수 있다면 어디에서든지 살아남을 수 있다는 것을 증명이라도 하듯이 살았던 인물이다.

하루는 링컨의 두 아들이 도넛을 서로 먹겠다고 싸우고 있었다. 이를 본 이웃이 링컨에게 무슨 일이냐고 묻자 링컨이 답했다.

"제가 도넛을 3개 사 왔는데 서로 많이 먹겠다고 싸우는 중이랍니다. 제가 하나를 먹어 치우면 아무 문제없을 겁니다."

링컨의 아내는 부유한 집안의 출신으로 낭비와 사치가 심했지만, 링컨은 아내를 사랑했다. 아내가 가게에서 신경질을 부리자 링컨이 조용히 가게 주인에게 말했다.

"나는 15년 동안 참으면서 지금까지 잘 살아오고 있습니다. 주인께서는 15분이니 그냥 좀 참아주시죠."

상원의원 선거에서 더글러스와 겨룰 때의 일이다. 더글러스는 링컨의 약점을 잡아 비방했다.

"링컨은 금주령이 시행중일 때 상점에서 술을 팔았습니다. 그런 사람이 어떻게 상원의원이 되겠습니까?" 링컨이 듣고 있다가 대답했다.

"물론 더글러스 후보가 말한 것은 사실입니다. 그러나 당시 저의 최대 고객은 더글러스 후보였습니다. 저는 이미 그 가게를 떠났지만, 지금도 더글러스 후보는 그 가게의 충실한 단골입니다."

더글러스가 화가 나서 '말만 그럴듯하게 하는 두 얼굴의 이중인격자' 라고 비난하자, 링컨이 미소 지으며 반박했다.

"제가 두 얼굴의 소유자라면 오늘같이 중요한 날에 왜 못생긴 얼굴을 가지고 나왔겠습니까?"

유머와 재치가 뛰어난 링컨은 수많은 좌절과 어려움 속에서도 긍정적인 마인드로 이겨냈다. 유머는 최상의 수비이자 최고의 공격이다. 또한, 유머는 긴장감 넘치는 분위기에서 긴장을 풀어주며 생기를 불어넣는다. 웃음은 활기를 되찾아주고 세상에 대한 태도를 긍정적으로 바꿔준다.

유머도 해본 사람이 잘하고, 칭찬도 하면 할수록 는다. 세상 모든 일에는 양면성 즉, 얻는 것과 잃는 것이 있다. 그 상황을 잘 조합하여 상황에 맞는 칭찬을 한다. 사람들의 장점을 미리 잘 파악해 상황에 적절한 칭찬을 하려면 연습이 필요하다. 처음이 어렵지 주변 사람들을 잘 관찰하다 보면 그들에게 얼마나 많은 장점이 있는지 알아가는 재미가 있다.

칭찬과 더불어 사람을 웃긴다는 것은 즐거운 감정을 공유하는 것으로 상대방의 감정에 대한 관찰과 이해를 기본으로 한다. 유머의 본질은 상황을 긍정적으로 해석하는 데 있다. 유머를 나누다 보면 부정적인 생각이 자리 잡을 틈이 없어지고 언제나 긍정적인 사고와 태도를 보이게 된다. 긍정과 부정의 차이는 앞글자 한 자 차이인 것 같지만, 장기적으로 봤을 때는 하늘과 땅 차이이다.

문제는 남을 웃기는 일이 어렵다는 것이다. 유머 감각을 타고 나지 않아 후천적으로 길러야 하는 사람에게는 난감한 일이다. 유머 관련 책을 아무리 읽는다고 해도 책을 읽으며 낄낄대면 그뿐, 실전에서 써먹기가 힘들다. 유머 감각이 있는 사람을 보면, 다른 사람의 심리를 잘 이해하고 다양한 상황에서 유연한 사고를 한다. 위트와 해학, 풍자, 농담은 사람의 마음과 상황 전체를 알아야 사용할 수 있는 기술이다.

그렇다면, 노력으로 얻기 힘들다고 해서 이 인기 있는 감각을 포기해야 할까? 그렇지 않다. 웃길 자신이 없다면 내가 웃으면 된다.

유머는 인간관계를 원만하게 하는 핵심 요소다. 내가 먼저 웃으면 상대도 함께 웃고, 공감대를 더 많이 형성함으로써 서로를 끌어당긴다. 이러한 끌림은 대인 관계를 활기차게 하는 힘이 된다.

(4) 맞장구를 적절히 활용한다

심리학에 '정서적 전염' 이라는 용어가 있다. 슬픈 사람 옆에 있으면 우울해지고, 밝게 웃는 사람 옆에 있으면 덩달아 기분이 좋아진다는 뜻이다.

이 전염성은 어린이집에 가서 아이들을 보면 알 수 있다. 한 아이가 울면 따라 울고, 웃으면 모두 따라 웃는다. 감정은 전염된다. 찡그리는 사람보다 웃는 사람이 인기가 많은 이유가 여기에 있다. 웃기는 사람이 되기 어렵다면 웃어주는 사람이 되어야 한다. 유머 감각이 있는 사람이 되려고 노력하면서 웃어주는 연습이 필요하다.

내가 던지는 유머보다 내가 짓는 미소가 나을 수 있다. 사람들은 자신의 이야기를 재미있게 들어주며 웃어주는 사람을 좋아한다.

유머 감각을 키우는 최고의 방법은 바로 '맞장구' 다. 맞장구는 공감과 경청의 결과다. 맞장구는 말하는 사람에게 흥을 돋우어 대화를 자연스럽게 흘러가도록 유도하는 윤활유 역할을 한다.

맞장구에는 상대방의 이야기에 무척 관심이 있으며 긍정적인 평가를 하고 있다는 전제가 깔려 있기 때문에 상대방이 계속 말을 이어서 하도록 재촉한다. 동감하듯 고개를 끄덕이고, 놀라운 일에 눈을 크게 뜨고 "진짜?"라고 호응하고, 마음에 들지 않는 대화에는 "쯧쯧"과 같은 부정적인 맞장구를 치면서 적절히 사용하면 상대방과 친밀감이 형성된다.

적극적인 맞장구를 들으면 내 이야기에 흥미를 느끼고 있다는 생각에 자신감이 생겨 말을 더하고 싶어지고 이야기할 생각이 없었던 화제까지 끌어내어 말하게 된다. 그러므로 이야기를 재미있게 듣고 맞장구로 답할 수 있는 타이밍과 마음의 여유를 갖는 것이 좋다.

간혹 다른 사람의 이야기를 들으면서 자신의 이야기를 하고 싶어서 입이 근질거릴 때가 있다. 눈치 없는 사람은 대화를 끊고, 기어이 머릿속에 맴도는 말을 내뱉는다. 타인과 대화할 때는 상대의 이야기를 경청할 정도의 마음의 여유가 있어야 한다. 많은 인간관계 속에서 여러 상황에 부닥치게 되는데, 적절한 맞장구는 분위기를 살린다. 그 상황을 잘 활용할 수 있는 적절한 맞장구를 이용하여 즐겁고 신이 나는 분위기를 만들어라.

(5) 진심으로 경청 한다

대화가 서툴거나 대화에 잘 참여하지 않는 사람을 보면 '저 사람은 어떤 사람인지 모르겠어' 혹은 '저 사람과는 소통이 잘 안 돼' 라는 평판이 생긴다. 대화가 원활해야 신뢰가 형성되고 팀이라면 팀워크가 발휘된다.

끌리는 사람은 상대가 말을 하면 하던 일을 멈추고 따스한 시선으로 바라보며 귀 기울여 집중해서 들어준다. 대화의 출발점이 '경청'이라는 것을 이미 깨달은 것이다. 그 말이 중요하지 않고 틀린 의견이어도 열심히 들어주는 모습에 상대방은 더 솔직한 이야기를 꺼낸다. 경청은 상대가 말을 하도록 유도한다. 중간에 말을 끊지 않고 집중해서 들어줄수록 상대는 마음이 편안해져 진솔한 이야기를 털어놓는다.

많은 사람이 주로 듣는 것보다 말하는 쪽을 선호한다. 자신에 관해 말할 때 뇌에서 즐거움을 관장하는 부분이 자극된다는 것을 생각하면 당연한 결과다. 친구가 조언을 부탁할 때는 사실 의견을 묻고 조언을 구하고자 함이 아니다. 감정을 터놓고 이야기할 상대가 필요해서다.

경청이란, 상대의 관점에서 듣고 마음의 소리까지 이해하는 것이다. 상대의 감정과 의견과 생각을 이해할 수 있는 능력과 함께 공감하는 능력까지 포함한다. 경청은 사람을 이해하는 힘으로 역지사지를 바탕으로 한다. 또한, 관계를 더욱 긍정적인 방향으로 이끌어가고, 이해와 관심을 바탕으로 행해진다.

그러나 경청하는 방법을 제대로 알고 있지 않다면 상대방이 뱉는 소리를 그냥 듣고 있는 것에 불과하다. 상대방의 말에 귀를 기울이는 태도는 좋은 인간관계에 있어 필수적인 요소다. 상대방이 전하고자 하는 메시지를 이해하고자 반문하고 적극적으로 소통하며 메시지에 집중하면 많은 에너지가 소비된다.

경청의 반대말은 산만한 듣기다. 옆에 있지만 정신은 다른 데 있고, 눈으로는 자꾸 휴대폰을 확인한다. 영혼 없는 대꾸와 다른 일에 더 정신이 팔려 있는 상태로 상대의 말을 가치 있게 여기지 않는다. 이러한 태도는 상대를 이해하는 능력에도 부정적인 영향을 끼친다.

대화에는 언어뿐 아니라 60~80%에 달하는 비언어적 요소가 있다. 효과적인 경청을 위해서는 언어와 비언어적 표현 사이에 일관성이 있음을 이해하고 언어 뒤에 숨은 의미까지 해석하기 위해 귀뿐 아니라 두 눈으로도 상대에게 집중해야 한다.

그렇다고 상대가 하는 모든 말에 동의해야 하는 것은 아니다. 그러나 확실하게 대화에 집중하면 상호 이해관계 속에서 서로 더 끈끈한 유대감을 형성할 수 있다. 그러면 미처 깨닫기도 전에 자연스럽게 다른 사람을 이해하고 돕고 싶은 마음이 생긴다.

칭찬이 주는
말의 힘

> "불가능한 것은 없다. 'Impossible' 이라는 단어 자신도 'I'm possible(나는 할 수 있다)' 이라고 말하고 있으니까." **- 오드리 헵번**

"칭찬은 고래도 춤추게 한다", "돼지도 칭찬하면 나무 위에 올라간다", "칭찬은 바보도 천재로 만든다", "말 한마디로 천 냥 빚을 갚는다"…….

말의 힘, 칭찬의 힘을 깨우쳐주는 격언들이다. 이렇듯 말은 형체가 없는데도 영향을 끼치는 파급력이 굉장하다. 말은 사람의 마음에 침투하여 그 마음을 여러 방향으로 뒤흔든다.

누군가에게 좋은 말을 들을 때도 상황에 따라 칭찬으로 들리기도 하고 비난으로 들리기도 한다. 그 말을 진심으로 받아들여야만 내게 온 좋은 말이 마음속에 자리를 잡아 좋은 영향을 끼치게 된다.

외국어 배우듯 칭찬을 연습하라

아기가 언어발달 과정에서 빨리 배우는 말은 "싫어"와 "아니"라는 말이다. 자신의 의지 없이 부모 말만 따르던 아기가 자아가 출현하면서 점점 더 부정적인 반응을 자주 보이기 시작한다. 외국어를 능숙하게 구사하기 위해 많은 시간과 공을 들여 공부하는 것처럼 긍정적인 언어도 공부가 필요하다.

아이들이 부정적인 말이나 욕설을 재미있어하고 빨리 배우는 것처럼, 우리는 매일 마음에 들지 않는 것들을 너무 쉽게 불평하고 비난한다. 덥거나 추워도 짜증이 나고, 음식이 늦게 나오거나 입맛이 맞지 않아 불평한다. 일상에는 싫어하는 것들이 너무 많고 마음에 들지 않는 것투성이다. 이렇게 부정적 측면에만 에너지를 쏟다 보면 일상을 순수하고 소소하게 즐길 수 없도록 만든다. 인생의 무게가 무거워질수록 나를 해치는 말이 습관이 되어가고 있다.

경상도 사람들은 '사랑해'라는 말을 도무지 못 한다고 한다. 그렇게 거침없고 싹싹한 성향을 가진 사람들이 유독 '사랑해'라는 말을 못 해 진땀을 흘리곤 한다. 그 말을 못 하는 이유는 '사랑해'라는 말이 그 사람들에게는 외국어처럼 한 번도 발음해보지 못한 낯선 언어이기 때문이다. 상대를 위해 사랑한다고 말하고 싶으면 외국어 단어를 외우듯 반복해서 연습해야 한다.

긍정적인 언어를, 모국어 사용하듯이 외국어 공부하듯이 연습하면 눈앞에 새로운 미래가 열린다. 긍정적인 메시지를 받은 우리 뇌는 반복되었던 불쾌한 자극과는 다른 반응을 보이고 짓눌린 인생의 무게를 덜어내어 행복한 삶을 살 수 있게 한다.

상처 회복에 필요한 것

사람은 모두 다양한 관계에서 갈등을 겪고 상처를 받으면서 살아간다. 긍정적인 언어를 사용하면 관계가 회복되고 인생이 변한다. 의사소통 방법이 좋아지는 것은 물론이고 관계 향상에도 도움이 되며 세상을 바라보는 시각이 달라져 행복으로 향하는 길로 갈 수 있다.

긍정적인 메시지 중에서도 특히 칭찬의 힘은 강력하다. 감정을 즉각적으로 변화시킨다. 예를 들어, 누군가에게 칭찬받았던 가슴 뿌듯한 순간을 떠올려보자. 칭찬을 들었을 때, 기분 좋았던 그 감정이 지금도 생생할 것이다. 반면에 누군가에게 싫은 말을 들었던 순간을 떠올려보자. 그 말을 들은 상처가 아직도 마음속에 남아 있을 것이다.

칭찬이 주는 말의 힘은 삶에 멋진 변화를 가져온다. 말은 운명을 결정하고, 관계 맺기를 성공적으로 이끌어준다. 인생에 긍정적인 언어의 힘을 적용해보자. 다음 8가지 제안을 삶에 바로 적용해보라. 칭찬이

주는 말의 힘으로 일상의 문제를 해결해보라. 함께 이야기 나누고 싶은 매력적인 사람으로 변하게 된다.

칭찬으로 삶을 바꾸는 8가지 제안

(1) 분위기 전환하기

기분을 좋게 하고 생동감 넘치게 하는 말들을 생각해본다.

> 칭찬, 미소, 기쁨, 행복, 감사, 친절, 배려, 사랑, 도전, 용기, 신뢰, 희망

분위기를 전환하거나 감정을 정리해야 할 때 생각해보고 글로 써보고 큰소리로 말해본다. 그러면 기분이 나아지는 것을 느낄 수 있다.

일단 자신의 감정을 파악한 후에 감정을 표현하여 보고, 좋은 느낌을 주는 단어를 연상하면서 대치해보는 연습을 해야 한다. 긍정적인 언어로 의사소통을 하는 습관을 들이게 된다.

(2) 말에 감정 더하기

앞서 언급한 방법과 연관하여 자신의 감정뿐 아니라 다른 사람의 감

정을 파악하고, 상대방의 상황과 감정에 관심을 가지는 것이 중요하다. 상대방에게 관심을 두는 것은 상대방의 기분을 좋게 만든다. 그리고 상대방도 스스로 더 좋은 감정을 품게 한다.

말을 통해 다른 사람을 웃게 하고, 울게 하고, 힘들게 할 수 있다. 스스로 인생을 바라보는 시선을 밝게 만들고 삶의 행복 수치를 올리기 위해 말에 긍정적인 감정을 더하여 표현하자.

(3) 긍정적인 애칭 붙이기

'멍청이' 나 '재미없음' 같은 꼬리표를 누군가에게 달면 다른 사람도 그에게 편견이 생긴다. 심지어 당사자도 꼬리표에 연연하면서 직접적인 영향을 받기 시작한다. 인간관계를 맺다 보면 첫인상 꼬리표를 붙이게 되는데, 처음 입력된 정보는 나중에 습득한 정보보다 더 강한 영향력을 발휘해서 수정하기가 쉽지 않다.

이러한 꼬리표는 내가 상대를 대할 때 편해지기 위해서 저마다 다른 사람에게 붙인다. '저 사람은 말이 안 통하는 벽창호니까', '저 사람은 성격이 원래 이상하니까', '저 사람은 금수저니까' 등, 원래 나쁜 사람이라서 그렇다고 이해하며 그 사람들을 그 정의 아래에 가두어버린다. 그렇게 꼬리표로 상대를 인지하여 내가 그를 대할 때 어떻게 대해야 할지 미리 준비하려고 한다.

개인은 있는 그대로 인정하고 이해해야 한다. 다른 사람을 나쁜 범주에 묶어버리면 소통이 안 되고, 관계 개선에도 도움이 되지 않는다. 꼬리표는 상대방에 대한 올바른 평가를 제한한다. 그러나 꼭 꼬리표를 붙여야 할 때는 긍정적이고 희망적인 애칭을 달아보자. 처음에는 그 사람의 안 좋았던 점이 상황에 따라 좋은 점으로 바뀔 수 있다. 오히려 반전 매력으로 느끼게 될 수 있다.

(4) '나 전달법' 쓰기

상대방을 특정한 단어로 정의하면 고정관념이 생긴다. "그는 원래 자기중심적이라서 대화가 통하지 않아"라는 말보다 "나는 그 사람 때문에 힘들어"라고 시작하는 대화가 적절하다. '나'를 주어로 해서 어떤 상황을 설명하면 상대방에 대한 나의 감정과 느낌만 전달될 뿐 그 사람에 대한 부정적인 비판이나 편견은 생기지 않는다. 이러한 '나 전달법'은 원활한 대인 관계와 자아성찰에 매우 중요하다.

나 전달법을 실천하면 내가 어떤 감정을 느끼는지 내 마음을 들여다보고 스스로 이해할 수 있다. 평소 말을 할 때 "저 사람은······"이라고 시작하는 표현에 주의한다. 스스로 다른 사람을 판단하여 비판하면서 나와 남을 가르는 표현을 피한다.

(5) 부정적인 말 그만 쓰기

긍정적인 말을 많이 쓸수록 사람들의 호감을 산다. 그러나 아무리 친해도 부정적인 말을 들으면 불끈 화가 치미는 게 인지상정이다. 부정적인 말은 상대방에게 마음의 상처를 입힌다.

긍정적인 반응을 늘림으로써 상대방과의 관계가 크게 개선되고 상대방은 물론 나도 변화하는 사례는 정말 많다. 그런데도 그렇게 하지 못하는 경우가 너무나 빈번하다. 단순한 진리인데도 많은 사람이 아직도 똑같은 실수를 반복한다. 어쩌면 인류가 해결하지 못하는 난제일 수도 있고, 잘못된 학습의 결과일 수도 있다. 만일 후자라면 우리는 학습을 통해 얼마든지 개선할 수 있다.

사람은 누구나 존중받길 원한다. 대화할 때 상대방에게 하고 싶은 말이 무엇인지 미리 파악한 후 비판하고 무시하는 말을 사용하지 않도록 주의한다. 상대방이 잘못했다고 하더라도 비난하거나 상처주지 말고, 올바른 의사소통 방식으로 유도한다. 잘 이해하지 못한다면 다시 상대방의 이야기를 끝까지 들어본다.

(6) 긍정적인 언어 사용하기

긍정적인 언어를 사용하는 것만이 최선의 결과를 끌어내는 최고의 방법이다. 긍정적인 언어는 결정적 순간에 매우 큰 힘을 발휘한다. 일상생활에서 긍정적인 말을 밥 먹듯 사용하면 세상을 보는 방식에도 변화가 온다. 말에는 힘이 있어서 멋진 미래와 건강한 정신 건강을 얻을 수 있는 최고의 명약과도 같다. 스스로에게도 다른 사람에게도 말을 조심해야 하는 이유가 여기에 있다.

(7) 칭찬으로 하루를 시작하고 끝내기

한 연구에 따르면, 부정적인 말 한 마디를 듣고 불쾌함을 해소하려면 다섯 마디 이상의 긍정적인 말을 들어야 한다고 한다. 이 말은 사과할 때 한마디로는 충분하지 않다는 뜻이다. 부정적인 말은 폭력성을 띠며 공격적인 메시지를 전한다. 어떻게든 상대방이나 나 자신을 해치게 한다. 이런 말은 긍정적인 말 몇 마디보다 기억 속에 오래 남아 영향을 미친다.

직원에게 칭찬과 감사의 말을 자주 하면, 더 열심히 일하고, 학생에게 칭찬과 응원의 메시지를 꾸준히 주면 동기 부여가 되어 학습 능력이 향상된다.

말의 잠재력은 대단하다. 살아있다는 것만으로도 감사하게 여기며 칭찬으로 하루를 시작하고 하루를 끝맺자. 이런 간단한 방법이 정신과 신체의 건강을 크게 증진해주며 행복을 향한 여정으로 이끌어준다.

(8) 녹음하고 기록하기

앞의 방법으로도 변화하는 데 어려움을 겪었다면, 이제 조금의 수고로움이 필요하다. 칭찬을 일상 속에서 생활화하고 긍정적인 언어를 사용하고자 결심했으니 이제 입에서 나오는 모든 언어를 의식해보는 연습을 해봐야 한다. 시간이 날 때 자신이 가족이나 동료에게 하는 말을 녹음해서 들어본다. 휴대폰이나 녹음기로 하루 동안 녹음한 것을 들어보며 기록해보라. 스스로 하기 어렵다면 전문가의 힘을 빌려 녹취록을 작성해볼 수 있다.

내 말이 녹음된다고 의식하면 말을 할 때 주의하게 된다. 스스로 얼마나 힘이 되는 말을 했는지, 나와 타인에게 어떤 칭찬의 언어를 했으며, 몇 번이나 했는지 기록해본다. 화법을 분석하고 나서 대화 속에서 부정성을 줄이고 긍정성을 높이도록 꾸준히 노력하는 것이 중요하다.

내 삶이 칭찬으로 채워져 더 행복하고 활기차길 바란다면, 긍정적인 언어야말로 잠재력을 끌어올릴 수 있는 강력한 도구임을 명심해야 한다. 어떤 말을 하느냐에 따라 태도나 기분을 긍정적인 상태로 상향시킬 수 있다. 과학적으로도 이미 증명되었으므로 실제로 사용할 일만 남았다.

1. 인간관계에서 변화를 일으키는 세 가지 조건

(1) 좋은 인간관계의 첫 번째 조건: 존중

▶ 남을 높여 귀중하게 대하고, 매 순간 상대방을 이해하기 위해 노력한다.

(2) 좋은 인간관계의 두 번째 조건: 배려

▶ 도와주거나 보살펴 주려고 마음을 쓰고, 타인의 처지에서 생각하고 솔선수범
한다.

(3) 좋은 인간관계의 세 번째 조건: 공감

▶ 다른 사람의 눈으로 듣고 보려고 하고, 자신의 감정을 잠시 내려놓고 상대방의
처지에서 감정을 느껴보려고 노력한다.

2. 잘 나가는 사람들의 특별한 공통점

누구나 쉽게 할 수 있지만 귀찮아서 미뤄 두었던 것들을 습관으로 삼고 꾸준히 할
때, 성공을 거머쥘 수 있다. 잘 나가는 사람의 무언가가 부럽고, 이루고 싶은 꿈이 있
다면 미루지 말고 지금부터 실천하라.

3. 끌리는 사람에게는 칭찬의 비밀이 있다

(1) 끌리는 사람은 친절하다.

(2) 끌리는 사람은 솔직하게 칭찬한다.

(3) 끌리는 사람은 유머와 재치로 분위기를 살린다.

(4) 끌리는 사람은 맞장구를 적절히 활용한다.

(5) 끌리는 사람은 진심으로 경청한다.

4. 칭찬이 주는 말의 힘

칭찬이 주는 말의 힘은 삶에 멋진 변화를 가져온다. 말은 운명을 결정하기도 하고, 관계 맺기를 성공적으로 이끌어준다. 인생에 긍정적인 언어의 힘을 적용하는 방법을 알아보자.

(1) 분위기 전환하기

(2) 말에 감정 더하기

(3) 긍정적인 애칭 붙이기

(4) '나 전달법' 쓰기

(5) 부정적인 말 그만 쓰기

(6) 긍정적인 언어 사용하기

(7) 칭찬으로 하루를 시작하고 끝내기

(8) 녹음하고 기록하기

2장

칭찬이 바꿔놓은

작은 기적들

01

뇌 과학으로 입증된
칭찬의 힘

"인간의 뇌는 출생 직후 활동하기 시작하여 자리에서 일어나 대중 앞에서 말하기 전까지 그 활동을 멈추지 않는다." - **조지 제슬**

생각하는 대로 뇌가 달라진다는 사실을 아는가?

사실 인간의 뇌는 인간의 의지로 바꿀 수 있는 유일한 기관이다. 우리가 어떻게 생각하느냐에 따라 뇌는 회로를 바꿔서 그 생각을 하는 뇌로 바뀌어간다.

프랑스의 소설가 폴 부르제는 《정오의 악마》라는 책에서 "생각대로 살지 않으면 사는 대로 생각하게 된다"라고 말했다. 바꿔 말하면 지금 나의 모습은 과거의 내가 상상하고 바랐던 것이고, 나의 미래는 지금 내가 상상하고 바라는 모습이 될 것이라는 의미다.

특히, 칭찬을 꾸준히 하면 뇌가 칭찬받을 만하다고 바뀐다. 내 생각으로 뇌가 달라진다니 놀랍지 않은가? 그러나 사람들은 자신을 칭찬하는 일은 자기 자랑으로 여겨 거부감을 느끼거나 남을 칭찬하는 일에 인색하다. 칭찬에 익숙하지가 않기 때문이다. 뇌에 칭찬이 자리를 잡아 습관을 넘어 '루틴'으로 삼아야 한다.

루틴은 매일 반복하는 특정 행동을 말한다. 칭찬을 매일 반복하지 않아 습관이 되지 않았기 때문에 칭찬하려고 해도 선뜻 칭찬이 생각나지 않고, 입 밖으로도 잘 나오지 않는다. 처음에는 어색하고 부끄러워도 무리해서 칭찬하기를 권한다. 칭찬을 시시때때로 하다 보면 어느새 뇌가 바뀌고, 칭찬 루틴이 자리를 잡아 견고해진다. 언젠가는 칭찬이 자연스러운 일상이 되어 세로토닌이 주는 행복을 맛볼 수 있다.

칭찬으로 잠들었던 잠재력을 깨워라

칭찬 루틴이 정착되면 뇌는 자신에 대한 평가를 달리하기 시작한다. 자신을 있는 그대로 인정하면서 긍정적인 사고를 지향한다. 자신을 긍정적으로 생각하는 기억이 뇌에 자리를 잡으면서 좋은 현상이 되풀이되기 시작한다. 뇌가 안정적이고 편안한 상태를 유지하기 때문에 잠들어 있던 잠재력이 깨어나고 창의적 사고가 발달하면서 자신만의 최고 경쟁력을 갖추게 된다. 칭찬하는 언어가 쌓이면서 자존감이 바로 서고 자기 존중감이 높아져 삶이 바뀌게 된다. 삶이 바뀌지 않을 이유가 없다.

삶의 에너지를 채워주는 칭찬 아침 루틴

 칭찬으로 삶에 변화를 주고 싶다면, 아침 루틴이 필요하다. 하루를 긍정적으로 시작하기 좋은 시점은 아침에 눈을 뜬 직후다. 잠에서 깬 순간 루틴을 적용하지 않으면, 다시 이전처럼 돌아갈 수 있다. 아무리 노력하고 의지를 다져도 현실에 안주하는 상황을 반복한다.

 아침 루틴으로 자신을 칭찬하라. 오늘 하루도 수고할 나 자신을 칭찬하고, 주변에 칭찬할 사람을 생각하며 칭찬거리를 생각하라. 그리고 긍정적으로 하루를 보람 있게 마무리할 수 있도록 우선순위를 정하고 중요한 일에 먼저 집중하라. 단순한 일상에서 벗어나 삶에 에너지를 채워넣을 수 있다.

〈칭찬을 루틴으로 만들어 뇌에 정착시키는 법〉

눈 뜨자마자 칭찬하기(① 스스로 격려하기 ② 오늘 만날 사람 칭찬거리 생각하기) → 행복 호르몬(도파민, 세로토닌)이 분비되기 시작 → 일상에서 행복감을 느낌 → 마음이 안정을 찾고 편안한 상태를 유지함 → 자신을 있는 그대로 받아들임 → 긍정적인 사고를 지향함 → 잠들었던 잠재력이 깨어남 → 창의적 사고가 발달하면서 자신만의 경쟁력을 갖게 됨 → 칭찬하는 언어가 점점 늘어남 → 자신감과 자존감이 높아짐 → 목표가 실현되면서 삶이 바뀜 → 다시 처음부터 되풀이하면서 칭찬하는 언어를 사용하면 칭찬 루틴이 뇌에 정착됨.

02

뇌를 춤추게
하는 힘

"사람들에게 뭐가 제일 좋으냐고 물으면 부귀, 명성, 쾌락의 세 가지로 귀결된다. 사람은
이 세 가지에 너무 집중하기 때문에 다른 좋은 것은 거의 생각하지 못한다." **- 스피노자**

뇌를 춤추게 하는 힘은 무엇일까?

사람은 본능적으로 쾌락을 추구하는데, 우리의 뇌는 칭찬을 쾌락으로 받아들여 편안하게 마음을 열게끔 한다. 칭찬 루틴이 뇌에 정착되어 뇌가 기뻐하고 즐거워할수록 몸과 마음에서도 좋은 반응이 나타난다. 뇌는 우리 몸과 마음의 컨트롤 타워이기 때문이다. 사람들은 칭찬만으로도 뇌가 정말 기뻐하느냐고, 그걸 어떻게 확인할 수 있느냐고 의심하기도 한다. 그러나 칭찬 루틴으로 뇌가 익숙해져서 안정을 찾으면 본인 스스로 뇌가 좋아하고 있다는 것을 인지할 수 있다.

뇌 과학에서 뇌를 춤추게 하는 칭찬의 힘을 연구했다. 그 결과 사람

이 어떤 생각을 하느냐에 따라 행복 호르몬인 도파민과 세로토닌의 분비량이 달라졌고 뇌의 회로에도 변화가 생겼다.

또한, 뇌 과학에서는 뇌가 칭찬을 좋아한다고 입증하기도 했다. 칭찬하면 뇌가 기쁨을 느끼고 안정되면서 행복 호르몬인 도파민과 세로토닌이라는 신경 전달물질의 분비가 활발해진다. 감정을 조절하여 좋은 기분을 느끼게 해주며, 고통을 잊게 해주고 의욕을 불러일으킨다. 그래서 인위적으로 도파민을 분비시키고자 돈, 술, 담배, 마약과 같은 도구를 이용하여 짜릿한 쾌감을 즐기기도 한다. 그러나 이러한 쾌감은 오래가지 못한다. 오히려 중독되어 또다시 향락을 찾게 한다.

세로토닌의 역할은 무엇일까?

세로토닌은 감정을 조절하기도 하지만 식욕, 수면 등과도 관련이 있다. 사고력에 관련이 있어 기억력과 학습에 영향을 미친다. 이러한 세로토닌이 부족하면 우울증과 불안감이 발생한다. 세로토닌이 증가하면 식욕이 떨어지고 감소하면 식욕이 왕성해지는데, 흔히 우울할 때 당이 부족하다고 하여 탄수화물을 섭취하는 것과 가장 관련이 있다. 우울하거나 기분이 안 좋을 때 단맛이 강한 음식을 찾는 것은 행복 호르몬인 세로토닌이 부족해서인데, 단 음식을 섭취하면 일시적으로 세로토닌 수치가 높아져 심리적으로 안정을 찾는다.

그러나 단맛으로 보충한 세로토닌 수치는 곧 떨어지기 마련이다. 일시적으로 기분을 변화시킬 수는 있지만 근본적인 해결책은 아니다. 단맛에 중독이 될수록 몸에는 내성이 생겨서 결국 감정 완화에 도움이 되지 않으며, 도리어 스트레스를 받는 것과 같은 뇌 손상을 준다는 연구 결과도 있다.

세로토닌을 부작용 없이 매일 분비시키려면 칭찬의 힘을 이용해야 한다. 뇌는 누구를 칭찬하는지 그 대상을 따지지 않는다. 내가 칭찬받았을 때도 기뻐하지만, 내가 남을 칭찬했을 때도 기뻐한다. 남을 칭찬하면서 자신도 기분이 좋아진 경험을 해봤을 것이다. 칭찬은 매일 해야 하며, 남을 매일 칭찬하기 어려우면 자신을 칭찬하는 것이 뇌를 기쁘게 하는 가장 쉬운 방법이다.

매일 칭찬함으로써 매일 세로토닌을 분비시키면 몸과 마음에는 어떤 변화가 일어날까?

(1) 일상에서 즐거움과 행복을 느끼는 사고가 습관화되며 평정심을 유지할 수 있어 작은 고민이나 스트레스에 강해진다.
(2) 긍정적으로 사고할 수 있으며 기억력과 집중력이 눈에 띄게 향상된다.

(3) 하루를 행복하게 보낼 수 있고, 균형 있게 감정을 조절할 수 있다.

(4) 세로토닌이 증가할수록 식욕이 감소하여 다이어트에 도움이 되며 수면의 질이 높아진다.

(5) 도파민처럼 자극적이지는 않지만, 잔잔한 행복감과 자극적이지 않은 즐거움을 주는 세로토닌은 일상에서 칭찬, 배려, 존중, 감사함 등을 느끼게 해준다.

뇌에 자극적인 쾌감을 줌으로써 강력한 동기 부여를 주는 도파민도 필요하지만, 일상에 소소한 행복감을 주는 세로토닌을 매일 분비시켜서 습관화시키는 것이 중요하다.

〈행복 호르몬 세로토닌을 늘리는 비결〉

세로토닌이 부족할 때 나타나는 증상은 다음과 같다.

▶ 피곤할 때 단 것이 당긴다.
▶ 배가 고프면 탄수화물을 찾는다.
▶ 스트레스를 받으면 폭식한다.
▶ 쉽게 피로감을 느낀다.
▶ 만사가 귀찮다.
▶ 건망증이 있거나 인지 기능 저하를 느낀다.

▶ 소화가 잘 안 된다.

▶ 불안하고 초조해서 가만히 있지 못한다.

▶ 불면증에 시달린다.

▶ 혼자 있으면 우울하다.

위에서 말한 세로토닌 부족 증상 중에서 두 가지 이상 해당한다면 아래 솔루션을 매일 실행해보자.

1. 나와 남을 매일 칭찬한다.
2. 비타민D 합성과 아침에 많이 분비되는 세로토닌을 위해 매일 아침 창문을 열고 햇볕을 쬔다.
3. 규칙적으로 매일 유산소 운동을 20분씩 한다.
4. 좋아하는 일을 하고, 스트레스를 주는 일을 피한다.
5. 단백질이 풍부한 음식을 섭취한다.
6. 채소나 제철 과일, 콩류 및 통곡물을 섭취한다.
7. 3백 음식(밀가루, 설탕, 쌀)을 피한다.
8. 카페인 섭취를 줄인다.
9. 과식과 야식을 끊는다.
10. 잠을 충분히 잔다.

03

칭찬은 잠재력을
폭발시킨다

"남의 좋은 점을 발견할 줄 알아야 한다. 그리고 남을 칭찬할 줄도 알아야 한다. 그것은 남을 자기와 동등한 인격으로 생각한다는 의미가 있다." - 괴테

칭찬은 무의식에 숨어 있는 긍정 자원을 끌어내어 성취 가능성을 무한대로 열어주는 강력한 힘을 지녔다. 칭찬은 바보도 천재로 만들어준다. 대부분의 사람은 칭찬에 목말라하고 있으며 칭찬이 고픈 상태다. 이러한 상태에 있는 사람들에게 칭찬 에너지를 충전시켜주면 잠재된 성취 가능성을 증폭시켜 더 큰 성취를 이룰 수 있다.

성공한 사람에게 발견되는 공통점이 있었다. 마음을 움직이는 칭찬을 받은 경험이 그들을 성장시켰다는 사실이다. 칭찬의 힘이 발휘된 사례로, 유명인의 어린 시절로 사례를 살펴보자.

(1) 네 살까지 말을 제대로 못 했고, 학교에 들어가서도 모든 과목에서 낙제를 받은 아이가 있었다. 참지 못한 담임 선생님은 다른 아이들의 공부에 방해가 되며, 가능성이 없으니 더는 가르칠 수 없다고 말했다. 지적 장애인으로까지 찍힌 아이에게 용기와 희망을 준 사람은 어머니였다. 그의 어머니는 아들에게 남들이 가지지 못한 장점이 있으리라 생각하며 장기적인 안목으로 격려하고 칭찬을 아끼지 않았다.

"너는 다른 아이에게는 없는 훌륭한 장점이 있단다. 다른 사람과 같다면 결코 훌륭한 사람이 될 수 없어. 너만이 감당할 수 있는 일이 너를 기다리고 있으니 그 길을 찾아가야 해. 너는 틀림없이 훌륭한 사람이 될 거야."

이 말을 들은 아이는 좌절하지 않고 용기를 얻어 자신에게 주어진 재능을 찾아 묵묵히 학문에 매진했다. 그리고 결국 세기의 천재 물리학자로 추앙받는 인물이 되었다. 그는 알베르트 아인슈타인이다.

(2) 어린 시절, 돌발 행동으로 주변 사람들과 아버지에게 눈총을 받았지만, 어머니의 지극한 사랑과 칭찬을 받으며 성장했다. 어머니는 항상 "나의 황금 같은 아들아"라고 불렀으며, 그가 사고를 칠 때마다 위로를 아끼지 않았다.

"훌륭한 사람은 울지 않는 거란다. 너는 큰 인물이 될 거야."

아버지께 사랑받지 못하는 아들을 위하여 어머니는 아들이 유머와 자신감을 잃지 않도록 자신감을 주는 이야기를 많이 들려주고 원하는 일을 찾으라며 응원하며 지지해주었다. 이러한 진심 어린 격려가 뒷받침된 칭찬은 꿈을 이루게 하는 위력을 발휘했다.

심리학, 정신의학뿐 아니라 사회학, 교육학, 범죄학, 문예비평에 이르기까지

20세기 전 분야에 걸쳐 큰 영향을 끼친 정신분석학의 창시자 지그문트 프로이트는 어머니의 칭찬 덕분에 위대한 인물이 되었다.

(3) 앞을 못 보는 한 아이가 있었다. 교실에서 수업 중 갑자기 쥐 한 마리가 나타났다. 교실 여기저기를 휘젓고 다니자, 교실은 순식간에 아수라장이 되었다. 쥐가 어디론가 숨자 모든 것이 멈춘 듯 교실 안이 조용해졌다. 그때, 선생님이 앞을 못 보는 소년에게 쥐가 어디에 있는지 아느냐고 물었다. 그는 잠시 귀를 기울이더니 탁자 밑에 숨어 있다고 대답했고, 결국 쥐를 잡을 수 있었다. 그때 선생님이 그를 칭찬했다.

"넌 우리 반에서 아무도 갖지 못한 능력을 갖추고 있다. 바로 너의 특별한 청력 말이다."

이 소년이 바로 미국 명예의 전당에 오른, 흑인 팝 음악의 살아있는 신화 스티비 원더다. 선생님의 한마디 칭찬과 격려가 그를 변화시켰다. 선생님의 칭찬에는 '너를 인정한다', '너는 가치 있고 소중한 사람' 이라는 메시지가 담겨 있었다.

칭찬의 사전적 정의는 "잘한다고 추어주거나 좋은 점을 들어 기림"을 뜻한다. 여기에서 '잘한다', '좋은 점', '추어주거나 기림' 이라는 말은 행동, 행위를 말한다. 즉 상대방이 하는 언행 중에서 잘된 점, 좋다

고 할 수 있는 점에 초점을 둔다.

　칭찬은 다른 사람들로부터 인정받고 싶은 욕구, 존중받고 싶은 욕구, 사랑받고 싶은 욕구를 채워주는 중요한 수단이다. 칭찬을 통해 다른 사람들로부터 긍정적인 어루만짐을 받으며 삶에 의미를 가질 수 있다. 그리고 활기차게 살아가는 원동력을 얻는다.

　칭찬을 받는 사람은, 자신이 높이 평가받고 있음을 느끼고 이제까지 자신이 몰랐던 능력이 있음을 깨달으면서 그것을 더욱 발전시켜야겠다고 생각하여 능동적으로 변하게 된다. 칭찬을 통해 깨달음을 얻으면 '하면 된다'는 가능성이 열린다. 칭찬은 사람을 긍정적으로 성장시키는 위력을 지녔다.

04

칭찬을 받으면
칭찬받은 내용대로 변한다

칭찬을 통해 다른 사람에게 인정받으면 보람과 기쁨을 느낀다. 칭찬의 긍정적인 효과는 이미 과학적으로도 입증되었다. 긍정적 평가는 그것을 믿음으로써 힘이 발휘된다. 그 힘은 매우 강력해서 근거가 없는데도 큰 영향을 미친다. 이를 '피그말리온 효과'라고 한다.

미국의 한 초등학교에서 학생들을 대상으로 피그말리온 효과를 입증하기 위한 실험을 했다. 전교생을 대상으로 지능검사를 한 후 검사 결과와 상관없이 무작위로 한 반에서 20% 정도의 학생을 뽑았다. 그 학생들의 명단을 교사에게 주면서 '지적 능력이나 학업 성취의 향상 가능성이 높다고 객관적으로 판명된 학생들'이라는 거짓 정보를 제공하고 그것을 믿게 했다.

8개월 후 이전과 같은 지능검사를 다시 했는데, 그 결과 명단에 속한 학생들은 다른 학생들보다 평균 점수가 40% 정도 높게 나왔고, 학교

성적도 크게 향상되었다. 그 아이들은 무작위로 선정된 평범한 아이들에 지나지 않았지만, 학년 말이 되자 실제로 이 아이들의 성적은 상위권까지 올랐다. 명단에 오른 학생들에 대한 교사의 기대와 격려가 중요한 요인이 되었다.

또 다른 연구 결과도 있다. 무작위로 뽑은 알코올 중독 환자 일부에게 회복 가능성이 크다는 검사 결과를 알려주자, 그 환자 그룹은 실제로 금주하는 비율이 높았으며 1년 뒤에도 큰 부작용 없이 예후까지 양호했다. 이러한 연구 결과는 칭찬을 받으면 자신이 높이 평가받고 있다는 자긍심과 그동안 자신이 깨닫지 못했던 능력이 있음을 확인하게 되고 능동적으로 행동하게 된다는 것을 입증한다. 또한, 사람에게 칭찬과 기대, 격려가 갖는 중요성을 깨닫게 해준다.

미국의 심리학자이자 철학자로 '의식의 흐름' 이라는 용어를 처음 사용한 윌리엄 제임스의 말을 들어보자.

"우리가 가진 잠재성에 비추어볼 때 우리는 단지 절반 정도만 깨어 있다. 우리는 육체적 · 정신적 자원의 일부만을 사용하고 있을 뿐이다. 이것을 일반화해 얘기해보자면 개개인의 인간은 자신의 한계에 한참 못 미치는 삶을 영위하고 있다. 인간은 습관상 활용하지 못하고 있는 다양한 능력을 소유하고 있다."

다시 말해, 사람에게 가장 중요한 능력은 상대방의 가능성을 믿는 능력이다. 가장 나쁜 능력은 어떤 일이든 의심부터 하고, 부정적인 시각으로 판단하고 포기해버리는 경우다. '꼭 좋아질 것이다', '반드시 좋아진다'라고 믿는 사람은 실제로 좋은 결과를 만들어낸다.

예를 들어 "인성이 좋은 사람이군요"라는 말을 들은 사람은 '나는 인성이 좋은 사람이라고 생각하고 실제로 인성이 좋은 사람으로 변하기 시작한다. 긍정적인 말이든 부정적인 말이든 반복해서 들으면 그 말은 신념으로 변한다. 그러므로 상대방이 변하길 바란다면 기대에 찬 말을 하면 된다.

전 세계 수천만 독자들의 삶을 놀라운 변화로 이끈 글로벌 밀리언셀러 《누가 내 치즈를 옮겼을까》의 저자 스펜서 존슨은 1분이라는 짧은 동안에 자녀에게 칭찬과 꾸중을 통해 변화시킬 수 있다고 강조했다.

〈스펜서 존슨의 1분 혁명〉

칭찬을 할 때는, 1분 안에 3단계를 끝낸다.

1단계: 30초 동안 행동에 대해 구체적으로 칭찬한다.

2단계: 10초 동안 잠시 침묵을 유지해 그가 흐뭇한 감정을 갖도록 시간을 준다.

3단계: 20초 동안 자녀를 껴안아주는 등 긍정적인 행동으로 칭찬을 마무리한다.

반대로 꾸중을 할 때는, 1분 안에 3단계를 끝낸다.

1단계: 30초 동안 꾸짖되 구체적으로 지적하고 나의 감정을 분명히 말한다.

2단계: 10초 정도는 긴장감을 조성하기 위해 잠깐 침묵한다.

3단계: 20초 동안 감정을 가라앉히고 사랑을 표현한다. 행동은 잘못했어도 사람 자체는 미워하지 않는다는 암시를 준다.

칭찬에 관한 또 다른 책은 켄 블랜차드의 《칭찬은 고래도 춤추게 한다》다. 전 세계적인 베스트셀러로 책의 제목이 칭찬 명언이 될 정도로 인기가 상당했다.

저자는 이 책에서 인간관계를 바꾸는 칭찬의 노하우를 '고래 반응'에서 배우라고 제안한다. 몸무게 3톤이 넘는 범고래가 관중 앞에서 멋진 쇼를 성공적으로 펼칠 수 있는 이유는 고래 조련사의 긍정적인 태도와 칭찬이 있기 때문이다. '고래 반응'이라 불리는 범고래 훈련법은 범고래가 쇼를 멋지게 해내면 즉각 칭찬하고, 실수하면 질책하는 대신 다른 방향으로 관심을 돌려 중간중간 계속 격려하는 방식으로 훈련하는 것을 말한다.

매사 긍정적인 사고를 해야 한다는 데는 모두 동의한다. 그러나 부정적인 영향을 미치는 행동을 했을 때는 어떻게 해야 할까?

대부분 잘못된 결과에 관심을 집중한다. 그러나 고래 조련사는 질책하거나 잘못된 결과에 쓸 에너지를 긍정적인 결과를 얻을 수 있는 에너지로 전환했다. 여기에서 중요한 점은 점점 나아지고 있음을 알아차리고 인정하고 즉시 보상하는 것이다. 잘한 점을 칭찬하고 결과가 바람직하지 않더라도 노력했던 과정을 칭찬하다 보면 성공할 수 있다.

사람에게 최대의 능력을 발휘할 수 있도록 하는 것은 칭찬과 격려뿐이다. 질책과 비난만큼 사람의 의욕을 꺾는 것은 없다. 항상 칭찬하고 결점보다 장점을 찾아라. 누군가 한 일이 마음에 들면 그냥 넘어가지 말고, 진심으로 인정하고 아낌없이 칭찬해보라.

켄 블랜차드가 제안한 칭찬 십계명을 통해 칭찬하는 방법을 배워보면 어떨까?

〈켄 블랜차드의 칭찬 십계명〉

1. 칭찬할 일이 생겼을 때 즉시 칭찬하라.
2. 잘한 점을 구체적으로 칭찬하라.
3. 가능하면 공개적으로 칭찬하라.
4. 결과보다는 과정을 칭찬하라.
5. 사랑하는 사람을 대하듯 칭찬하라.
6. 거짓 없이 진실한 마음으로 칭찬하라.
7. 긍정적인 눈으로 보면 칭찬할 일이 보인다.
8. 일이 잘 풀리지 않을 때 더욱 격려하라.
9. 잘못된 일이 생기면 관심을 다른 방향으로 유도하라.
10. 가끔 자기 자신을 칭찬하라.

〈전문가가 말하는 칭찬 노하우〉

1. 자기 자신을 칭찬하라.

2. 긍정적인 눈으로 바라보면 칭찬할 일이 보인다.

3. 칭찬할 일이 생겼을 때는 즉시 칭찬하라.

4. 결과보다는 과정을 칭찬하라.

5. 사랑하는 사람을 대하듯 칭찬하라.

6. 잘한 점은 구체적으로 칭찬하라.

7. 가능하면 공개적으로 칭찬하라.

8. 칭찬할 때는 화끈하게 칭찬하라.

9. 보상과 함께 칭찬하라.

10. 일이 잘 풀리지 않을 때, 상대방을 더욱 격려하라.

3장

우리는 왜
칭찬하기가 힘든가

칭찬을 방해하는 요인 ①
유교 문화

"자신을 존경하면 다른 사람도 당신을 존경할 것이다." **- 공자**

매일 칭찬 속에서 사는 사람은 행복감과 더불어 성취욕 또한 높다. 사람은 칭찬에 굉장히 약한 동물이다. 그런데 우리나라 사람은 체면과 권위, 서열을 중시하는 유교 문화가 아직 남아 있다. 예부터 양반이 다스릴 때, 칭찬해 버릇하면 아랫것들 버릇이 나빠진다며 호통과 같은 부정적인 자극을 주었다. 자녀를 훈육할 때도 꾸짖는 방법과 회초리를 주로 써왔다.

이렇게 칭찬에 인색하다 보니 우리나라 사람들의 표정은 다소 경직되어 있다. 반면, 서구 사람들은 자유분방하고 부드러운 분위기에서 효율적으로 칭찬을 하며 개인의 장점을 극대화하는 방식의 훈육법을 써와서인지 우리나라 사람에 비해 밝고 자유분방한 점이 있다.

이러한 자유롭고 편안한 분위기의 장점은 유연한 사고와 창의력 발현에 도움이 된다는 점이다. 수직적인 관계가 아니라 수평적인 관계에서 자율성과 책임감이 부여되며, 창의적 사고를 하는 데 있어 큰 부담이 없어 효율성이 높아진다. 우리나라에서는 그런 분위기는 버릇이 없거나 긴장감이 없다며 어떻게든 휘어잡고 무거운 분위기를 만들어가려고 하므로 창의적인 사고가 잘 발현되지 않는 편이다. 요즘에는 이런 부분은 점차 나아지고 있지만, 뿌리 깊은 유교 문화에서 탈피하기가 쉽지는 않다.

칭찬 vs. 아첨

유교 문화에서는 늘 겸손해야 한다고 강조하므로 칭찬에 인색할 수밖에 없다. 유교는 대체로 공자의 패러다임 속에서 이루어진다. 그러므로 공자가 칭찬을 어떻게 생각해왔는지 살펴볼 필요가 있다. 공자가 말했다.

> "나를 꾸짖어 말하는 사람은 나의 스승이요, 나를 칭찬만 하는 사람은 나를 해하는 사람이다."

칭찬에 대한 공자의 관점은 칭찬과 아첨으로 구별된다. 진실하게 칭찬하고, 능력보다 품성을 칭찬하며, 차별 없이 칭찬하는 것이 올바른 칭찬이다. 유교에서의 이러한 가르침은 우리나라로 건너오면서 양반과 천민이라는 반상의 법도와 격식에 갇혀 위계를 중시하고 경직된 분위기를 조성하면서 점차 자연스러운 대화나 칭찬하는 일에 인색하게 만들었다.

상명하복식의 군대와 같은 특수집단은 물론이고, 직장이나 가정에서도 칭찬은커녕 훈육과 질책이 일상적으로 이루어지고 있다는 점은 우려할 만하다. 특히 학교에서는 선생님을 친근한 사람이기보다는 두려움을 느껴야 하는 존재로 대해야 하는 경향이 있다. 그래서 우리나라 학생들은 수학이나 과학 성적은 높지만, 과목에 대한 흥미와 즐거움, 성취 동기 등이 낮다는 사실이 밝혀졌다.

매일 칭찬 속에서 사는 삶

일반적으로 자신감과 자존감이 높을수록 성취도도 높아진다. 매일 칭찬을 들으며 살면 행복해져서 성취욕이 높아진다. 아직 우리나라는 능동적인 칭찬이 이루어지지 않는 편이다. 칭찬을 받으면 많은 사람이 쑥스러워하며 거북해한다. 그러나 칭찬은 언제 들어도 좋다는 사회 분위기가 형성되면서 칭찬이 오가는 상황이 많아지고 행복을 느끼는 순간들이 늘어나고 있으니 다행이다.

02

칭찬을 방해하는 요인 ②
지속적인 학습과 교육 부재

"공부벌레들에게 잘 해주어라. 나중에 그 사람 밑에서 일하게 될 수도 있다." **- 빌 게이츠**

마음만 먹으면 얼마든지 듣기 좋은 말을 건넬 수 있지만, 사람은 상대방의 기분보다 자신의 기분을 먼저 생각해 칭찬의 말을 아끼는 경향이 있다. 칭찬할수록 인생이 유익해진다는 것을 알고 있지만, 실천하기가 생각보다 쉽지 않다. 나 역시 처음에는 칭찬의 혜택이 많다는 것을 아는데도 머뭇거리거나 경직되곤 했다.

그러나 칭찬을 함으로써 행복해지기로 한 이상 내 마음의 즐거움을 내놓아서는 안 된다. 칭찬을 방해하는 요인을 찾아 제거하고 걸림돌을 넘어서는 결심이 필요하다. 꾸준히 칭찬함으로써 긍정적인 마음을 가져야 마음에 평온이 찾아온다.

배우기 쉬운 말과 배우기 어려운 말

사람은 연약한 존재로 부정적인 일에 쉽게 반응하며 동요된다. 세상에서 가장 배우기 쉬운 말은 욕이라고 하지 않는가? 부정적인 사고와 감정은 학습하지 않아도 자연스럽게 얻어진다. 그렇다면 세상에서 가장 배우기 어려운 말은 무엇일까? 바로 칭찬, 감사, 이해하기와 같은 긍정적인 표현이다. 긍정적인 사고는 여러 가지 방법을 통해 연습해야 하고 학습해야 유지가 된다.

아이가 태어나면 건강하게만 자라주길 소망하다가, 학교에 입학하면서부터 경쟁이 시작되어 옆집 아이보다 문제를 하나 더 맞아야 칭찬을 받고, 더 못하면 혼나는 경쟁 사회에 진입한다. 아이를 낳으면서 바로 육아가 시작되니 아이를 잘 키우는 법도 배우지 못했고, 육아 전쟁에서 한가하게 아이를 칭찬할 여유도 없었고, 학교에서든 직장에서든 칭찬하는 법도 배우지 못했다.

말을 잘 듣고 속마음은 숨기는 게 미덕인 나라

언어는 읽기, 듣기, 쓰기, 말하기의 네 영역으로 나뉜다. 우리나라는 배우기 쉬운 한글 덕분에 문맹률이 1% 미만으로 자랑스럽게도 세계에서 가장 낮다. 초등학교 입학할 나이만 되어도 이미 한글을 뗀 경우가 많은 것도 이유다.

그런데 대학수학능력시험에 말하기 영역이 없어서일까. 우리나라 사람의 말하기 능력은 형편없다고 봐야 한다. 가부장적인 유교식 교육과 주입식 교육이 낳은 병폐 중 하나라고 할 수 있다. 학교에서는 선생님의 수업 설명을 숨죽이고 들어야 한다. 열의에 찬 학생 몇몇만 쉬는 시간에 개인적으로 질문한다. 수업 시간에 질문하면 다른 학생에게 피해를 주는 이기적인 학생으로 찍힌다. 가정에서는 조용히 있어야 하거나 한마디 하려고 하면 말대꾸한다고 혼나기 일쑤다.

이러한 환경에서 자라다 보니 긍정적인 측면을 바라보는 일이 익숙하지 않고, 긍정적인 면을 보지 못하니 칭찬거리를 찾기도 쉽지 않다. 게다가 속마음을 드러내지 않는 것을 미덕이라고 여기다 보니 상대방에게 쉽게 마음을 드러내지 않는 것도 칭찬을 멀리하게 된 원인이다. 우리나라의 문화 자체가 전반적으로 이렇다 보니 장점을 찾아내어 겉으로 표현하는 데 어색함을 느끼는 것은 당연하다.

물론, 사람에 따라 긍정적인 사고를 하는 사람도 있다. 그 사람은 축복받은 사람이다. 그러나 부정적인 사고에 쉽게 반응하는 사람은 예민하고 민감한 성향이 있어서 남의 잘못을 쉽게 찾아내고 비판을 잘한다. 직업에 따라 이런 점이 강점이 되기도 하지만, 삶의 대부분을 이렇게 부정적으로 바라보면 행복한 삶과는 작별해야 한다. 매사 안 좋은 점을 찾아가며 우울해하고 스트레스를 받을 필요가 없기 때문이다.

'국영수' 뿐만 아니라 칭찬도 배워야 한다

평소 칭찬으로 단련되어 칭찬 루틴을 뇌에 정착한 사람은 안 좋은 일에 미리 마음의 준비를 할 수 있으며 신중하게 판단하여 상황을 유리하게 바꾸는 힘이 있다. 칭찬하는 법을 모르겠다면, 학교에서 국어, 영어, 수학 과목을 배우듯이 칭찬도 배워야 한다.

서비스직이 늘어나면서 친절을 가르쳐주는 곳은 많다. 그러나 그러한 친절은 진심이 배제된 개념이며, 밝은 표정과 친절한 목소리가 내 지갑을 겨냥하고 있다는 사실을 서로 알고 있다. 진심어린 칭찬에는 상대방에 대한 이해와 배려가 필요하며, 칭찬할 기회를 포착하여 적절한 때에만 해야 효과가 크다. 이러한 칭찬을 받는 사람의 기분도 좋아지지만, 그 사람의 장점을 찾아 칭찬하기 위해 노력하는 나의 기분도 좋아진다.

03

칭찬을 방해하는 요인 ③
자기애적 성향

"진정한 자기애는 널리 알리거나 밖으로 보여줄 필요가 없다. 이는 내면의 상태, 힘, 행복, 안정감이다." **- 브라이언 와이즈**

SNS가 활발해지면서 언젠가부터 사람들은 어디서나 사진을 찍어 올리기 바쁘다. 심리학적으로 접근하면, 인간은 태생적으로 자기애가 있다. 생존을 위한 진화의 결과다. 문제는 이러한 자기애가 성격장애로 이어질 수 있다는 점이다. 이러한 사람들은 자신이 특별하다고 생각해서 다른 사람에게 칭찬과 높은 대우를 받으려고 하고, 자신의 능력을 과장하는 경향이 많다.

이런 사람들은 남을 칭찬하기가 어렵다. 왜냐하면 다른 사람의 감정에 이입하지 못해 공감 능력이 없어서 다른 사람들의 마음을 잘 헤아리지 못하기 때문이다. 공감 능력이 부족하여 자신이 주목받지 못하면 위축되고 분노를 느끼기도 한다.

높은 자기애로 칭찬과는 거리가 먼 세 가지 이야기

(1) 동화 속의 아름다운 왕비가 매일 마법 거울에 묻는다.

"거울아, 거울아, 이 세상에서 누가 제일 아름답지?"

"당연히 왕비님이시죠."

왕비는 매우 흡족해한다. 그러던 어느 날, 거울이 백설 공주가 더 아름답다고 하자, 질투가 불타올라 백설 공주를 죽이려고 한다. 이 왕비는 전형적인 자기애를 보이는 유형으로 그 누구보다 자기가 가장 돋보여야 한다.

(2) 고대 그리스 신화에 나오는 미소년 나르키소스는 아름다운 외모로 소녀와 요정들의 구애가 끊이질 않는다. 그러나 자존심이 세서 그 누구의 사랑도 받아들이지 않고, 차갑게 거절한다. 그러던 어느 날, 호수에 비친 자신의 모습에 반해 사랑에 빠진다. 며칠 동안 먹지도 자지도 않고 호숫가에서 떠나지 못하다가 그 자리에서 죽고 만다. 여기에서 유래한 나르시시즘은 지나친 자기애를 뜻하게 되었다.

나르키소스가 사랑한 것은 정말 자기 자신일까? 자기애에 빠진 사람들이 사랑하는 것은 자기 자신이 아니다. 자신이 만든 하나의 완벽한 이미지를 추구할 뿐이다. 그러다 보니 정작 자신은 공허하고 외롭다고 느낀다. 이런 자신의 참모습을 들킬까봐 더 대단한 것처럼 보이려고 애쓰며, 비난받는 것을 견디지 못한다. 겉으로 지나친 우월성을 드러내지만, 속마음은 열등감으로 똘똘 뭉쳐 있다. 그들은 다른 사람들에게 칭찬과 인정을 받으려고 지나치게 자신을 포장하고, 자신보다 더 잘난 사람을 질투한다.

(3) 유명한 소설 《바람과 함께 사라지다》의 여주인공 스칼렛이 전형적 캐릭터이며, 이 소설의 작가 마거릿 미첼도 비슷했다고 한다. 애플의 창립자인 스티브 잡스도 높은 자기애적 성향을 가졌으며, 미국의 대통령 도널드 트럼프도 자기애가 무척 강해 자신과 관련한 모든 회사와 제품에 자신의 이름을 넣었다. 레이디 가가는 "나는 박수, 박수, 박수를 위해 살아요"라고 노래하며 자기애를 솔직하게 인정하고 노래하기도 했다.

이러한 자기애적 성격장애를 극복하는 방법은 다음과 같다.

첫째, 남과 평등한 위치에서 함께 체험하는 기회를 많이 가진다. 공동체 경험을 통해 타인에게 배우려는 겸손한 자세를 가져야 한다.

둘째, 자기 중심성이 강하다는 것을 인정하고 타인의 말을 듣고 이해하려고 노력해야 한다. 타인을 칭찬하는 법을 배우다 보면 공감 능력이 향상될 수 있다.

셋째, 봉사활동을 통해 사랑을 실천하는 것도 좋다. 자신의 행복과 만족도 중요하지만, 다른 사람의 행복도 중요하다는 이타적인 마음을 가져야 한다.

넷째, 인정과 칭찬에 대한 집착을 버려야 한다. 있는 그대로의 자신을 사랑해야 한다. 이 세상에 태어난 모든 사람은 잘났건 못났건 나름의 존재 이유가 있다는 것을 알아야 한다.

다섯째, 도움이 되는 친구가 필요하다. 칭찬과 아첨하는 사람보다 귀에 거슬리는 말을 해주는 사람도 소중하게 여겨야 한다. 자신이 전부라고 알고 있던 세상에서 벗어나 다른 세계가 있음을 인정하고 사소한 것에서도 배울 것이 많다는 점을 기억해야 한다.

04

칭찬을 방해하는 요인 ④
물질만능주의

"베풀 줄 아는 사람이 진짜 소유를 할 수 있다. 당신이 베풀 수 없는 모든 것들이 당신을 소유하게 될 것이다." – **앙드레 지드**

1978년에 사회심리학자인 필립 브릭먼은 복권에 당첨된 사람이 얼마나 행복하게 살고 있는지를 조사하기 위해 일리노이주에서 5만 달러에서 100만 달러 사이의 복권 당첨자 22명을 추적 조사했다. 그리고 전반적인 행복감과 일상에서 얻는 행복감을 평가하는 설문 조사를 실시했다.

그 결과 복권에 당첨된 사람들이 이전보다 더 행복하게 살고 있지 않다는 결론을 내렸다. 다시 말해, 금전적인 보상은 당장은 만족감과 행복감을 느끼게 해주지만, 지속 기간이 아주 짧다는 것이다.

돈과 행복의 관계

최근 갤럽의 〈세계행복보고서〉에서는 부와 행복지수 간에 어떤 상관관계가 있는지 결과를 발표했다. 평균적으로 1인당 국내총생산GDP이 2배 증가하면 삶의 만족도가 0.7% 포인트 올라가는 것으로 나타났다. 보고서에 따르면, 핀란드 국민의 행복지수가 1위였고, 2위는 덴마크, 3위는 노르웨이였다. 이들 국가의 1인당 GDP는 최상위권으로 4만 5,000~7만5,000달러 수준이다.

그렇다면 우리나라는 어떨까?

우리나라는 2018년 기준 1인당 GDP가 3만2,000달러로 세계 26위인데 반해, 행복지수는 54위에 불과했다. 괄목할 만한 점은 한국이 인구를 기준으로 1,000만 명 이상의 국가 중에서는 스페인과 포르투갈, 그리고 그리스를 제치고 10위를 기록했다는 점과 이탈리아와는 3,000달러 정도밖에 차이가 나지 않으며 드디어 명실상부한 선진국 대열에 합류했다는 것이다. 그러나 전 세계의 국가가 경제 성장이 지속해서 상승함에도 행복도는 전반적으로 후퇴하는 경향을 보이며 경제적 부가 행복의 유일한 척도가 아니라는 사실이 밝혀졌다.

다시 말해, 소득이 늘어남에 따라 행복지수가 더는 상승하지 않았다. 사람은 의식주와 같은 기본적인 욕구가 일단 충족되면 돈이 더 많아진다고 해서 더 행복해지지 않는다. 행복이 재산순이라면 세계 최고의 갑부가 가장 행복한 사람일 것이다. 그러나 많은 부자를 보았을 때, 행복하게 살고 있다고 보이지는 않는다.

칭찬, 감사와 거리가 먼 물질만능주의

요즘 '미니멀 라이프' , '소확행' 이란 말이 유행처럼 쓰인다. '소소하지만 확실한 행복' 이라는 뜻의 소확행이라는 말은 일본 작가 무라카미 하루키의 에세이 〈랑겔한스 섬의 오후〉에서 나온다. 누구에게나 일상 속에 작지만 확실한 나만의 행복이 하나쯤은 있다. 과잉 사회로 인해 피로감을 느낀 사람들은 미니멀리즘에 주목하고 있다.

과잉 영양, 과잉 정보, 과잉 관심, 과잉 걱정, 과체중, 과잉 경쟁 등 과다한 욕심으로 남과 비교하여 남보다 적으면 열등감을 겪거나 스트레스를 받는다. 받아들이는 주관인 해석에 따라 미니멀 라이프는 옷장속 입지 않는 옷이나 신발, 먹지 않는 음식과 같은 소유물을 줄이기부터 잡생각을 정리하고 간단한 마음가짐으로 살기 등과 같이 사람에 따라, 상황에 따라 얼마든지 달라진다.

그러나 여전히 새로운 물건을 보면 사고 싶고, 남보다 더 잘 살고 싶은 마음이 쉽게 정리되지 않는다. 현재 지니고 있는 물건이 있음에도 더 넓은 집, 더 큰 차, 더 좋은 옷을 갖고 싶으며 그럴수록 현재에 만족하지 못하고 행복도가 낮아진다.

현재 가지고 있는 것보다 더 좋은 것을 원하는 것은 물질주의와 연관이 되며 긍정적인 사고에 대비되는 현상이다. 물질주의는 삶의 우선순위를 돈과 소유물과 같은 물질에 둔다. 돈, 권력, 명예를 중시하는 물질주의 가치관을 가진 사람일수록 현재에 만족하지 못해 감사한 마음을 갖기 어렵고 남과 비교하기 급급하며 자신에게 만족하지 못한 채 칭찬과는 거리가 먼 삶을 살고 있다.

물질주의 가치관을 가진 사람들은 나보다 더 많은 돈과 권력을 가진 사람을 질투하고 비교하면서 그들이 부정한 방법으로 돈을 벌었을 것이라고 비난하면서 세상에 불만을 쌓아간다. 더 좋은 물건을 가질 때까지 불안해하며 열등감에 빠진다.

내가 어떤 큰일을 성취해냈는데, 칭찬은커녕 아무런 피드백이 없을 때가 있다. 그것은 시기심 때문일 수 있다. 시기심은 다른 사람이 인정받고 성공하는 것을 용납하지 못하고 꺼리는 마음이다. 이러한 시기심은 비교하는 마음과 연관이 있다. 시기심도 하나의 감정이다. 이 감정을 수용하고 긍정적으로 변화시켜 더 노력하고 발전하기 위한 에너지로 삼아야 한다.

칭찬이 벌어주는 자존감의 가치

2008년에 발표된 화이트워터 그룹의 전략 보고서에 따르면 칭찬을 받으면, 월급이 1% 올랐을 때와 같은 만족 수준을 보인다고 한다. 다시 말해, 칭찬을 받는 것은 돈으로 보상을 받거나 자신이 가장 갖고 싶었던 물건을 가지게 되었거나, 가장 좋아하는 사람을 만나는 것과 같은 반응을 보이며, 큰 만족감을 안겨준다.

또한, 갤럽의 조사에 따르면, 칭찬을 받은 직원들의 생산성이 상대적으로 높았으며, 이직률도 낮았다. 반면 제대로 인정받지 못하고 칭찬받지 못한 직원들의 이직률이 칭찬을 받은 직원들에 비해 3배나 높았다. 칭찬은 인정받았다는 느낌이 들도록 하면서 자존감과 심리적 지위감을 높여준다. 사람들은 지위가 높아질수록 돈보다 더 큰 보상을 받았다고 느낀다.

아이스크림을 먹을 때 첫맛은 달콤하지만, 계속 먹다 보면 맛에 무덤덤해진다. 물질적인 풍요도 마찬가지다. 삶의 질은 점점 높아지는데 행복지수는 왜 더 늘어나지 않는가에 대한 의문이 든다. 행복에 상관없는 요소는 외모, 수입, 지위, 나이 등이다. 외모가 아름다우면 행복할 것 같고, 돈이 많으면 행복할 것 같지만 그렇지 않다는 것이다.

일반적으로 행복은 삶에서 오는 평온감과 안락함을 뜻한다. 물질적 풍요로움이 행복을 보장하지 않으며, 행복은 타인의 기준이 아닌 개인의 관심과 가치, 밝은 생각, 긍정적인 사고, 감사하는 마음, 칭찬을 주고받으며 긍정적인 감동을 자주 경험하는 것 등과 관련이 있다. 이러한 행복도는 모두 칭찬과 관련이 있다.

행복은 어려운 개념이다. 일정 소득 이상을 가진다고 해서 더 행복하거나, 덜 스트레스 받는 것이 아니다. 돈으로 가질 수 없는 행복이 있다. 사람은 언젠가 죽는다. '공수래공수거'라는 말이 알려주듯이 돈에 집착해봤자 아무도 죽음을 피할 수 없으며, 돈이 죽음을 막아주지 못한다. 결국 힘들거나 불행하지 않을 정도의 돈은 당연히 있어야 하지만, 그 이상의 돈은 죽음이라는 결과로 봤을 때 부질없다.

칭찬의 방해 요인 해결하기

	방해 요인	원인	대안	칭찬 활용법
1	유교 문화	체면과 권위, 서열 중시, 겸손함이 미덕인 유교 문화에서는 칭찬이 인색할 수밖에 없음	자유롭고 편안한 분위기에서 유연한 사고와 창의력이 발현됨	·· 칭찬과 아첨 구별하기 · 진실하게 칭찬하기 · 능력보다 품성을 칭찬하기 · 차별 없이 칭찬하기
2	지속적인 학습과 교육 부재	경쟁 사회와 속마음을 숨기는 것을 미덕이라고 여기는 사회문화	칭찬, 감사, 이해하기와 같은 긍정적인 표현 학습하기	칭찬을 배워 칭찬 루틴을 뇌에 정착시키기
3	자기애적 성향	자기애는 생존을 위한 진화의 결과이지만, 과하면 자기애 성격장애가 됨	1. 겸손한 자세로 타인에게 배우기 2. 경청하고 칭찬하며 공감 능력 키우기 3. 봉사활동 하기 4. 있는 그대로의 자신을 사랑하기 5. 도움이 되는 친구를 사귀기	타인을 칭찬하는 연습을 하면서 공감 능력을 키우기
4	물질 만능주의	삶의 우선순위를 돈과 물질에 두는 가치관	일정 수준 이상의 돈이 더 행복하게 해주지 않음. 죽음이라는 결과로 봤을 때 돈은 무의미함.	돈으로 보상받는 것과 같은 효과를 주는 칭찬법을 적극적으로 활용하기

불편한 관계를
내 편으로 만드는 칭찬의 힘

01

불편한 관계에
대한 대안

"누군가를 미워하고 있다면, 그 사람의 모습 속에 보이는 자신의 일부분인 것을 미워하는 것이다. 나의 일부가 아닌 것은 거슬리지 않는다." **- 헤르만 헤세**

사람과 사람과의 관계는 많은 감정 에너지를 소모시키고 심적인 고통을 유발하기도 한다. 가족과 친구, 직장 동료 등 다른 사람과의 관계에 따라 즐겁거나 슬프거나 화가 난다. 사람은 관계 속에서 행복해지도 하며 자신의 존재감을 확인한다. 특히 주변에 불편한 관계가 있다면 인생이 괴로워지기 시작하고 감정을 갉아먹기까지 한다.

자신의 행복도와 상관없이 베풀기만 하는 관계는 스트레스를 주어 심신의 건강을 해치기까지 한다. 행복한 사람은 자신과 타인의 이해관계에서 균형을 잘 맞추는 사람이다. 주변에 단순히 싫은 정도를 넘어서 내 모든 것을 질투하고 빼앗아가는 사람이 있다. 일종의 거머리 같은 존재 혹은 빨대만 꽂는 사람이다. 시간, 친구, 돈, 에너지, 감정 등 만나고 나면 에너지가 소모될 뿐 아니라 모두 빼앗아가는 사람과의 관계는 불편하기 그지없다.

불편한 관계를 잘 풀 수 있는 대안은 무엇일까?

(1) 4-4-4 법칙으로 미리 좋은 관계 만들기

불편하다는 것은 몸이나 마음이 편하지 않고 괴로운 상태이며, 다른 사람과의 관계가 편하지 않다는 것을 말한다. 그렇게 되지 않으려면 나와 상대가 어떤 타입인지 미리 파악해서 적절히 대처하는 것이 좋다.

4-4-4 법칙이라는 게 있다. 상대방에게 호감과 비호감을 갖는 것은 처음 만난 뒤 4초 정도면 결정된다. 이후 대화를 통해 4분 내에 이미지를 전환시킬 수 있다. 이미 형성된 나쁜 이미지를 만회하려면 40시간이 걸린다. 이 법칙은 부부 관계, 친구 관계, 선후배 관계, 직장동료 관계 등 여러 관계에 모두 적용된다.

상대를 파악하는 것은 자신을 잘 아는 것처럼 중요한 일이다. 특히 상대를 얼마나 이해하느냐에 따라 관계에 변화가 나타난다. 관계를 이어나가고 싶다면, 상대방의 마음을 헤아리고 그 사람을 이해하는 말과 칭찬을 해야 한다. 그래야만 상대방도 나에게 호감을 가지고 나를 이해해주기 시작한다.

(2) 불편한 관계 정리하기

관계에도 생로병사가 있다. 살면서 새로운 관계가 끝없이 태어나듯이 관계가 시들거나 끝이 날 수도 있다. 끝이 나는 관계는 알면서도 인정하지 않을 뿐이다. 인간관계가 잘 풀리면 기분이 좋아지고, 관계가 불편하고 삐걱거리면 기분이 나빠진다. 누군가와 싸우거나, 따돌림을 당하거나, 내 말이 받아들여지지 않거나, 상대방 마음대로만 하려고 하면 짜증이 나고 억울하기도 하고 스트레스를 받으면서 심기가 불편해진다.

그럴 때는 상대와 어떤 관계가 되고 싶은지, 특히 이 사람과 인연을 이어나갈 것인지, 아니면 정리를 해야 할 것인지를 선택해야 할 때가 온다. 관계를 정리해야 할 상대에게 시간과 돈을 투자하면 나중에 후회만 남는다.

잘 지내려고 노력했지만, 그 사람과의 관계가 개선되지 않고 나를 너무 힘들게만 한다면 관계를 정리하는 방법을 선택하는 게 좋다. 모든 관계를 다 끌어안고 살 수는 없다. 사실 모든 사람과 좋은 관계를 이어나가야 한다는 법도 없다. 우리는 특별히 좋아지지 않고, 믿을 수 없는 사람과는 가까이 지내고 싶지 않다. 그럴 때 관계를 어떻게 끝내는가는 매우 중요하다. 불편한 관계를 정리하는 것은 쉽게 실행할 수 있는 일이 아니다. 분노와 화를 유발해 앙갚음으로 이어질 수도 있다.

연락처 번호를 삭제하거나 차단하거나 수정한다. 혹시 삭제했을 경우 실수로 전화가 올 수 있다. 연락처 이름에 "홍길동, 삭제"라고 저장하면 전화가 와도 받지 않으면 된다. 일단 정리가 시작되어 후련한 기분이 든다. 우연히 만나 왜 연락이 안 되느냐고 물으면 적당한 핑계를 대면서 서서히 관계가 멀어진다.

불편한 사람이 있는 모임에는 참석 횟수를 줄이거나 나가지 않는 방법도 있다. 주말에 만나는 것도 줄여나간다. 주말이라는 금쪽같이 소중한 시간 대신 평일 저녁에 잠깐 만남으로써 관계의 비중을 낮춘다. 내 삶의 중심에서 주변부로 그 사람을 점점 밀어내라.

'그 사람 때문에 힘들다, 슬프다, 화가 난다' 등과 같은 부정적인 감정이 생기면 스트레스를 받는다. 부정적인 감정이 심해지면 심해질수록 우울증이나 위장염까지 생겨 몸에 악영향을 끼치기도 한다.

화를 내는 것은 사실 큰 문제가 아니다. 사람들은 갈등이 생기면 재빨리 화제를 바꾸거나 주변 분위기를 환기한다. 자신의 부정적 감정을 솔직히 표현하면 다툼이 벌어질지도 모른다고 불안해하고 그 상황을 무서워하기도 한다. 정말 사랑하고 관계를 개선하려면 화를 내면 안 되고 꾹꾹 참아야 한다고 생각한다.

그러나 화를 내는 것은 자신의 감정을 내면에 담아두는 것이 아니라 타인에게 드러내는 것이다. 욕구 불만을 해소하여 스트레스가 줄어 정서적으로 안정될 수 있다. 화를 내는 것은 사실 큰 문제가 아니다. 화라는 것은 하나의 표현 방식일 뿐이다. 화, 분노는 나쁜 감정이 아니다.

감정은 관계에 있어서 생긴 단순한 반응일 뿐이다. 기쁜 감정이 좋은 것이고, 화가 나고 슬픈 감정이 나쁜 것은 아니다. 감정에는 선악이 없다. 마음속에 어떤 감정이 생기더라도 부정하지 말고 있는 그대로 긍정적으로 받아들이면 감정을 어지럽히지 않는 좋은 습관이 된다.

감정을 전부 인정하고 긍정적으로 받아들여라.

"말도 안 돼, 어떻게 나한테 그럴 수가 있어?"라는 부정하는 반응보다는 "그래, 그럴 수도 있지"라는 생각으로 바꾸면 감정이 덜 흔들리며, 사람의 마음 그릇도 커진다.

(3) 눈치껏 관계를 이어가기

우리는 태어나면서부터 관계를 맺기 시작한다. 자식과 부모라는 관계를 시작으로 학교에서 친구 관계, 사회에서의 인간관계 등 끝없이 맺어지는 관계 속에서 살아간다. 관계를 잘 맺는 사람들의 공통점은 눈치가 있다는 것이다.

국어사전에서 '눈치'의 뜻은 "일의 정황이나 남의 마음 따위를 상황으로부터 미루어 알아내는 힘"으로 말 그대로 '눈의 값', 즉 '눈대중'

이다. 사회성 중 일부를 묶어서 부르는 말로 주변의 상황을 스스로 파악하고 적절한 행동을 하는 능력이다. 인간관계에서 눈치란 상대가 원하는 것을 파악하고 나의 말과 행동으로 인해 상대가 어떤 기분을 느낄지 예측하는 능력을 말한다.

다른 사람의 마음을 헤아려서 배려하고, 실수했다면 사과하고 반성하는 과정 속에서 사람은 점차 성장한다. 그러려면 다른 사람의 표정, 말투, 행동, 성격 등을 파악하면서 그 사람에 대해 알아가야 한다. 이를 바탕으로 그 사람의 기분이나 말의 속뜻을 알고, 주변 분위기를 파악하여 판단할 수 있다. 예를 들어, 사회 초년생이나 이등병이 눈치가 없어 애를 먹다가 경험이 쌓이면서 점차 나아지는 것을 보면 그렇다. 이러한 눈치는 인간관계에서 큰 의미가 있지만, 고도의 감정 에너지를 써야 한다는 점에서 피곤하고 힘든 일이다.

(4) 좋은 관계로 개선하기

우리는 관계 속에서 인정을 받고자 하며, 어떤 관계에서든 더 우월한 위치에 있기를 좋아한다. 관계가 기분을 좌우하기도 한다. 그러나 관계보다 중요한 것은 만남이다. 만남에 집중하면 생각이 바뀐다. 또한, 관계에 있어 '기브 앤 테이크give & take'와 같이 내가 준 것만큼 되돌려 받으려는 마음을 갖게 된다면 그 관계는 불편한 관계로 변질되기 시작한다. 내가 베푼 만큼 받지 못했더라도 베푸는 처지에 있는 것 자체가 축복이다.

불편한 관계를 개선하려면 생각해보아야 할 것이 있다. 상대방이 변화하기를 기다릴 것인지, 상대방을 바꿀 것인지, 내가 변할 것인지의 여부다. 많은 사람이 상대방이 변하기를 바라며 충고나 조언 등을 아낌없이 건넸겠지만, 상대방은 잔소리로 받아들인다. 문제는 이 잔소리에는 애정이 없으며 부정적인 측면을 더욱 부각시켜 부작용만 낳는다는 점이다. 많은 사람이 불편한 관계를 끝내 개선하지 못하고 좌절하는 점이 바로 여기에 있다. 그러므로 나 자신을 변화시키는 데 집중해야 한다. 이제 불편한 관계를 개선하고 나 자신을 변화시키는 데 초점을 맞춰보자. 노력이 필요하지만, 놀라운 결과로 인해 삶이 바뀌는 기적이 이루어질 것이다.

간병인은 치매 환자가 틀린 단어를 사용하더라도 치매 환자가 말하려고 하는 바를 이해했다면, 굳이 정확한 단어를 알려주지 않도록 교육받는다. 불필요하게 잘못을 지적하여 자존심을 상하게 하지 않도록 조심하는 법을 배운다.

자존심은 인간관계에 있어 매우 중요한 요소다. 관계에 있어 상대를 부정하고 고치려고 하면 자존심을 상하게 한다. 자존심을 다치게 하지 않으면서 상대의 자존감을 먼저 세워주는 일은 인간관계에서 매우 중요한 점이다.

먼저 다가가는 방법에는 여러 가지가 있다.

(1) 먼저 상대방의 좋은 점을 찾아서 칭찬해준다. 칭찬은 사람을 기분 좋게 만든다. 사소한 점이라도 찾아내어 칭찬하다 보면 상대방 기분이 좋아지고 그것을 보면서 내 기분까지 좋아진다. 자신의 이야기를 하면서 칭찬까지 해주는데 싫어하는 사람은 세상에 아무도 없다.

(2) 상대방이 관심 있어 하는 일에 관해 물어보고 이야기를 들어준다. 이야기하고 싶지 않은 일을 꼬치꼬치 캐물으면 부담스러워하고 불쾌감을 느낄 수 있다. 그러나 자신의 관심사에 대해서는 계속 이야기하고 싶어진다. 그 사람과의 대화가 지루하다고 관계가 불편해지고 사람이 미워지는 것이 아니다. 자신의 대화만 고집한다든가 듣기 싫은 말을 하는 등 상대방의 자존심을 다치게 할 때 상처를 입으며 관계가 불편해진다.

(3) 칭찬할 때는 상대방이 바라는 부분을 찾아 칭찬하면 효과가 더 좋다. 평소 부족하다고 생각하는 부분이나 단점이라고 여기는 부분을 긍정적으로 표현하며 칭찬하면 상대방은 귀를 열고 들을 것이고, 마음의 문을 열고 기뻐할 것이다.

02

부정적인 감정을
내려놓는 방법

"1분씩 화를 낼 때마다 60초의 행복을 잃게 된다." - 랠프 월도 에머슨

내 탓인가 남 탓인가?

불편한 관계에서 문제를 일으키는 데 본인도 한몫했음을 인정하고 내가 먼저 변하기로 마음을 먹었다면 절반은 성공한 것과 같다. 관계가 불편해진 데는 인정하든 그렇지 않든 간에 자신에게도 문제가 있다는 것이다. 자신의 말과 행동이 상대방에게 부정적인 영향을 주었을 것이다.

그러나 먼저 변하겠다고 마음먹었다면 반드시 좋은 결과를 얻을 수 있다. 사람은 누구나 남에게 인정받고 존중받고 싶어하며, 칭찬을 받고 싶어한다. 먼저 친절하게 대하고 마음의 상처를 주지 않은 상황에

서는 내가 어떤 말을 해도 상대방과는 문제가 생기지 않는다. 진심으로 솔직한 말을 건네지 않고, 상대를 존중하지 않는다면 효과가 없다.

상대방의 잘못을 지적하고 잘못을 인정하라고 하는 것은 관계에 아무 도움이 되지 않는다. 남 탓을 하고 문제의 원인을 찾아 그 사람을 변화시키려고 할수록 상대방의 저항은 점점 커진다. 사람은 고쳐 쓰는 게 아니라는 말이 있지 않은가. 내가 아무리 그 사람을 고치려고 노력해도 그 사람이 변하는 것보다 내가 먼저 변하는 것이 빠를 수 있다. 내가 변하는 데 초점을 맞추면, 상대방도 점차 바뀌어갈 것이다. 이 관계가 역설적인 것 같지만, 이미 관계를 맺음으로써 나는 상대방을 변화시키고 있는 것이며, 이를 아직 깨닫지 못했을 뿐이다.

사람의 나쁜 습관은 고치기 어려울까?

'개통령'이라고 불리는 반려견 행동 전문가 강형욱 씨가 화제다. 열 길 사람 마음속도 모르는데, 말 한마디 못하는 동물의 마음을 어찌 그리 잘 아는지 놀랍다. 개의 행동을 교정하기 위해 자세히 해석하는 것을 보면 굉장히 날카롭고 정확하다.

그런데 처방은 생각보다 간단하다. 거의 간단한 처벌과 보상만이 있다. 정확한 시점에 정확하고 일관성 있게 보상하고 처벌한다. 견주가 수년 간 아무리 노력해도 고치지 못했던 문제행동을 단번에 고치는 것을 보면서 동물도 오래된 습관을 고칠 수 있는데, 사람의 나쁜 습관은 고칠 수 없는 건지 의문이 든다. 무엇보다 인간행동 교정이나 불편한 관계를 개선하는 근본 원리는 강형욱 씨의 방식과 크게 다르지 않은 것 같다.

많은 사람이 불편한 관계에서 불편해진 원인이 나에게 있다는 것을 부정함으로써 마음에 담을 쌓고 자존심을 지키려고 한다. 그러나 앞서 당신은 나부터 변해보겠다는 현명한 결정을 내리지 않았는가? 자기성찰에는 용기가 필요한 법이다.

역지사지의 태도로 상대방의 입장에서 다음 질문에 답해보자.

- 내 말에 상대방은 어떤 반응을 보일까?
- 내 말에 상대방은 어떤 느낌을 받을까?
- 내 말을 상대방은 어떻게 받아들일까?
  → 그러고 나서 상대방은 내게 어떻게 행동할까?
  → 그리고 상대방은 내게 어떻게 말할까?

위의 항목을 토대로 어떤 결과가 나올지 상대방의 처지에서 생각해본다. 특히 상대방이 화가 났을 때 어떤 행동과 어떤 말을 할지 생각해본다. 내가 의도한 대로 상대방이 말하고 행동할 것인지, 의도하지 않은 다른 영향을 받아 무슨 말과 행동을 할지 조금이라도 예상이 되겠는가?

대부분 내가 원하는 답을 듣기 위해 상대방을 몰아붙였음을 알아챘을 것이다. 남의 잘잘못을 지적하고 판단하는 것은 실로 쉬운 일이지만, 자기 잘못을 지적하고 끄집어내는 것은 어려우며 그 과정은 매우 복잡하고 고통스럽다.

이제 연습을 통해 문제의 원인을 파악하고 해결할 수 있다.

- 겉으로 나타난 표정과 속마음이 일치하는가?
- 상대방과 대화할 때 혼자만 말하는 편인가, 질문하는 편인가?

대화를 할 때는 상대방에 대한 편견이나 부정적인 감정이 없어야 한다. 그래야 긍정적인 감정으로 소통할 수 있다. 상대방에게 내가 가진 솔직한 감정을 표현하고 털어놓는 일은 무례하거나 관계를 악화시키는 일이 아니다. 오히려 제때 부정적인 감정을 잘 드러내지 못하면 참다 참다 화병이 생기거나, 한 번에 폭발해 최악의 관계로 떨어질 수 있다. 부정적인 감정을 표현할 때는 무시하는 표현은 자제해야 하고, 파괴적인 방법이 아닌 이성적으로 상황을 표현해야 한다.

문제는 부정적인 감정을 표현하는 방법에 있다. 다음 3가지 솔루션을 시작해보자.

(1) 부정적인 감정이 생기면 하루는 표현하지 말고 내 감정을 지켜보자. 과도한 분노는 상대뿐 아니라 나에게도 손해를 끼칠 수 있다.

(2) 하루 이틀이 지나도 상대방에 대한 분노가 지속되면 상대방에게 화를 낼 가치가 있는지 생각해본다. 상대방에게 분노를 표출하는 것은 내 마음도 다치게 하는 일이므로, 그럴 가치가 없다면 감정을 내려놓는다.

(3) 내려놓기를 결정했다면, 부정적인 감정을 내려놓고 그 감정과 다투기를 멈춘다. 여기에 필요한 요소는 우정, 용서, 배려, 박애, 동정, 공감, 돌봄, 친절, 관용, 수용, 이해, 사려 깊음 등이다.

03

남을 내 맘대로
움직이는 비결

"지구상의 30억 인구가 매일 밤 허기진 배를 붙잡고 잠자리에 들며, 40억 인구가 매일 밤 격려의 한마디를 갈망하며 잠자리에 든다." **- 캐빗 로버츠**

칭찬의 목적은 무엇인가?

칭찬의 목적은 사람의 내적 동기를 높이는 데 있다. 내적 동기란, 어떤 일을 할 때 그 자체로 즐거움을 느끼면서 스스로 더 열심히 하고 싶다는 생각이 드는 마음이다. 자신의 필요 때문에, 자발적으로 선택했기 때문에 도전하고 성취하기 위해 노력한다.

스스로 필요를 알고 선택하기 때문에 강력한 에너지가 되어 사람을 움직이게 한다. 내적 동기는 일시적이고 단순한 물질적인 보상을 원하지 않는다. 사람을 움직이는 원동력이 되는 내적 동기는 자발적인 동기 유발을 통해서 행동이 변하고 인생을 바꾸는 힘이 된다. 따라서 내적 동기에 따라 일을 하면 기쁘고 보람을 느끼게 된다.

내적 동기를 유발하고자 칭찬하면 그것을 믿고 그처럼 하려고 노력하기 때문에 긍정적인 효과를 볼 수 있다. 이 효과는 일이 잘 풀릴 것으로 기대하면 잘 풀리고, 안 풀릴 것으로 기대하면 안 풀리는 경우를 모두 포괄하는 자기충족적 예언으로 '로젠탈 효과' 혹은 '피그말리온 효과' 라고 한다.

처음에는 뭔가를 기대할 수 있는 사람이 아니었다고 치자. 마음속으로 믿게 하고 행동하게 함으로써 그 사람을 자신이 원하는 대로 변하게 만들 수 있다. 이러한 신통한 능력을 칭찬을 통해 기대할 수 있다. 칭찬은 스스로 동기 부여를 할 수 있는 고차원적인 힘이다. 다른 사람으로부터 칭찬과 인정을 받은 사람은 자신감과 희열을 느끼게 되어 결국 태도가 변하고 좋은 성과를 낸다.

기록이 좋지 않은 역도 선수에게 칭찬을 계속한 후 역기를 들게 하면 거뜬히 들어올리는 놀라운 효과를 내는 것처럼, 칭찬은 잠재력을 발휘하는 힘이 있다. 이러한 칭찬은 언제 어디서나 효과를 발휘한다.

남을 내 맘대로 하는 비결이 무엇일까?

비결을 말해주겠다. 특별한 마법이었으면 좋겠지만, 들으면 모두 수긍한다. 단지, 그 사람에 관해 말해주는 것이 전부다. 이때 필요한 키워드는 '미소, 인정, 관심사' 다. 구체적으로 좀 더 알아보자.

(1) 미소

거짓 웃음과 진짜 웃음은 확실히 차이가 있다. 거짓 웃음은 입만 웃지만, 진짜 웃음은 눈이 웃고, 사람의 마음도 동화시킨다. 가슴 깊은 곳에서 우러나오는 미소, 진짜 웃음, 따뜻한 눈빛만이 이심전심으로 전해져 마음을 움직이고 좋은 관계를 이루는 초석이 된다. 억지로라도 웃고, 이미 행복한 사람인 것처럼 행동하다 보면 정말 행복해지는 마법이 이루어진다.

웃는 얼굴로 하는 부탁을 거절하기도 힘들고, 나를 보고 환하게 인사하고 웃는 사람을 미워하기도 어렵다. 미소는 당신에게 호감이 있다는 표현이다. 아무리 좋은 옷으로 화려하게 치장한다고 해도 인상을 찌푸리고 화가 난 표정의 사람은 보기에도 좋지 않으며, 가까이 다가가고 싶은 마음도 생기지 않는다.

감정과 사고는 양방향성을 띤다. 그래서 사람은 진심 없는 웃음을 통해서도 기쁨을 느낄 수 있다. 나는 절대 웃지 않겠다고 결심한 것이 아니라면, 조금 웃어도 괜찮다. 기쁘고 재밌어서 웃지만, 웃어서 기쁘고 즐거워질 수 있다. 상대가 비록 유치하고 허무한 유머를 던지더라도 환하게 웃어주면 빵 터지는 개그로 만들어줄 수 있다. 그러면 상대방의 웃는 모습을 보고 기분이 좋아지고 마음의 벽이 허물어진다.

온화한 눈빛, 밝은 표정, 은은한 미소를 짓다 보면 손해 보는 일도 없다. 이런 사람을 보고 있으면 마음이 평화롭고 호감이 생기면서 다가가서 친해지고 싶은 마음이 든다. 미소를 짓다 보면 보는 사람도 기분이 좋지만, 자신도 기분이 좋아진다. 웃다 보면 웃을 일이 생기고 크게 웃으면 스트레스도 풀어진다.

(2) 인정

맹자는 "밥을 먹여주면서 사랑을 주지 않으면 돼지를 키우는 것과 같고, 사랑만 주되 존중하지 않으면 짐승을 키우는 것과 같다"라고 말했다. 또 "사위지기사자 여위열기자용士爲知己死者 女爲悅己者容"이라는 고사성어가 있다. "선비는 자기를 알아주는 사람을 위해 목숨을 바치고, 여자는 자신을 사랑하는 사람을 위해 모든 것을 건다"라는 말이다.

인간관계에서 근심 걱정이 많은 이유는 인정받고 싶은 욕구와 관련이 많다. 사람은 인정을 받고자 힘들고 고된 일을 참아낸다. 이는 자연스러운 사람의 욕구다. 자기 존재 가치를 끊임없이 확인하고자 하는데, 이 가치를 다른 사람이 손상을 주면 자존심이 상하고 깊게 상처를 받는다.

누군가에게 인정을 받는 데서 존재 이유를 찾는 사람들이 의외로 많다. 자신이 인정받지 못하고 무시당한다고 잘못 생각해서 사회적으로 일탈 행동을 하는 경우도 적지 않다. 자신의 가치를 인정받지 못한다고 느낄 때 세상에 배신감을 느끼기도 한다.

사람이 인정받고 싶어하는 욕구는 물과 공기를 필요로 하는 것처럼 기본적인 욕구다. 그 사람을 필요로 하고 인정한다는 사실을 확인시켜주는 한마디 말에는 놀라운 위력이 있다. 가장 소중한 존재로 사람들에게 인정받고자 하는 욕구가 채워져야 비로소 사람은 행복함을 느낀다. 사람은 자신을 행복하게 만드는 사람에게 끌린다. 인정과 칭찬으로 자기 사람으로 만들어보자.

(3) 관심사

누군가를 만나 무슨 말이라도 해서 그 사람의 마음을 사로잡고 싶은데 적절한 화제를 찾지 못하는 경우가 있다. 성별, 나이, 환경 등 전혀 다른 세계의 사람을 만나면 어떻게 그 사람과 대화를 시작해야 할지 난감할 때가 있다. 이런 상황에 적응하려면 적극적으로 상대방의 관심사를 파악하고 미리 지식을 쌓는 것이 도움이 된다.

일상 대화일 때는 공통 취미가 중요한데, 대체로 무난하게 예능, 코미디, 스포츠, 음악, 영화 등 대중적인 요소로 대화를 시작하면 좋다. 상대가 듣고 싶어할 만한 이야기, 상대가 궁금해할 만한 이야기를 하면 흥미를 불러일으켜 친해지고 싶은 마음이 든다.

상대방과 계속해서 관계를 유지하려면 어떤 식으로든 상대의 관심사를 알아내고 공통분모를 찾으려는 노력이 필요하다. 서로 통하려면 주파수가 맞아야 한다. 공통 관심사가 구체적이고 특별할수록 심리적 거리감을 좁힐 수 있는데, 공통분모가 많을수록 더욱더 가깝게 느껴진다. 말투를 듣자마자 같은 고향 출신임을 알고 바로 호형호제하는 사이가 되기도 한다.

상대의 관심사를 사전에 파악한 후에 대화를 시작하는 것도 좋다. 평소 책이나 잡지를 많이 읽어 대화가 끊이지 않게 한다. 여기에서 관건은, 최대한 상대방이 말을 많이 할 수 있도록 유도하는 것이다. 사람은 자신의 관심사에 관해 이야기하면 눈빛이 빛나고, 상대가 자신의 이야기를 하면 몇 시간이고 집중하여 들을 수 있다. 사람은 누구나 자기가 말을 더 많이 했을 때, 대화가 잘 통한다고 느낀다.

또한, 상대방의 괜찮은 취향을 발견했다면 아낌없이 칭찬한다. 본인과 잘 맞는 것 같다고 대화를 이끌면서 공감대를 형성한다. 여기에서 중요한 점은 상대방이 나와 동질감을 느껴야 한다는 것이다. 저 사람이 나랑 잘 맞는 것 같다는 느낌이 들어야 마음의 문을 연다.

친밀감을 유지하는
특급 칭찬법

"자신을 높이 올리고 싶다면 남을 높이 올려주어라." **- 부커 워싱턴**

사람의 행동은 타인의 반응에 크게 영향을 받는다. 특히, 칭찬은 상대방에게 자신이 품은 긍정적인 감정을 직접 피드백함으로써 효과적인 의사소통과 친밀감을 유지하는 인간관계를 형성할 수 있도록 도와준다.

친밀한 관계를 위해 칭찬법을 활용하여 효과적으로 의사소통하려면 대화를 이끌어나가기 전에 몇 가지 전략을 알고 실행하는 것이 중요하다. 상대방에 대한 기본적인 정보나 공통 관심사를 나누고 적절한 칭찬과 도움을 요청하면서 수락하는 것으로 대화를 유도할 수 있다.

대화할 때는 칭찬이 진가를 발휘하는 경우가 많다. 그렇다고 마음에도 없는 아첨을 하라는 이야기는 아니다. 적당한 기회에 진심에서 우러나온 칭찬과 감사는 관계를 돈독하게 만드는 좋은 방법이다.

행복은 인간관계에서 친밀감이 있을 때 찾아온다. 서로 조금씩 이해하면서 소통하고 칭찬하는 기술을 사용하면 관계를 부드럽고 유연하게 유지해나갈 수 있다.

모든 인간관계에 활용할 수 있는 4가지 특급 칭찬법

(1) 자존감으로 배려하기

다른 사람의 내면을 이해하고 그 사람의 인정받으려는 욕구를 충족시켜 주면서 본인의 의견을 부드럽게 표현하는 사람은 자존감이 있는 사람이다. 자존감이 높은 사람은 자신에 대해 긍정적인 태도를 지니며, 자신의 약점을 인식하면서도 자신은 가치 있으며 사랑받을 수 있는 존재로 인식하는 사람이다.

자신감, 자존심, 자존감은 조금씩 다르다. 자신감은 내가 무언가를 잘할 수 있겠다고 생각하는 마음이다. 나보다 잘난 사람을 보면 쉽게 자존심이 상해 열등감에 쌓이기도 한다. 그러나 자존감은 내가 무언가를 잘하지 못해도 변함없이 나를 인정하고 사랑하는 마음이다.

또한, 자존심은 타인이 나를 소중하게 대해주길 바라지만, 자존감은 타인의 태도와 무관하게 흔들리지 않고 자신을 존중하고 아끼는 마음이다. 자존감이 높을수록 자신감 있게 대화를 이끌어나가기도 한다.

상대가 좋아할 만한 것을 하고, 상대가 싫어하는 것을 하지 않으면 관계는 원만해진다. 진정한 의사소통은 상대에 대한 배려가 많아야 한다는 데 있다. 배려는 타이밍이 중요하다. 타이밍을 고려하지 않거나 상대가 원하는지 아닌지 의사를 묻지 않은 배려는 자기중심적인 선심 쓰기일 뿐이다.

자기를 내보이고 싶은 욕구에서 나온 배려는 상대를 부담스럽게 한다. 누구나 자기중심적인 성향이 있는데, 자기중심적인 성향이 낮은 자존감에서 비롯된 것인지, 높은 자존감에서 비롯된 것인지에 따라 상대방을 대하는 태도가 달라진다. 나의 마음을 보여주어도 보지 않고, 들려주어도 들어주지 않을 때 관계는 불편해진다.

배려를 어떻게 해야 할지 모르겠다면 그저 질문하면 된다. 시의적절한 질문, 무엇이 필요한지 물어봐주는 것이 배려다. 배려는 무언가를 많이 해주는 것이 아니다.

존중과 감사의 표현, 쿠션 언어

쿠션 언어란, 폭신폭신한 쿠션처럼 말랑말랑한 언어를 뜻한다. 상대방을 배려하면서 대화하면 분위기가 부드러워지고 좋은 느낌이 든다고 해서 쿠션 언어라고 표현한다. 쿠션 언어는 하고자 하는 말을 최대한 부드럽고 완곡하게 표현하는 방식이다. 상대방의 충격을 흡수함으로써 그만큼 상대방을 배려하고 고려하고 있다는 나의 마음을 전해줌으로써 원만한 소통을 하는 데 매우 효과가 있다.

쿠션 언어는 공감, 요청, 부탁, 의뢰, 반론, 거절 등과 같이 꺼내기 어려운 말을 할 때 사용한다. 상대방을 배려하는 몇 마디 말, 즉 "죄송합니다만, 실례합니다만, 번거로우시겠지만, 괜찮으시다면, 감사합니다"와 같은 말은 상대방에 대한 세심한 배려와 정성이 느껴지는 표현이다. 이러한 표현법으로 말하는 사람은 바른 환경에서 잘 자란 사람임을 나타내고, 듣는 사람은 은연중에 존중받는 느낌을 받는다.

- 부탁할 때 : 죄송합니다만, 송구합니다만, 번거로우시겠지만,

  많이 바쁘신 줄 알지만, 수고를 끼쳐 죄송합니다만 등.

- 거절할 때 : 유감스럽지만, 대단히 죄송합니다만, 공교롭게도, 도움이 못 되어

  아쉽습니다만, 모처럼 청해주셨는데, 실례인 줄 알지만, 말씀드리기

  어렵습니다만, 대단히 안타깝습니다만, 기대에 부응하지 못해

  죄송합니다만 등.

- 반론할 때 : 무슨 말씀인지는 알겠습니다만, 말대답 같아 죄송합니다만,

  확실히 맞는 말씀입니다만 등.

쿠션 언어를 활용할 때는 10가지 유의사항이 있다.

1) 똑같이 불쾌한 감정을 표현하지 않는다.

2) 먼저 상대방의 감정에 공감한다.

3) 상대방의 말을 인정한다.

4) 설득을 시작하기 전에 반걸음 물러선다.

5) 부드럽고 완곡한 표현으로 자신의 견해를 설명한다.

6) 구체적인 예를 들면서 신뢰를 쌓는다.

7) 상대방의 잘못을 드러내지 말고 감싸준다.

8) 동의나 반대를 하지 말고 개방형 의사소통을 한다.

9) 과도한 표현에는 부드러운 표현으로 대답한다.

10) "그러나, 하지만, 그런데"와 같은 첫 단어를 피한다.

(2) 공감하기

상대방의 뜻을 이해하지 않은 채 자기중심적으로만 생각해서 상대방을 무시하면 관계가 좋아질 리가 없다. 친밀한 관계를 유지하려면 상대방을 이해하고 상대방의 마음을 느낄 줄 알아야 하는데, 사람마다 공감 능력이 달라서 문제가 생긴다. 어쩌면 상대방의 이야기를 들어주기만 하는 사람이 가장 훌륭한 대화상대일 수도 있다. 사람은 누구나 자신이 대화의 주인공이 되고 싶어하기 때문이다.

적극적으로 경청하여 좋은 대화 상대자가 되려면 자신의 말을 최소한으로 줄이고, 적극적으로 주의를 집중시켜 상대방으로 하여금 잘 듣고 있다고 확신을 주면서 공감하고, 감정에도 귀 기울일 줄 알아야 한다. 듣는 쪽은 화자의 이야기뿐 아니라, 화자가 겪은 감정과 기분까지도 들어주어 그 감정을 인정하도록 도와준다.

김소연 시인은 《마음사전》에서 다음과 같이 말했다.

> "공감은 다른 사람들의 감정적 영향에 우리를 열어둠으로써, 그들에게 설득당할 목적을 세워둔다. 그리고 나에게 설득당할 누군가를 예정해둔다. '공감'이 유발하는 설득은, 이성적인 설득보다 훨씬 더 직접적이며, 한마디면 충분할 경우도 많다. "네가 옳아" 혹은 "그것도 좋은 방법이지" 같은 한마디를 듣고 싶어서, 우리는 길고 긴 하소연을 할 때가 많은 것이다. 무슨 말을 듣고 싶어하는지 알고 있어서 가능한 이 립 서비스를, 우리는 공감으로 착각하기 일쑤다. 타인의 자아나 다른 자아가 여기에 존재하는 것이 아니라 나의 자아가 여기에 또 한 번 존재한다는 이 착각은, 너와 나를 '우리'라고 칭하기에 충분하다."

공감할 때 잊지 말아야 할 것은 무엇일까?

상대방의 이야기를 듣고 문제를 해결해주는 것이 아니라, 상대방의 기분을 이해하고 있다는 사실을 보여주는 데 있다. 다시 말해, 공감이란 상대방의 경험, 감정, 사고, 신념 등을 상대방에게 맞춰줌으로써 그의 마음으로 듣고, 이해하고, 느끼는 것을 말한다. 상대방의 말에 포함된 정서, 의도, 동기, 갈등, 고통 등을 이해하지 못한다면 공감적 이해는 불가능하다.

또한, 사람은 언어보다 비언어적인 수단을 통해서 자신을 더 정확하게 잘 표현하는 경우가 있다. 누군가와 대화를 할 때, 언어 외적인 분위기, 말의 뉘앙스, 표정, 몸짓, 시선, 안색 등 다양한 비언어적 교류를 통해 의사를 전달하고 느낀다. 한 연구에 의하면 언어는 의사 표현의 20% 이하에 불과하다고 한다. 슬퍼할 때 토닥여준다거나, 기쁠 때 손뼉을 쳐준다거나, 무서울 때 손을 잡아주는 등의 경험은 공감의 질을 높인다.

친밀한 관계로 나아갈수록 공감 능력이 필요한데, 이러한 능력은 나 자신을 다른 사람의 상황에 대입해보는 데서 출발한다. '틀림'이 아니라 '다름'을 인정하면서 이전에 몰랐던 새로운 사실을 즐겁게 수용하고, 인정하는 과정에서 이전에는 없던 새로운 관점이 만들어진다.

단순히 이야기를 들어주고 감정을 인정하는 것이 아니라, 그 사람과 나아가 세상에 대한 진솔한 이해와 통찰까지 달성하는 것이 공감 능력의 핵심이다. 이러한 생활이 거듭되면 습관이 되어 한 사람의 인격을 형성한다. 좋은 습관은 좋은 성격을 이루는 근간이 되어 누구하고도 좋은 인간관계를 맺고 유지할 수 있다.

대화를 나눌 때, 자신감 있고 긍정적인 자세로 진실하고 성의 있는 말과 행동이 이루어졌을 때 상대방에게 신뢰감을 준다. 긍정적인 사고는 모든 일에 자신감을 느끼게 하고 누구하고나 신념이 있는 대화를 나눌 수 있게 한다.

(3) 질문하기

상대방의 마음을 닫게 하려면 자기 생각과 자기 감정만을 분출하면 된다. 그 사람의 생각과 감정을 이해하지 않고 자기 방식대로만 생각하고 자기 말만 중요하다고 마구 밀어붙이면 그 사람의 마음의 문을 영원히 닫아버리게 할 수 있다.

그렇다면 이와 반대로, 상대방의 마음을 정확하게 이해하는 방법은 무엇일까?

정답은 '질문하면 된다!' 의사소통의 가장 중요한 사항은 질문을 계속 이어가야 한다는 데 있다. 질문의 다른 말은 '관심'이다. 대화를 계속 이어나가려면 서로 여러 가지 질문을 해야 한다. 단, 어떤 질문들은 대화를 화기애애하게 만들지만, 어떤 질문은 대화의 맥을 끊고 대화를 전개하는 데 장애가 된다.

특히, 단답형의 대답이나 '예, 아니요' 로 대답하는 폐쇄형 질문은 가능한 한 피해야 한다. "왜", "어떻게?" 와 같은 개방형 질문의 장점은 대화를 유도하고 대답의 폭이 넓어서 대화를 이어나갈 수 있게 해준다. 가벼운 질문으로 시작해서 질문 강도를 높여 상대방의 마음을 들여다볼 수 있는 질문으로 바꿔본다. 대화가 깊어질수록 상대의 속마음과 가치관을 알 수 있다.

'의사 확인' 은 가장 익히기 쉬운 방법이다. 의사 확인은 상대방의 생각을 내가 이해한 대로 바꾸어 다시 진술하여 확인하는 것이다. 의사 확인을 할 때는 상대방의 기분과 생각이 무엇이며, 무엇을 말하려고 하는지 그의 의사에 대하여 더욱 예의 바르고 부드럽게 물어보면 된다. 이때, 상대방의 말문을 닫게 하려는 것이 아니라 마음의 문을 열게 하는 데 목표를 두어야 한다. 무엇보다 상대방의 대화를 듣고 자신이 올바로 이해했는지를 다시 확인하는 것이 좋다.

의사 확인은 앞서 설명한 공감하기 방법과 나란히 진행하는 방법이다. 공감할 때에는 상대방의 기분과 감정을 더 정확하게 파악하려고 노력하게 된다. 의사 확인을 위한 질문을 할 때, 상대방을 진심으로 이해하고 싶다고 정확하게 요청해야 한다. 상대방은 자신의 견해에서 상황을 어떻게 받아들이고 있는지, 어떤 기분인지, 내가 상대방의 말을 제대로 이해하고 잘 따라가고 있는지 질문하며 대화를 이어나가야 한다.

개방형 질문의 예시

예를 들어, 다음과 같이 상대방의 생각과 감정을 알기 위해 의사 확인을 위한 질문을 할 수 있다. 질문의 형태는 매우 다양한데, 생각을 좀더 알기 위한 질문, 감정을 제대로 파악했는지 묻는 질문, 더 많은 것을 말해주기를 바라는 질문, 문제를 해결하기 위한 개방형 질문 등이 있다.

- ○○에 대해 더 얘기해주겠어요? 그 얘기를 더 듣고 싶어요.
- 그렇다면, 지금 이 상황을 어떻게 생각하시나요?
- 그때 어떤 기분이 들었는지 더 듣고 싶어요.
- 지금 저한테 화가 나신 것 같아요. 제 생각이 맞나요?
- 지금 얘기하신 게 중요한 거 같은데, 어떻게 생각하는지 말씀해주시겠어요?
- 이 문제를 다른 방식으로 대해보는 건 어떨까요?
- 어떻게 해야 제가 도움이 될까요?

단, 의사 확인을 할 때는 존중과 배려를 통해 친밀한 방식으로 부드러운 분위기에서 질문을 던져야 한다. 어떤 비언어적 수단을 사용하느냐에 따라 무시나 비아냥으로 들릴 수 있다. 태도와 말투에 상대방에 대한 기분과 처지에 진심으로 관심이 있는지, 상대방에게 순수한 호기심이 있는지 보여주어야 상대방이 마음의 문을 연다.

의사 확인을 할 때 주의해야 할 점

의사 확인을 해야 할 때 주의해야 하는 경우는 바로 문제 해결에 중점을 둘 때다. 상대방은 단지 감정을 해소하고 싶었을 뿐인데, 문제를 해결해주겠다고 두 팔을 걷어붙이고 나선다면 오히려 상대방을 괴롭히는 것과 같다. 오히려 이런 태도는 상대방을 무시하고, 상대방에게 문제가 있으며, 상대방보다 내가 더 우위에 있는 존재라며 잔소리로 받아들여진다.

문제를 해결해주는 자세가 나쁜 것은 아니지만, 시기가 중요하다. 상대방이 아직 감정을 해소하기도 전에 해결부터 해주겠다고 나서면 상대방은 귀를 닫아버릴 것이다. 상대방의 말부터 먼저 경청하는 자세로 듣고 천천히 마음의 문이 열리도록 의사 확인을 하며 부드럽게 질문하면서 격려한다면, 상대방에게 있는 문제는 더는 상대방에게 문제가 안 될 것이다. 상대방은 단지 "그래, 네 말이 맞아", "그런 기분이 드는 건 당연해"라는 말을 듣고 싶었을지도 모른다.

앞서 설명한 자존감으로 배려하기, 공감하기, 질문하기와 같은 방법은 상대방의 말을 경청하면서 효과적으로 의사소통을 이어나갈 수 있는 특급 전략이다. 이 3가지 전략 중 어느 하나라도 빠진다면 이제까지 수고했던 모든 노력이 사라져버릴 수 있다.

이 전략에는 상대방의 말을 경청하기, 진실한 자기 표현으로 상대방을 존중하는 마음과 결합했을 때 더 친밀한 관계를 이어나가는 데 도움이 된다.

(4) 존중하기

돈을 쓰지 않고도 상대를 흡족하게 하고, 항상 강력한 효과를 발휘하는 것은 무엇일까?

돈도, 시간도 들이지 않고 자유롭게 얼마든지 할 수 있으며 항상 긍정적인 효과를 낳는 요소들이 있다. 바로 '존중, 인정, 격려, 칭찬, 배려, 친절' 등이다. 상대방에 대해 긍정적인 시선을 보여줌으로써 효과적으로 의사소통할 수 있으며, 친밀한 관계를 돈독하게 하는 데 아주 중요한 비결이다.

많은 사람이 이런 사실을 이해하고 있지만, 좀처럼 인정하고 싶어하지 않는다. 많은 사람이 자기가 손해를 보는 것도 아닌데 인색하게 굴며 하루에 3번 이상 칭찬하기 힘들어한다. 어떤 사람에게 하루에 칭찬한 가지씩, 만나는 사람마다 해보라고 하면, 난색을 보인다든가, 중간에 칭찬할 것이 생각이 나지 않아 금방 포기해버리곤 한다. 이 글을 읽는 독자 여러분도 한 번 생각해보길 바란다. 오늘 하루 만난 사람들에게 얼마나 칭찬을 했으며, 얼마나 상대방을 존중하고 배려해주었는지를 말이다.

누군가와 더 친밀한 관계가 되길 바라는가?

존중은 꼭 필요하다. 상대방을 무시하고 함부로 대하면서 사랑받고 싶어하는 존재는 어린아이들이나 가능할 것이다. 누구나 사랑받고 존중받고 싶어하지만, 상대방을 사랑하고 존중을 베푸는 데는 주저하곤 한다. 관계가 좋고 친밀할 때는 사랑과 존중이 쉬울 수 있지만, 화가 나거나 다툼이 있는 상황이나, 자존심이 상해 자아가 다친 상황에서 존중하기란 매우 힘든 일이다.

마음속 가장 깊은 곳에서 진정으로 상처를 받을 수 있는 유일한 것이 바로 자아다. 자아가 위협을 받으면 불안함을 느껴서 내재된 자아에 상처를 받게 된다. 더구나 상대방에게 똑같이 상처를 주게 된다.

자아는 유리와 같이 약하고 깨지기 쉬우며, 상대방에 따라 쉽게 투과된다. 그래서 다른 사람과 의사소통을 하며 관계를 이어나갈 때는 상대방의 자아를 존중하는 데 주의를 기울여야 한다.

상대방에게 관심을 기울이지 않고 한 귀로 듣고 흘리면서 더 의미 있는 대화를 나누지 못하는 일이 종종 있다. 상대방의 말이 절대적으로 옳다는 것을 아는 데도 자신의 잘못을 인정하지 않게 된다. 그래서 설득하고 자신을 합리화하기 위해 직언을 하는 가장 나쁜 방법을 택하기도 한다.

특히, 직접적이나 공개적으로 상대방의 잘못을 지적하는 것은 상대방을 인정하지 않는 행위이며, 상대방을 존중하지 않고 무시하는 짓이다. 사람은 본능적으로 다른 사람에게 인정받길 갈망한다. 그래서 다른 사람의 자존심을 상하게 해서라도 자신이 인정받으려는 어리석은 행동을 하기도 한다.

다행히 우리는 이제 이러한 관계가 더 심각해지기 전에 예방할 수도 있고, 다른 사람의 경험을 공감하고 존중해줄 수도 있다. 특히, 일방적으로 내 의견만 전달하기보다는 상대방이 어떻게 수용하고 이해하는지를 고려해야 한다. 생각과 말, 행동, 글 등을 서로 주고받으면서 올바르게 경청하고 존중하는 것이 효과적인 의사소통 전략이다.

세 가지 소통 방문법을 쓸 수도 있다.

입의 방문, 손의 방문, 발의 방문을 말한다.

입의 방문은, 따뜻한 말로 칭찬하면서 용기를 주는 것이다.

손의 방문은, 편지를 써서 솔직한 마음과 특별한 관심을 전달한다.

발의 방문은, 힘든 일을 겪었을 때 망설이지 말고 찾아가는 것이다.

특히, 입을 통해 할 수 있는 말은 무수히 많은데, 칭찬은 할수록 커지며, 편지는 쓸수록 친해지며, 어려울 때의 도움은 감동을 준다.

대체로 의사소통이 잘 안 되고 남을 잘 존중하지 못하는 사람들의 공통점은 다음과 같다.

- 상대방 처지를 이해하지 않고 나와 같을 것이라고 착각하는 사람

- 상대방 말을 끝까지 잘 안 듣고 대화 중에 딴생각을 하는 사람

- 내가 말하지 않아도 상대방이 알아서 할 것이라고 예측하는 사람

- 내가 무슨 말을 해도 상대방이 이해하리라 생각하는 사람

상대방이 정말 싫고 존중할 가치가 없다고 여겨지는 데도 어떻게 진실하게 그 사람을 대하며 존중할 수 있을까? 누구나 기분 나쁜 상황에서는 부정적인 말을 아무렇게나 내뱉어 상대방을 화나게 만들어버린다. 그러나 사람은 어떤 상황에서든 남에게 인정받고 존중받고 싶어하며 언제나 칭찬받기를 원한다.

상대방을 존중하며 칭찬하면서 자아에 상처를 입히지 않으면, 어떤 화제를 건네도 문제가 생기지 않는다. 그 사람을 지적하고 비판할 때도 호감과 존중을 함께 표현하면 상대방은 적대적인 자세를 취하지 않는다. 존중의 힘은 비로소 여기에서 생긴다.

존중은 배움을 통해 습득할 수 있다. 심리학자 예이츠와 홀로만이 존중의 뜻을 표현하는 11가지 말을 정리했는데, 다음과 같다.

"격려하는 말, 관용하는 말, 서로를 이끌어주는 말, 서로를 존중하고자 하는 말, 미래에 대한 기대감을 표현하는 말, 더 큰 기대를 품은 말, 솔직한 마음을 나누는 말, 상대에 대한 이해를 표현하는 말, 사랑한다는 말, 서로가 서로에게 협력과 공조하는 대상임을 밝히는 말, 서로의 책임을 중시한다는 말."

존중은 다른 사람을 배려하면서 자신과 같이 하나의 인격체로 동등한 처지에서 상호작용을 하는 태도다. 여기에는 몇 가지 방법이 있다.

1) 상대방을 칭찬할 때는 진심을 담아서 한다. 특히, 상대방이 한 행동이나 성격 중 긍정적인 요소나 마음에 드는 점을 구체적으로 칭찬한다.

2) 상대방에게 관심이 있으면 비언어적인 요소를 이용한다. 따뜻한 마음, 배려, 제스처, 스킨십을 몸짓 언어로 담아낸다. 얼굴에는 부드러운 미소를, 손길에는 따뜻함을 담아 표현한다.

3) 감정을 표현할 때는 부드러운 말투와 공손한 태도로 한다.

4) 상대방에게 자신이 좋아하고 있으며, 존중하며, 칭찬받을 만한 존재로 본다는 것을 상대방이 알도록 표현한다.

5) 상대방과 의견이 다르더라도 무시하거나 틀렸다고 공격하는 대신, 솔직한 의사 표현을 칭찬하고 의사 확인을 통해 점잖게 묻고 평가해준다.

친밀감을 유지하는 특급 칭찬법

1. 자존감으로 배려하기	상대방의 말에 자존심이 상하더라도, 그 말 속에서 진심을 찾아보기. 쿠션 언어 사용으로 상대방의 상처나 충격을 흡수한 만큼 부드러운 언어로 배려하기.
2. 공감하기	상대방의 처지에서 생각하고 경청하며 이해하기. 특히, 상대방의 문제를 해결해주는 것이 아니라, 상대방의 기분을 이해하고 있다는 사실을 보여주기.
3. 질문하기	상대방이 어떤 생각과 마음인지 묻기. 의사 확인을 통해 상대방의 생각을 내가 이해한 대로 바꾸어 다시 진술하여 확인하기. 상대방의 기분과 생각이 무엇이며, 무엇을 말하려고 하는지 그의 의사에 대하여 더 예의 바르고 부드럽게 질문하기.
4. 존중하기	상대방에게서 긍정적인 면을 찾고, 화가 치밀어도 존중하는 태도를 보이기. 배려하면서 자신과 같이 하나의 인격체로 동등한 처지에서 상호 작용하기.

특급 칭찬법으로 소개한 위 4가지 비결을 일상생활에 바로 적용할수록 관계가 회복되고, 친밀한 관계로 곧장 나아간다. 능숙하고 노련한 기술은 불편할 관계를 해결하는 열쇠가 아니다. 상대방을 진심으로 대하는 자세와 다음과 같은 것들이 더해졌을 때 비로소 완성된다.

1. 지금보다 더 좋은 관계를 맺어야겠다고 결심하라. 결심하지 않으면 어떤 비결도 아무 소용이 없다.

2. '자존감으로 배려하기, 공감하기, 질문하기, 존중하기'의 4가지 방법을 이해하고 공감하면서 생활 속에서 실천해나가야 한다.

3. 자존심이 상하더라도 겸손한 자세를 취해야 한다. 겸손함은 자기 비하가 아니며, 자존심이 상하는 일이 아니라 자존감이 높은 사람만이 할 수 있는 고귀한 행위다.

4. 인내가 필요하다. 매일 훈련하여 적용함으로써 하나의 루틴이 되어 뇌에 정착이 되어야 한다.

5장

칭찬을 잘 하는
비결과 원칙

칭찬 시
체크해야 할 사안

"사람들은 누구나 건강, 장수, 수면, 맛있는 음식, 돈, 미래의 행복, 만족스러운 성생활, 자식들의 건강과 행복, 중요한 사람으로 인정받고자 하는 욕구 등을 소망한다. 이들 대부분은 대개 노력으로 성취할 수 있지만 오로지 '인정받고자 하는 욕구' 만은 혼자 힘으로 해낼 수가 없다." - 데일 카네기

수많은 사람들의 공통된 고민 한 가지는?

수백 명의 고민을 들어보니 공통점이 하나 있었다. 고민의 원인은 대체로 인간관계였다. 어쩌면 사람의 인생은 인간관계가 전부라고 해도 과언이 아니다. 사람은 살면서 수없이 다양한 인간관계를 맺는다. 이러한 관계 속에서 지금도 감사와 칭찬에 대해 사람들이 저마다 긍정적으로 반응하는 것에, 그리고 칭찬과 감사 없이 지나칠 때 일어나는 비극적인 결과에 계속 놀라고 있다.

때때로 생각한 것을 그대로 언어와 행동으로 표현하고 싶은데 충분

히 표현되지 않을 때가 많다. 쉽게 내뱉은 말은 도로 주워담을 수가 없기에 신중하게 생각하느라 망설일 때가 많고, 생각이 쌓이다 보니 부정적인 두려움에 휩싸여 솔직하게 말할 용기를 잃을 때도 많다. 그렇다고 하고 싶은 말을 너무나 솔직하고 함부로 쏟아내어 상대방과의 불화를 자초하고 싶지도 않다.

말에도 적정 온도가 있다. 칭찬에 익숙하여 자존감이 높은 사람은 적정 온도를 벗어나지 않는다. 지나치게 뜨겁거나 차가운 말은 분위기를 얼려버린다. 말에는 그 사람의 가치관, 철학 등이 담겨 있다. 말에 형체가 없다고 아무 말이나 뱉어버리면, 말은 사라져도 기억 속에는 오래 남아 잘 사라지지 않는다.

적정 온도로 말하기 위해 주의해야 할 점

(1) 두 사람이 이상이 모였을 때 침묵이 어색하다고 아무 말이나 하는 것보다 그 자리에 어울리는 말을 하고, 어울리지 않는 말이라면 차라리 듣기만 하는 것이 낫다. 대화의 주도권에 집착하면 말하는 즐거움을 얻는 대신 사람을 잃는다.

(2) 누군가의 "괜찮다"라는 말은 사실 괜찮지 않은 경우가 더 많다. 괜찮다고 말하는데 표정이며 느낌이 부정적이라면 그것은 괜찮지 않은 것이다. 사람은 말로는 거짓말을 할 수 있어도 태도로는 거짓말을

할 수 없다.

(3) 속마음을 표현한다고 해도 성격이 무뚝뚝하거나 감정에 무감각한 사람은 퉁명스러운 태도로 상대방에게 상처를 주기도 한다. 가족, 친구, 동료에 이르는 다양한 인간관계를 언어뿐 아니라 태도로 인해서도 망칠 수 있다.

(4) 칭찬이나 악의 없는 말을 해주었는데, 누군가 무례한 태도로 대답하면 우리의 뇌에는 뜻하지 않게 감정적인 부분이 활성화된다. 그것도 긍정적인 부분이 아니라 부정적인 부분이 자극을 받아 딜레마를 만들어 낸다. 자존감이 상하지 않도록 회피하거나 맞서게 된다.

(5) 사람은 인과 관계를 기본으로 행동한다. 칭찬을 들었을 때 즐거웠다면 추구하게 되고, 꾸중을 들었을 때 고통스러웠다면 회피한다. 칭찬하면서 잘한다고 하면 그 일을 더 열심히 하게 되는데 긍정적인 기대에 부응하고자 하는 심리 때문이다.

(6) 관계가 나쁜 사람일수록 존중해야 하며, 보이지 않는 곳에서는 험담이 아니라 칭찬을 해야 한다. 언젠가는 결국 그 사람의 귀에 욕이든 칭찬이든 들어가게 되는데, 칭찬이 들어가게 되면 자연스럽게 우호적인 관계로 이어진다.

사람은 칭찬 속에서 성장하는 존재와 다름없다. 칭찬을 통해 자신의 존재 가치를 확인하게 된다. 칭찬보다 더 좋은 응원은 없다. 남에게 칭찬을 받고 싶으면 먼저 다른 사람을 인정하고 칭찬해줘야 한다. 존중과 배려는 일방적인 것이 아니라 상호 보완하는데, 모든 관계에 적용된다. 내가 존중받고 싶은 만큼 다른 사람을 존중하는 마음이 자리를 잡는다면, 아무리 어렵고 힘든 일을 겪게 되더라도 버텨나갈 힘이 생긴다. 진정으로 칭찬과 존중을 받고 싶다면 질책보다는 칭찬과 격려, 존중과 배려가 선행되어야 한다.

이러한 칭찬을 할 때는 다음과 같이 체크해야 할 몇 가지 사안이 있다.

첫째, 사람에 따라 잘못된 칭찬을 하고 있지 않은가?

스스로 자아를 못 찾아 힘들어하는 사람에게는 '약' 이 되지만, 교만한 사람에게 하는 과도한 칭찬은 '악' 이 될 수 있다. 생각 없이 무심코 한 칭찬이 상대방에게 독소가 될 수 있으므로 주의가 필요하다. 지금 나쁜 행동을 하는 사람에게 칭찬하면 그 사람을 불행으로 안내하는 길이다. 특히 힘을 가진 사람이 잘못된 행동을 했을 때, 직언이 아닌 칭찬을 하면 그 사람의 아집과 교만함은 하늘 높은 줄 모르고 치솟을 것이다.

둘째, 목적성 칭찬을 하고 있지 않은가?

칭찬할 때도 조심해야 할 때가 있다. 상대방이 무기력하고 좌절감을 느낄 때 응원하거나 과정을 칭찬해주는 방법은 힘이 될 수 있다. 그러나 모든 것을 가진 사람에게 결과만을 칭찬한다면 무리한 결과를 도출하게 만들고 과정을 부수적인 요인으로 만든다. 따라서 어떤 수단을 사용하든 결과만 좋으면 된다고 생각하게 만들어 과정을 무시하게 되는 경우가 생긴다.

셋째, 실제 결과보다 과한 칭찬을 하고 있지 않은가?

내가 한 일보다 지나친 과잉 칭찬이나 반응을 받으면 그 일에 대해서 인정을 받았다는 뿌듯한 느낌이 들기보다는, 나를 무시하고 놀린다고 생각하여 거부감이 들거나 부담감이 들 수 있다. 칭찬으로 인한 긍정적인 효과보다 부정적인 효과를 먼저 나타나게 하는 요인이 될 수 있으니 조심해야 한다.

넷째, 마음에 없는 칭찬을 하고 있지 않은가?

마음에 없는 칭찬은 칭찬을 받지 못했다는 느낌을 준다. 성의 없는 칭찬은 의도가 왜곡되어 전달될 가능성이 높으며, 상대방도 으레 하는 형식적인 말로 받아들일 수 있다.

다섯째, 그 사람을 조종하기 위해 칭찬하고 있지 않은가?

자신이 정한 기준과 목표를 정해놓고, 그 기준에 충실했을 때만 칭찬하는 경우가 있다. 칭찬은 고래를 춤추게 하기 위한 맛있는 먹이다.

결국, 칭찬을 상대의 자유의지가 아니라 나의 뜻대로 조종하고 내가 원하는 바대로 움직이기 위한 마음으로 한다면 부작용이 심해진다. 그럴 때 필요한 것은 칭찬이 아니라 격려일지도 모른다. 상대방의 모습을 그대로 존중하고 인정하는 것만으로도 상대방에게는 칭찬 그 이상의 긍정적인 효과가 있다.

인간은 어른으로 자라도 여전히 아이와 같은 마음이 숨어 있다. 아이는 인간의 본질을 순수 그 자체로 담은 존재로 어른이 되어도 본질은 변하지 않는다. 그래서 아이가 보상을 바라는 것처럼, 어른도 보상을 받고 싶어한다. 이런 심리를 이용하여 상대방이 내가 원하는 행동을 했을 때만 칭찬하여 상대방의 행동을 증가시키는 것으로 상대방을 조종할 수 있다. 이때는 악용하지 말고 적절히 사용해야 관계를 유지하고 발전해 나갈 수 있다.

02

칭찬의
원칙

"칭찬은 평범한 사람을 특별한 사람으로 만드는 마법의 문장이다." - **막심 고리키**

칭찬거리는 객관적으로 존재하는 것이 아니라, 시각과 해석에 따라 만들어진다. 칭찬거리를 찾아 적절한 방법으로 표현하는 능력이 필요한데, 그러려면 상대방의 행동과 특성을 인정하고 격려하는 언행을 해야 한다. 정확하게 칭찬거리를 짚어내지 않더라도 인정, 승인, 격려, 응원하는 행동 역시 칭찬과 동일한 효과를 발휘한다.

또한, 상대방이 느끼기에 수용할 만하고, 이전에 듣지 못했던 신선한 칭찬은 상대방의 마음을 쉽게 허물어트린다. 그러한 칭찬의 힘은 어디에서 나오는 걸까? 상대방을 민감하게 관찰하고 적절한 타이밍에 센스 있는 재치가 더해졌을 때 상대방에게 감동을 주고 마음을 움직일 수 있다.

마음을 움직이는 칭찬 원칙 6가지

(1) 개별화의 원칙

모든 칭찬이 같은 효과를 주는 것은 아니다. 무엇을 어떻게 칭찬하느냐에 따라 효과가 달라진다. 칭찬은 적절해야 하며, 오직 상대방만을 위한 것이어야 한다. 사람은 처음 만난 사람을 볼 때 편견으로 보는 경우가 있다. 과거의 누군가와 닮은 느낌에 그 사람을 투영시켜서 그런 사람일 것이라고 단정 짓는 경향이 있다.

보편적으로 적용되는 성격 특성을 자신의 성격과 일치한다고 믿으려는 현상을 '바넘 효과' 라고 한다. 바넘Phineas Taylor Barnum은 곡예단에서 사람의 성격을 맞히는 일을 하던 사람이었다. 바넘 효과는 그의 이름에서 유래했다. 그는 사람의 심리에 이런 본능이 있다는 것을 알고 몇 가지의 유도 질문을 통해 그 사람이 마치 그 심리를 가지고 있다는 착각이 들도록 만들었다.

이런 효과는 상대방을 알 수 없다는 두려움을 가진 사람의 심리를 이용한 방법 중 하나다. 상대방을 자기 머릿속의 특정 유형에 넣어버려 상대방의 행동을 통제 가능하다고 생각하고 그 사람을 잘 안다고 안심하고 싶어한다. 예를 들어, 유행가 가사를 들으면 다 내 얘기 같고, 점을 보거나 심리테스트, 혈액형 유형 테스트를 하면 잘 맞춘다고 귀가 솔깃해지며 쉽게 동조하는 현상을 말한다.

비과학적이라고 해도 많은 사람이 이를 믿고 합리화하며 아무 비판 없이 그대로 받아들인다. 그리고 마음속으로 이 사람은 이런 유형, 저 사람은 저런 유형일 것이라며 유형을 만들어 판단하곤 한다. 상대방을 유형화하며 상대방을 관찰하여 그 사람에게 얻은 정보와 힌트로 그 사람만을 위해 하는 칭찬은 매우 적중률이 높은 효과를 발휘한다. 현명하고 센스가 있는 사람은 적절한 상황에 적절한 말로 그 사람에게 맞는 칭찬을 하며 분위기를 부드럽게 만들어 마음의 문을 활짝 열게 한다. 이때 칭찬의 효과는 많이 하는 횟수가 아니라 적중률에 있다.

또한, 칭찬은 공평하게 나눠먹는 피자 파티여서는 안 된다. 칭찬할 때는 한 사람이 행한 유일한 업적을, 많은 사람 가운데 그 사람만 칭찬해야 효과가 높다. 언젠가 한 번씩 모두에게 다 돌아갈 것 같은 칭찬에 감격할 사람은 아무도 없다.

내가 자주 하는 칭찬이더라도 상대방이 감격하면 진부한 칭찬이 아니지만, 내가 처음 하는 칭찬이더라도 상대방이 자주 듣는 칭찬이었다면 진부한 칭찬이다. 또한, 이미 한 칭찬을 또 하는 것도 의미가 없는데, 이미 인지하여 수용했기 때문이다. 그러므로 같은 칭찬을 또 하는 것도, 두 번째 사람이 되어 칭찬하는 것도 상대방에게 감흥으로 남지 않아 기억되지 않는다.

(2) 타이밍의 원칙

칭찬이란 적절한 타이밍에 했을 때 빛을 발한다. 너무 이르거나 너무 늦게 하는 것보다 칭찬을 받을 마음의 준비가 되었을 때 즉시 하는 것이 좋다.

칭찬은 내용, 시간, 칭찬과 칭찬 사이의 간격에 따라 효과가 달라진다. 그래서 칭찬이나 지지에는 타이밍이 중요하다. 시기를 놓치면 칭찬의 긍정적인 힘을 잃을 수 있다. 성공적으로 미션을 끝마쳤을 때, 즉각 칭찬해야 한다. 며칠이 지난 뒤에 하는 뒷북 칭찬은 칭찬 효과가 거의 없다. 크든 작든 어떤 성과를 낸 사람은 곧바로 자신에 대한 평가가 어떠한지 궁금해한다. 이럴 때 하는 칭찬이야말로 정확한 타이밍이라고 할 수 있다.

조금 전에 올린 SNS 게시글에 '좋아요' 가 바로 달리면 기분이 좋고 뿌듯하지만, 몇 달 전의 글에 '좋아요' 가 달리면 그때만큼의 환희는 사라지고, 사실 '좋아요' 가 추가가 됐는지 알아차리지도 못한다.

뇌는 칭찬을 좋아한다고 앞서 설명했다. 또한 우리의 뇌는 갑자기, 뜻밖에, 훅 들어와 자극을 받는 깜짝 놀라운 순간을 잘 기억한다. 계획된 칭찬이 효과가 없다는 것은 아니다. 다만, 칭찬을 받는 사람이 눈치채지 못하는 순간과 장소에서 하는 것이 칭찬의 효과를 극대화한다. 칭찬으로 서프라이즈 파티를 하며 상대에게 놀라운 감격을 안길 때,

칭찬이야말로 최고의 값진 선물이 된다.

(3) 진정성의 원칙

마음에서 진심으로 우러나오는 칭찬만큼 상대방에게 기분 좋은 일은 없다. 다소 말투가 어색하더라도 그 사람에게 진심과 성의가 보이면 상대방에게도 그대로 전해진다. 말은 종합예술로 단순히 입에서 나오는 소리의 조합이 아니다. 감정 표현과 전달하는 기술이 필요하며, 특히 상대방의 장점을 찾아내는 따뜻한 마음과 관심이 동반되어야 한다. 평소 상대의 상황이나 무슨 생각을 하는지 관심이 있어야 진정성 있는 칭찬을 할 수 있다. 칭찬은 항상 양보다 질로 승부해야 한다.

이러한 진정성에는 다음과 같은 세 가지가 포함된다.

첫째, 온 정성을 쏟아 상대에게 관심을 기울이는 '성실함' 이 필요하다.

둘째, 상대방에 대해 신뢰감을 갖는 '상호 신뢰감' 이 필요하다.

셋째, 상대방과 대화를 하며 느끼는 내면의 느낌과 외부의 표현이 일치하는 '일치성' 이다.

특히, 상대방이 의아해할 정도로 과도한 칭찬이나 의례적인 칭찬은 안 하느니만 못하며 차라리 해롭다. 과찬은 말하는 사람의 신뢰를 떨어트릴 뿐이다. 칭찬은 향수와 같아서 과하게 향수를 뿌리면 악취처럼 느껴지듯이 과한 칭찬은 거북하게 하고 부담감을 준다. 향수를 적당히 뿌려야 좋은 향이 나듯, 칭찬도 진정성을 가지고 하면 호감을 산다.

칭찬의 내용은 적절해야 하며, 상대방의 상황이나 성과를 정확히 파악하여 알맞은 칭찬을 해야 실제적인 칭찬으로 말하는 사람의 신뢰가 올라간다. 또한, 평소 관심을 두고 관찰한 후에 칭찬해야 칭찬 효과가 높아진다. 그리고 나서 서서히 칭찬의 강도와 횟수를 늘리면 된다.

(4) 창의성의 원칙

칭찬에 창의성이 적용되면 더할 나위 없이 좋은 칭찬을 할 수 있다. 창의성은 훈련과 연습을 통해 계발할 수 있다. 가령, 꾸중거리를 칭찬거리로 바꾸거나 고정관념에서 벗어나 현상을 다르게 볼 수도 있다. 무엇보다 사태를 긍정적으로 해석하려고 노력한다. 점차 사고가 유연해지면서 창의적인 칭찬거리를 찾아낼 수 있다.

칭찬은 칭찬하는 사람이 창조하는 것이다. 사람의 잘한 행동과 좋은 특성은 칭찬하는 사람의 안목에 달려 있다. 안목에도 요령이 필요한데, 제일 중요한 것은 너무 긍정적인 것만 말하지 않는 것이다. 긍정적인 것만 말하다 보면 점점 신뢰성이 떨어지므로, 약간의 비판적인 말이나 지적할 사항을 함께 해야 칭찬에 더 신뢰가 간다. 자칫 실수로 상대방의 콤플렉스를 자극할 수 있으니 여기에는 센스가 필요하다.

상대방이 크게 개의치 않아 보이는 점을 지적하거나 사소한 것을 말하는 것이 좋은데, 강도를 낮게 한다. 사람은 좋은 말 99가지보다 안 좋은 말 1가지에 더 연연해하며, 자신을 깎아내리는 말에 예민하기 때문이다.

또한, 상대방의 칭찬에 대해 똑같이 반응해서는 안 된다. "살이 빠졌네, 얼굴이 더 좋아 보여"라는 말에 "너도 살이 빠져서 얼굴이 좋아 보여"라는 앵무새와 같은 칭찬은 아무 의미가 없다. 오히려 네가 칭찬을 했으니 나도 해주겠다는 식으로 들릴 가능성이 높다.

가벼운 비교나 인용을 이용하여 칭찬할 수 있다. 비교가 나쁘다고 하지만 적절한 사용은 독이 아니라 약이 된다. 그리고 그 비교 대상이 바로 당사자인 내가 되면 된다. '나는 그렇게 못 할 것 같은데 당신은 잘하는 것 같다' 는 식의 비교라든가, 상대가 둘이라면 관점을 다르게 하여 비교하는 것도 좋다. 권위를 중요시하는 사람은 성공한 사람을 인용하여 칭찬한다. 예를 들면 다음과 같다.

"과장님의 업무 능력을 모두 부러워합니다. 사장님도 그 부분에 대해 인정하셨습니다."

"선생님의 내성적인 성격과 따뜻한 카리스마를 존경합니다. 미국의 오바마 대통령도 내성적인 성격이라고 합니다."

그러므로 칭찬을 할 때는 한 번 더 생각해서 창의적인 칭찬거리를 준비해보자. 사실 칭찬거리는 생각보다 많다. 상대방의 외모자른 머리가 잘 어울린다, 피부가 좋다, 웃을 때 보조개가 예쁘다, 오늘 입은 옷차림이 잘 어울린다, 소지품착용한 액세서리, 핸드폰, 가방, 말투말을 참 재밌게 한다, 행동 등 모든 부분이 칭찬거리다. 정 생각이 나지 않는다면 나를 칭찬한 상대방의 안목을 칭찬해주자.

(5) 수용성의 원칙

칭찬을 들은 사람이 칭찬할 만한 행위를 했는데도 자신의 행위를 낮추며 겸손해한다. 그러면 또다시 칭찬한다. 그러면 또 칭찬을 부정하고 사양한다. 이것이 칭찬이 가져오는 긴장감이다. 이러다가 말다툼이 되기도 하며 부정적인 감정이 생기기도 한다. 이때 칭찬을 받는 사람이 칭찬을 수용하면 드디어 팽팽했던 긴장 국면이 끝나고 두 사람의 관계는 우호적으로 된다.

칭찬할 때는 상대가 수용할 만한 선에서 하는 것이 좋다. 가령, 외모가 뛰어난 사람에게 칭찬할 때는 지적인 면이나 성품을 칭찬하고, 평범한 외모의 사람에게는 외적인 부분을 칭찬한다. 못생긴 사람에게 잘생겼다는 칭찬은 거짓말로 들릴 것이고, 잘생긴 사람에게 잘생겼다는 칭찬은 평소 듣던 소리라서 진부한 칭찬으로 들린다. 그러나 평범한 외모를 가진 사람에게 구체적인 부위를 딱 집어서 칭찬하면 남이 보지 못한 것을 드디어 알아봐줬다고 생각하고 호감을 살 수 있다.

관점을 바꿔서 자신이 칭찬을 들었을 때 어떤 식으로 받아들이는 것이 좋은지 생각해보자. 우선, 칭찬을 들었을 때 가장 안 좋은 방법은 부정적 수용이다. 이 방법은 애써 칭찬을 해준 사람의 기분을 나쁘게 만든다. 칭찬이 익숙하지 않아서 상대방의 칭찬을 최소화하거나 무시하거나 다른 말로 화제를 돌려버린다. 보통 서양인은 별로 대단하지 않은 사소한 것에도 칭찬을 아끼지 않고 진심으로 그 칭찬을 수용하는 것에 비해, 동양인은 대개 칭찬을 받고 감사함을 표현할 때 자만해보인다는 생각이 들어 칭찬하는 것도 받는 것도 서툰 편이다.

칭찬을 들었을 때 좋은 수용 방법

칭찬을 들으면 바로 칭찬을 받은 것에 대해 감사를 표현한다. 상대방의 칭찬에 화답할 때는 자신을 깎아내리는 듯한 부정적인 말들은 되도록 자제한다. 상대가 칭찬한 내용을 지나치게 부정하거나 깎아내리면 그 점을 높이 평가한 상대방에게 결례가 된다. 감사한 마음을 담은 긍정적인 표현으로 공손히 답하는데, 대답의 내용보다 대답하는 태도가 겸손해야 한다.

(6) 호혜성의 원리

인류는 오랜 세월 호혜성의 원리에 따라 살아왔다. 누군가에게 호의를 받았다면 그에 대한 보답을 해왔다. 법에 명시되어 있는 것은 아니지만, 사회적 동물로 살아가는 존재이므로 지킬 수밖에 없었다. 법보다 무서운 것은 사람들의 시선과 평판이기 때문이다.

'호혜성'은 상대방에게서 호의나 은혜를 입었을 때 보답해야 한다고 여기는 심리 작용을 말한다. 사람은 '기브 앤 테이크'에 길들어 있다. 누군가가 나에게 우호적이며, 관심을 두고 칭찬과 호의를 베풀면 나도 그를 좋아하게 된다. 누군가가 자신을 도와주거나 신세를 지게 되면, 자신도 그를 도와주거나 신세를 갚아야 한다고 느낀다. 선물이든 호의든 누군가에게 무엇을 받았다면 그에 상응하는 것을 되돌려주어야 마음이 편하다. 누군가가 나를 좋아해주는 것은 기분 좋은 일이고, 사람은 누구나 받은 만큼 베풀고 싶은 성향이 있다.

우리의 마음은 긍정에 대해서는 긍정으로 갚아주고, 부정에 대해서는 부정으로 갚게 된다. 호혜성의 원리에 따르면, 다른 사람에게 칭찬해준 만큼 자신이 더 큰 칭찬과 보답을 돌려받게 된다. 이러한 원칙이 잘 지켜지면 분란이 줄어든다. 제비가 흥부에게 은혜를 갚듯이, 생쥐가 자신을 살려준 사자를 구해주듯이, 사람도 남에게 받은 칭찬을 마음속에 차곡차곡 쌓아 그 은혜를 갚을 기회를 기다린다. 자신을 인정해주고 칭찬해주는 상대에게 상호 신뢰 관계가 형성되어 받은 것보다 더 많이 돌려주고자 하는 보상 심리가 생긴다.

그래서 칭찬해주는 사람에게 호감을 느끼게 되어 자신이 받은 칭찬을 다른 사람들에게도 나누어줄 수 있는 마음이 따뜻한 사람으로 변하게 된다. 준 만큼 돌려받고 받은 만큼 돌려주는 것은 당연하다. 그러므로 먼저 칭찬하라. 그러면 내가 한 칭찬보다 더 값진 선물을 돌려받을 수 있다.

03

효과적인
칭찬 방법 8가지

"우리는 누구나 잘못을 저지르기 쉽다. 아홉 가지의 잘못을 찾아 꾸짖는 것보다는 단 한 가지의 잘한 일을 발견해 칭찬해주는 것이 그 사람을 올바르게 인도하는 데 큰 힘이 될 수 있다." - 데일 카네기

마크 트웨인은 "멋진 칭찬 한마디면 두 달을 견뎌낼 수 있다"라고 말했다. 칭찬을 듣게 되면 잠재의식에 저장된 긍정적 신경망이 활성화되어 기분이 좋아지고 자신을 가치 있는 사람으로 인식한다. 마음을 움직여 행동하게 만들고 수정하는 데 필요한 기술은 칭찬이다. 칭찬은 사람의 마음을 훔치는 가장 효과적인 방법이다. 어느 칭찬 방법이든 자존감과 유능감이 높아지고 자신감을 향상해준다. 다음을 참고하여 칭찬의 효과를 극대화해 실제로 적용해보자.

효과적으로 칭찬하는 8가지 방법

(1) 구체적으로 칭찬한다

세상에 나쁜 칭찬은 없을 것 같지만, 나쁜 칭찬이 있다. 바로 "잘했다, 못했다"와 같이 평가받는 칭찬이나 "잘생겼네, 이쁘네"와 같이 일반적인 칭찬이다. 이런 칭찬에 길들면, 평가를 남에게 의존하게 되고, 칭찬받기를 기대하게 되어 자존감을 떨어트린다. 제대로 칭찬하기 위해서는 존경, 감사, 예의를 갖춰서 하고 근거가 확실한 구체적인 칭찬으로 믿음을 줘야 한다.

칭찬을 받을 만한 이유와 근거, 정확한 사실을 파악해서 구체적으로 행동과 과정에 대해 칭찬한다. 칭찬하는 이유를 구체적으로 설명하며 알려준다. 두루뭉술한 칭찬은 효과적이지 못한데, 왜 칭찬을 받는 것인지 납득하기 어려우며, 자신이 무엇을 잘했는지 알 수 없기 때문이다. 이때는 평가적 칭찬이 아니라 행동과 태도를 다시 한번 반복해서 묘사하듯이 구체적으로 해설하듯 칭찬하는 것이 좋다. 칭찬이 추상적일수록 효과는 떨어지고, 구체적일수록 효과가 높다.

소개팅에 나간 남성이 여성이 마음에 들어 칭찬을 하고 싶은데, "참 예쁘시군요"라는 추상적인 말밖에 할 말이 없다. 그래서 그 단 한발의 실탄을 쏘고 나면 할 말이 사라져 대화가 끊겨 분위기가 싸해지는 상황이 온다. 그럴 때는 "반짝이는 눈빛이 매력적입니다", "오늘 스타일이 봄처럼 화사하고 잘 어울립니다"와 같이 구체적으로 칭찬해야 상대 여성의 마음을 사로잡을 수 있다.

표면적인 칭찬은 그냥 지나가는 말에 불과한 경우가 많다. 예를 들어 "잘했어"보다는 "나는 도저히 할 수 없는 일이었는데, 대단하군"이라고 한다든가, "천재네?"보다는 "나는 그 나이 때 생각하지도 못한 일이야. 많은 분야에 걸쳐 지식이 많고, 통합하여 융합하는 능력이 뛰어나군"이라고 한다든가, "성실하네요"보다는 "1년 동안 지각, 결석 한 번 없는 모습이 다른 사람의 모범이 되고, 성실해서 어떤 일을 맡겨도 믿을 수 있겠어요"라고 말하는 것이 직접 와닿아서 효과가 있다.

(2) 공개적으로 칭찬한다

아랫사람이나 비슷한 연배의 사람을 칭찬할 때는 공개석상에서 할 때 효과가 좋다. 공개적으로 칭찬을 받으면 자신의 능력을 힘껏 발휘하고 싶은 의욕을 불러일으킨다. 그래서 아랫사람을 다루는 현명한 방법 중 효과가 좋은 칭찬 기술이다.

상사와 같이 대하기 어려운 사람은 공개석상보다는 제삼자를 통해서 하는 것이 좋다. 상사 입장에서 지인을 통해 자신을 칭찬했다는 말을 들으면, 그 사람에게 호감이 생겨서 좋은 이미지를 얻을 수 있다.

사람은 누구나 자신을 자랑하고 싶어하고, 자기 일을 생색내기를 좋아한다. 그런데 속보일까봐, 아니면 쑥스러워서 자제할 뿐이다. 이럴 때 공개적으로 칭찬을 받거나 제삼자를 통해 간접적으로 칭찬을 받으면 인정받고 싶은 욕심과 자랑하고 싶은 욕심을 모두 충족시킨다. 특히, 다른 사람의 말을 통해 비난이 아닌 칭찬을 들으면 더욱 큰 만족감을 느낀다.

많은 사람에게 인정받고 싶은 마음은 누구나 있다. 다른 사람들 앞에서 칭찬을 받아 불편을 느끼는 사람은 있지만, 다른 사람을 통해 칭찬받는 것을 싫어하는 사람은 없다.

(3) 동사로 칭찬한다

일반적으로 사람들이 칭찬하는 말을 들어보면 '형용사'에 초점을 맞춘 경우가 많다. 칭찬은 형용사가 아니라 '동사' 즉, 행동에 초점을 맞추는 것이 좋다. 예를 들면, "예뻐요", "똑똑해요"라는 말은 상대방의 상태나 성질을 표현한 것으로 본질적으로 가지고 있는 장점들이다. 상대방이 노력해서 얻은 결과도 아니고, 바꿀 수 있는 부분이 아니다.

그러므로 제대로 칭찬하기 위해서는 상대방의 '동사'에 대해 칭찬한다. 가령 "예쁘다" 보다는 "오늘따라 화장도 잘 받고 더 예뻐보여요. 내면의 아름다움뿐 아니라 외모도 잘 꾸미시는 걸 보면 센스가 있으신

거 같아요"가 더 와닿는다. 칭찬을 받은 상대방은 자신의 행위와 노력까지 칭찬을 받아서 단순히 예쁘다는 말보다 더 만족스러워한다.

상대방이 타고난 것에 대한 칭찬은 상대방이 어떻게 해볼 도리가 없는 부분이다. 그러므로 후천적인 노력의 결과를 칭찬하고 상대방의 행동에 초점을 맞출 때 상대방은 칭찬으로 더 크게 감동한다.

(4) 반복해서 칭찬한다

다른 사람을 감동하게 하고 변화시키는 말은 칭찬과 사랑에 관한 언어다. 칭찬과 사랑은 그 내용뿐 아니라 감정까지 전달해준다. 같은 내용을 계속 제시하면 관심과 호감이 증가한다. 이러한 지속적인 반복 효과를 이용하여 칭찬하면 친숙함과 긍정적인 반응을 나타내게 할 수 있다.

인간의 뇌는 반복적이거나 한순간에 강하게 들어온 정보는 기억 창고에 오랫동안 저장한다. 이때 내용뿐 아니라 감정까지 연합적으로 저장하면서 여운이 길게 남는다. 같은 칭찬을 두 번 이상 들으면 이전에 들은 칭찬과 새로운 칭찬이 만나면서 진실이라고 믿게 되는 현상이 생긴다.

사람은 누구나 잘했던 일을 생각하면 사기가 높아져서 더욱 잘하고 싶은 마음이 생긴다. 성공한 사람은 실패한 기억보다는 성공했던 기억을 더 자주 머릿속에 떠올리는 사람이다. 특히, 의심이 많거나 부정적인 성격의 사람에게는 반복적으로 칭찬하는 방법이 긍정적 변화를 끌어내는 데 효과적이다. 그러나 과하면 지루하고 반발심을 초래할 수 있으므로 주의가 필요하다.

(5) 주변 인물을 칭찬한다

어떤 기업은 신입사원의 최종 입사가 결정되면 신입사원 가족의 집으로 꽃바구니를 보낸다. 신입사원 개인뿐 아니라 주변 가족과 그 기쁨을 함께 나눌 수 있도록 축하해준다. 이렇게까지 하는 이유는 단순히 신입사원 개인에게만 축하해주는 것보다 주변 가족에게 좋은 평판을 얻어 축하의 기쁨을 나눔으로써 애사심과 충성심을 높일 수 있기 때문이다.

연애할 때도 상대방을 바로 공략하기보다는 상대방의 친구나 주변 인물에게 먼저 좋은 평판을 얻으면 승산이 있다. 사람은 사회적 존재로 다른 사람을 의식하고 가까운 사람의 의견을 자연스럽게 받아들인다. 특히, 나를 아껴주며 지지해주는 주변 사람들이 한목소리로 괜찮은 사람이라고 칭찬한다면, 아니라고 생각했다가도 '정말 괜찮은가, 내 안목이 틀렸던 건 아닌가' 하며 한번 돌아볼 기회가 생긴다.

한 개인에게만 칭찬이나 사랑을 받는 것을 떠나서 주변 사람들에게 좋은 모습이 보여 좋은 평판을 받으면 상대방은 더욱 감동하여 호감을 느낀다. 사람은 자신의 속한 집단에서 가치 있다고 인정을 받을 때 자존감이 높아진다. 그리고 그 집단 역시 가치 있다고 인정받을 때 집단 안에 속한 개인 역시 자부심을 느낀다.

이러한 심리 효과를 노린 칭찬 방법이 바로 상대방의 주변 인물을 칭찬하는 것이다. 상대방이 동일시하거나 좋아하는 인물, 소속된 단체를 칭찬한다. 이때 주의할 점은 좋아하지 않거나 소속감이 크지 않은 단체를 칭찬하면 효과가 없다는 사실이다. 또한, 상대방이 소유욕을 보이는 상대를 칭찬하면 적의를 받을 수 있으니 주의한다.

이 칭찬 방법에는 약간의 기술이 필요한데, 상대방에 대해 어느 정도 정보가 있거나 관찰한 뒤에 해야 한다. 상대방의 출신 학교나 소속 단체를 칭찬하거나, 평소 좋아하는 연예인의 좋은 점을 말해주는 것도 좋다.

이 칭찬 방법은 마음의 벽을 허물어주는 데 효과가 있으며, 이는 결국 상대방과 주변 인물까지 칭찬함으로써 일거양득의 칭찬 효과를 가지고 온다. 예를 들어, "자네 아버지도 훌륭하신 분이었는데, 아버지를 쏙 빼닮았군" 이라고 말하는 칭찬은 자신이 직접 칭찬을 받지 않았어도 칭찬받은 것처럼 뿌듯하고 자랑스러운 기분이 든다.

(6) 결과뿐 아니라 과정도 칭찬한다

과정이 아니라 결과를 칭찬하면 역효과가 나기 쉽다. 노력했던 과정을 인정하고, 결과보다 과정을 칭찬하는 것이 핵심이다. 자신이 한 일보다 과도한 칭찬은 부담감을 느끼고 그 칭찬에 부응하기 위해 부정적인 행동을 유발한다.

"반드시 잘할 거야, 이길 거야"와 같은 말은 칭찬이나 응원이 아니라 기대를 나타내는 표현에 불과하다. 사람에 따라 협박과 압력으로 들리기도 하며, 순수한 응원이라고 할 수 없다. 또한, 결과가 좋을 때 칭찬하면 다음 결과에 대해 압박감을 가질 수 있다. 결과가 나빴을 때 자신에게 실망감을 느끼고 비난을 받을 것이라고 미리 걱정하고 두려워할 수 있다.

어떤 결과를 이룬 사람은 거기까지 올라온 과정을 소중하게 생각한다. "승진을 축하합니다"라는 칭찬은 누구나 할 수 있다. 그러나 "승진하기까지 큰 노력을 기울이고 성실하게 일하셨던 것을 압니다. 정말 대단합니다"라고 칭찬하면 상대방은 당신을 달리 보게 될 것이다.

그 사람이 실패를 경험했을 때도 "괜찮아"라는 일반적인 격려보다는 "여기까지 이루기 위해 흘린 노력과 땀은 배신하지 않을 거야. 수고했어"라고 말하면, 상대의 마음에 와닿아 다시 일어설 힘을 충전받는다.

(7) 반전의 효과를 노린다

칭찬 효과를 극대화하려면 반전의 효과를 노리면 좋다.

"첫인상은 사실 좋지 않았는데, 점점 알고 보니 다른 사람을 배려하고 따뜻한 면이 있는 분이시네요"라는 칭찬은 생각할수록 기분이 좋아지는 칭찬이다.

미국의 심리연구팀이 한 가지 실험을 했다. 남들이 자신에 관해 얘기하는 것을 몰래 엿듣게 하는 상황을 연출하여 효과적인 칭찬 방법에 대해 알아냈다. 여러 상황을 만들어 어떤 상황에서 가장 긍정적인 반응을 보이는지 실험했더니, 예상외로 처음부터 끝까지 칭찬하는 것보다 처음에 약간 비판한 후에 칭찬했더니 가장 긍정적인 반응을 보였다.

처음부터 칭찬을 계속하면 상대방에게 진정성이 의심되어 역효과를 가져온다. "반쯤 가린 미를 보는 것이 전체를 보는 것보다 귀하게 보이듯, 반쯤 말한 칭찬이 진지한 사람에게는 더 큰 칭찬이 된다"는 말처럼 상대방에 대해 약간 비판을 한 뒤 칭찬을 하면 상대방을 위한 진심의 칭찬으로 신뢰가 쌓여 호감을 얻을 수 있다.

(8) 비언어적으로도 표현한다

사람의 표정은 감정 상태를 잘 나타내주는 거울과 같다. 표정을 통해 긍정, 부정, 기쁨, 슬픔, 놀람, 분노, 수용, 거부 등 언어를 대신하는 메시지를 전달한다. 특히, 칭찬 중에는 상대방을 진심으로 대하고 있다는 인상을 주는 것이 중요하다.

칭찬하는데 사무적인 표정이나 무표정으로 하면, 칭찬하기 싫은데 억지로 하는 듯한 느낌을 준다. 칭찬에는 말만 사용하는 것이 아니라 표정과 말투도 중요하다. 의사소통에서 언어는 10%이며, 표정이 55%, 목소리가 35%를 차지한다.

칭찬은 일상 언어처럼 언어적 표현과 비언어적 표현이 적절하게 이루어지는 것이 중요하다. 칭찬할 때는 상대방을 따뜻한 눈길로 응시하면서 한다. 미소, 윙크, 엄지손가락을 치켜세워 최고라고 표현하기, 부드러운 말투, 머리를 쓰다듬거나 어깨 토닥이기, 등을 두드려주기, 악수하거나 손을 감싸주기, 따뜻한 포옹 등 정서적으로 공감하고 표현할 때 효과가 있다.

어떤 사람들은 비언어적 요소가 전하는 메시지를 진실이라고 여길 만큼 비언어적 요소는 매우 중요하다. 특히 사춘기에 접어든 아이들은 말의 내용보다는 어떤 말투로 들었느냐를 매우 중요시여긴다. 우리는 이미 말보다 표정이나 목소리와 같은 요소가 중요하다는 것을 알고 있었는지도 모른다. '그걸 일일이 다 말해야 아느냐' 는 의식이 저변에 깔려 있어서 가까운 사람에게 하는 칭찬, 감사를 어색해하고 겸연쩍어한다.

　자신의 감정을 있는 그대로 드러내어 칭찬이 되도록 표정과 마음을 일치하도록 한다. 말과 마음이 일치하면 자아일치가 이루어진다. 자아일치 상태에서는 마음이 평온하여 아무런 스트레스도 일어나지 않는다. 칭찬하는 말 앞에는 칭찬하는 얼굴이 있고, 그 뒤에는 칭찬하는 마음이 있다.

칭찬을 잘하는
5가지 비결

"인간은 타인을 칭찬함으로써 제삼자가 낮아지는 것이 아니다. 오히려 자기를 상대방과 같은 위치에 놓는 것이다." - **괴테**

사람은 남녀노소 누구나 칭찬을 받으면 좋아한다. 사람은 타인의 반응에 영향을 받는 존재다. 좋은 인간관계는 서로 긍정적인 감정을 교류함으로써 형성된다. 이때 칭찬은 아첨이나 과장이 아니라 자신의 솔직한 감정을 표현하는 도구로 사용해야 한다. 그러려면 칭찬할 것을 찾아 칭찬해야 한다. 그렇다면, 칭찬하는 데도 비결이 있을까?

아래 제시하는 비결에 정통해서 사람을 기분 좋게 하는 칭찬을 익혀 보자.

(1) 단점을 칭찬으로 바꿔라

칭찬은 용기와 신념과 새로운 기회를 부여한다. 사람은 누구나 장점이 있지만, 단점과 약점이 있게 마련이다. 사람들은 칭찬보다는 약점이나 잘못한 점을 비판하고 꾸짖어야 그 사람이 발전한다고 믿고 칭찬에는 인색하고 비판에는 적나라한 면이 있다.

인간은 생존 본능에 따라 장점보다 단점을 민감하게 알아차린다. 상대방의 단점을 보고 욕을 하고 화를 내는 것은 쉬운 일이다. 연습하지 않아도 누구나 쉽게 할 수 있다. 그러나 칭찬과 격려에는 노력이 따른다. 상대방이 내가 원하는 만큼 인정해주고, 공감해주고, 칭찬해주기를 바라는 것은 이루어지기 힘든 바람이다.

칭찬만큼 사람을 기운 나게 하고 에너지를 주는 것도 없다. 사람의 약점도 주관적인 해석에 따라 강점이 될 수 있으며, 얼마든지 장점으로 승화시킬 수 있다. '아' 다르고 '어' 다르듯 말을 어떻게 하느냐에 따라 사람의 반응이 달라지면서 사람의 행동이 변한다. 한 사람의 어떤 면을 어떻게 보느냐에 따라 동전의 양면처럼 그 사람을 완전히 다르게 볼 수 있다.

이미 그 사람은 자신의 성격을 잘 알고 있다. 그러나 이런 점이 누군가에게 장점으로 비친다면 좀 더 긍정적으로 변할 수 있다.

단점을 장점으로 바꿔 칭찬하는 방법

◆ 오지랖이 넓은 사람 ⇒ 인맥이 넓은 사람

◆ 말이 많은 사람 ⇒ 사교성이 좋은 사람

◆ 고집이 센 사람 ⇒ 소신이 있는 사람

◆ 행동이 느린 사람 ⇒ 마음에 여유가 있는 사람

◆ 행동이 거친 사람 ⇒ 터프한 사람

◆ 성격이 급한 사람 ⇒ 부지런한 사람

◆ 소심하고 잘 삐치는 사람 ⇒ 세심하고 감성이 풍부한 사람

◆ 산만하고 정신없는 사람 ⇒ 에너지가 넘치는 사람

(2) 이름을 기억하라

사람은 유일무이한 존재다. 당사자에게만 해당하고 다른 사람에게는 해당하지 않는 특별한 칭찬을 해주면 금상첨화다. 무엇보다 가장 중요한 것은 그 사람의 이름을 부르면서 칭찬을 시작해야 한다는 점이다. 사람은 자신이 잘 몰랐던 것을 남이 알아주어 칭찬해주면 기분이 좋아진다. 그리고 그러한 칭찬을 들은 사람은 반드시 기억하고, 영원히 친구가 될 수 있다.

이름은 단순한 호칭이 아니라 그 사람의 존재, 그 모든 것을 의미한

다. 이름을 불러주고 칭찬하는 것은 그 사람의 존재를 칭찬하고 존중하는 것이다. 이름의 힘은 크다. 어릴 때는 자주 듣던 이름 석 자가 클수록 직책이나 지위로 불리고, 애매한 호칭으로 불리기도 한다.

사람의 이름을 기억하는 것 이상으로 좋은 칭찬은 없다. 이름을 기억해주면 '내가 저 사람에게 인상적이었구나' 하고 생각하게 된다. 다른 사람이 정확하게 불러주는 내 이름만큼 세상에서 가장 듣기 좋은 말은 없다. 이 말이 거창하다고 생각된다면, 당신의 이름을 틀리게 말하는 사람과 대화해보라. 아니면, 당신의 이름을 틀리게 쓴 정성스럽게 쓴 편지를 받았을 때 기분이 어떨 것 같은지 생각해보라.

아무리 그 내용이 진실하고 감동적이어도 틀린 이름으로 받은 편지는 당신에게 가식적으로 다가올 것이고 기분이 좋지는 않을 것이다. 이는 다른 사람의 이름을 잘못 불렀을 때도 마찬가지다. 이름을 다시 말해달라고 요청하는 순간, 이미 신뢰감이 사라져버릴 수 있다.

(3) 간접적으로 칭찬하라

간접적인 칭찬은 세 명을 행복하게 한다. 칭찬하는 사람, 칭찬을 듣는 사람, 칭찬을 받는 사람이다. 칭찬하는 사람은 좋은 이야기를 전해주어 이야기하면서도 즐겁다. 칭찬을 받는 사람은 예상하지 못한 행복함을 보상받아 기쁘다. 그리고 중간에서 이 훈훈함을 본 사람은 칭찬하는 사람의 즐거움과 칭찬을 받는 사람의 얼굴에 어리는 기쁨을 보게 되어 행복하다.

무엇보다 간접적인 칭찬은 직접 하는 칭찬보다 하기가 쉽다. 사실 대놓고 칭찬하는 걸 어려워하는 사람이 생각보다 많다. 간접적으로 칭찬함으로써 깊은 인간관계를 유지할 수 있다. 칭찬받아 싫어하는 사람은 없다. 칭찬으로 인맥을 늘릴 수 있다. 직접 칭찬은 바로 효과를 볼 수 있지만, 간접 칭찬은 장기적으로 효과가 유지되며 감동을 주기까지 한다.

(4) 칭찬을 고맙게 받아들여라

'벼는 익을수록 고개를 숙인다' 는 말처럼 '자기 자랑은 하지 말고 겸손하라' 고 배워온 우리는 칭찬에 익숙하지 않은 게 사실이다. 우리나라는 유독 칭찬에 인색하다. 칭찬해주면 교만해질까봐 칭찬할 일이 있어도 일부러 칭찬하지 않았다.

칭찬을 잘하는 것도 중요하지만, 칭찬을 잘 받는 태도도 중요하다. 칭찬할 때 요령이 있듯 칭찬을 받을 때도 요령이 있다. 지나치게 겸손을 떨거나 교만하지 않게, 마음을 열고 기쁜 마음으로 받으면 된다. 칭찬이라는 사려 깊은 선물을 거절하는 것만큼 안타까운 일은 없다.

가장 중요한 핵심은 칭찬에 어떻게 반응하는가이다. 칭찬을 받을 때는 미소를 짓고 감사한 마음으로 받아들이자. 칭찬에 보답하려고 애쓰지 말고, 화제를 바꿔 민망한 순간을 모면하려고도 하지 말자.

"고맙습니다", "좋게 봐주셔서 감사합니다"라는 감사의 마음을 진심으로 표현하면 된다.

칭찬에 어색해하고, 칭찬받는 요령도 모르면 분위기를 오히려 어색하게 만들 수 있다. 기껏 칭찬을 해주었는데 자신을 깎아내릴 필요는 없다. 또한, 칭찬을 받았다고 '보답해야겠다'는 충동에 조건 반사적인 답변을 하면 애써 칭찬한 사람을 무안하게 만들 수 있다. 칭찬을 받으면 자연스럽게 즐거운 마음으로 받아들이자. 우리는 모두 칭찬받을 자격이 있는 사람들이다.

(5) 칭찬하는 말버릇을 들여라

일상생활에서도 칭찬이 습관이 되면 생활에 활력이 된다. 칭찬 에너지가 일상에 불어넣어주는 힘은 생각보다 강력하다. 다른 사람에게 언제 칭찬해야 할지, 또 내가 다른 사람에게 언제 칭찬을 받을지는 예측할 수가 없다. 누군가 다른 사람의 칭찬을 기다리기보다는 스스로 칭찬하기를 습관으로 삼고 나의 에너지원으로 삼는 것이 제일 속 편하다.

아침에 일어나면 "오늘도 일찍 일어났어, 난 역시 부지런해", 세수하고 거울을 보며 "오늘따라 얼굴이 더 화사한데?", "나 아니면 누가 하겠어? 역시 난 대단해, 자랑스러워", "내가 가야 할 직장이 있다는 건 행복한 일이야. 오늘도 감사로 하루를 시작하자" 와 같이 스스로 응원하고 칭찬해보자.

마음은 쓰는 쪽으로 흐른다. 의식적으로 칭찬하는 말을 사용하고 칭찬하는 표정을 짓다 보면 우리의 마음은 남을 비판하고 흉을 보는 것에서 칭찬하는 마음으로 바뀌어간다. 남을 친절하게 대하면 마음속에 자리 잡은 친절함이 점점 늘어난다. 칭찬은 하면 할수록 칭찬하는 감정이 뿌리를 내려서 마음이 더욱 더 풍요로워진다. 칭찬을 말버릇으로 삼고 에너지로 온 마음을 꽉꽉 채우자.

비관적이며 인생이 잘 안 풀리는 사람은 자기비하와 부정적인 생각으로 가득하다. 당연히 스스로 칭찬하는 법을 모른다. 그러면 본인이 가진 잠재력도 다 발휘하지 못한다. 칭찬을 잘하는 비결을 타고난 사람은 아무도 없다. 천재는 노력하는 사람을 따라갈 수 없고, 노력하는 사람은 즐기는 사람을 따라갈 수 없다. 칭찬을 즐겨라. 남에게 하는 칭찬이든 나에게 하는 칭찬이든, 인생이 술술 잘 풀리기를 원한다면 남을 칭찬하는 데 연연하지 말고, 자신을 칭찬하자. 자신을 사랑하고 칭찬할 수 있는 사람만이 남을 칭찬할 수 있다.

05

칭찬할 때 하지 말아야 할 14가지 말

"친절한 말은 간단하고 짧은 말일 수 있어도 그 메아리는 끝이 없다." - **마더 테레사**

말의 놀라운 힘을 아는가?

에모토 마사루는 인간의 생각이 물에 전달되면 물이 얼었을 때 그 결정의 모양이 아름다워지거나 추해진다는 주장을 하여 널리 알려진 사람이다. 그는 또한 말의 놀라운 힘을 보여주는 연구를 하기도 했다. 쌀을 끓여서 두 개의 동일한 크기의 용기에 분배한다. 하나는 긍정적인 라벨을, 다른 하나는 부정적인 라벨을을 붙였다.

한 달 동안, 첫 번째 쌀독에는 매일 긍정적이고 유쾌한 말을 쌀에 보냈다. 두 번째 쌀독에는 부정적인 말, 즉 모욕, 경멸, 무관심 및 증오심을 보냈다. 한 달간의 실험이 끝난 뒤 결과는 놀라웠다. 즐겁고 긍정적인 메시지를 받은 쌀은 그 모습을 훨씬 잘 유지하고 불쾌한 냄새가 나지 않았다. 다른 한편, 불쾌한 말과 모욕을 들은 항아리는 곰팡이로 가득 차서 쌀이 검어지고 냄새가 지독했다.

이 연구 결과는 말의 힘을 보여준다. 사람의 말이 쌀과 같은 단순한 물체에도 놀라운 힘을 보여준다면, 일상적으로 소통하는 주변 사람들에게는 얼마나 더 많은 영향을 끼칠까?

단지 생각을 '할 수 없다'에서 '할 수 있다'로 바꾸고, 부정적인 생각을 긍정적인 생각으로 바꾸기만 해서는 소용이 없다. 말의 힘을 깨닫는 것이 핵심이다. 혀끝에서 나온 말로 같은 사건도 다르게 말할 수 있다. 다른 사람과 나 자신에게 하는 말을 바꾸고 긍정적인 단어를 찾아 말해보고, 말하는 방식과 표현을 바꾸도록 노력해보자. 이러한 말은 삶에 영감을 주고, 선한 영향력을 끼친다. 옳은 방향으로 이끌도록 돕는다면 올바른 말을 표현했다고 할 수 있다.

칭찬은 어렵고 비난은 쉽다

대화하면서 많은 선택을 할 수 있다. 칭찬함으로써 사람들을 대우할 것인지, 비난이나 하지 말아야 할 말을 함으로써 수많은 부작용을 유발할 것인지 선택할 수 있다. 가장 중요한 것은 말의 힘을 어떻게 사용할 것인가이다.

혼히 '칭찬은 느리고 비난은 빠르며, 칭찬은 박하고 비난은 후하다'는 말이 있다. 칭찬은 한마디에 비난은 몇 백 마디를 해도 부족할 지경이다. 그러나 칭찬과 비난은 이 반대가 되어야 한다. 칭찬은 자존감을 높여주지만, 비난은 자존감과 자신감까지 잃게 한다. 어쩔 수 없이 부정적인 메시지를 전할 때는 상대의 마음을 먼저 이해하고 메시지를 전달하는 것이 중요하다.

오랫동안 굳어진 부정적인 언어 습관은 쉽게 바로잡기가 어렵다. 평소 주의하면서 꾸준히 연습하면 새로운 대화 방식으로 자리 잡을 수 있다. 말하기는 대인 관계 및 사회 문화적인 관계에서 상호 작용하여 서로를 이해하는 중요한 수단이다. 대화는 듣는 것도, 말하는 것도 중요하다. 대화가 다툼으로 이어져 '하지 말아야 할 표현'에 주의하는 연습이 필요하다.

다음은 효과적인 의사소통과 긍정적인 메시지를 방해하는 14가지 표현과 부작용이다. 무엇이 잘못되었는지 알아보자.

> (1) 화제 바꾸기, 빈정대기
> - 표현: "더 즐거운 이야기나 하자", "세상일 혼자 다 할래?", 침묵한 채 외면한다.
> - 부작용: 문제를 대처하기보다 회피하게 한다. 문제를 사소하게 여기거나 상대를 쓸모없는 사람으로 느끼도록 만든다. 마음의 문을 닫게 한다.

(2) 반대, 거부

- **표현**: "그건 아니지", "안 돼"

- **부작용**: 자기 멸시를 유발한다. 사람을 주눅들게 만든다.

(3) 명령, 지시, 강요

- **표현**: "너는 반드시", "너는 꼭 ~해야 해"

- **부작용**: 공포감이나 말대꾸, 심한 반항심과 반항적인 행동을 유발한다.

(4) 주의, 협박, 경고

- **표현**: "~하지 않으면, 그때는 ……", "~하는 게 좋을 거야, 안 그러면 ……"

- **부작용**: 공포감이나 복종심을 유발한다. 원망을 받을 수 있다. 분노와 반항을
  일으킨다. 위협받는 결과를 시험하게 한다.

(5) 부러움, 비교하기

- **표현**: "00는 이번에 ~를 샀대", "잘했어. 그런데 00는 몇 등 했대?"

  "00는 ~했다는데, 넌?"

- **부작용**: 진실한 동기 부여를 주지 못하고, 비교에 의한 비난으로 느끼게 만든다.

(6) 비논리적인 설득, 논쟁

- **표현**: "틀린 이유가 뭐냐면", "문제가 되는 것은", "그런데", "다 알아, 하지만
  ……"

- **부작용**: 방어적 자세를 취하게 한다. 반론과 열등감, 무력감을 유발한다.

(7) 훈계, 설교

- **표현**: "너는 ~해야만 해", "~하는 것이 너의 책임이다"

- **부작용**: 의무감, 죄책감을 심어준다. 자기 생각을 고집하게 만들고 방어 자세를
  취하게 한다.

(8) 충고, 제안, 해결책 제시

- **표현**: "내가 말하고자 하는 것은 ……", "~하는 게 어때?"

- **부작용**: 의존적인 성향이 되게 한다. 저항하게 만들고 스스로 해결하려는 노력을
  방해한다. 믿고 있지 않다고 암시하는 것과 같다.

(9) 판단, 비판, 비난

- **표현**: "너는 평소에도 그러더니", "그렇게 하니까"

- **부작용**: 무능력하고 어리석고 형편없다고 판단하고 있다는 것을 암시한다. 대화를
  단절시키고 비판을 사실로 받아들이게 한다. 말대꾸하게 만들어 반발심을
  키운다.

(10) 섣부른 해석, 탐색, 심리분석

- **표현**: "무엇이 잘못되었느냐 하면", "지금 힘들어서 그러는 거 같은데",
  "그게 아니라"

- **부작용**: 위협과 좌절감을 느끼게 만들어 궁지에 몰린 느낌을 준다. 불신당하고 노출된 느낌을 준다. 대화를 중단시키고 더는 말하고 싶지 않게 만든다.

(11) 욕설, 조롱, 창피 주기

- **표현**: "이 바보야", "그래, 너 잘났다"
- **부작용**: 무가치감을 느끼도록 한다. 사랑받지 못하고 있다고 느껴 자존감을 파괴한다.

(12) 동정, 위로

- **표현**: "걱정하지 마!", "괜찮아", "힘내!"
- **부작용**: 공감력 없는 무성의한 격려는 제대로 이해받지 못한다고 느끼며, 강한 적개심을 유발할 수 있다.

(13) 진심 없는 칭찬, 부추김

- **표현**: "그래, 참 잘했다.", "나도 그렇게 생각해."
- **부작용**: 명령에 따르는지를 감시할 뿐 아니라 매우 기대하고 있음을 암시한다. 선심 쓰는 것처럼 보이거나 바라는 행동을 조장하는 교묘한 술수로 보인다. 칭찬과 일치하지 않으면 불안감을 조성하기도 한다.

(14) 캐묻기, 심문

- **표현**: "누가", "무엇을", "어떻게" "왜"

- 부작용: 대충 말하거나 거짓말, 불안, 질문에 문제의 방향을 상실하게 만든다.

사람의 말투는 그 사람의 마음을 나타낸다. 마음속에 부정적인 생각과 불만이 있으면 그것이 표정과 말투로 표출된다. 마음이 평소에 온화한 사람은 말투도 상냥하다. 중요한 것은 마음가짐인데 아무리 가족 간이나 친한 친구 사이라고 할지라도 예의를 지켜 상대를 존중하는 말을 해야 한다. 분별없는 말은 마음에 앙금을 남기고, 배려하는 마음은 마음에 미소 꽃을 피운다.

06

칭찬을 통해
변화를 이끄는 가르침

"세상에서 가장 현명한 사람은 모든 사람으로부터 배울 수 있는 사람이요, 가장 사랑받는 사람은 모든 사람을 칭찬하는 사람이요, 가장 강한 사람은 자신의 감정을 조절할 줄 하는 사람이다." - 탈무드

칭찬이 주는 수만 가지의 긍정적인 효과를 딱 한 문장으로 정리하자면 이렇다.

"사람을 변화시키는 것은 오직 칭찬뿐이다."

사람은 매일 배움을 경험한다. 똑같은 일을 하고 있어도 시간의 경험이 쌓여 오늘은 어제와 다른 나를 만든다. 매 순간 경험하며 배움을 쌓을 때 이왕이면 긍정적으로 강화할 수 있는 칭찬으로 변화를 끌어올릴 수 있다.

실수나 실패를 경험했을 때 꾸중을 들으면 일시적으로 실수는 줄지만, 다시 실수가 반복되고 위축되고 만다. 그러나 잘한 부분을 칭찬하면 더 잘하기 위해 노력하고 내면에서 긍정적인 변화가 일어나기 시작한다. 칭찬은 다른 사람에게 나를 긍정적인 시각으로 보게 만들고, 나 자신도 더욱 긍정적으로 생각하게 되어 기분이 좋아지고 행복도가 높아진다.

행복해지는 법을 알려주는 학문

20세기 동안 정신의학자들은 지그문트 프로이트 등의 영향으로 마음의 부정적인 면에만 몰입한 경향이 있었다. 기존의 심리학이 정신질환 치료와 같이 부정적인 심리 상태를 완화하는 데만 치중하고 삶의 긍정적인 가치를 돌아보지 못했다는 비판에서 시작된 '긍정심리학'은 인간의 행복과 성장을 지원하는 심리학의 한 분야로 인간의 부정적인 감정보다 개인의 강점이나 미덕 등과 같은 긍정적인 심리에 초점을 맞추어 과학적으로 접근했다.

단순히 행복해지는 방법을 가르치는 학문을 넘어선, 스스로의 발견과 창조를 통한 자기화의 과정이다. 일, 여가, 사상, 운동, 건강, 인간관계, 교육, 가정생활 등 다양한 분야를 포괄한 학문으로 활용도가 높다.

기존에는 우울증 환자에게 약물 남용이 의심될 정도로 향정신약을 쉽게 처방해주었으나, 긍정심리학에서는 자신의 사고 시스템을 최적화해 긍정적인 변화를 이끌어내고, 일상적인 스트레스를 어떻게 다스려야 하는지에 대한 팁을 제공한다.

행복해지려면 생각을 밝게 하고, 매사를 긍정적으로 보며 사고의 폭을 넓힌다. 유머를 즐기고, 매일 감사하는 훈련을 한다. 무엇보다 칭찬으로 나와 남의 장점을 찾아 격려하다보면 순수한 즐거움을 찾을 수 있고, 행복함을 만끽하게 된다. 나의 칭찬이 내 인생뿐 아니라 다른 사람의 인생도 한순간에 변화시킬 수 있다는 점을 잊지 않는다. 칭찬의 장점을 충분히 이해하고 진심으로 공감할 준비까지 됐다면 이제 칭찬으로 변화를 끌어내보자.

한 사람의 인생을 변화시키는 훌륭한 가르침, 칭찬을 제대로 배우려면?

(1) 진정한 나를 알려면 부모님을 이해하라

개인의 삶은 다양한 경험과 이야기로 가득하다. 시간이 지나면서 축적된 지식으로 한 치 앞도 예상할 수 없는 상황에 맞서며 차곡차곡 쌓인 경험이 나의 인생을 이룩한다.

어린 시절은 어린아이가 선택할 수 없는 시기로 가장 취약하고 연약한 시기다. 어린아이는 스펀지처럼 자신을 둘러싼 세상의 모든 정보를 흡수한다. 어떤 환경에서 자랐는지에 따라 미래가 결정된다고 봐야 한다. 이 시기에는 모든 것이 개인의 성장에 영향을 미치는데, 부모님의 성향, 성격, 행동 양식, 양육 방식, 칭찬과 훈육 방식, 사랑과 상처 등이 정체성 형성에 결정적인 역할을 한다.

특히, 부모님께 충분히 사랑을 받지 못하고 자랐다면 그 영향은 나를 이어 나의 자녀에게 그대로 영향을 미친다. 지금의 나를 제대로 알고 이해하고 싶다면 부모님이 어떤 환경에서 어떤 경험을 하며 자랐는지 알아야 하며, 부모님이 두려워하는 것은 무엇이며, 왜 그토록 엄격했는지 알아보면 도움이 된다.

부모는 항상 자녀에게 최선을 다하고 있다. 자녀를 사랑하는 깊은 애정 위에 쌓은 신뢰 관계에서 자녀는 부모가 심하게 꾸짖고 상처를 주어도 다시 일어나는 힘이 있다. 부모와 자녀가 서로 아끼며 사랑과 믿음이라는 기반 위에 쌓인 관계에서 자녀를 칭찬하고 잘못을 고쳐주며 격려를 해주면 자녀는 어긋남 없이 부모가 믿어주는 대로 성장한다.

아이들은 이웃과 부모로부터 받은 칭찬들을 오래도록 기억 속에 남긴다. 칭찬은 어두운 마음을 밝게 해주는 등불과 같다. 또한 자신감을 심어주고 올바른 생각과 습관을 갖게 하는 계기를 만들어준다. 칭찬을 하면 칭찬받을 일을 하게 마련이다.

이와 반대로 비난을 하면 비난받을 일을 하게 마련이다. 부모의 가르침 중에서 자녀가 평생 잊지 못하고 평생의 가르침으로 삼고 사는 말은 부모가 마지막으로 남긴 유언이다. 제 목숨보다 사랑하는 자녀를 위한 간절한 마지막 말은 마음과 마음으로 통하기 때문에 그 어떤 말보다도 큰 힘을 발휘한다.

(2) 내면과 겉면을 일치시켜라

《내 안에서 나를 만드는 것들》의 저자 러셀 로버츠는 "인간은 선천적으로 사랑받기를 원할 뿐 아니라 사랑스러운 사람이 되기를 원한다"라고 말했다. 누구나 인생에서 진정으로 원하는 것은 진심 어린 존경심과 칭찬을 받는 것이다. 그럴 자격이 없는 걸 알면서도 칭찬받기를 좋아하고, 사랑스럽지 않은데도 사랑받기를 원한다.

사랑받고 사랑스럽다는 것은 내면과 겉면이 일치하는 상태를 말한다. 비난이나 악플에 상처받지 않는 사람은 없다. 거짓된 모습으로 살면 비난은 면하지만, 진심 어린 존경이나 찬사는 받지 못한다.

사랑받고 칭찬받고 싶어하지만 말고 실제로 그런 사람이 되어야 한다. 사랑을 받을 만한, 칭찬을 받을 만한, 존경을 받을 만한 사람이 되어야 스스로 인정할 만큼 멋진 사람이 된다. 그런 사람이 무슨 일이든 즐거운 마음으로 최선을 다해 살며 시련을 극복하는 모습은 다른 사람에게 긍정적인 영향을 미치며 선한 영향력을 끼친다.

(3) 마음의 여유를 가지면 칭찬의 질이 달라진다

마음의 여유를 갖고 심호흡을 하거나 한 발 뒤로 물러서서 상황을 보자. 인생은 가까이에서 보면 비극이고, 멀리서 보면 희극이라는 유명한 말도 있지 않은가. 잠시 상황에서 벗어나고 유머 감각을 잃지 말자. 여유와 유머는 많은 문제를 원만하게 해결한다.

집에 오니 집안일을 돕겠다고 아이들이 수건을 개어놓았다. 수건은 깔끔하게 각 잡아서 반듯하게 수납장에 넣어놔야 보기에도 좋고 사용할 때도 개운한데, 아이들이 개어놓은 수건은 엉망진창이다. 저대로는 도저히 수납장에 못 넣을 것 같지만, 그래도 수납장에 넣었다. 피곤함에 지친 부모를 돕겠다고 수건을 개어놓은 모습이 기특하고 귀엽지 않은가. 수건이 좀 구겨지면 어떤가. 자못 수건의 역할이란 한 번 젖으면 빨래 바구니로 직행하는 것이다. 수건을 입고 다닐 것도 아니니, 마음의 여유를 갖고 칭찬하자.

"항상 지각하는군", "넌 맨날 어지르기만 하는구나" 같은 말에는 비판적인 태도가 담겨 있다. 이러한 태도는 행동에 대한 해결책을 제시하지도 않고, 단호하고 강한 단어만을 골라서 함으로써 행동을 이해하기 위한 여유나 유연성은 찾을 수 없다.

그러나 비판은 건설적인 제안이나 덜 해로운 비평으로 바꿔 말할 수 있다. 그럼으로써 논쟁, 오해, 관계의 악화에서 피할 수 있다. 그래서 다음과 같이 바꿔 말하거나 덧붙여 말할 수 있다.

"항상 지각하는군. 난 자네가 늦게 옴으로써 내 할 일이 늘어나는 거 같아서 좀 힘들어."

"바닥에 물건을 놓으면 내가 치워야 하는데, 내가 할 일이 많아. 그러니 날 도와줬으면 좋겠어."

(4) 열 번 말하기보다 한 번 보여줘라

"책 좀 읽어."

"운동 좀 해."

하루에 몇 번씩 수백 번을 들어도 잘 안 된다. 사람은 새로운 것보다는 익숙한 것을 선호한다. 익숙하다는 것은 생활습관으로 굳어진 것이고, 본능에 이끌려 행동하기 때문에 합리적인 판단이나 계산적인 행동을 할 수 없게 만든다.

사람의 뇌 구조는 실제 일어난 일과 머릿속에 그린 이미지를 잘 구별하지 못한다. 손바닥에 레몬 한 조각이 있다고 상상해보라. 그 레몬에 혀를 대고 맛을 본다는 상상만으로도 입안에는 침이 잔뜩 고인다. 뇌는 이렇게 실제가 없는데도 느낀다는 상상만으로도 존재하는 것이 되어버린다. 뇌의 이런 점을 이용하여 원하는 모습을 강하게 각인해보라. 그 모습은 어느새 나의 모습이 될 것이다.

부모는 아이의 롤모델이다. 전인격의 기초를 형성하는 시기의 아이들은 부모의 행동에 절대적인 영향을 받고 그대로 학습한다. 생활습관에서 말투, 예의 등 그 아이를 보면 그 부모를 알 수 있다. 부모가 온종일 스마트폰을 보면 아이도 스마트폰을 보는 게 좋다고 여기며 볼 것이다. 그러면 부모는 아이가 스마트폰에 중독되었다고 잔소리를 하고 고민을 한다.

심리학자 메라비언은 사람이 소통하는 데 동작 등의 시각 요소가 55%, 목소리 등 청각 요소가 38%의 영향을 미친다고 했다. 언어로 이루어진 근본 내용은 7%밖에 안 된다는 것이다. 그러므로 자녀에게 말로만 이래라저래라 하는 것은 잔소리로 들릴 뿐, 큰 효과를 보지 못한다. 잔소리에 애정이 담겨 있는지 생각해보자. 짜증나는 마음을 말로 분풀이하고 있지는 않은지, 말하기 전에 3초 동안 멈춰보자.

부모는 가장 먼저 자신의 행동을 돌아보며 반성할 필요가 있다. 아이에게만 하지 말라고 하고 부모는 정작 그 행동을 하고 있다면 아이는 혼란스러워하며 반항심까지 생긴다. 자녀가 책을 보길 바란다면, 부모가 먼저 책을 보는 습관을 지녀야 한다. 자녀가 운동해서 건강해 지기를 바란다면 함께 운동하면서 꾸준히 운동하는 모습을 보여줘야 한다. 어떤 가르침도 열 번 말하기보다 한 번 보여주는 것이 더 효과적 이다.

어느 날, 어떤 부인이 간디에게 아이를 데리고 찾아와 부탁했다.

"선생님, 우리 애가 선생님을 무척이나 존경한답니다. 그런데 아이가 사탕을 너무 좋아해서 이가 다 썩었어요. 선생님이 말씀하시면 아이가 들을 테니 잘 타일러주세요."

부인이 이야기하는 것을 묵묵히 듣던 간디는 아이를 한참 동안 쳐다보더니 부인에게 조용히 말했다.

"2주 뒤에 아이를 데리고 다시 오시오."

부인은 간디가 2주 뒤에 다시 오라는 이야기를 듣고 무엇인가 대단한 해결 방법을 찾아 이야기하려는 것 같아 기대하며 돌아갔다. 그리고 2주 뒤, 간디가 어떤 말을 할지 무척이나 궁금했다. 간디는 아이에게 조용히 말했다.

"사탕은 몸에 좋지 않으니 먹지 말렴. 그리고 이를 튼튼하게 관리하도록 해라."

"예, 선생님. 앞으로는 사탕을 먹지 않을래요."

간디의 이 평범한 조언에 부인은 참지 못하고 물었다.

"선생님, 그 말씀이 다입니까? 이 말씀을 하시려고 2주 뒤에 오라고 하신 겁니까?"

간디는 웃으며 다정스럽게 아이의 머리를 쓰다듬고는 이렇게 말했다.

"2주 전에는 저도 사탕을 먹고 있었거든요. 제가 사탕을 끊는 데 2주의 시간이 필요했답니다. 사탕을 끊었으니 아이에게 이제 당당히 말할 수 있습니다."

자신도 하지 못하는 것을 남에게 강요하고 있지는 않은지, 자신에게 그럴 만한 용기와 지혜도 없으면서 남에게 훈계하고 있지는 않은지, 자신은 못 하는 것을 감추고 남에게 못 한다고 나무라고 있지는 않은지 돌아보자. 아이들은 부모의 뒷모습을 보고 자란다. 열 번 말하는 것보다 한 번 보여주는 솔선수범이 변화로 이끈다.

(5) 때로는 침묵이 금이다

'목소리가 크면 마음이 작게 실리고, 목소리가 작으면 그만큼 마음이 크게 실린다'는 말이 있다. 목소리가 크다고 권위가 서는 것이 아니며, 목소리가 크다고 진리가 아니다. 두렵다고 목소리가 큰 쪽을 따르면 잘못된 결정을 내릴 수 있다. 예전에는 목소리가 크면 장땡이라고, 교통사고가 나면 목소리 큰 사람이 이기곤 했다. 그러나 이젠 조용히 블랙박스를 내밀면 된다.

말은 인격을 반영한다. 아름다운 말을 골라서 해야 스스로 인격을 높이고 상대를 존중한다는 뜻이 비칠 수 있다. 큰 목소리와 욕을 한다고 품위가 서는 것도 아니며 이기는 것도 아니다. 배우지 못할수록 말이 거칠다. 거침없는 말은 상대에게 상처를 준다.

"입을 열면 침묵보다 더 뛰어난 것을 말하라"라는 말이 있다. 침묵이 금이지만, 말을 해야 한다면 침묵을 능가하는 말을 하라는 뜻이다.

2011년 1월 12일 미국 애리조나 총기사고 희생자 추모식에서 버락 오바마 대통령이 했던 연설은 침묵의 힘을 잘 보여준다.

"나는 미국의 민주주의가 크리스티나가 상상한 것과 같이 좋았으면 합니다. 우리는 모두 아이들의 기대에 부응하는 나라를 만들기 위해 최선을 다해야만 합니다……."

연설 끝에 8세 최연소 희생자인 크리스티나 그린을 거론하면서 오바마는 51초간 침묵했다. 침묵에 잠깐 놀란 대중은 이내 슬픔, 고통, 연민, 책임감 등의 감정으로 바뀌었다. 오바마 대통령은 10초간 오른쪽을 쳐다봤고, 10초가 지나자 심호흡을 했으며, 30초가 지나서는 눈을 깜빡이며 감정을 추스르는 모습을 보였다. 이후 어금니를 꽉 깨물고 다시 연설을 이어갔다. 이러한 오바마의 애도하는 마음이 청중에게 고스란히 전달되어 장내는 슬픔의 전율로 달아올랐다. 침묵이라는 이례적인 이 연설은 전국적으로 추모의 물결을 일으켰다. 침묵의 강력함을 보여주는 대목이자, 국민과 소통한 극적인 순간이었다. 오바마 대통령의 30분간의 연설보다 51초간의 침묵이 더욱 빛이 났던 것은 그 침묵으로 국민과 진심으로 소통했으며, 국민이 느낀 아픔과 분노를 말이 아닌 침묵으로 표현했다는 것에 더 큰 공감과 감동을 끌어냈기 때문이다.

생각과 느낌을 말 속에 논리적이고 짜임새 있게 담아 전달할 수만 있다면 굳이 말의 분량과 길이에 얽매일 필요가 없다. 말을 많이 하지 않으면 불안한 사람들이 많아지고 있다. 마음이 급할수록 돌아가라.

TIP❋**칭찬을 위한 꿀팁**

1. 칭찬 시 체크해야 할 사안

첫째, 사람에 따라 잘못된 칭찬을 하고 있지 않은가?

둘째, 목적성 칭찬을 하고 있지 않은가?

셋째, 실제 결과보다 과한 칭찬을 하고 있지 않은가?

넷째, 마음에 없는 칭찬을 하고 있지 않은가?

다섯째, 그 사람을 조종하기 위해 칭찬하고 있지 않은가?

2. 칭찬의 원칙

(1) 개별화의 원칙: 오직 그 사람이 행한 유일한 업적을 많은 사람 앞에서 칭찬한다.

(2) 타이밍의 원칙: 성공적으로 미션을 끝마쳤을 때, 즉각 칭찬한다.

(3) 진정성의 원칙: 양보다 질로, 상대에게 관심을 기울여 성실하게, 상호 신뢰감이 있는 관계 속에서 내면과 외부의 표현이 일치하도록 칭찬한다.

(4) 창의성의 원칙: 꾸중거리를 칭찬거리로 바꾸거나 고정관념에서 벗어나 현상을 다르게 보고, 사태를 긍정적으로 해석하여 칭찬한다.

(5) 수용성의 원칙: 상대가 수용할 만한 선에서 칭찬하고, 칭찬을 들으면 겸손하게 감사함을 표현한다.

(6) 호혜성의 원리: 칭찬을 받으면 다른 사람에게 나눠주고 싶어 한다.

3. 효과적인 칭찬 방법 8가지

(1) 구체적으로 칭찬한다: 칭찬을 받을 만한 이유와 근거, 정확한 사실을 파악해서 구체적으로 행동과 과정에 대해 칭찬한다.

(2) 공개적으로 칭찬한다: 공개적으로 칭찬을 받거나 제삼자를 통해 간접적으로 칭찬을 받으면 인정받고 싶은 욕심과 자랑하고 싶은 욕심을 모두 충족시킬 수 있다.

(3) 동사로 칭찬한다: 본질적인 부분이 아니라 노력해서 얻은 결과에 칭찬한다.

(4) 반복해서 칭찬한다: 반복되는 칭찬은 친숙함과 긍정적인 효과를 가져오며 오래 기억에 남긴다.

(5) 주변 인물을 칭찬한다: 상대방과 주변 인물까지 칭찬함으로써 일거양득의 칭찬 효과를 가져온다.

(6) 결과뿐 아니라 과정도 칭찬한다: 노력했던 과정을 알아주고 칭찬하면 감동한다.

(7) 반전의 효과를 노린다: 약간의 비판을 한 뒤 칭찬하면 상대방을 위한 진심의 칭찬으로 신뢰가 쌓여 호감을 얻을 수 있다.

(8) 비언어적으로도 표현한다: 표정과 말투, 마음이 일치되도록 진심으로 칭찬한다.

4. 칭찬을 잘하는 5가지 비결

(1) 단점을 칭찬으로 바꿔라: 사람의 약점도 주관적인 해석에 따라 강점이 될 수 있으며, 얼마든지 장점으로 승화시킬 수 있다.

(2) 이름을 기억하라: 이름은 그 사람의 존재를 인정하는 것이다. 아무리 칭찬을 잘해도 이름이 틀리면 마음을 상하게 한다.

(3) 간접적으로 칭찬하라: 간접적인 칭찬으로 인맥을 늘릴 수 있고 감동의 효과가

배가된다.

(4) 칭찬을 고맙게 받아들여라: 기껏 해준 칭찬을 거절하지 말고, 선물을 받은 것처럼 겸손하고 고맙게 받는다.

(5) 칭찬하는 말버릇을 들여라: 칭찬 에너지가 일상에 불어넣어주는 힘은 생각보다 강력하다. 일상에서 자신을 칭찬하는 습관을 들이면 긍정적인 에너지가 가득 채워진다.

5. 칭찬할 때 하지 말아야 할 14가지 말

말하기는 대인 관계 및 사회 문화적인 관계에서 상호 작용하여 서로를 이해하는 중요한 수단이다. 대화는 듣는 것도, 말하는 것도 중시된다. 대화가 다툼으로 이어지는 '하지 말아야 할 표현'에 주의하는 연습이 필요하다.

(1) 화제 바꾸기, 빈정대기

(2) 반대, 거부

(3) 명령, 지시, 강요

(4) 주의, 협박, 경고

(5) 부러움, 비교하기

(6) 비논리적인 설득, 논쟁

(7) 훈계, 설교

(8) 충고, 제안, 해결책 제시

(9) 판단, 비판, 비난

(10) 섣부른 해석, 탐색, 심리분석

(11) 욕설, 조롱, 창피 주기

(12) 동정, 위로

(13) 진심 없는 칭찬, 부추김

(14) 캐묻기, 심문

6. 칭찬을 통해 변화를 이끄는 가르침

(1) 진정한 나를 알려면 부모님을 이해하라: 부모님의 성향, 성격, 행동양식, 양육
방식, 칭찬과 훈육 방식, 사랑과 상처 등이 정체성 형성에 결정적인 역할을 한다.
나를 알려면 부모님을 먼저 알고 이해하려고 노력해본다.

(2) 내면과 겉면을 일치시켜라: 칭찬받고 싶다면 사랑을 받을 만한 사람, 칭찬을
받을 만한 사람, 존경을 받을 만한 사람이 되어라.

(3) 마음의 여유를 가지면 칭찬의 질이 달라진다: 심호흡을 하거나 한 발 뒤로
물러서서 상황을 본다. 여유와 유머는 많은 문제를 원만하게 해결하는 힘이 있다.

(4) 열 번 말하기보다 한 번 보여줘라: 아이는 부모의 뒷모습을 보고 자란다.
책을 읽으라고 말하기 전에 먼저 책을 읽는 모습을 보여라.

(5) 때로는 침묵이 금이다: 말을 해야 한다면 침묵을 능가하는 말을 한다.

6장

좋은 관계를 결정짓는
상황별 칭찬법

말이 변해야
사람이 변한다

"희망이 없다고 가정하면, 희망이 없다고 확신하게 된다. 자유에 대한 본능이 있다고 가정하고, 무언가 바꿀 수 있는 기회가 있다고 가정하면, 좀 더 나은 세상을 만들기 위해 공헌할 가능성이 있다." - 노엄 촘스키

성공한 사람들의 언어 습관을 주의 깊게 살펴본 적 있는가?

그들은 하나같이 긍정적이고 적극적인 말을 한다. 당장은 눈에 보이지 않아도 나중에는 현실로 꿈이 이루어질 것임을 굳게 믿는다. 한 가지 일에도 다방면으로 생각하며 열린 마음으로 받아들이고 여유가 있다.

실패나 실수를 경험했을 때도 "내가 졌다" 라는 소극적인 말보다 "이번에는 졌지만, 다음에는 내가 이길 거야" 라는 적극적인 승리의 언어를 말한다. 그리고 이러한 말은 승리의 날개를 달아주는 힘이 있어 현실로 이루어진다.

'말이 씨가 된다' 는 통찰을 그대로 반영한 단어 '말씨' 는 그에 상응

하는 열매를 맺는다. 바로 그 사람의 미래다. 교도소나 정신병원에 있는 사람들의 말씨를 연구한 결과, 그들은 서로를 비난하고, 이해심이 없으며, 교만했고, 거짓말을 잘했으며, 배려나 공감 능력이 없었다. 평소에 쓰는 부정적인 말씨가 그릇된 인격을 형성하여 불행한 인생으로 인도하고 말았다.

말씨에는 강력한 힘이 있다. 그러므로 의식하면서 긍정적인 말씨를 연습하여 입에 배게 해야 한다. 긍정적인 말씨를 습관처럼 사용하면 미래 또한 밝게 펼쳐진다는 사실을 잊지 말아야 한다.

언어가 달라지면 인생이 변할까?

실제로 부정적인 언어를 익숙하게 사용하다가 긍정적인 언어로 바꿔 사용함으로써 인생이 변화하는 순간을 목격한 적이 많다. 변화하고자 강하게 마음먹은 사람은 자신의 변화를 분명하게 말한다. 그러나 아직도 무엇이 중요한 것인지 갈피를 잡지 못한 사람은 매사 불평불만이 많으며, 자신을 속이고, 말을 거짓말을 하는 도구로밖에 여기지 못한다.

그러나 어떤 사람이든 언어가 달라지면 사람도 변화하기 시작한다. 미래지향적인 언어를 말하다 보면, 말에 힘이 실려서 그 말이 말 달리듯 가속화되기 시작한다. 그래서 신기하게도 인생이 말하는 대로 이루어진다.

부드럽고 따듯한 말 한마디에는 치유의 에너지가 있다. 집에서부터 온화하고 부드러운 말투를 사용하면 직장에서도 자연스럽게 부드러운 말을 사용하게 된다. 따뜻한 카리스마는 사람을 움직인다. 사람을 움직이려면 마음의 문이 열려야 하는데, 마음의 문은 강제로는 절대로 열 수 없다. 마음의 문을 여는 것은 감동이라는 열쇠다. 사람은 감동을 받으면 마음의 문을 열고 쉽게 변화를 받아들인다.

칭찬 전문가는 어휘가 풍부하고 다양하여 교육받은 사람처럼 보인다. 자신이 생각하는 것을 짜임새 있게 구성하여 전달하며 모두 쉽게 이해하고 수긍하도록 한다. 지나치게 어려운 단어나 기술적인 용어는 거만하거나 자만하는 것처럼 보인다는 것을 알고 있다.

다음을 참고하여 실천에 옮겨보자. 머지않아 많은 사람에게 인정받으며 꿈의 성취를 향해 나아가 성공을 거머쥐게 될 것이다.

성공한 사람들에게 있는 공통적인 언어 습관

(1) 스스로 말하는 대로 된다

말은 상대보다 자신에게 할 때 더 큰 위력을 발휘한다. 빌 게이츠가 세계 최고의 부자가 된 비결은 아침마다 스스로에게 말한 단 두 마디에 있었다.

"오늘은 큰 행운이 나에게 있을 것이다! 난 뭐든지 할 수 있다!"

스스로 믿는 대로 이루어지는 법이며, 말하는 대로 되는 법이다. 꿈을 이루려면 자신의 존재와 능력을 믿어야 한다. 그리고 매일 스스로 칭찬하며 용기를 북돋워라.

남이 칭찬해주기를 기다리지 말고, 스스로 칭찬하는 습관을 들인다. 에너지를 채우는 가장 확실한 방법이며 인생을 잘 풀리게 하는 최고의 비결이다.

(2) 진심으로 경청한다

경청의 한자는 '기울어질 경傾' 과 '들을 청聽' 으로 상대를 향해 몸을 약간 앞으로 기울여 눈으로 보고, 귀로 듣고, 마음으로 받아들인다. 눈을 맞추며 고개를 가볍게 끄덕이며 성실한 태도로 듣고 상대방의 말을 끊지 않고 끝까지 들어주며, 마음으로 공감하는 것이 진정한 경청의 자세다.

성공한 사람들은 자신의 의견에 동의하지 않는다고 하더라도 대놓고 비판하거나 비난하지 않는다. 다른 사람이 말할 순서를 항상 존중하며 다른 사람의 말을 도중에 끊지 않는다. 자신의 말을 다른 사람이 존중하고 경청하길 바랐던 것처럼 다른 사람의 말을 경청하며 대화가 이어지도록 돕는다.

소통이 안 된다고 말하는 사람이 많다. 불통은 말을 잘 못 해서 생기는 것이 아니다. 상대방의 말에 진심으로 귀 기울이지 않아서 생기는 경우가 많다. 상대방의 말을 경청하고 말을 할 때 자르지 말고 끝까지 들어주는 것만으로도 고민이 풀리는 경우가 많다.

《성공하는 사람들의 일곱 가지 습관》에서 스티븐 코비는 "성공하는 사람과 성공하지 못한 사람의 대화 습관에는 확실한 차이가 있다. 그 차이를 단 하나만 들라고 한다면, 주저 없이 '경청하는 습관'을 들 것이다"라고 했다.

《유해인간》에서 베르나르도 스타마테아스는 "편견 없는 경청이 위로가 된다. 어떤 행동도 하지 않고, 그저 곁에 있어주기 때문이다"라고 했다.

소통에 장애를 겪는 이유는 상대방 말은 듣지 않고, 자기 말만 해서다. 상대방의 말을 주의 깊게 경청하면 내가 말할 차례가 왔을 때 말을 더 잘할 수 있다. 상대방이 한 말에 대해서 적절하게 대응할 수 있는 능력이 생긴다.

직장에서 직급이 올라갈수록, 나이가 많아질수록 누군가에게 명령이나 훈계, 비판할 수 있다고 생각하여 상대방의 말을 듣기보다 자기 말을 더 많이 하려고 한다. 경청하는 사람은 다른 사람의 이야기에서 좋은 점을 찾아내는 긍정적인 사람이다. 경청이야말로 말 잘하는 사람의 비결이다.

좋은 경청의 한 가지 효과적인 팁은 '난 몰라' 기법이다. 이미 아는 사실이라도 처음 듣는 것과 같은 자세를 취한다. 친한 사이일수록 '난 널 잘 알지' 라는 태도로 이야기를 듣는 경우가 많다. 그런 태도로는 상대방을 존중하며 경청하기 힘들다. 이미 선입견을 가진 채로 부정적인 결론부터 내리는 상대와 대화하고 싶은 사람은 아무도 없다. 그러므로 아무것도 모른다는 마음으로 상대방과 진솔하게 마주하는 것이 중요하다.

(3) 목소리만 조절해도 몸값이 달라진다

말의 콘텐츠도 중요하지만, 여기에 더 추가하여 목소리의 요소를 잘 활용하여 전달력을 좋게 할 수 있다. 요즘은 연출하고 표현하는 자기 PR의 시대다. 단순히 말을 잘하는 것을 넘어서 생생하고, 재미있게 말해야 관심을 끌 수 있다. '빠르기, 크기, 높이, 길이, 쉬기, 힘주기' 와 같은 목소리의 6가지 요소로 목소리를 다양하게 사용하여 말해보라.

말도 안 되는 소리를 하는데 청중에게 환호를 받는 정치인이 얼마나 많은가! 말하는 방법은 말하는 내용만큼이나 중요하다. 비결은 망설이지 않고, 자신감 있고 리듬감 있게 말하는 것이다. 침묵은 듣는 사람의 관심을 사로잡는 데 도움이 된다. 중요한 부분에 청중이 기억할 수 있게 뜸을 들이거나 말의 요소를 활용하여 분위기를 휘어잡을 수 있다.

이러한 목소리의 6가지 요소를 잘 활용하는 사람으로는 역사 강사 설민석을 꼽을 수 있다. 연극영화과 출신으로 역사의 이해를 돕기 위해 연극배우처럼 목소리에 다양한 변화를 주면서 강의하여 역사 수업을 드라마틱하게 표현하여 청중을 사로잡는다.

다음에 소개하는 목소리의 6가지 요소를 적절하게 구사함으로써 대화의 단조로움을 피하고 전달력을 높이면서 생기 있는 대화를 이어나가 보자.

1) 목소리의 빠르기

너무 빨리 혹은 너무 느리게 말하면 듣는 사람에게 불신을 안기고 짜증을 유발하거나 싫증을 느끼게 한다. 선명하고 날카로운 말투도 같은 결과를 낳는다. 너무 빠르거나 너무 느리지 않게 적절한 속도를 유지하는 것이 좋다. 필요할 때는 빠르게 말함으로써 쉽고 누구나 아는 내용을 빨리 넘길 수 있다. 느리게 말하기는 긴장감을 유발하거나 어렵거나 강조하고 싶은 말일 때 사용할 수 있는데, 완급 조절이 필요하다.

2) 목소리의 크기

목소리의 크기는 목소리가 얼마나 멀리까지 울려 퍼지는가를 말한다. 크게 말한다고 해서 악을 쓰거나 크게만 소리를 지르는 것이 아니라 분명히 알아들을 수 있는 소리로 정확하게 말하는 것을 뜻한다. 그리고 작게 말함으로써 산만했던 분위기를 집중시킬 수 있다. 갑자기 소리가 작아지면 비밀을 듣는 것처럼 귀를 기울여 집중하게 된다.

3) 목소리의 높이

높낮이로 목소리에 억양을 만들어낸다. 노래에 비유하면 높낮이는 도레미파솔라시도와 같은 계명이고, 크기는 여리게 또는 강하게 등으로 표현하는 것이다.

4) 목소리의 길이

우리나라 말은 단어를 발음할 때 고저가 아닌, 장단으로 구분한다. 긴소리와 짧은소리를 정확하게 구분해서 발음할 필요가 있다. 목소리의 길이는 필요 이상으로 과장해서 표현하지 말고 자연스러운 장단을 표현하는 것이 최선이다.

아나운서처럼 딱딱한 말투는 신뢰감과 전문적인 느낌을 주며, 어미를 높이거나 길게 빼서 말하면 가볍고 가까워진 느낌이 든다. 가령 "안녕하세요"에서 어미인 '요'를 길게 빼서 말하면 훨씬 친근감 있는 말투가 된다.

5) 목소리의 쉬기

말 그대로 멈춤이며 침묵이다. 단어와 단어 사이, 구와 구 사이, 문장과 문장 사이에 일정 시간 쉬는 것이다. 쉬는 간격은 적절히 조절하는데, 듣는 사람에게 생각할 시간을 주기 위해 쉬기를 이용할 수 있다.

이러한 쉬기를 이용하여 상대가 기대하게 만들 수 있다. 다음에 어떤 이야기가 나올지 궁금증을 유발하는 역할을 한다. 또한, 동의를 구하거나 양해를 바라는 역할을 하기도 한다. 상대가 동의하는 맞장구를 칠 수 있도록 질문을 던지고 침묵할 수 있다. 말하면서 쉼표 뒤에 쉬고, 문장의 마침표 뒤에 1~2초씩 쉰다.

6) 목소리의 힘주기

힘주기란 특정 단어를 말할 때 다른 말보다 더 힘주어 말하는 것으로, 강조하고 싶거나 중요한 단어에 강세를 주어 말한다. 내용상 얼마나 중요하느냐에 따라 결정하면 된다.

(4) 권위를 내세운다

성공하는 사람은 사람들의 관심을 받고 존경을 불러일으키는 능력이 있다. 독특한 흡입력과 남을 사로잡는 자신감으로 그저 그 곁에 있는 것만으로도 든든하고 유익하다. 그들은 소란을 피우거나 요란하지 않게 주의를 집중시키는 특별함이 있다.

성공하는 사람은 대화할 때, 강조점이 있으면 턱을 약간 올리고 바른 자세로 말을 한다. 구부정한 자세나 뻣뻣한 자세가 아니라 똑바로 선 자세로 자신감과 여유로움을 풍긴다.

비싼 옷이나 브랜드 옷을 입어야 하는 것은 아니지만, 깔끔한 옷차림으로 신뢰를 줄 수 있다. 여성은 수수한 스타일과 적절한 액세서리를 착용할 수 있다. 과도하게 높은 하이힐과 너무 화려하거나 짧은 치마는 주의를 산만하게 만든다. 남성은 산뜻한 색의 셔츠와 넥타이를 착용한 정장 차림이 제일 좋다.

"현재의 자신이 아닌, 당신이 되고 싶은 자신에 걸맞은 옷을 입어라"라는 말은 이런 의미에서 일리가 있다. 좋은 옷을 입으면 내가 그 옷에 어울린다는 느낌이 들며 가치 있는 사람처럼 여겨져 자존감이 높아진다. 내 가치를 남들이 알아주는 것처럼 느껴지고, 내가 나를 가치가 있는 사람으로 느끼면 주변 사람들도 그렇게 인정해주기 시작한다. 이러한 태도와 옷차림은 심리학에서 '권위의 법칙' 혹은 '후광 효과' 라고 한다.

어떤 차림이냐에 따라 사람의 인상이 달라진다. 상대방에게 수준 높은 사람이라는 인상을 주기 시작하면 상대방에게서 수준 높은 대우를 받을 수 있다. 긍정적인 후광 효과인 셈이다. 이렇게 옷차림으로 단기간에 자존감을 높여 에너지를 채우는 방법도 효과가 있다.

사기꾼이 번지르르하게 차려입는 이유가 이 법칙 때문이며, 선거철마다 고위 공직자 출신이나 유명 대학 출신이 공천을 더 많이 받는 이유도 유권자들의 이런 심리에 바탕을 둔 결과다. 파란불로 바뀌었는데 출발하지 않는 차에 경적을 울리는 비율도 고급 승용차일수록 경적을 울리는 비율이 훨씬 적다.

보통 의사, 변호사, 교수와 같은 사회적 직함을 가진 사람이 하는 말에 좀 더 순응을 잘한다든지, 좋은 옷차림이나 고급 자동차를 타는 사람에 대해서는 평가를 달리한다든지 하는 것과 같다. 한 연구 결과에 따르면, 무단횡단을 하는 사람이 허름한 옷차림을 할 때보다 정장을 입었을 때 뒤따르는 사람의 수가 평소보다 3배 더 많았다.

사람들은 권위의 상징에 쉽게 영향을 받는다. 이러한 법칙을 잘 활용하여 상대로부터 신뢰감을 얻어내어 대화에 귀 기울이게 할 수 있으며 강력하게 설득할 수 있다.

(5) 초두 효과, 최신 효과를 이용한다

첫인상을 남기는 기회는 다시 얻지 못한다. 또한, 좋은 첫인상을 남길 두 번째 기회란 없다. 0.5초도 안 되는 짧은 시간 안에 결정되기 때문이다. 상대방에 대한 인상이 좋다면 마음이 열리지만, 인상이 나쁘면 마음이 닫힌다. 눈 깜짝할 사이에 뇌는 상대방의 이미지를 50% 만들고, 4분 이내에 나머지 이미지를 만들어낸다. 상대와 상호작용을 통해 이미지가 확고해지며 내가 만들어낸 상대방의 이미지가 정확한지 상호작용을 통해 확인한다.

다음에 제시하는 단어를 10초 동안 순서에 상관없이 기억해보길 바란다.

> 연필, 산, 아파트, 티셔츠, 텔레비전, 축구, 노트북, 칭찬, 개나리, 구름

이제 몇 개나 기억했는지 생각해보라.

한 실험에서 이렇게 연관성이 없는 단어를 나열하여 암기하는 문제를 내어 평균을 냈다. 결과는 많은 사람이 최초의 단어와 최후의 단어는 잘 기억하는데, 가운데에 있는 단어는 대부분 기억하지 못했다. 이처럼 최초에 제시된 정보의 재생률이 좋은 것을 '초두 효과' 라고 하며, 최후에 제시된 정보의 재생률이 좋은 것을 '최신 효과' 라고 한다.

인간관계에서는 처음 만난 사람의 첫인상이 초두 효과다. 오래 만난 사람인 경우, 첫인상보다는 최근에 접한 모습을 그 사람의 현재 분위

기로 인식하는 것이 최신 효과다. 대화에서는 마지막 말이 전체 내용의 분위기를 좌우한다.

성공한 사람들은 이러한 효과를 이용하여 칭찬을 사용한다. 먼저 칭찬을 통해 상대방의 마음을 여유 있게 만든다. 중간에 비판이나 지적할 이야기를 건넨다. 마지막에 격려의 메시지를 전하면서 상대방의 자존심이나 감정을 상하게 하지 않으면서 진심 어린 메시지를 전한다.

02

칭찬의 힘으로
스스로 성공한 사람들

"고난의 시기에 동요하지 않는 것, 이것은 진정 칭찬받을 만한 뛰어난 인물의 증거다."
- 베토벤

'성공' 이라는 단어는 '칭찬' 만큼이나 사람들을 기분 좋게 하는 단어다. 그리고 이 두 단어에는 연관성이 있다. 칭찬을 많이 할수록 그 사람은 크나큰 원동력을 얻어 성공의 지름길로 간다는 것이다. 성공하는 사람들은 칭찬 한마디로 인생 역전을 이루었으며, 칭찬으로 자신감을 충전하여 많은 사람과 세상을 지배하며 영역을 확장해나간다.

성공한 사람들이 하는 말의 절반은 칭찬이다. 성공한 사람들의 공통점 중 하나인 칭찬이 어떻게 한 사람을 위대한 영웅으로 만들었는지 이야기를 통해 살펴보고자 한다. 이 이야기는 그들만의 이야기가 아닌, 나의 이야기가 될 수도 있음을 깨닫고 칭찬을 추구하며 칭찬을 위한 삶을 살도록 하자.

(1) 잭 웰치: 불가능을 가능으로 바꾸는 칭찬

말을 심하게 더듬는 소년이 있었다. 또래 친구들이 이야기꽃을 피울 때면 소년은 늘 한구석에 외로이 앉아 있었다. 괜히 끼어들었다가는 '말더듬이' 라고 놀림을 당할 게 뻔했기 때문이다. 그러는 사이 소년은 점점 소극적으로 변해갔다.

그러던 어느 날, 좀처럼 밖에 나가려고 하지 않는 아들을 안타깝게 여기던 어머니가 말했다.

"엄마하고 책 읽을까?"

"시… 시… 싫어요. 나, 채… 책… 이… 이… 읽… 느… 는… 거 싫어."

어머니는 소년의 머리를 쓰다듬으며 이렇게 말했다.

"엄마는, 네가 왜 너의 장점을 부끄러워하는지 모르겠구나."

소년은 어리둥절했다. 말도 더듬고, 친구들에게도 놀림 받는 자신에게 무슨 장점이 있는지 도무지 알 수 없었기 때문이다.

그때 소년의 어머니가 말했다.

"네가 왜 말을 할 때 더듬는 줄 아니? 그건 너의 말보다 생각의 속도가 빠르기 때문이야. 그만큼 너는 남보다 앞선 생각을 하고 있다는 증거란다. 그러니 앞으로는 절대로 말 더듬는 것 때문에 기죽지 말렴."

소년은 어머니의 칭찬을 곰곰이 생각하며 점차 자신감을 회복했다. 여전히 어눌하고 더듬거리기는 했지만 동화책도 최선을 다해 읽었고, 친구들을 만나도 더 이상 피하거나 숨지 않았다. 그렇게 시간이 흘러 어른이 된 소년은 이제 전 세계를 돌며 비전을 제시하는 뛰어난 경영자이자 강연자가 되었다. 그가 바로 세계적인 기업 GE의 CEO를 지낸 잭 웰치다.

어릴 적 자신의 경험을 가슴속에 아로새기며 그는 말한다.

> "사람들에게 자신감을 불어넣어주는 일은, 내가 할 수 있는 단연 최고의 일이다. 그것이 바로 사람들을 움직이는 힘이기 때문이다."

(2) 최태웅 감독: 마음을 사로잡아 자신감을 불러일으키는 칭찬

프로배구 현대캐피탈 최태웅 감독은 작전타임 때마다 선수들의 마음을 다독이는 따뜻한 칭찬으로 유명하다. 급한 마음에 소리를 지르는 다른 감독과는 다르다. 짧은 30초 동안 선수들의 사기를 칭찬을 이용하여 끌어올린다.

최 감독의 소통에는 일관성이 있다. '결과보다는 좋은 팀으로 발전해 나아가기 위한 과정을 중시하겠다'는 메시지를 꾸준히 선수들에게 전달하고 있다. 치열한 경기를 치를 때면 선수들은 자칫 위축되거나,

두려움으로 긴장해서 소극적이 될 수 있다. 그러나 최 감독은 중요한 순간에 실패에 대한 두려움과 불안에서 벗어날 수 있도록 칭찬과 격려를 아끼지 않는다.

또한, 적절한 타이밍을 잡아내는 직관력이 있다. 게임에 적절하게 개입하여 선수의 경기력을 떨어트리거나 게임의 흐름을 방해하지 않았다. 15연승을 이어가는 동안 단 한 번도 작전타임을 사용하지 않았다.

'어록제조기', '언금술사'로 유명한 최 감독은 경기 때마다 명언을 남긴다. 그의 명언은 자신에게 하는 주문이자, 선수들에게 자신감과 집중력을 끌어올리며 부담을 떨쳐내는 응원이다.

> "우린 지금이 중요한 게 아니야. 미래가 중요한 거야."
>
> "지금 너희들이 잘하고 있는 게 아니야. 우린 앞으로 잘할 수 있는 팀이지."
>
> "겁난다고 피하면 다음에 누가 해? 미스해. 과감히 미스해. 범실해도 상관없어. 해야지, 안 하면 나중에 못한다고."
>
> "여기 있는 모든 사람이 다 너희들을 응원하고 있는 거야. 그 힘을 받아가지고 한번 뒤집어봐. 이길 수 있어."

(3) 카네기와 루즈벨트: 이름을 기억하는 사소함이 감동으로 이어진 칭찬

사람들은 자신의 이름이나 호칭에 대해 자부심을 갖고 싶어한다.

미국의 백만장자들은 남극 탐험에 수억 원의 지원금을 내는 대가로 남극에서 새롭게 발견하는 산에 자신의 이름을 붙여달라고 한다. 셰익스피어 역시 자신의 이름을 빛내기 위해 막대한 돈을 들여 가문을 사들였다.

강철왕 앤드류 카네기는 사람들의 협력을 끌어내는 과정에서 '이름 기억하기' 방법을 사용했다.

> 그가 사람들로 하여금 탁월한 능력을 발휘하게 한 주된 이유는 사람들의 이름을 잘 기억하고 있었기 때문이다. 그는 고위 간부는 말할 것도 없고 일반 직원의 이름도 기억하고 가능하면 이름을 불렀다. 카네기의 성공 비결 중 하나는 바로 '이름 기억하기'였다.

사람들이 자신의 이름에 대해 애착심을 가지고 있다는 것을 카네기는 어린 시절에 이미 깨달았다. 스코틀랜드에서 지내던 소년 시절에 그는 토끼 한 마리를 길렀다. 토끼가 새끼를 낳자 카네기 혼자의 힘으로는 수많은 토끼의 먹이를 마련하기가 바빠졌다. 그래서 생각해낸 아이디어가 토끼풀을 많이 뜯어오는 아이의 이름을 토끼에 붙여주겠다고 한 것이다. 아이들은 자기 이름을 딴 토끼가 생긴다는 기대감에 앞다퉈 풀을 뜯어왔다.

카네기가 침대 열차 사업권을 따내기 위해 침대차를 발명한 사업가 조지 풀먼과 경합할 때도 이름의 중요성을 활용했다. 가격 경쟁을 하면서 서로 심한 출혈을 감수하던 상황에서, 카네기는 두 회사가 공동으로 투자하자는 제안을 했다. 그러자 풀먼이 물었다.

"새 회사의 이름은 어떻게 하실 생각입니까?"

"그야 물론 풀먼 객차 회사지요."

그러자 풀먼은 그 자리에서 "제 방으로 가시죠. 좀 더 얘기를 나눕시다"하고 말했다.

프랭클린 루스벨트 대통령의 선거 운동원 중에 짐 팔머라는 사람이 있었는데, 이 사람의 이름 기억력은 대단히 탁월했다. 무려 5만 명의 이름을 기억할 정도였는데, 그의 이런 기억력이 루스벨트 당선의 1등 공신이 되었다.

팔머는 석유외판원 생활을 하면서 고객의 이름을 기억하는 방법을 개발했다. 새로운 고객이 생길 때마다 이름, 가족 관계, 직업, 거주지, 심지어 정치적인 성향까지 세세하게 알아내서 수집한 사실들을 마음 속에 그림으로 그려두었다가 1년이 지난 후에도 그 고객을 만나 악수하면서 가족의 안부나 신변에 대해 관심을 나타낸 것이다. 두말할 것 없이 상대방으로부터 대단한 호의를 이끌어낼 수 있었다.

그는 이 방법을 선거 운동에도 사용했다. 루스벨트의 선거 운동을 하기 몇 달 전부터 팔머는 선거 유세 지역 사람들에게 수백 통의 편지를 쓰고 그들을 만나고 함께 식사를 하고 차를 마셨다. 또 유세장에 참석한 사람들의 명부를 만들어 그들의 이름을 직접 불러가며 정성이 담긴 편지를 보냈다. 이것이 그들의 지지를 끌어내는 중요한 계기가 되었다.

이런 사실을 잘 알고 있는 루스벨트는 대통령으로 당선되고 나서 국민에게 훌륭한 인품의 소유자라고 칭송받아 왔다. 그가 국민에게 호감을 받을 수 있었던 이유 중 하나는 이름을 기억하고 불러주었기 때문이다. 그는 백악관에 근무하는 직원들의 이름을 외우기 위해 많은 노력을 기울였다. 기계 수리공의 이름을 부르며 인사하기도 하고, 주방에 있는 직원뿐 아니라 정원사의 이름까지 기억하고 불러주며 안부를 물었고, 직원에게 친필 쪽지를 전달하기도 했다. 한 직원은 감동해서 눈물까지 흘렸다고 한다. 사소한 일을 하는 사람의 이름까지도 기억해주는 대통령을 싫어할 사람은 없었다.

상대방의 이름을 기억하고 이름을 불러주는 것은 귀한 보석을 손에 쥐어주는 것과 같다. 호감을 얻는 가장 단순하고 쉬운 방법이자, 매우 중요한 방법은 바로 상대방의 이름을 기억하고 그가 인정받는다는 느낌을 갖도록 하는 것이다.

(4) 잔 파데레우스키: 말 한마디로 인생을 바꾼 칭찬

붉은 머리카락의 폴란드 소년은 유명한 피아니스트가 되는 것이 꿈이었다. 그런데 선생님으로부터 매우 비관적인 말을 들었다.

"네 손가락은 너무 짧은데다 굵구나. 거기다 유연성도 부족하고 말이야. 차라리 다른 악기를 선택하는 게 좋겠다."

소년은 좌절하여 더 이상 피아노를 치고 싶지 않았다. 그러던 어느날 소년은 한 만찬회에서 피아노를 칠 기회가 있었다. 오랜만에 발견한 피아노를 보고 감회에 젖어 피아노를 치기 시작했다. 그의 연주가 끝나자 한 신사가 다가와 소년의 어깨를 토닥이며 이렇게 말했다.

"너는 피아노 연주에 탁월한 소질을 갖고 있구나. 열심히 노력하면 훌륭한 피아니스트가 될 거야."

소년은 신사를 알아보고 깜짝 놀랐다. 자신이 가장 존경하는 세계적인 피아니스트 안톤 루빈스타인이었기 때문이다. 루빈스타인의 격려를 받은 후 소년은 그 누가 어떤 말을 해도 흔들리지 않았다. 그리고 훗날 루빈스타인 못지않은 세계적인 피아니스트 잔 파데레우스키로 이름을 알렸다.

이 일화를 보면 소년도 다시 꿈을 찾아 세계적으로 훌륭한 피아니스트가 되었지만, 칭찬을 해준 사람 역시 훌륭한 면모를 보여주었다. 이처럼 격려의 말 한마디가 한 사람의 인생을 좌우하는 데 결정적인 영향력을 끼친다는 것을 알 수 있다.

(5) 린든 존슨과 크리스토퍼 리브: 진심 어린 격려로 사람을 일으키는 칭찬

미국의 36대 대통령이었던 린든 존슨은 몸무게가 96킬로그램이 넘어가자 고민이 생겼다. 체중 감량을 위해 몇 번이나 노력했으나 번번이 실패했다. 그러다 그의 아내에게 의미 있는 말 한마디를 듣고 다시 시도하여 성공할 수가 있었다.

"만일 당신이 자신을 조절할 수 없다면 국가도 경영할 수 없을 거예요."

존슨은 이 말을 마음 깊이 새기고 노력한 결과 80킬로그램까지 뺄 수 있었다.

하루에 의미 있는 말 한마디씩만 듣는다면 인생은 달라진다. 말 한마디의 힘이다. 그만큼 말에는 '뼈에 새겨질 만큼 강하게 박힌다'는 각인 효과가 있기 때문이다.

영원한 슈퍼맨 크리스토퍼 리브는 1980년대 어린이들의 영웅이었다. 그러나 갑작스러운 낙마 사고로 경추가 상하여 전신마비 장애인이 되었다. 그는 견디기 힘든 고통에 차라리 산소 호흡기를 떼고 죽고 싶다는 의사 표시를 했다.

이 소식을 전해들은 아내 데이나는 전신이 마비된 남편의 뺨을 두 손으로 만지며 말했다.

> "아직도 당신이에요. 두뇌가 살아있는 한 당신은 아직도 그대로 당신이니, 제발 살아만 주세요."

이 한마디 말에 희망과 용기를 얻은 크리스토퍼 리브는 끊임없이 재활운동을 했다. 그리고 죽기 전까지 많은 사람에게 감동을 선사하며 몸이 불편한 자들을 위한 사회운동가로 살았다.

영화 속 슈퍼맨이 진정한 슈퍼맨이 될 수 있었던 것은 바로 사랑하는 아내의 말 한마디에서 시작했다. 긍정적인 말 한마디와 격려의 칭찬은 어떤 상황에서도 희망을 갖게 하며 위대한 사람으로 만드는 힘이 있다.

(6) 에이브러햄 링컨: 원수를 팬으로 만드는 포용 칭찬

링컨 대통령은 노예해방 선언을 발표해 흑인 노예해방을 이끌었고 남과 북으로 분열됐던 미국을 하나로 통합시킨 인물이다. 링컨은 화합의 달인이며, 설득의 달인, 협상의 달인이다. 투쟁을 투쟁으로 받아치지 않고 현명한 의사소통으로 해결한 유능한 달변가였다. 링컨 하면 노예해방 외에도 화합, 화해, 유머, 설득, 협상, 포용력이 연관 검색어로 뜬다.

링컨 대통령은 정규 교육을 제대로 받지 못했다. 그가 받은 교육 시간을 모두 합쳐도 초등학교 1년도 되지 못할 정도였다. 엘리트 코스를 밟은 정치인이 아니었기 때문에 당시 더 좋은 교육을 받고 더 오래 정치 생활을 한 정치인들로부터 시기, 질투를 받았다.

그러나 링컨 대통령은 자신에게 적대적인 사람들을 끌어안는 리더십을 보여줬다. 자신과 반대편에 있는 사람도 칭찬하며 적까지 칭찬하는 최고의 포용력 리더였다. 자신의 외모를 빗대어 "아무짝에도 쓸모 없는 긴팔원숭이"라고 경멸했던 사람을 국방부 장관으로 임명해 자신과 함께 일하도록 했고 결국에는 그를 자기 사람으로 만들었다. 대통령이 되고 싶어 오랫동안 그를 시기하던 체이스 당시 재무장관도 결국 "링컨은 나보다 더 뛰어난 사람"이라고 인정했을 정도였다. 이뿐만이 아니었다. 그는 항상 배우는 자세를 유지하는 것을 원칙으로 삼았다.

> "나에게 단 5분이라는 시간이 주어진다면 독서를 하겠다. 독서는 보물이 방 안으로 들어오는 것과 같다."

링컨은 독서를 굉장히 좋아했고 중요하게 생각했다. 만나는 사람마다 배움의 기회로 삼으며 리더로서의 자질을 갖춰나갔다.

또 비난보다는 칭찬을, 명령보다는 설득을, 비판보다는 관용과 화해를 택하려고 애썼다. 더불어 '유머'를 최대한 활용해 늘 주변의 긴장감을 풀어줬다. 사람의 마음을 얻는 진정한 리더십. 그가 지금까지 미국의 위대한 대통령으로 손꼽히는 이유일 것이다.

이처럼 칭찬에는 적군을 아군으로, 원수를 팬으로 만드는 강력한 에너지가 있다.

(7) 오프라 윈프리: 존재를 인정해주는 공감 칭찬

미국에서 가장 영향력 있고 존경받는 인물이며 진정한 인간 승리, 전 세계 사람들의 희망의 아이콘이 있다. 바로 오프라 윈프리다. 그녀는 가난과 절망을 딛고 전 세계 흑인 여성 중 가장 성공한 인물이자 세계적으로 부와 명예를 가진 유명인이다.

그녀는 찢어지게 가난하고 불우한 환경 속에서 재능을 발견했으며, 상처와 고통으로 얼룩진 삶 속에서 꿈을 버리지 않고 나아갔다. 한 인터뷰에서 그녀는 힘들고 불행했던 어린 시절을 이겨내고 성공한 비결은 다름 아닌 모든 것에 감사하는 습관이라고 말했다.

오프라 윈프리는 상대방의 존재감을 크게 일깨워주며 사람들에게 감동을 전달하는 데 탁월한 재능이 있다. 〈오프라 윈프리 쇼〉에서 그녀는 게스트의 말에 집중하고 공감한다.

그러던 1986년 어느 날, 녹화장을 발칵 뒤집어놓은 사건이 발생했다. 첫 게스트는 오랫동안 친부로부터 성폭행을 당했다. 어렵게 입을 열었지만, 아픈 기억을 털어놓지 못한 채 주저했고 방송 진행은 매끄럽지 못해 스태프들은 우왕좌왕했다. 그때였다.

"사실…… 나도 그랬어요."

오프라의 떨리는 목소리가 마이크를 타고 흘러나왔다. 사람들은 술렁이기 시작했다.

"아홉 살 때였어요. 사촌에게 성폭행을 당했지요. 열네 살 때는 원하지 않는 임신으로 가출 소녀 쉼터를 전전하며 살았어요. 아이는 태어난 지 2주 만에 하늘나라로 떠났어요. 나도 당신과 같은 약자였어요."

오프라의 뜻밖의 진솔한 고백에 게스트는 마음을 열고 용기를 얻어 마침내 자신의 이야기를 이어갔다. 마치 고해성사를 하듯 과거의 상처를 하나씩 꺼내놓을 때마다 스튜디오는 울음바다가 되었다. 이후 〈오프라 윈프리 쇼〉는 고백적 형태의 미디어 커뮤니케이션을 만들어내면서 사람들의 폭발적인 주목을 받았다.

또한, 당시에는 성폭행을 당했다는 사실을 알리거나 도움을 청하는 것을 굉장히 수치스럽게 여겼으나 오프라의 솔직한 고백은 많은 성폭행 피해 여성들이 자신의 피해를 신고하고 도움을 청할 수 있도록 이끌었다.

오프라는 아동 성폭행 및 학대 근절을 위해 많은 노력을 기울였다. 1993년 빌 클린턴 전 대통령으로부터 백악관 초대를 받고 국가아동보호법 시행의 필요성을 강조했다. 결국, 이러한 오프라의 노력으로 국가아동보호법은 통과되었다. 이 법에는 '오프라 법안' 이라는 별칭이 붙었다. 또한 방송계에서의 막강한 파워를 이용해 방송을 아동학대 문제의 심각성을 알리는 데 적극적으로 이용했다.

오프라 윈프리는 게스트와 공감하면서 그들의 존재가 외면받지 않도록 지지했다. 또한, 그녀의 강력한 영향력으로 전 세계에 선한 영향력을 미치기도 했다.

(8) 빅터 프랑클: 웃음으로 행복을 만드는 희망 칭찬

로고 테라피(의미치료)의 창시자이며 《죽음의 수용소》의 저자인 빅터 프랑클 박사를 가장 잘 표현할 수 있는 단어를 찾아보라면 아마도 '겸손과 유머 감각, 삶에 대한 열정과 사랑, 그리고 지치지 않은 모험정신' 일 것이다.

빅터 프랑클은 늘 유머가 풍부하여 상황이 아무리 심각해도 웃음을 잃지 않았다. 매우 위급한 상태로 심장 수술을 받으러 수술실에 들어가기 직전에도 "이 상황을 슬퍼하기에는 너무 덜 비극적인데!" 이라는 말로 가족의 불안과 걱정을 덜어주었다. 어느 상황에서도 결코 비극적이거나 비관적이지 않으며 자기 자신과 처한 상황을 분리시키는 탁월한 유머감각을 가지고 있었다.

이런 빅터 프랑클이 아우슈비츠에서 살아나온 몇 안 되는 사람 중의한 명이라고 한다. 아우슈비츠는 유태인을 대량 학살한 만행의 현장이다. 언제 가스실로 끌려가 죽을지 몰라 하루하루 살아남기 위해 가슴을 졸여야 하는 지옥과 같은 곳이다.

수용소에 처음 들어간 사람들은 모든 것이 잘 풀릴 것이라고 생각한다. 그러나 자신들의 생사가 장교의 손가락질 한 번에 갈리고 인간으로서의 자유와 권리를 박탈당하면서 극명하게 두 분류로 나뉜다. 희망을 놓는 순간 무너져버리고 마는 사람들과 삶에 대한 희망을 놓지 않는 사람들이다.

빅터는 가족의 생사조차 알 수 없지만, 살아서 가족을 다시 만나야겠다는 희망의 끈을 잡고 인간으로서의 존엄성을 잃지 않았다. 이곳에서도 열정적으로 자살 방지 프로그램을 개발하고, 사람들이 강제 수용됨으로써 생긴 심리적 충격에서 벗어나도록 설득해갔다.

하루 한 컵의 물이 배급되면 반만 마시고 나머지로 세수와 면도를했다. 깨진 유리 조각으로 면도를 해야 하는 환경이었지만 그는 면도를 거르지 않았고, 덕분에 건강해보일 수 있어서 가스실로 끌려가는 것을 면할 수 있었다.

> 빅터 프랑클은 '어떻게 그럴 수 있을까' 하는 생각이 들 정도로 늘 웃음을 잃지 않고, 우스갯소리를 하고, 사람들을 격려하고 칭찬하고, 노래를 부르며 현실에서 벗어나고자 살아나가려는 의지를 끝까지 놓지 않았다.

힘겨운 상황 속에서도 자신이 어떤 사람이 되느냐는 것, 즉 고결한 사람이 되느냐, 인간의 존엄성을 잃고 짐승 같이 되느냐는 것은 그 개인의 선택에 달려 있다. 그 어떤 시련이 오더라도 인간에게는 그 누구도 빼앗을 수 없는 단 하나의 자유가 있다. 자신의 태도를 결정하고 삶의 길을 선택할 정신의 자유만은 그 누구도 빼앗을 수 없다. 그리고 그 자유를 잃게 되면 살아가지 못한다.

빅터 프랑클은 다음과 같이 말하며 자신의 존재를 직접 증명해냈다.

> "행복해서 웃는 것이 아니라 웃기 때문에 행복한 것이다."

(9) 토머스 에디슨: 실패를 성공으로 이끈 칭찬

초등학교 시절 알을 품어 병아리를 부화시키려 하는 등 이런저런 기행을 많이 하여, 당시 앞뒤가 꽉 막힌 초등학교 선생님은 이러한 에디슨을 더 이상 감당하지 못할 지경에 이르렀다. 입학하고 3개월이 지나자 선생님은 어머니를 학교로 불렀다.

"에디슨은 너무 머리가 나빠요. 다른 아이들은 다 아는 것도 모르고, 한 번 가르쳐도 될 걸 몇 번씩 가르쳐도 이해하지 못해요. 아무래도 학교에서 에디슨을 가르치기는 힘들겠습니다."

그 말을 들은 에디슨의 어머니는 이렇게 대답했다.

"에디슨은 머리가 나쁘지 않습니다. 다만 다른 아이들과 다르게 생각할 뿐이에요."

에디슨의 어머니는 당장 에디슨의 손을 끌고 집으로 돌아와서 직접 가르치기 시작했다.

에디슨의 어머니는 달걀을 품어서 닭을 태어나게 한다고 밤새 헛간에서 알을 품고 있어도 나무라지 않았고, 궁금한 것을 모두 직접 해결할 수 있게 지하실 한쪽 구석에 실험실을 설치해주기도 했다. 에디슨은 밤새 그곳에서 뚝딱거리며 무엇인가를 실험하고 만들어냈다. 그 결과 에디슨은 1,000여 가지의 발명품을 만들어낸 발명가가 되었다.

에디슨의 어머니가 아이의 엉뚱함을 받아들이지 못했다면 **"천재는 99%의 노력과 1%의 영감으로 이루어진다"**라고 말한 에디슨은 존재하지 않았을 것이다. 어른들은 절대 생각해내지 못하는 놀라운 생각들이 미래에는 정말 실현될지도 모른다. 아이들은 모두 미래의 천재들이다.

(10) 넷 앱: 동기부여에 가장 좋은 칭찬

넷앱은〈포춘〉에서 가장 일하기 좋은 100대 기업 중 1위로 선정되었다. 넷앱은 수평적인 직장문화의 대명사로 손꼽힌다. CEO조차도 자신의 개인 집무실이 아닌 다른 사원들과 같이 개방된 공간에서 업무를 수행한다.

팀워크라는 것은 하루아침에 저절로 형성되지 않는다. 팀워크의 바탕은 모든 임직원이 회사로부터 존중받는다고 느끼는 데서 시작한다. 톰 멘도자 부회장은 매일 평균 10~15명의 직원들에게 전화를 건다. 이른바 '칭찬 전화' 다.

서로 존중하는 마음을 갖기 위해 넷앱은 '선행 알림' 캠페인을 진행했다. 긍정의 힘을 믿고, 성과를 낸 직원을 적극 칭찬했다. 설립 당시부터 시작한 이 캠페인은 어떤 사람이 칭찬받을 만한 일을 했다면 톰 멘도자 부회장에게 전화나 이메일로 알려준다. 선행을 알게 된 멘도자 부회장은 하루 평균 10~15통의 칭찬 전화를 걸어 해당 직원을 칭찬하고 독려한다. 칭찬을 받은 직원은 존중받고 있다는 사실을 깨닫고 상사와의 통화를 통해 영감을 얻는다.

> "직원들은 더 나은 직책이나 더 많은 연봉을 제안받았을 때가 아니라 존중받고 있다는 생각이 들지 않을 때 이직을 생각한다. 넷앱은 서로 존중하는 문화를 갖고 있기 때문에 이직률이 낮다."

넷앱은 상사가 두려워서가 아니라 상사를 돕기 위해 일하면서 최고의 성과를 낸다. 리더 역시 직원을 더 가치 있는 사람이 되도록 도와주는 사람이지, 그들을 평가하고 비판하는 사람이 아니다.

칭찬을 하면 칭찬받을 일을 하고, 비난을 하면 비난받을 일을 하는 것이 사람이다. 사람을 바꾸는 유일한 방법은 칭찬이다. 칭찬이야말로 동기부여의 가장 좋은 방법이며, 사람을 움직여 행동하게 하는 유일한 방법이다.

03

적재적소에 어울리는
효과적인 칭찬

"성공하는 사람은 이미 성공한 사람에 대해 칭찬의 말을 하고, 실패하는 사람은 성공한 사람에 대해 비난의 말만 한다." - **나폴레옹 힐**

친밀한 인간관계를 맺고 좋은 대인 관계를 결정짓고 싶다면, 칭찬의 효과를 적극적으로 활용하는 것만큼 현명한 방법은 없다. 그러나 상황과 상대에 맞지 않는 일방적인 칭찬은 오히려 관계를 어색하게 만들기도 한다. 유연한 대인 관계를 이끌어줄 상황별 효과적인 칭찬 방법을 소개한다.

적재적소, 상대에게 어울리는 칭찬은 어떻게 해야 할까?

(1) 부하직원이나 동기를 칭찬할 때

한 서비스 업체에서 소비자 만족도 조사를 했더니 80%라는 만족도 점수가 나왔다. 점수가 기대치에 미치지 못하자 어떻게 해야 점수를 더 높일 수 있을지 전략을 짜냈다. 그러고 나서 불만을 표시한 소비자를 직접 찾아가 인터뷰하고 해당 직원에게 이를 전달했다. 그리고 몇 개월 후 소비자 만족도 조사를 다시 하자 점수가 뚝 떨어졌다. 업체는 고심하다가 역발상을 했다. 만족한 소비자를 직접 찾아가 인터뷰하고 해당하는 직원에게 이를 전달하고 칭찬해주었다. 그로부터 3개월 후, 만족도는 95% 이상까지 껑충 뛰어올랐다.

불만과 부족함에 대한 데이터는 직원들의 의욕을 떨어뜨리고 조직의 문제점만을 부각했다. 그러나 강점과 칭찬에 대한 데이터는 직원들의 자긍심을 높여 질 높은 서비스를 제공할 수 있었다.

경제적 보상은 직원의 소속감이나 이직률에 큰 영향을 미치지 않지만, 칭찬의 횟수는 실질적인 영향을 미친다. 한 직원이 분기당 세 차례 이상 칭찬을 받으면 다음 평가에서 성과가 크게 상승했다. 분기당 네 번 이상 칭찬과 인정을 받으면 1년 후 같은 직장에 머물 가능성은 96%에 육박했다. 더불어 동료에게 베푸는 칭찬 횟수가 늘어 직원 관리에 효과적이다.

부하 직원을 키우는 것은 8할이 칭찬이다. 그러나 의외로 칭찬을 못하는 상사들이 많다. 직원에 관한 관심과 관찰력이 부족하기 때문이다. 시의적절한 칭찬은 직원의 사기를 높이며 좋은 인상까지 심어줄 수 있다. 평소에 부하 직원을 관심 있게 지켜보고 그 사람의 장점을 찾아 진심으로 칭찬한다. 칭찬하면 할수록 개인의 능력을 최대치로 힘껏 발휘하게 할 수 있다. 칭찬을 어떻게 하느냐에 따라서 직원 관리가 수월해질 수도 어려워질 수도 있다.

부하직원을 칭찬하는 효과적인 방법을 알아보자.

1) 구체적으로, 지금 즉시 칭찬하라

단순히 기분 좋으라고 하는 칭찬은 사람의 마음을 움직일 수 없다. 확실히 잘한 일이 있을 때 그 사실을 근거로 구체적으로 칭찬한다. 직장 상사가 부하 직원을 칭찬하는 목적에는 기분을 좋게 하여 의욕을 올리는 것도 있지만, 업무적 효율을 상승시키는 목적이 더 크다. 잘하는 일에 대해 구체적으로 칭찬함으로써 그 일에 대해서만큼은 누구보다 열심히 할 수 있도록 동기를 부여한다. 이러한 칭찬에는 중독성이 있다. 평가를 통해 긍정적인 칭찬을 받으면 자신의 가치를 인정받아 더욱 발전해나가는 힘을 얻어 지속적으로 조직에 공헌하고자 하는 충성심이 발현된다.

잘한 일이 있다면 그 자리에서 즉시 칭찬한다. 언제나 상벌은 바로 줄 때 제일 효과가 있다. 시간이 지나면 그저 인사말로 치부하게 된다. 즉시 칭찬하고 격려한다면 업무로 인한 스트레스가 풀리는 효과까지 있다.

2) 공개적으로 혹은 비공식적으로 칭찬하라

칭찬을 받고 기분이 좋은 이유는 자신이 노력한 것을 남이 알아주고 인정까지 받았다는 데서 온 성취감이 크다. 인정에 대한 효과를 더욱 키우려면 직원 혼자만 알도록 일대일로 칭찬하는 것이 아니라 공개적인 자리에서 전체가 알도록 칭찬하는 것이 좋다.

칭찬을 받지 못한 직원을 간접적으로 자극할 수도 있는 일거양득의 방법이다. 또한, 직장 관계자나 고객이 보내준 칭찬이나 찬사도 그 내용을 공유하며 칭찬하면 좋다.

장본인이 없을 때 하는 칭찬은 그 효용 가치가 배가되기도 한다. 험담이 돌고 돌아 당사자의 귀에 반드시 들어가는 것처럼, 칭찬 역시 어떤 경로로든 당사자에게 전해진다. 당사자가 없을 때 하는 칭찬은 칭찬받고 싶은 욕구와 자랑하고 싶은 욕구를 모두 만족시켜 효과가 매우 크다.

3) 칭찬과 함께 보상하라

매일 칭찬할 때마다 보상할 필요는 없다. 그러나 적당한 선에서 칭찬과 보상을 함께 주면 보상에 대한 욕구가 커져서 동기 부여가 되기도 한다. 평소에는 가볍게 말로 칭찬을 하고, 특별하다고 생각되는 경우나 너무 말로만 칭찬한 것 같다고 느끼면 회식이나 간식 제공, 도서 상품권이나 영화 티켓, 기프티콘 선물 등과 같이 가벼운 선물을 주는 것도 좋다.

입사 기념일이나 근속 축하, 포상 휴가 등을 운영하는 것도 좋다. 특별히 한 번쯤 해준 선물에 대해서 부하 직원은 선물을 또 받을 수 있을지에 대한 기대감이 생기고 동기 부여를 주는 효과를 노릴 수 있다.

4) 꾸중은 칭찬과 균형을 맞춰서 하라

부하직원이 실수해서 꾸짖어야 할 때도 있다. 이때 감정적인 꾸중은 아무런 도움이 되지 못한다. 꾸중도 요령 있게 해야 효과가 있으므로 반드시 칭찬을 곁들여 균형을 맞추는 것이 중요하다.

칭찬과 꾸중을 효과적으로 하려면 반드시 기억해야 할 점이 있다. 칭찬은 다른 사람들 앞에서, 꾸중은 다른 사람들이 없는 곳에서 해야 한다. 사람들 앞에서 꾸중하면 절대로 사람을 변화시키지 못한다. 어떤 잘못이든지 간에 다른 사람들에게 참담한 모습을 보였다는 것에 자존심을 다치게 한다.

또한, 상대의 잘못된 행동만을 지적해야 한다. 일관성 없는 꾸중은 신뢰감을 주지 못하고 오히려 꾸짖는 사람을 얕잡아보게 할 수도 있다. 꾸중은 상대의 행동 변화를 목적으로 하는 것이니만큼 상대의 성격과 대응 방법에 따라 적절한 방법을 찾아야 한다. 일단 꾸중은 단호하고 단기간에 끝내는 것이 효과적이다. 모욕을 주거나 지나치게 잔소리를 늘어놓으면 감정만 상하게 할 뿐 도움이 되지 않는다.

꾸중의 가장 큰 문제점 중 하나는 잘못된 점을 알려주지만 어떻게 고쳐야 하는지를 알려주지 않는다는 데 있다. 어떻게 바꿔나가야 하는지, 어떤 점을 보완해야 하는지, 확장, 축소, 대체할 요소들을 조언해주는 것이 좋다.

꾸중했을 때나 칭찬했을 때는 반드시 그 내용을 기억하거나 기록해두어야 다음 비슷한 상황에서 확실하게 피드백을 할 수 있다. 직원의 관점에서 같은 사안에 대해 저번에는 장점이었다가 이번에는 단점이 된다면 리더에 대한 신뢰감이 떨어진다. 그동안 했던 칭찬이 물거품이 되지 않도록 진심으로 칭찬하고 꾸중하는 리더가 존경받는다.

그러나 그 모든 것에 앞서서 존경받는 리더가 되려면 공은 아랫사람에게 돌리고 실패는 본인이 책임을 지는 태도에 있다.

(2) 상사나 대하기 어려운 사람을 칭찬할 때

이래라저래라 무조건 시키기만 하고 지시, 명령하는 사람이 대하기 가장 어렵다. 안 그래도 어려운 사람인데 칭찬까지 해서 효과를 볼 수 있을까 의구심이 들지만, 그런데도 칭찬 효과를 볼 수 있다. 보통 아랫사람이 윗사람을 칭찬하면 선을 넘어서 버릇이 없어 보이는 것은 아닌지 염려가 되지만, 편견이다. 사람은 누구나 인정받고 자랑하고 싶은 욕구가 있는데, 상사가 되어갈수록 자신에 관한 관심이나 칭찬이 없어지면 불안감을 느낀다.

같은 부탁이라도 심리적으로 편한 상태에서 듣는 말은 결과 면에서도 큰 차이가 나게 마련이다. 사람은 자신에게 친절을 베푼 사람보다 자신이 친절을 베푼 사람을 더 좋아한다. 자식이 부모를 사랑하는 것보다 부모가 자식을 더 사랑하는 것처럼 베풀 때 쾌감을 느끼기 때문이다.

심리학에서 '벤저민 프랭클린 효과'라고 불리는데, 도움을 준 사람이 도움을 요청한 사람에게 오히려 호감을 느끼는 현상을 말한다. 이 효과는 적을 친구로 만드는 기술로도 유명하다. 벤저민 프랭클린이 정적이 아끼는 책을 일부러 빌려달라고 부탁하면서 그 정적을 친구로 만들었다는 일화에서 유래했다.

마음의 문은 한 번 열리기가 어렵지, 일단 열리면 그다음에는 활짝 열린다. 어려운 사람과 친해지고 싶을 때 일반적인 애정 표현보다는 당당히 부탁하는 것도 하나의 방법이다.

또한, 대하기 어려운 어른께 공감 어린 칭찬을 하면 자존감이 높아지면서 편안한 상태에서 마음의 문을 열게 된다. 칭찬하는 방법은 어렵지 않다. 먼저 밝은 인사다. 얼굴을 마주하자마자 밝고 힘찬 인사를 받으면 누구라도 기분이 좋을 수밖에 없다. 대화할 때는 눈을 마주치고 귀담아들으며 한마디도 놓치지 않고 듣는 자세를 보인다. 좋은 일에는 감사함을, 감동한 일에는 느낀 감동을 그대로 표현한다. 칭찬과 아첨은 다르다. 솔직하고 진솔하게 표현하면 상대도 느끼게 된다.

칭찬 효과는 직접 하는 것보다 제삼자를 통해서 할 때 효과가 좋다. 지인을 통해서 자신을 칭찬하고 존경한다는 말을 전해 들으면 그 사람에게 호감이 가고 믿음이 간다. 어려운 상대라고 해서 어렵게만 생각하지 말고 칭찬에도 인색해하지 않아도 된다. 칭찬은 호감의 표현이자, 세상을 살아가는 지혜다.

(3) 개인 대 개인, 친구에게 칭찬할 때

친구 사이일수록 친구가 잘되길 바라는 마음에 친구의 좋지 않은 점만 보이기도 한다. 친구의 안 좋은 점을 말해줘야 친구가 그 점을 고쳐서 더 좋은 사람이 되고, 그것이 친구를 위한 길이라고 생각한다. 그러나 이런 사람과는 친구로 지내기 힘들다. 친구에게 늘 안 좋은 소리를 들으면 자신이 못나고 쓸모없는 사람으로 느껴지고, 결국 좋은 사람도 못난 사람으로 만들게 된다. 친구를 볼 때 고칠 점이나 못난 점보다 좋은 점을 찾아 칭찬하면 친구와의 관계가 더욱더 즐거워지며 관계가 돈독해진다. 모든 사람은 장점이 있고 칭찬거리가 있다.

개인 대 개인, 마음을 나눈 친구 사이에서도 효과적인 의사소통 기술이 필요하며, 칭찬을 통해 좀 더 관계를 돈독하게 다질 수 있다.

친구 사이에서도 효과적으로 의사소통하기 위한 몇 가지 팁을 상기할 필요가 있다.

1) 말은 항상 간결하게 한다.

특히, 같은 말을 반복하지 말자. 같은 말만 반복하면 자신의 말을 한 번에 이해하지 못하는 어리숙한 사람처럼 보일 수 있다. 논점만 분명히 말하고, 생각과 의견을 확실하게 전달한다.

2) 과거의 일은 끄집어내지 않는다.

과거의 일에 얽매인 채 원한을 품고 있는 것은 그저 아픔과 새로운 문제를 더 일으킨다. 과거가 미래로 나아가는 길이 될 수는 있지만, 그 것은 과거의 장점에서 교훈을 얻을 때다.

3) 대화를 나눌 때는 좋은 때와 장소가 있다.

어디에서나 말하기 곤란한 이야기도 있다. 어려운 이야기는 개인적으로 하고, 누군가를 축하하거나 칭찬할 때는 공개적인 장소가 좋다.

4) 대화할 때는 목소리를 크게 내는 것만이 능사가 아니다.

말뿐 아니라 몸짓, 목소리 톤, 어조, 표현 등으로 마음을 전할 수 있다. 진심이 담긴 칭찬을 할 때는 어떻게 칭찬하는지가 내용만큼이나 중요할 때도 있다.

5) 권위적인 어조로 '절대' 라는 표현을 남발하면 안 된다.

"넌 항상 이런 식이야", "넌 원래 그래" 와 같은 말을 자주 한다면, 말 자체에 진실이 담기지 않을 수 있고 말꼬리를 잡으며 말다툼으로 이어질 수 있다. 갈등 상황에서 해결하길 원한다면 '가끔, 혹시' 라는 단어를 사용해 좀 더 돌려서 표현할 수 있다.

6) 비판해야 할 일이 있다면 행동만을 비판한다.

친구 사이에 어쩌면 진정으로 싫어하는 것은 그러한 행동이지, 친구 자체는 아닐 것이기 때문이다. 개인 대 개인, 친구 사이에서의 효율적인 의사소통은 마치 예술과 같다. 잘못을 지적하기보다 칭찬할 모습을 찾아내는 안목을 기르는 것도 친구와 나의 삶을 아름답게 살아가는 지혜라고 할 수 있다.

(4) 가정에서 칭찬할 때

우리는 평생 말을 한다. 한 사람이 평생 500만 마디의 말을 한다고 하는데, 그중 좋은 말은 몇 마디일까? 가족끼리 좋은 대화를 나누는 시간을 많이 가진다면 더할 나위 없이 행복한 가정이다.

한국의 가정은 좋은 내용보다는 잔소리와 불평의 대화를 더 많이 나눈다는 통계가 있다. 아이를 바른길로 인도하기 위해서는 꾸중과 사랑의 회초리를 들어야 한다는 보수적인 관습이 있기 때문이다.

원석을 갈고 닦으면 보석이 되듯, 말도 갈고 닦고 다듬으면 보석처럼 빛나는 예술이 된다. 같은 말이라도 때와 장소에 따라 의미가 다르며, 인생은 자신이 하는 말대로 흘러간다. 이를 '관성의 법칙' 이라고 한다. 자신의 말은 자신이 나아갈 방향을 좌우하는데, 좋은 말을 쓰면 좋은 인생, 나쁜 말을 쓰면 나쁜 인생이 된다. 가정에서부터 아무 뜻 없이 내뱉는 말이 듣는 사람에게 축복이 되기도, 저주가 되기도 한다. 성공하는 사람들의 성공 비결은 타고난 능력이 아니라 말을 비롯해 생활습관이나 사고방식에 있다.

부정적인 에너지가 담긴 공격적인 말을 하는 나쁜 습관을 버리고, 긍정적 에너지가 담긴 낙관적이고 평화로운 말을 하는 좋은 습관이 입에 붙는다면 무의식중에 행복과 행운이 따라와 '가화만사성' 이 된다.

젊었을 때는 한눈에 반한 사이라고 해도 외적 매력에는 한계가 있다. 또한, 집이다 보니 편한 공간이고, 길들수록 가족에게 고맙다는 느낌이 사라진다. 외적 매력에는 유통기한이 있다. 부부끼리 좋은 소통을 하면 사람을 변하게 만드는데, 칭찬하는 아름다운 말을 쓰며 상대의 자존감을 세워주면 관계가 좋아지는 놀라운 일이 생긴다. 자꾸 보면 무뎌지게 되는 관계에서 칭찬으로 관계를 좋아지게 할 수 있다. 단순한 칭찬보다는 서로의 감정을 교감할 수 있는 말과 표현이 중요하다.

현재 한국의 중년 세대는 칭찬보다 꾸중과 사랑의 회초리를 맞으며 자라온 세대다. 인정에 대한 목마름으로 칭찬을 하거나 받으면 어색하고 쑥스러워한다. 이 세대가 부모가 되었는데 꾸중보다 칭찬을 하고 감정 코칭과 감정 교감을 하며 자녀 교육을 하라고 하니 혼란이 생긴다. 이러한 문제는 칭찬 연습을 통해 변화할 수 있다.

(5) 사랑하는 자녀를 칭찬할 때

일본의 기업가 손정의는 끊임없이 새로운 신화를 만들어가는 우상이자, 일본이 자랑하는 세계적인 벤처기업인이다. 스티브 잡스, 빌 게이츠에 버금가는 천재이며, 일본 최고의 부자다. 손정의의 아버지는 늘 아들을 침이 마르도록 칭찬했다.

"너를 보고 있자니 네가 천재일지도 모른다는 생각이 드는구나."

"넌 일본에서 최고야. 반드시 위대한 인물이 될 거야."

자식 자랑하지 않는 부모는 없다지만, 기회가 있을 때마다 팔불출의 극치일 정도로 꾸중 한 번 하는 적 없이 오직 과장된 몸짓을 곁들인 칭찬을 아끼지 않았다. 그리고 손정의도 최면에 걸리듯 자신이 대단한 인물이 될 것이라는 믿음을 갖게 되었다.

'난 마음만 먹으면 뭐든지 할 수 있어. 남들보다 훨씬 뛰어난 일을 할 수 있어.'

그는 일단 한 가지를 믿고 시작하면 끝까지 밀어붙이는 성격의 소유자가 되었고, 오늘날 소프트뱅크의 신화를 낳게 했다.

사람은 열심히 해보려고 하다가도 한계에 부딪히면 금세 의기소침해진다. 그렇게 모든 것을 다 포기하고 싶다가도 누군가가 기대한다고 하면 다시금 힘을 낸다. 꼭 잘할 수 있다는 말이 전부는 아닌데, 따뜻한 표정, 믿고 있다는 분위기 등을 통해서 주변 사람들로부터 응원을 받을 수가 있다.

사랑을 많이 받으며 자란 자녀가 사랑을 베풀며 크듯이, 칭찬도 많이 받아본 자녀가 자라면서 주변 사람들을 칭찬할 줄 아는 사람으로 큰다. 칭찬은 부모와 자녀 사이를 긍정적이며 돈독하게 변화시키며 가정뿐 아니라 사회에서도 원만한 인간관계를 만들 수 있게 한다.

칭찬으로 자녀를 키우는 법은 앞서 설명한 효과적인 칭찬의 기술을 모두 적용할 수 있다. 추가로 자식에 대한 사랑만 있다면 지금 당장 습득하여 실천할 수 있다.

자녀의 눈높이에 맞춘 칭찬 노하우를 몇 가지 소개한다.

1) 칭찬할 기회를 만든다

자녀가 할 수 있는 일을 통해 책임감을 느낄 기회를 준다. 그리고 자녀가 해낸 일을 칭찬한다. 자신이 기울인 노력이 의미가 있고 중요하다는 느낌을 맛볼 수 있도록 해주는 것이 관건이다. 그리고 왜 칭찬하는지 이유를 구체적으로 하나하나 짚어가면서 알려준다. 사소한 집안

일이나 심부름을 자녀에게 시키고 부모는 잠깐 쉬어라. 자녀가 그 일을 해냈을 때 아낌없이 칭찬하고 격려해준다.

2) 부모 모두 일관성 있게 칭찬한다

자녀를 키울 때 부모가 갈등을 빚는 경우는 흔하다. 자녀 교육에 관한 생각이 다르기도 하지만, 부부끼리 대화가 부족해서 생기는 경우가 많다. 자녀의 행동 하나하나를 평소에 애정을 갖고 관찰하고 의견을 나누다 보면 자녀의 성향과 특성을 이해할 수 있다.

자녀를 위한 효과적이면서 합리적인 육아법을 대화를 통해 찾고 자녀의 입장에서 생각하여 일관성 있게 칭찬하고 훈육해야 한다. 자칫 자신의 육아법만을 고집하다가 상대를 비난하며 부부싸움으로 이어질 수 있는데, 그것은 자녀에게 더 안 좋은 영향만 끼칠 뿐이다. 칭찬은 부모의 사랑 표현이다. 어머니와 아버지가 각각 해주는 칭찬은 자녀에게 또 다른 느낌과 의미로 다가온다. 무엇보다 부모 모두에게 받은 칭찬은 강력한 힘을 발휘한다.

3) 즉시 칭찬하고, 재미있게 칭찬한다

칭찬에는 때가 있다. 칭찬받을 행동을 했을 때 하던 일을 멈추고 그 즉시 자녀에게 집중하여 칭찬한다.

칭찬할 만한 일을 사진으로 남겨 기념하고 한 번씩 이야기 나눌 수 있다. 아이들은 재미있는 놀이와 행사를 좋아한다. 그리고 부모는 잊었지만 아이는 오래도록 기억한다. 칭찬을 말로만 하지 말고 창의적이고 재미있는 방식으로 한다면 자녀는 칭찬을 귀로도 듣지만, 눈으로 보고, 온몸으로도 만끽할 수 있다.

자녀가 한 일에 대해 따뜻하게 눈을 맞추며 이야기를 들어주기, 안아주고 뽀뽀해주고, 열심히 놀아주기, 하이파이브를 하거나 손과 팔로 하트를 만들어 표현하기, 칭찬할 때만 하는 시그니처 동작 등과 같은 스킨십은 사랑을 전달하는 좋은 방법이다.

4) 긍정적으로 지지한다

최근 TV에서 방영하는〈영재발굴단〉이라는 프로그램이 있다. 8살 아이가 화학을 좋아해서 고등학교 화학 교과서를 즐겨 본다. 130점부터 최우수 영재 수준으로 보는데, 아이는 138점으로 상위 0.6%의 최우수 영재였다. 언어 이해, 지각 추론, 작업 기억 등에서 모두 상위 1%에 속했다.

아이의 부모가 어떤 교육을 시켰기에 영재가 되었을까?

아이의 부모는 놀랍게도 청각장애인이었다. 아이는 평소 원소나 화학에 관심이 많고 이야기를 한번 시작하면 30분 이상을 할 정도로 지식이 풍부하다. 엄마는 아이가 화학 이야기를 하면 입 모양을 보고 알아듣기 위해 아이의 말에 온 신경을 집중하고 1초도 눈을 떼지 않는다. 아이가 한 시간가량을 말해도 아이의 얼굴에 집중하고 이야기가 끝나면 손뼉을 쳐준다.

부모의 양육 태도가 구체적으로 어떻게 아이의 영재성에 영향을 주었는지 부모 양육태도 검사를 해보았다. 부모 양육태도 검사는 8가지 항목을 통해 지나치거나 부족한 부분을 파악할 수 있다. 8가지 항목에는 지지 표현, 합리적 설명, 성취 압력, 간섭, 처벌, 감독, 과잉 기대, 비일관성 영역이 있다. 이 중에서 지지 표현은 자녀에게 애정과 지지를 표현하는 정도를 말한다. 즉, 긍정적으로 지지하고, 따뜻한 눈빛으로 바라봐주고, 그 자리에서 꿋꿋하게 아이를 지켜보는 따뜻한 애정 표현이다. 엄마는 지지 표현 영역 수치에서 100점이고, 아빠는 95점이 나왔다. 모두 〈영재발굴단〉부모 사상 최상위 점수로 아이에게 절대적인 영향을 미친 것이다.

원소와 같은 수학적이고 과학적인 지식 능력을 개념화하는 능력을 강화하는 데는 이러한 부모의 긍정적이고 따뜻한 애정 표현이 절대적인 영향을 미친다. 아이가 세상에서 가장 사랑하고 의지하는 엄마, 아빠가 믿어준다는 것, 곁에서 지켜봐준다는 것이 주는 의미는 매우 크다. 아이의 사회성 및 언어 이해 추론, 안정적인 심리 상태 등 긍정적인 면을 부각하고, 이러한 면을 강화하는 보이지 않는 강력한 힘으로 작용한다.

자라나는 아이들에게 칭찬은 강력한 비타민이다. 부모로부터, 이웃으로부터 받는 칭찬이 넘쳐나야 하는 이유가 바로 여기에 있다. 칭찬을 양산하는 사람들이 많이 생겨나기를 기대한다. 따뜻하고 힘을 실어주는 칭찬은 활기를 넘치게 한다. 칭찬은 어두운 마음을 밝게 해주는 힘이다. 칭찬만큼 좋은 동기 부여는 없다. '잘한다, 잘했다, 훌륭하다'라는 칭찬 한마디는 감사와 보은으로 돌아온다.

04

작은 변화가
인생을 바꾼다

"진실한 칭찬의 말은 자녀들을 따뜻하게 하며 합당한 생활을 하게 만든다. 자녀들을 향한 현명한 칭찬은 꽃과 태양의 관계와 같다." **- 크리스티앙 네스텔 보비**

자녀를 어떤 방식으로 양육해야 할까?

가족의 형태가 달라졌다. 과거 3세대가 모여 사는 친족 중심의 가족이 소규모 핵가족으로 바뀐지 오래다. 최근에는 부모와 자녀로 구성된 혈연 중심의 가족에서 비혼, 한 부모 가정, 조손 가정, 자녀를 낳지 않는 2인 가구 등으로 재편되는 모습이다. 이렇게 빠르게 진행되는 가족 구조 변화로 아동의 권리가 간과되고 있음이 지적되면서 아동 권리에 대한 인식도 크게 높아졌다.

부모가 실제로 자녀를 어떻게 훈육하고 칭찬하면서 양육해야 하는지에 관한 논란은 지금도 현재진행형이다. 우리나라도 권위주의적 부모에서 좀 더 평등주의적이며 자녀 눈높이에 맞추자는 인식이 점차 확산되고 있다.

자녀를 양육하는 일은 자녀의 기본적인 필요를 충족시키는 것 그 이상이다. 양육은 가르치고, 사랑을 주고, 지지하고, 존중하는 환경 속에서 자녀를 올바르게 키우는 것을 말한다. 세상은 변하고 있고 세상 속에서 강요하는 규범과 인식도 변한다. 자녀들의 관심사, 장난감이 점차 변하는 것처럼 자녀를 양육하는 방식도 세대가 바뀌면서 변해가고 있다.

과거에는 육체적 처벌을 적절한 양육 방식이라고 믿었다. 그러나 가정 폭력과 교실 폭력은 아동의 권리를 침해한다는 인식이 높아지면서 폭력이 멈추었다. 권력이 아동 쪽에 더 힘을 실어주게 되면서 자녀에게 더 유리한 방향으로 바뀌는 것도 사실이다. 자녀들은 아직 어리기에 무지하다. 그러나 너무 많은 힘이 실리는 것도 사실이다.

칭찬만으로 자녀를 올바르게 양육할 수 있을까?

날씨가 좋은 어느 주말의 오후, 엄마와 아빠가 여유롭게 산책을 한다. 유모차에 탄 아이가 갑자기 울자 부모는 자연스럽게 스마트폰을 아이에게 준다. 아이는 익숙한 듯 스마트폰을 조작하며 그 세상 속으로 빠진다. 그리고 다시 평화가 찾아온다.

아이는 사랑스러운 존재지만, 가만히 있지 못하고 동시에 귀찮게 하기도 한다. 아이들은 아주 점잖은 어른의 인내심도 무너뜨리게 하고 미쳐버리게 할 수 있는 존재다. 많은 부모가 삭막한 도시에서 자라는 자녀들이 자유롭게 자연을 체험하며 자랄 수 있도록 숲 체험을 신청한다. 흙을 밟고 만지면서 자라면 건강하다는 사실을 알지만, 집에 들어와서 온 집안이 모래투성이가 되면 신경이 거슬려지기도 한다.

사실 자녀들이 혼나는 경우를 보면 어른을 귀찮게 한다는 이유가 많다. 시끄럽다고, 뛰지 말라고, 어지럽히지 말라고, 지저분하게 하지 말라고 하는 경우가 그렇다. 이유가 무엇이건 자녀에게 전해지는 메시지는 분명하다. '나를 괴롭히고 성가시게 하면 혼이 날 것'이라는 메시지다.

만약, 자녀가 조용히 책을 읽거나 공부를 하고 있다면 부모는 아무런 칭찬도 하지 않는다. 자녀가 좋은 행동을 하고 있는데, 부모가 아무것도 칭찬하지 않는다는 현실이 아이러니하지 않은가?

자녀가 누구보다 창의력이 많고 호기심이 많은 자녀로 자라기를 바라지만, 자녀들의 질문에는 별 노력을 기울여 대답해주지 않고, 자녀의 재잘거림에는 귀찮아한다. 자녀가 부모가 원하는 이상적인 자녀로 자라주길 바란다면 부모에게는 인내심이 필요하다.

자녀에게는 한계가 필요하고 훈육이 필요할 때가 많다. 그리고 항상 부모의 인내와 이해심을 필요로 한다. 자녀는 놀면서 크고 놀면서 배우는 존재다. 자녀를 키운다는 것은 결코 쉬운 일이 아니다. 국어, 수학, 영어 등 학원에서 공부는 배웠지만, 자녀를 낳아 양육하는 것을 부모는 어디에서도 배우지 못했다. 출산과 동시에 바로 실전에 투입되는 것이다. 수많은 시행착오 끝에 자녀를 키우면서 훈육을 해야 하고 칭찬으로 보상을 해야 할 상황이 많다.

자녀를 위한 최고의 양육 방법은 무엇인가?

자녀를 미워해서가 아니라 잘되길 바라는 사랑의 마음에 체벌을 가했던 과거는 사회적으로 받아들일 수 있었던 교육 방식이었으나, 최근에는 논란이 많다. 아동학대로 처벌되는 방식이 된 것이다. 이렇게 신체적으로 훈육을 하는 이유는 자녀가 자신이 한 행동이 잘못된 것을 인식하고 또다시 한다면 고통이 따를 것을 알게 하기 위함이다.

체벌이 싫은 부모는 다른 방법을 쓴다. 잘못된 행동을 한 벌로 자녀의 특권을 박탈하는 것이다. 자녀가 좋아하지 않는 일을 시키는 것으로 예를 들어, 텔레비전 못 보게 하기, 휴대폰 뺏기, 외출 금지, 용돈 줄이기, 문제집 풀기 등과 같은 것이다.

그러나 이러한 처벌과 벌에는 문제점이 존재한다. 하나는 권위를 세워 훈육했기에 그 벌을 통해 교육의 성과를 이뤄야 한다는 부담감이다. 또 하나는 처벌로 가르칠 수 있는 것은 사실 많지 않다는 점이다.

나쁜 일과 해서는 안 되는 잘못된 행동을 알려줄 수는 있지만, 그 행동으로 얻는 즐거움과 맞먹는 행동 즉, 대신 어떤 행동을 해야 하고 그만큼 자녀에게 재미를 줄 수 있는지에 대한 대안을 주지 못한다. 자녀는 '안 들키면 되지'라는 생각으로 몰래 그 행동을 할 수 있다.

그러므로 자녀를 위한 최고의 양육 방법은 믿음과 칭찬이다. 아이는 지치지 않는 에너지로 끊임없이 탐색하고 배워나간다. 넘어져도 좌절하지 않고 다시 일어나는 것이 아이의 힘이다. 해서는 안 될 잘못된 행동을 알면서도 그 행동을 하고, 그 행동을 통해 좋든 나쁘든 배움을 얻는다.

부모가 직장 업무에 지쳐서 집에 돌아와서 집안일을 또 해야 하는 과정에서 다시 힘을 재충전하기란 매우 힘들다. 그러나 자녀를 키우는 일에는 휴식이 없다. 다시 일어나 자녀와 함께 있는 순간에 최선을 다해야 하는 것이 부모의 역할이다.

자녀를 키워가는 과정에서 보상은 어떻게 해야 할까?

이상적인 양육은 오직 칭찬과 사랑으로만 훈육하는 것이다. 그러나 이에 대한 논란도 많다. 칭찬과 벌은 적절히 활용해야 하고 과잉 칭찬은 오히려 자녀를 망칠 수도 있다.

칭찬을 통해서 자녀가 지금 잘하고 있다는 것을 알려주면 된다. 바로 보상을 통해 행복감을 안겨주는 것이다. 아이를 격려하고, 자신의 행동을 인지하게 하고, 잘하는 행동을 계속하도록 격려한다. 이러한 칭찬으로 아이의 행동을 수정할 수 있다.

긍정적 훈육은 부모가 신체적이나 정서적으로 아이를 체벌하지 않는 양육법이다. 아이의 문제행동에 체벌과 같은 처방을 내리지 않고, 자녀가 왜 그런 행동을 하는지 부모가 아이의 눈높이에서 생각해본다. 아이가 스스로 문제를 해결할 힘을 길러줄 수 있도록 도와준다. 아이의 행동을 개조하기 위해 어른의 시각으로 상황을 분석하기보다 아이의 발달단계에 따라 아이의 관점에서 생각해보는 것을 배운다.

부모는 왜 칭찬으로 양육하지 않는가?

자녀에 대한 칭찬은 부모의 마음을 비추는 놀라운 힘이 있다. 많은 부모가 자녀의 실패에 집중한다. 칭찬할 만한 행동이 적으며 장점을 찾아볼 수 없다고 고개를 저으며 칭찬을 제대로 하지 않는 부모가 많다는 사실은 놀랍다. 부모는 자신들이 자녀에게 끼치는 영향력이 매우 크다는 것을 알지 못한다.

칭찬할 거리가 쉽게 발견되지 않을 때, 자녀에 대해 잘못된 선입견을 품은 것은 아닌지 부모 자신을 들여다봐야 한다. 부모의 개인적 문제나 한계 때문에 자녀의 장점을 있는 그대로 보지 못하는 경우가 있다. 공연히 자녀가 밉다면 자신의 마음 상태를 바꿔야 한다.

또한, 평범한 행동에도 관심을 기울이면 칭찬할 부분이 있다. 바른 자세로 앉아 밥 먹기, 쓰레기를 주워 버리는 등 단순하고 평범한 행동에 의미를 부여하여 칭찬할 수 있다. 반대로 잘못된 행동에는 관심을 기울이지 않는 것이 좋은데 부정적인 행동이 강화될 수 있기 때문이다.

긍정적인 의미를 부여하여 칭찬할 때는 부모도 연습이 필요하다. 문제가 되는 자녀의 특성, 행동을 새롭게 해석하여 긍정적인 의미를 부여한다. 가령, 야단거리를 칭찬거리로 바꾸는 것이다. 어른의 말을 잘 듣지 않고 고집을 부리는 아이는 자기주장이 있다고 바꿔 말할 수 있다. 요리조리 핑계를 쓰며 잔머리를 굴리는 아이는 다양한 아이디어를 짜낼 수 있는 아이이며, 산만하고 활발하며 잠시도 가만히 있지 못하는 아이는 에너지가 넘쳐 흐르는 아이다.

자녀에게 부모만이 줄 수 있는 최고의 선물

자녀에게 부모가 줄 수 있는 최고의 선물은 바로 칭찬과 인정이다. 새로운 장난감을 사주는 것은 일시적일 뿐 자녀가 지금 잘 해내고 있다는 것을 알려주기 위해서는 칭찬이라는 선물을 줘야 한다.

칭찬은 자아의식이 발달해가는 자녀에게 특별한 의미가 있다. 인정받고 싶은 기본 욕구가 충족되면 기분이 좋고 긍정적인 자아 개념을 갖는 토대가 된다. 사회적으로 바람직한 언행이 어떤 것인지를 판단할 수 있다.

칭찬을 받은 자녀는 자신이 괜찮은 사람이라고 인식하고, 자신의 행동이 부모에게 인정받는다는 즐거움을 맛보게 된다. 칭찬은 순수하게 자녀에게 만족감을 주고 성장을 촉진하는 자극제가 되어야 한다.

이러한 칭찬은 아이의 가치관 형성과 도덕발달에 도움을 준다. 학업 성적에도 좋은 영향을 미치며, 칭찬받는 일을 계속하려고 한다. 반면, 칭찬받지 못한 일은 중지하거나 줄이려고 노력하게 된다. 그러므로 자녀의 행동을 관리하는 방법으로 칭찬을 활용해야 한다.

TIP ＊ 칭찬을 위한 꿀팁

1. 말이 변해야 사람이 변한다

(1) 스스로 말하는 대로 된다: 스스로 믿는 대로 이루어지고 말하는 대로 된다.

(2) 진심으로 경청 한다: '난 몰라 기법' 으로 이미 아는 사실이라도 처음 듣는 것처럼 상대방을 진솔하게 마주한다.

(3) 목소리만 조절해도 몸값이 달라진다: 빠르기, 크기, 높이, 길이, 쉬기, 힘주기와 같은 요소를 이용하여 다양하게 목소리를 사용하여 말한다.

(4) 권위를 내세운다: 권위의 법칙 혹은 후광 효과를 활용하여 신뢰감을 얻어내어 대화에 귀 기울이게 할 수 있으며 강력하게 설득할 수 있다.

(5) 초두 효과, 최신 효과를 이용 한다: 칭찬을 통해 상대방의 마음을 여유 있게 만들

고, 중간에 비판이나 지적할 이야기를 건넨다. 마지막에 격려의 메시지를 전하면서 상대방의 자존심이나 감정을 상하게 하지 않고 진심 어린 메시지를 전할 수 있다.

2. 칭찬의 힘으로 스스로 성공한 사람들

성공한 사람들은 칭찬의 힘으로 스스로 일어나 성공했고, 칭찬을 이용하여 조직문화를 바꿔 놀라운 성과를 가져왔다. 칭찬의 다양한 기술을 이용하여 칭찬하는 삶을 살며 성공하는 삶을 이뤄내자.

(1) 불가능을 가능으로 바꾸는 칭찬

(2) 마음을 사로잡아 자신감을 불러일으키는 칭찬

(3) 이름을 기억하는 사소함이 감동으로 이어진 칭찬

(4) 말 한마디로 인생을 바꾼 칭찬

(5) 진심 어린 격려로 사람을 일으키는 칭찬

(6) 원수를 팬으로 만드는 포용 칭찬

(7) 존재를 인정해주는 공감 칭찬

(8) 웃음으로 행복을 만드는 희망 칭찬

(9) 실패를 성공으로 이끈 칭찬

(10) 동기부여에 가장 좋은 칭찬

3. 적재적소에 어울리는 효과적인 칭찬

(1) 부하직원이나 동기를 칭찬할 때

   1) 구체적으로, 지금 즉시 칭찬하라

   2) 공개적으로 혹은 비공식적으로 칭찬하라

3) 칭찬과 함께 보상하라

4) 꾸중은 칭찬과 균형을 맞춰서 하라

(2) 상사나 대하기 어려운 사람을 칭찬할 때

- 일부러 부탁하면서 가까운 사이가 되어 본다. 먼저 밝게 인사하고 솔직하고 진솔하게 표현한다. 제삼자를 통해 칭찬하고 존경의 뜻을 내비친다.

(3) 개인 대 개인, 친구에게 칭찬할 때

1) 말은 항상 간결하게 한다.

2) 과거의 일은 끄집어내지 않는다.

3) 대화를 나눌 때는 좋은 때와 장소가 있다.

4) 대화할 때는 말뿐 아니라 몸짓, 목소리 톤, 어조, 표현 등으로 마음을 전한다.

5) 권위적인 어조로 '절대'라는 표현을 남발하지 않는다.

6) 비판해야 할 일이 있다면 행동만을 비판한다.

(4) 가정에서 칭찬할 때

- 좋은 말, 긍정적 에너지가 담긴 말을 쓰는 좋은 습관을 들이면 가화만사성이 된다.

(5) 사랑하는 자녀를 칭찬할 때

1) 칭찬할 기회를 만든다

2) 부모 모두 일관성 있게 칭찬한다

3) 즉시 칭찬하고, 재미있게 칭찬한다

4) 긍정적으로 지지한다

4. 작은 변화가 인생을 바꾼다

칭찬을 통해서 자녀가 지금 잘하고 있다는 것을 알려준다. 자녀를 격려하고, 자신의 행동을 인지하게 하고, 잘하는 행동을 계속하도록 격려한다. 이러한 칭찬으로 자녀의 행동을 수정할 수 있다.

자녀에 대한 칭찬은 부모의 마음을 비추는 놀라운 힘이 있다. 많은 부모가 자녀의 실패에만 집중한다. 문제가 되는 자녀의 특성, 행동을 새롭게 해석하여 긍정적인 의미를 부여한다. 칭찬할 거리가 쉽게 발견되지 않을 때, 자녀에 대해 잘못된 선입견을 가진 것은 아닌지 부모 자신을 들여다봐야 한다. 자녀의 평범한 행동에도 관심을 기울이면 칭찬할 부분이 있다.

최고의
칭찬을 위하여

당신에게 힘을 주는 단어는 무엇인가?

힘들 때마다 용기를 주는 말이 있는가?

어떤 사람은 '칭찬' 이라고 하고, 어떤 사람은 '사랑' 이라고 한다. 어떤 사람은 '희망' 이라고 하고, 어떤 사람은 자녀의 이름을 말하기도 한다.

격려하고 기쁨을 주는 말은 용기와 행복을 선사하지만, 비난하고 불평하는 말과 저주하고 험담하는 말은 한 사람의 신뢰도를 떨어트리고 명예를 일시에 무너뜨린다. 이 시대는 각종 오염과 공해로 점점 더러워지고 있지만, 인터넷상에서의 무책임한 말과 악성 댓글, 그리고 인간관계 속에서의 무책임한 언어의 남발, 중상모략, 공갈 협박, 험담 등으로도 오염되고 병들어가고 있다.

말하는 기술에 관한 책이 서점가에서 날개 돋친 듯 팔리고 있다. 사람들은 말투를 고쳐서 일과 직장, 인간관계에서 새로운 사람으로 거듭나고 싶어한다. 그러나 말투보다 중요한 것은 인격과 인간관계다. 생각한 바가 말로 나오므로 진실함과 애정으로 주변 사람을 대해야 한다.

성숙한 인격은 말과 행실의 일치에서부터 시작한다. 그 어느 때보다 긍정적인 말, 포용하는 말, 희망과 용기를 주는 말, 친절하고 다정한 말, 감사하고 격려하는 말, 칭찬하고 응원하는 말, 사랑과 진심이 어린 말이 절실히 필요하다.

자신의 행동을 인정받고 칭찬받고자 하는 마음은 누구에게나 있다. 칭찬은 곧 성숙한 사회와 밝은 환경을 만들어가는 초석이다. 칭찬은 긍정적인 사고와 행동에 큰 힘을 실어주고 자신감을 느끼게 한다. 칭찬하는 것을 보면 마치 꽃을 보듯 아름답게 보인다.

칭찬에 따른 존중과 배려심은 곧 신뢰감을 낳게 할 뿐만 아니라 긍정적인 사고를 갖게 한다. 또한, 칭찬을 받게 되면 더 잘하고 싶은 마음을 유발하는 촉진제가 된다. '잘했어', '더 잘할 수 있어' 라는 칭찬을 들으면 자녀들은 소중하게 관심받고 있다는 것을 확인하게 된다. 칭찬 한마디는 의욕과 활력을 넘쳐나게 하는 놀라운 변화를 가져온다.

칭찬을 주고받는 사회는 살맛나는 세상을 만들어준다. 칭찬을 통한 존중과 배려의 마음으로 오늘의 시련을 극복하는 전환점이 되었으면

하는 바람이다.

요즘처럼 칭찬보다 비난으로 얼룩진 세상에서 칭찬은 큰 활력소로 나타난다. 칭찬을 통한 존중과 배려는 우리 사회를 건강하게 할 뿐만 아니라 깊은 애정과 사랑으로 싹트게 한다. 상대의 마음을 읽어주고 알아준다는 것은 존중과 배려에서 시작된다. 행동으로 칭찬을 보여줄 때 세상은 더욱 밝고 따뜻하고 아름다운 세상이 될 것이다.

서로 칭찬을 하며 이웃과 소통을 열어나간다면 요즘처럼 어려운 시기에 용기를 한층 더 심어주리라. 큰 칭찬이 아니라 작은 칭찬이더라도 소중하게 생각할 때다. 작은 칭찬이 큰 기적을 만들어낸다. 칭찬으로 넘쳐나는 세상을 갈망해본다.

참고도서

감사, 감사의 습관이 기적을 만든다 / 정상교 지음 / 모아북스
감사의 재발견 / 윤국 지음 / 모아북스
끌리는 사람은 1%가 다르다 / 이민규 지음 / 더난
행복도 사람이다 / 이민규 지음 / 더난
가끔은 당돌하게 / 위스ㆍ왕후이룽 지음 / 다상출판
감사의 습관 / 존 크랠릭 지음 / 한국경제신문
행복의 문을 여는 열쇠, 평생감사 / 전광 지음 / 생명의말씀사
감사의 효과 / 존 디마티니 지음 / 비전코리아
나를 치유하는 14일의 여행! 칭찬일기 / 데즈카 치사코 지음 / 길벗
사람의 마음을 움직이는 힘 / 스티브 심스 지음 / 갤리온
좋은 운을 부르는 방법 / 난경 지음 / 갈라북스
나에게 하루 한 줄 칭찬수첩 / 데즈카 치사코 지음 / 아이콘북스
황금말투 / 오수향 지음 / 미래의 창
심리학이 이렇게 쓸모 있을 줄이야 / 류쉬안 지음 / 다연
그저 감사했을 뿐인데 / 김경미 지음 / 메이트북스
칭찬의 힘 / 이창호 지음 / 해피&북스
사람 때문에 매일 괴로운 당신을 위한 관계 수업 / 데이비드 번즈 지음 / 흐름출판
약이 되는 칭찬, 독이 되는 칭찬 / 김범준 지음 / 현문미디어
엄마의 첫 심리 공부 / 누다심(강현석) 지음 / 유노북스

당신이 생각한 마음까지도 담아 내겠습니다!!

책은 특별한 사람만이 쓰고 만들어 내는 것이 아닙니다.
원하는 책은 기획에서 원고 작성, 편집은 물론,
표지 디자인까지 전문가의 손길을 거쳐
완벽하게 만들어 드립니다.
마음 가득 책 한 권 만드는 일이 꿈이었다면
그 꿈에 과감히 도전하십시오!

업무에 필요한 성공적인 비즈니스 뿐만 아니라 성공적인 사업을 하기 위한
자기계발, 동기부여, 자서전적인 책까지도 함께 기획하여 만들어 드립니다.
함께 길을 만들어 성공적인 삶을 한 걸음 앞당기십시오!

도서출판 모아북스에서는 책 만드는 일에 대한 고민을 해결해 드립니다!

모아북스에서 책을 만들면 아주 좋은 점이란?

1. 전국 서점과 인터넷 서점을 동시에 직거래하기 때문에 책이 출간되자마자 온라인, 오프라인 상에 책이 동시에 배포되며 수십 년 노하우를 지닌 전문적인 영업마케팅 담당자에 의해 판매부수가 늘고 책이 판매되는 만큼의 저자에게 인세를 지급해 드립니다.

2. 책을 만드는 전문 출판사로 한 권의 책을 만들어도 부끄럽지 않게 최선을 다하며 전국 서점에 베스트셀러, 스테디셀러로 꾸준히 자리하는 책이 많은 출판사로 널리 알려져 있으며, 분야별 전문적인 시스템을 갖추고 있기 때문에 원하는 시간에 원하는 책을 한 치의 오차 없이 만들어 드립니다.

기업홍보용 도서, 개인회고록, 자서전, 정치에세이, 경제 · 경영 · 인문 · 건강도서

모아북스 MOABOOKS **문의 0505-627-9784**

최고의 칭찬

초판 1쇄 인쇄 2019년 07월 15일   **2쇄** 발행 2019년 11월 12일
      1쇄 발행 2019년 07월 25일

지은이   이창우
발행인   이용길
발행처   모아북스
            MOABOOKS

관리   양성인
디자인   이룸

출판등록번호 제 10-1857호
등록일자   1999. 11. 15
등록된 곳   경기도 고양시 일산 동구 호수로(백석동) 358-25 동문타워 2차 519호
대표 전화   0505-627-9784
팩스   031-902-5236
홈페이지   www.moabooks.com
이메일   moabooks@hanmail.net
ISBN   979-11-5849-107-9   03320

이 도서의 국립중앙도서관 출판예정도서목록(CIP)은 서지정보유통지원시스템 홈페
이지(http://seoji.nl.go.kr)와 국가자료종합목록구축시스템(http://kolis-net.nl.go.kr)
에서이용하실 수 있습니다. (CIP제어번호 : CIP2019026323)

그동안
나는
수고하셨습니다

그동안
나는
수고하셨습니다

글·그림 전혜성

싱긋

프롤로그

언제나 늦었다. 결정을 내리면 바로 행동으로 옮겼지만 결정을 내리기까지가 어려웠다. 완벽을 기하느라 실수는 없어도 결정이 늦어 뭐든 늦게 시작했다. 사실은 겁이 났다. 실패에 대한 두려움, 완벽하지 않음에 대한 불안 때문에 따지고 재느라 매번 지각생이 되었다. 이 책도 그중 하나이다.

늘 '내 책'을 꿈꿨지만 이런 상황에서 책을 쓰게 될 줄은 몰랐다. 광고 전략, 카피라이팅, 크리에이티브에 대한 현직 경력자의 현재진행형 전문 서적일 줄 알았지 광고와 무관한 일상 에세이, 게다가 자타공인 워커홀릭인 인간이 직장인 은퇴에 백수 절찬 영업중이라니, 다른 누구만큼이나 나 스스로도 예상치 못한 전개다. 많은 것을 가진 때는 가고 하필 별것 없는 지금에서야 책을 내게 되다니.

세상의 뽑기 중에서 가장 재미있는 뽑기는 아이디어와 카피 뽑기이며, 세상에서 세워야 할 것 중 가장 날카로워야 할 것은 캠페인 전략과 광고 기획이라고, 세상 가장 개운한 날은 몇 날 며칠 새벽 야근과 밤샘 끝에 제안서를 제출한 날이라고 말하던 내가, 바빠 손을 놀려야 하는 내가 수 중의 수, 가장 널널한 수, 백수가 되어 책을 쓰니 반전의 반전, 아이러니도 이런 아이러니가 없다.

은퇴하기에는 이르고, 입사하기도 애매한 마흔 중반. 퇴사를 하고서야 시작된 인생 들여다보기, 마흔 넘어 다시 떠올린 나의 꿈. 간절히 바란 것은 아닌데 훅 들어온 이 둘에 일상이 즐겁게 흔들린다. 늦게 시작했지만 갑작스레 닥쳐줘서, 헤매지 않게 해줘서 고마울 따름이다. 사실 해고 통보를 받은 적은 없다. 하지만 인력 부족, 경영 상태처럼 업무를 진행할 수 없는 환경으로 인해 퇴사를 선택할 수밖에 없었으니 퇴사는 내 뜻이 아닌 억울한 퇴장이었다. 자의가 아닌 타의로 인한 퇴사 협의에 분노했으나 인생과 꿈을 돌보게 되었으니 그럭저럭 퉁치기로 했다. 인생과 꿈을 떠올리기에 계기와 위기가 굳이 격정적일 필요는 없는데, 멋진 인생과 원대한 꿈을 그린 건 아닌데, 몰아서 벼락치기를 하자니 나름 다이내믹, 제법 스릴 있지만 마음이 조금 바쁘다.

인생 별것 없다는 말은 참 듣기 싫었다. 열심히 잘 제대로 해보고 싶은데 찬물을 끼얹은 것 같았다. 하지만 이제는 안다. 포기같이 들리는 이 말은 사실은 좀 살아본 언니, 오빠들의 세월이 묻어 있는 수용이었다는 걸. 원대한 목표는 실패했고 큰 희망은 좌절되어 무릎을 꿇렸을 것이다. 그럴 때마다 툭툭 털고 일어나 뚜벅뚜벅 다시 걷고, 꾸역꾸역 삶의 고비를 삼키는 것만이 할 수 있는 유일이자 최선이었을 테니.

그럼에도 불구하고, 우리는 꿈을 꾸고 목표를 세운다. 별것 없는 인생, 별이 있을 것이라고 믿고 있다. '그래야만 한다'는 확고부동한 의지와 믿음에서 '그래야만 하는 건 없다'의 인지와 납득으로 바통을 넘겨주면서, 때로 그 바통은 언제든 반대로 돌아올 수 있다는 긍정적 유연함마저 품으면서 말이다.

이랬다가 저랬다가. 확실한 입장 표명이 힘든 게 인생이고, 그것이 인생을 사는 우리의 입장이다. 오늘 뱉은 말이 내일이 되기도 전에 후회로 돌아오고, 오늘까지 괜찮았던 신념이 내일 심하게 흔들리거나 바뀌는 상황이 어디 어제오늘의 일이던가. 한 그릇의 짬뽕과 자장면 앞에서도 우유부단한 우리가 우주 같은 인생 앞에 단도직입적일 수 있으려고.

그런 의미에서 완벽주의자에서 빈틈주의자로, 냉소에서 호의로, 비관주의에서 낙천주의로 바뀌는 중이다. 하지만 여전히 까다롭다. 사람은 그리 쉽게 변하지 않으며 쉬이 변하면 죽는다고 했으니 어찌 더 변하는지는 조금 더 살아서 지켜봐야겠다. 지금은 왔다갔다 변하는 재미와 푸르르 죽 끓는 듯한 변덕으로 지조 없이 살고 있다.

차 례

PART I
일상유감

따지고 보면 답도 없어서
모른 척 아닌 척 괜찮은 척
삼 척하며 살아가는 거지

● 열심은 지겹다

제 버릇 개 못 준다고 아침이면 페이스북을 살핀다. 페이스북은 출퇴근시간 지하철에서 먼저 열어보던 마이 페이버릿 앱이었다. 내 생각과 상태를 남기지 않은 지는 꽤 되었지만 업계 동향이나 최신 트렌드, 유용한 정보 탐색용으로는 아직까지 제 역할을 다하고 있다. 가끔 올라오는 친구들의 상태(주로 개인의 감정과 일기 같은 기록)를 보고 아직도 페이스북에 상태를 남기는 친구들이 있구나 싶어서 신기하기도 했다.

뉴스, IT, 유머, 연예, 광고 등 새로운 피드는 참으로 차고 넘친다. 새로운 피드 중 더 보기를 눌러 마저 읽고, 이미지를 클릭해서 원문까지 확인하는 경우는 단연 좋아하는 페이지에서 발행한 다양한 콘텐츠였다. 업무, 인간관계 등 보다 잘살기 위한 유용한(?) 정보들이었는데 내용은 대략 다음과 같았다. 설득의 달인이 되는 법, 직원들이 따르는 리더의 특징, 성공을 부르는 두 가지 태도, 한 번에 통과되는 기획서 작성법 등. 내가 고른 페이지의 내 관심사와 맞닿은 콘텐츠였고 그때는 그것이 필요했으니 꼼꼼히 살피는 것이 당연한 일이기는 했다. 회사와 사회에서 잘 부려지기 위한 것들이라는 것을 지금에야 알았지만.

서점도 양상은 비슷하다. 잘살기 위해 열심을 부추기는 책들은 역시나 차고 넘친다. 스크롤해서 보느냐 한 권의 책으로 엮어냈느냐 하는 수단의 차이, 단발적이냐 두고두고 꺼내 볼 만하냐 하는 속성의 차이가 있을 뿐, 활용도 높은 인재로 살아가기 위한 콘텐츠라는 점에서는 비슷하다. 다 맞는 말인데 어딜 가나 모두 너무 맞는 말만 해대서인지 피곤하다. 출근하자마자 집에 가고 싶은 심정이랑 비슷하다 할까. 에세이나 소설 코너로 돌아서기도 하는데 그것은 아마 숨구멍을 찾기 위한 반사적 발걸음이었겠지.

나는 워커홀릭의 전형이었다. 광고회사의 생리상 그렇게 해야만 일이 돌아갔고, 무엇보다 상급자의 일하는 방식과 조직의 분위기를 거부할 수 없었던 게 더 큰 이유였던 것 같다. 덕분에 늘 야근은 필수였고(왜 필수였을까?) 경쟁 프레젠테이션(PT)까지 더해지면 월요일 출근 목요일 퇴근을 찍기도 했다. 피할 수 없는 경쟁 PT는 그렇게 피를 튀기며 쳐냈다. 신기하게도 이놈의 PT는 서둘러 열심히 잘 준비해도 D-7은 새벽의 허리에 퇴근을, D-2, D-1에는 날을 꼴딱 새워야만 마칠 수 있었다.

그때를 생각하니 숨이 차온다. 지금 돌아보니 다람쥐 쳇바퀴에 불과했을 뿐이다. 열심히 구른다고 쳇바퀴에서 벗어날 수도 없었는데, 천천히 구른다고 쳇바퀴가 안 돌아가지도 않았는데 왜 그렇게까지 달렸을까. 언제나 주어진 것 이상의 결과물과 성과를, 그 누구도 아닌 내가 만들어냈다는 심리적 만족과 우위가 나를 점점 워커홀릭으로 만든 것 같다.

주어진 일보다 더 열심히 해서 성과를 내고, 그 성과로 승승장구하고. 열심에서 열심으로, 열심은 그렇게 꼬리를 물어 '아무리 열심히 해봤자 남을 위한 열심에 불과했다'로 끝남으로써 직장인의 열심에 배신의 못을 박는 것인가.

좀더 멀리 과거로 돌아가보면 나는 딱히 '열심히'를 좋아하지 않았다. 지금은 유튜브의 온라인 탑골공원에서나 확인할 수 있는 그룹 노이즈와 쿨. 내 또래의 웬만한 여자아이들은 모두 좋아했던 1990년대 그 시절의 오빠들 중 나는 유독 쿨의 이재훈과 노이즈의 김학규를 좋아했다. 열심히 하지 않아서 좋아했다. 그야말로 설렁설렁 대충대충, 작정하고 노래를 부르고 춤을 추는 게 아니라서, 그래서 좋았다. 정말 즐기는 것 같았고, 죽자고 덤비는 '열심히'가 아닌 그 모습을 보는 나도 즐거운 마음으로 보았던 모양이다. '열심히'는 하는 사람도 힘들지만 보는 사람도 같이 힘든 것이다.

'꾸안꾸'라는 말이 있다. 꾸민 듯 안 꾸민 듯한 옷차림을 줄여 쓰는 말인데 여기에서도 열심은 그닥 좋지 않다는 힌트를 얻는다. 머리부터 발끝까지 빈틈없이 힘을 주어 너무 열심히 꾸미면 그 열심이 티가 나면서 오히려 촌스럽게 느껴진다는 것을 우리는 잘 알고 있다. 그러므로 패션을 어느 정도 알고 있으나 너무 힘주지 않은, 강약을 조절할 수 있는 능력을 가진, 패션을 잘 가지고 노는 꾸민 듯 안 꾸민 듯한 사람을 진짜 멋쟁이로 여기는 것이다. 옷 좀 입는다는 사람들이 인정하는 패션 고수의 영역, 반(反)열심 패션이 꾸안꾸이다.

열심은 지겹다. 열심히 사는 모습에서 자극을 받기도 하고, 업무에서든 생활에서든 동료애를 느끼기도 한다. 재래시장에 가면 사람 사는 것 같은 느낌을 받는다고, 열심히 살아야겠다는 다짐을 하게 된다는 이야기들도 하고 일부분 공감하기도 했다. 하지만 열심이 지겨워지는 것을 막을 수는 없다. 세상은 끊임없이 열심히 하라고 부추기고, 사람들은 거침없이 열심으로 뛰어든다. 이쯤 되면 열심은 바이러스이자 중독이다.

지우개 똥이 쌓인 문제집 위로 엎드려 자는 도서관의 청년, 실전 면접을 대비하는 카페의 청춘은 어쩌면 상사의 오케이 사인을 받기 위한 문서를 만들고, 클라이언트의 비위에 맞춘 스몰토크를 날리며, 정시 퇴근을 잊은 야근과 자정의 회의를 강행했던 나의 모습으로 가기 위한 몸부림 혹은 열심이 아닐까. 열심히 해도 잘 안 되는데 열심히 하지 말라고 할 수는 없겠지만, 그들의 모습을 보며 영화 〈우아한 세계〉 속 송강호의 무심한 대사, "아름답다, 아름다워"가 떠오르는 것은 왜일까.

열심바이러스 예방 수칙

열심바이러스 감염자가 속출하고 있습니다

지금 이 시각까지 3000만 명이 감염된 것으로 확인되었는데요

감염자의 증상은 크게 두 가지로, 모든 일에 모든 에너지를 쏟아

주중에는 피곤해도 피곤한지 모르고, 그래서 주말에는 잠만 잔다는

특징이 있습니다

또다른 특징은 열심을 최우선으로 생각해 주변에 열심을 전파,

설득, 강요한다는 점입니다

열심감염자는 워커홀릭이라고 부르는 열심중독자로부터 감염됩니다

증상도 비슷합니다

다만 열심중독자는 사망에 이르기도 하니 철저한 대비가

필요합니다

가급적 열심중독자와의 접촉에 유의하시기 바랍니다

특히 오후 6시가 되면 집으로 복귀하셔서 다음날까지

열심중독자와는 연락을 하지 않는 것이 좋습니다

따뜻한 물로 씻고 충분한 수면을 취하시기 바랍니다

이상 열심바이러스확산방지대책위원회에서 전해드렸습니다

● 열심은 억울하다

열심히 살아도 될까 말까인데 열심히가 지겹다고?
하긴 열심히라는 말은 지겹기도 하지.
그래, 그럼 열심히가 지겨우면 뭐 어떻게 할 건데?

한번 주어진 인생 폼나게 잘살아야지, 열심히 해야 잘사는
반열에 들어설 테지.
그러니 열심이 지겹다는 말은 반(反)인생살이처럼 들릴 수도
있겠어.

열심히가 지겨운 것은 직장이라는 테두리 때문이었어. 지금까
지 직장인으로 살면서 자발적 퇴사가 아예 없었던 건 아니야. 퇴
사 통보만 받은 20여 년의 직장생활이라면 어쩌면 나는 나락으로
떨어졌을지도 몰라. 신경안정을 돕는 약 복용과 우울증 상담을 줄
기차게 하고 있을지도 모르지. 끝내고 싶지 않았던 연애에 일방적
으로 이별을 통보받는 것만큼 가슴 아픈 일도 없잖아. 나에게 퇴
사가 그랬어. 원하지 않았거든. 내가 바라는 것은 그저 테두리 안
에서의 작고 큰 변화, 긴장과 재미, 피곤과 보람 정도였어. 테두리
를 벗어나는 것은 생각해본 적이 없었어.
　자발적이기보다는 비자발적인 경우가 많았던 퇴사, 걷어지고 내

쳐지다보니 복귀가 힘든 때가 오고야 말았어. 한창 때는 그래도 쉽게 복귀했었는데 나이 먹고 잘리니까 복귀는커녕 삶의 재기까지 생각하게 되었다니까. 그런데 희한한 일이 생겼어. 어쩌면 직장 생활 전체의 마감일 수도 있는 퇴사(부서 해체)를 계기로 몇 가지를 알게 되었거든.

- 나는 열심히 살았구나. 남을 위해.
- 나는 인정받기를 좋아했구나. 남으로부터.

빈틈없이 빼곡한 열심의 나날이었는데 언제나 그것에 대한 만족은 외부에서 구했었다는 것. 열심히 일한 대가로 받는 월급과 보너스, '잘한다, 역시'라는 소리를 들으면 내가 누구보다 잘살고 있는 느낌이 들었어. 출근을 준비하면서부터 퇴근할 때까지 열심히, 잘해야 한다는 생각뿐이었지. 집으로 돌아와 씻을 때까지도 그 기운은 빠지지 않았어. 머리를 말리면서 화장품을 바르면서도 내일의 일을 체크하고 있었고, 중요한 일을 앞둔 날은 잠들기까지 일만 생각했던 것 같아. 일을 생각하면서 언제 잠들었는지도 모를 정도로 말이야.

공장으로 출근하는 로봇처럼 각 맞춰 일하면서 매일 완벽한 공정을 하다보면 으레 내 수준과 역량을 알게 돼. 어려운 일이 없어지고 쉽게 풀어가게 되지. 아마추어에서 프로가 되는 순간이라고 할까. 아마추어는 문제를 복잡하게 만들고 프로는 문제를 단순화

한다고 했으니 맞는 말이야. 이때부터였던 것 같아. 야근을 마친 새벽, 택시에서 바라보던 한강은 더이상 반짝이지 않고 집으로 향하는 걸음은 속도감을 잃은 게. 주말 쨍쨍한 햇볕이 내리쬐는 오후 눈을 뜨면 멍했어. 눈만 껌뻑이고 몸은 일으키지 못한 채 주중의 충만은 어디로 가고 주말에는 공허함과 헛헛함이 가득했지.

열심은 죄가 없어. 어쩌면 열심은 억울하단 생각을 해. 열심을 대하는 나의 태도가 문제였는데 열심에 누명을 씌운 것 같아 미안하기도 해. 제대로 잘살고 있었다면 일상과 삶에 대한 만족은 남이 아닌 나로부터 왔을 거야. 업무를 잘 마무리해도 공허하고 헛헛했던 것은 바로 이런 이유에서였다고 생각해. 열심히, 바쁘게 사느라 내가 삭는 줄도 몰랐던 거지.

그러니 열심히 하지 말라는 이야기가 아니야. 열심은 해봤으니 알잖아. '열심'은 '잘'로 업그레이드된다는 것을 잘 알잖아. 열심의 방향을 잡아야 해. 남, 직장이 아니라 나, 나에게로 열심을 쏟아야 한다는 것. 열심의 정도, 열심의 업그레이드, 그 열심으로 얻은 밑천은 소중하고 값진 것이지. 이제 그 밑천을 가지고 나에게 집중하기로 해. 이것이 제대로 '잘'로 업그레이드하는 일일 거야.

앞으로 내 인생의 시나리오는 내가 써내려가고 싶어. 지금까지 내 인생의 시나리오는 남이 쓰게 내버려뒀어. 말도 안 되지만 바보같지만 잘 몰랐거든. 누가 시키지도 않았지만 그게 맞는 줄 알았어. 문득 돌아보니 내 인생은 내가 쓴다는 생각을 하지 못하고 있었더라고.

직장을 다니더라도 무턱대고 덤비지 않기를. 그래서 나는 누구인지 무엇을 위해 이렇게 열심히 하는지 한번 생각할 겨를도 없이 나를 태우지 않기를. 남을 위한 일은 나를 갉아먹지 않을 정도까지만. 나를 위한 일에 시간과 노력을 아끼지 않으며 나를 아끼도록 열심의 주체와 방향을 바꾸려고 해. 내가 나를 위해 사는 열심의 인생으로. 처음부터 이 배의 선장은 나였으니까.

열심 반 잘 반

열심히만 하면 된다더니 열심히 하니까 잘하라고 꾸중을

열심히 하겠다고 하니 열심이 아니라 잘해야 한다고 충고를

잘했더니 잘하는 친구가 열심히 하면 좀 좋으냐고 핀잔을

열심과 잘은 or이 아니라 and라는 건 언제부터 당연해진 걸까

아니, 그러니까 열심히요? 잘이요?

둘 다요? 이런 욕심쟁이 같으니라고

그런 짬짜면 같은 주문은 중국집에서나 하세요

열심히 하면서 또 잘, 잘하면서 또 열심히

둘 다 주문하실 거면 반반으로 시키시죠

열심히 반, 잘 반으로 나갑니다

짬짜면처럼요

● 욕 먹겠습니다

초등학교, 중학교, 고등학교 때 친구를 평생지기라고 하는 사람이 많은 것을 보면 인생을 함께 갈 친구는 순수했던 성장기에 결정되는 것 같다. 이것도 '라떼는 말이지' 시절의 이야기인지 몇 년 전 대학생이 된 조카는 가장 친한 친구가 누구냐는 질문에 학원 친구라고 답했다. 시험을 마치면 반에서 전교 등수로 서열과 우위가 매겨지면서 성적 앞에서는 우정도 순수라는 이름의 사치로 여겨졌던 모양이다. 학원과 학교, 교외활동까지 소화하면서 친한 친구와 나누는 우정은 시기와 단절로 마감되었으니 수리영역, 언어영역은 정복했는지 몰라도 순수영역, 우정영역은 포기해야 했을지도 모를 일이다.

고향인 부산을 떠나 대학을 졸업하고 직장생활을 한 지 어언 20년이 되다보니 초등학교, 중학교, 고등학교 친구보다 직장에서 만난 이들을 친구로 여겼다. 일도 일이지만 하루 가장 많은 시간을 함께 보내는 사람이 직장 동료였기 때문인데, 그래서인지 나에게는 특별한 친구들이 있었다. 그중 한 사람인 이 남자는 한 직장에서 만나 꽤 오래 알고 지낸 친구로 일의 고충은 물론이고 누구에게도 말하지 않았던 개인사까지 터놓고 이야기할 수 있게 되었다. 업계 특성상 클라이언트 접대가 종종 있었는데 불행인지 다행인지 이 친구는 체질상 술을 전혀 하지 못했다. 이유 없이 찾아온

발뒤꿈치의 불편함은 무릎까지 치고 올라왔고 그 불편함의 정체는 족저근막염이었다는 것을 나중에 알게 되었다. 술을 거부하는 체질과 발 건강이 이유가 되어 그는 30대 후반, 소위 한창 일할 나이에 퇴사를 결정하고 광고대행사를 나왔다.

내가 게임회사로 이직한다고 했을 때, 영국으로 떠난다고 했을 때 그는 경력이 끊어진다는 이유로 만류했다. 어떤 선택이 잘한 선택일지 고민하는 나에게 현실적이지 않은 일에 대한 고민을 너무나도 현실적으로 한다며 핀잔을 주기도 했다. 물론 잠시 헤어져야 할 때가 오자 건강과 축복을 빌어주었다. 영국에서 돌아와 다시 만난 우리는 반가움에 몇 시간을 떠들었다. 그는 퇴사 전부터 관심을 두었던 부동산과 경매를 본격적으로 공부하기 시작해 집 몇 채의 소유자가 되었으며, 지방으로 물건을 보러 다닌다고 했다. 진심으로 잘되었다고 생각했고 축하할 일이라고 기뻐했다. 너의 요즘을 들었으니 나의 요즘도 이야기해야지 하는데 딱히 할 말이 없었다. 그도 그럴 것이 나는 영국에서 돌아온 직후라 직장을 다니는 것도 아니었고 딱히 하고 있는 일도 없었다. 영국의 축축한 기운을 빼며 한국의 건조한 기운을 받아들이는 일이 전부였다고나 할까. 이야기는 자연스레 '앞으로 어떻게 살지'로 흘러갔는데 누가 먼저 택한 주제였는지 모르겠으나 나는 그때부터 욕을 먹기 시작했다.

게임회사는 왜 가서, 영국은 왜 또 가서, 이제 뭐 하려고, 경력 끊긴다고 했잖아, 내가 뭐라고 했어…… 간만의 반가움으로 팔

자주름이 퍼질 새 없더니만 불과 몇 분 사이에 미간 펴질 새 없는 꼴을 하고 있자니, 여긴 어디고 나는 누구인지. 영국에 가라고 부추긴 상사와 그 상사의 말을 들은 내가 죄인과 대역죄인이 되었으니 그냥 뭐 당황, 황당할 수밖에. 무슨 말을 해야 할지 모르겠으나 무슨 말이라도 해야 할 것 같아서 몇 마디 한 것이 다 이상적인 말이라 또다시 퉁을 먹었다. 몰아붙이는 대로 궁지에 몰리니 그만해줬으면 해서 아양을 떠니 나이만 먹고 저 소녀감성 어쩔 거냐며 또 한방을 쎄리맞았다. 그는 직설화법의 까칠 대마왕에 현실 감각이 뛰어난 실행력 높은 부류였으니 당시 나와 같은 상황과 멘트에 폭격을 쏟아부을 준비는 언제든 되어 있었을 테다. '나는 반격할 생각이 없으니 그 폭격 이제 그만 거두면 안 되겠니. 나는 맷집이 없다고요'라고 속으로만 말할 뿐.

결혼 안 한 것, 아니 못한 것. 중년에 백수 된 것, 아니 당한 것. 마흔 넘어 내 이름으로 된 집 하나 없는 것, 타고난 몸뚱이 하나 믿고 이렇다 할 보험 하나 없는 것, 기타 등등. 결혼을 못한 것과 백수 당한 것은 내 뜻대로 되는 일이 아니니 남 탓으로 돌릴 구석이 티끌만큼은 있었으나 변명의 말을 하기도 전에 날아오는 집과 보험 그리고 이 모든 것을 싸잡은 진격의 한방, '헛똑똑이+허송세월'에는 입을 꾹 다문다. 물론 뚜껑 열고 소리를 낸 적도 있지만.
나의 결혼, 백수, 집, 보험, 기타 등등의 상태는 남자사람친구같이 가까운 사람부터 나이 지긋한 동네 마트 사장님처럼 잘 모르는 사람에 이르기까지 무엇 하나라도 걸리면 놓치지 않고 입을 신나게 털게 할 거리가 되었다. 먹잇감을 기다린 굶주린 승냥이처럼 잘도 물고 뜯는다. 욕도 애정이 있어야 하는 말이라고 생각하란다. 무플보다는 악플이 낫다고, 거론되지 않은 아웃 오브 안중보다는 관심의 표현으로 받아들이라고 말이다. 연예인도 아닌 일반인인 내가 이렇게까지 욕을 먹어야 하나 싶다가도 하긴 내 상황이 일반적이지 않으니 일반인은 아닌가보다 하다가도 아니 뭐 욕하겠다고 마음먹은 사람을 어찌 당하겠어, 못 당해, 하는 수순의 체념.

- 영국 생활 1년인데 어디 한두 푼 썼겠어요, 수천만 원 썼죠. 아니 날렸다고 할까요.
- 그쵸, 그 1년이란 시간 동안 한국에 있었으면 경력도 안 끊기고 어쩌면 결혼했을지도 모르죠. 호호호호, 깔깔깔깔.

당사자인 내가 이렇게 말하면 '미친 거 아냐?' 하겠지. 아니 어쩌면 내가 먼저 이렇게 이야기하기를 바라는 것은 아닐까. 게임회사를 그만두고 홀연히 날아갔던 영국, 그곳에서의 1년도 욕을 꽤 먹었다. 참 이상하지. 영국에서 1년을 보내고 온 사람은 나인데 모르는 사람들이 판단을 한다니. 누구한테 손 벌리지 않고 내 돈으로 내 시간을 채워서 왔는데 그에 상응하는 무언가를 하고 있지 않다는 이유로 나의 용기, 선택, 시간, 경험이 모조리 싸잡아 비난받아야 할 일이 된다니. 누가 뭐래도 나는 그 시간을 잘 기억하고 싶고, 스스로에게 잘한 일이라고 잘했다고 두고두고 말해주고 싶은데. 그러니 욕을 하면 욕은 먹겠습니다만 굳이 나의 후회를 강요하지는 말아주세요. 내가 그대들의 뒷담화를 가만두는 것처럼 말이죠.

● 뼈와 직장

"뼈를 묻겠습니다!"

우렁찬 젊음의 외침. 드라마에서나 볼 법한 이 단면은 드라마적 요소를 강조한 것이기는 하나 현실과 크게 다르지 않다. 사회 초년생 때 면접장에서 들었던 아무개의 뼈 묻음, 그 웅변조가 아직도 잇히지 않는다. 이 정도는 되어야 당신들이 나를 기억하고 뽑아주지 않겠느냐는 간절함의 부르짖음에 나도 저런 걸 했어야 하는데 하며 후회하기도 했다. 뼈와 살을 바칠 터이니 이 충성과 헌신을 거두어주십시오. 이런 결의는 너무 비현실적이고 고전적이지 않나. 중세시대 기사도 아닌데.

'단체나 조직에 평생토록 헌신하며 충성한다'가 '뼈를 묻다'의 정의라고 한다. 요즘 세상에 평생직장이란 개념은 없어진 지 오래라고, 헌신과 충성, 그런 게 아직도 있느냐고 되묻게 된다. 젊은이들은 자신의 삶을 위해 직장에서의 쓰임은 뒤로한 채 창업을 하고 오히려 중장년층이 취업에 더 적극적으로 뛰어들고 있다. 그럼에도 불구하고 면접장은 뼈 발리는 세상으로의 입문을 흔쾌히 수락하겠다는 남녀노소의 의지로 여전히 뜨겁다. 지원자의 절절한 진심만큼 회사 측도 진짜 속내를 보였으면 내 관을 내가 스스로 짜지는 않았으련만.

"아우, 왜 뼈를 묻겠다고 해요.

뼈까지는 바라지 않습니다.

뼈는 저쪽에 가서 알아서 묻으세요.

우리는 살살 발라서 살만 취할 거거든요.

우리는 가시도, 뼈도 원하지 않아요."

이렇게 말했던 면접관은 한 명도 없었다. 말하지 않았지만 뼈까지 우려낼 조직은 세상에 없다. 너의 뼈에는 관심이 없으며 나는 너의 살만 발라내겠다고, 오동통 더 살이 올라오게 하기 위해 숙성시키고 먹이를 주며 때를 기다리겠다고. 애초부터 우리의 계획에 너의 뼈는 없었다고 왜 말해주지 않았을까. 비약이 심했을까. 꽤 삐딱하고 과장 같아도 이것이야말로 뼈 때리는 현실이 아니던가.

뼈를 묻겠다는 말과 비슷하게 쓰이는 말뚝을 박는다는 말이 있다. 전자는 직장생활에, 후자는 군대생활에 대한 의지를 표현할 때 쓰인다. 직장이든 군대든 세상 어떤 조직이든 스트레스 없는 곳이 없기에 군대에서 말뚝을 박는다는 말은 단순하고 재미없지만 가끔은 안정적인 선택처럼 들리기도 한다. 복잡하고 신경쓸 일이 많은 사회생활에 대한 포기이기도 하다. 의지의 말로라는 점에서는 같지만 스스로 말뚝을 박는다는 것에 비해 스스로 뼈를 묻겠다는 말은 너무 처연하지 않은가. 말뚝을 박는다는 말은 머물겠다는 정착의 의미로 들리는 데 비해 뼈를 묻겠다는 말은 나를 갈아 마셔도 좋다는 소리로 들리니 이는 기분 탓일까.

말뚝박기는 살과 뼈를 발라내는 일 없이 그저 뿌리를 내린다는 정도로 이해되는 것에 반해 뼈를 묻겠다는 말은 죽을 각오로 나를 온전히 바칠 각오로 일에 전념하겠다는 뜻으로, 오직 이곳을 위해, 이곳에서 죽을 때까지 일하겠다는 것이니 신체 포기 각서랑 다른 게 무엇인가.

주말도 없이 개인생활도 미뤄가면서 눈치보며 여기까지 왔다. 덕분에 20여 년의 경력을 쌓았지만 내 개인 시간과 휴식을 담보로 살을 떼어주고 뼈를 발라낼 때까지 뛰어들었으니 얻은 것이 더 많다고 할 수 있을까. 과연 감사할 일일까. 세상살이, 인간관계가 모두 기브 앤드 테이크라고 하지만 그렇게 보기에는 남은 것이 별로 없다. 윤기 흐르고 탄력 좋았던 청춘은 빠져나갔으나 그나마 골격만이라도 남은 것이 다행이라고 해야 할는지.

퇴사 후 백수생활이 길어지니 입사만 된다면 '내 이 한몸 바쳐 뼈를 묻을 텐데'라고 읊조렸다가 소스라치게 놀랐다. 뼈를 묻을 만큼 일했더니 뼈를 발라버렸는데, 또다시 뼈를 운운하며 묻네 어쩌네 하며 스스로 무덤을 파려고 드니 아직도 정신을 못 차렸나 싶어서.

나는 생선이 아닌데, 회 떠 먹고 뼈를 끓이는 생선이 아닌데.
나는 소, 돼지가 아닌데, 구워 먹고 쪄 먹고 우려먹는 소,
돼지가 아닌데.
이 회사에서 저 회사로 옮길 때마다 그 회사 이 회사는 바통

을 넘겨받으며 살을 바르고 뼈를 발랐던 게 아닐까. 그러니까 그렇게 발라내야 속이 후련했냐~아!

아 내 살들, 아 내 뼈들. 내 살과 뼈와 같은 시간들.

열심히를 대변하는 말로 뼈를 묻겠다, 뼈를 묻으라 했겠지만 뭐 뼈까지 묻을 건 아니지 않나 싶다. 뼈를 묻을 정신으로 일하라는 인물과 조직이 있다면 육참골단*!!! 뼈를 묻는다는 말은 앞으로 하지도 듣지도 말자. 타임캡슐에 넣어 깊이 묻고 다시 꺼내지 말자. 뼈를 묻는다는 말을 사전에서 역사에서 찾지 못하게, 그런 말이 있었나 싶게 뼈를 묻는다는 말을 묻어버리자.

---

* 肉斬骨斷. 자신의 살(肉)을 베어(斬)주고, 상대방의 뼈(骨)를 자른다(斷)는 뜻. 즉, 작은 손실을 보는 대신에 큰 승리를 거둔다는 전략이다. 손자병법 36계의 11계인 이대도강(李代挑僵, 자두나무가 복숭아나무를 대신하여 넘어진다)과 같은 말이다.

서더리탕과 사골곰탕

회를 먹었으면 서더리탕으로 마무리해야 제대로지

삼겹살을 먹을까, 한우를 먹을까? 오늘은 국물이 당기니 감자탕이나

곰탕으로 하자

뼈까지 다 내어주는 광어와 우럭

뼈까지 버릴 게 없는 소와 돼지

우리들 살자고 니들을 다이(die)시키고 내 뼈 튼튼하자고

니들 뼈를 끓이고 우려먹었구나

니들은 계획 없이 모든 것을 다 내주었구나

서더리탕과 사골곰탕을 보며 들었던 뼈에 대한 생각

비건이 되어야 할 것만 같은 경건한 느낌

하지만 이것은 짧은 생각

그러기에 니들은 너무 맛있구나, 츄릅

● 너무 앞만 보았나

어느 고등학교 2학년 5반. 혜주와 은경은 반에서 1, 2등을 다투는 사이이고, 부모님의 어거지 성적 주문에 시달리는 내성적인 태호는 혜주를 좋아한다. 기말고사가 다가오자 혜주와 은경은 서로 1등을 하기 위해 경쟁을 벌인다. 그런데 몸이 아파 제대로 공부를 하지 못한 혜주가 커닝하는 것을 목격한 은경은 치를 떤다. 혜주는 혜주대로 자책감에 빠진다. 한편 첫날 시험을 망친 태호는 밤늦게 시험지 등사실로 숨어 들어간다. 시험지를 간신히 손에 넣게 된 순간, 선생님께 들키자 태호는 얼결에 창밖으로 몸을 날린다. 입원한 태호가 자기를 찾는다는 말에 혜주는 병원으로 달려가지만 태호는 이미 숨진 뒤였다. 그후 화해한 혜주와 은경은 현관에 나붙어 있던 전교 석차표를 향해 달려가 동시에 찢어버리기 시작한다(출처: 왓챠).

1990년에 개봉한 영화 〈그래, 가끔 하늘을 보자〉의 줄거리이다. 대한민국의 과열 학습과 교육열, 학업 경쟁 등을 정면으로 비판한 작품으로 시험과 성적에 얽매이고 짓눌린 10대 청소년들의 모습을 담고 있다. 영화 속 청춘은 푸르지 않았고 행복은 성적순이 아니지 않았다(1989년 앞서 크게 성공한 영화, 〈행복은 성적순이 아니잖아요〉가 있었다). 감독은 잿빛 청춘을 가까이에서 보고 위로하고 싶었나보다. '그래 가끔은 하늘을 보자'라는 말로.

학창시절에 보아야 할 것이 성적표만이 아니듯 직장생활에서도 보아야 할 것이 앞만은 아니었다. 땅만 보고 걷는 학생은 가끔 하늘을 보아야 했고, 앞만 보고 달리는 직장인은 가끔 뒤를 돌아보아야 했다. 앞만 보고 달리면 빨리 갈 수 있다. 한눈팔지 않는, 오직 직진뿐인 달음질은 빠를 수밖에 없다. 속도에 속도가 붙어 가속의 페달을 있는 힘껏 밟으면 언제나 제일 먼저 도착해 있었고 그 기분은 꽤 괜찮았다.

현재에 만족하는 사람은 미래에 대해 이야기하고 그렇지 못한 사람은 과거를 운운한다고 한다('나 때는 말이야'로 시작하는 상사의 불만은 눈앞의 팀원에게 있는 것 같지만 실제로는 상사 스스로 현재 생활에 불만이 많은 것이라고 한다). 성공하는 사람은 미래로 향하기에 뒤를 돌아보지 않는다는 말에 대단히 꽂혔던 모양인지 나는 앞으로 앞으로만 쭉쭉 나아갔다. 뒤나 옆으로 시선을 두어 집중력을 분산하고 싶지 않았고 뒤를 돌아보는 것은 나중에 해도 된다고 믿었다. 직진은 급하고 중요한 일로, 뒤돌아보는 것은 중요하나 급하지 않은 일로 여겼던 것이다.

불도저처럼 밀어붙이는 직진의 난폭 운전은 앞만 밝혔다. 다와서 보니 코앞만 보였고 돌아보니 아무것도 보이지 않았다. 얼마만큼 왔는지, 제대로 왔는지, 주변을 해친 것은 아닌지 알 수가 없었다. 아니 보이지 않았다. 적군이 생긴 것보다 마음 아픈 일은 아군을 잃은 일이다. 실제로 나는 직장생활을 하면서 직장 밖의 친구 몇 명을 잃었고 직장 안의 적 몇 명을 얻었다. 뛰어난 사람에게는 질투와 시기가 동반되는 것이니 적의 존재는 그러려니 넘 길 수 있었지만, 소원해진 친구의 존재는 회복하기 어려웠다. 늘 바빴으므로.

나는 워커홀릭에 성과도 괜찮은 편이었다. 여기까지였으면 좋았 으련만, 바르지만 아픈 말을 비수처럼 꽂아댔으니 마녀라는 소리 를 제법 들으며 일했다. 그런데 그것 아시나? 마녀도 외롭다는 것 을, 마녀에게도 터놓고 이야기할 대상이 필요하다는 것을. 찔러도 피 한 방울 날 것 같지 않고 털어도 먼지 한 톨 나올 것 같지 않은 차갑고 도도한 태도와 그에 적극 부응하는 행동이 문제로 느껴진 것은 다 지난 바로 지금이다. 내가 원했던 모습이지만 그때는 맞았 고 지금은 틀렸다.

지금 앞만 보고 마구 달리는 중이라면 잠시 뒤를 돌아보기를 바란다. 앞이 주된 방향이지만 좌우, 뒤도 한 번씩 둘러보아야 한 다. 나의 직진 폭주가 주변을 어떻게 만들었는지, 무엇보다 내가 어떻게 변했는지 살펴볼 필요가 있다. 잘 달리는 경주마는 1등을 거머쥐기 쉽지만 그만큼 크게 다치기도 쉽다는 것을 알아야 한다.

"너무 과한데, 저러다 넘어지지"라고 이야기하지 못하고 그저 먼 발치에서 위태로운 나를 지켜보던 사람들, 기다리다 지칠 법도 한 데 내가 무너질 때 위로와 격려, 응원을 해주던 이들이 아직 몇 명 남아 있어서 그나마 다행이다.

뒤돌아보아야 보이는 것들이 있다. 카리스마와는 다르게 유리 심장을 가진 나를 아는 친구가, 일도 인간관계도 모두 다 잘하는 완벽이란 없다고, 그때는 그렇게 할 수밖에 없었다고 알아주는 동료가, 그러니까 다시 태어나면 광고회사는 가지 말라는 가족이 있다. 늘 그 자리에서 잘나고도 못난 나를 알아주고 지켜주고 있다. 소중한 존재도, 소중한 존재를 소홀히 하던 나도 뒤돌아보아야만 비로소 보이는 법이다.

그 시절(2008년에서 2011년 사이로 추정)의 나로 인해 외로웠거나 아팠거나 아무튼 마음 편치 않았던 이들에게 미안과 감사를 전하는 바이다.

하늘과 뒤

땅만 보고 다닌다는 것은 지금이 버겁다는 뜻

앞만 보고 달린다는 것은 지금을 넘어서겠다는 뜻

아이러니하게도 땅은 하늘에, 앞은 뒤에 답이 있다

땅만 보고 다닐 때는 하늘을 보아야 풀리고

앞만 보고 다닐 때는 뒤를 보아야 깨닫는다

파란 하늘이라든지, 뭉게구름이라든지, 무지개라든지

나를 보고 있는 친구라든지, 함께 뛰어주는 동료라든지

내가 버린 순수나 따듯함이라든지

보던 것만 보면 보아야 할 것을 보지 못한다

세상은 경쟁으로만 가득찬 게 아니라는 사실을

보아야 할 것을 보며 가도 결코 늦지 않는다는 사실을

● 카피라이터 직업병

카피라이터라는 직업을 가진 사람은 누구보다 맞춤법, 띄어쓰기, 정확하지 않은 표현에 민감한 부류이다. 메신저 대화에서도 오타가 많으면 거슬린다. 잘 모르는 사람과의 메신저 대화에서 상대가 맞춤법을 자주 틀리면 그 사람에게 좋은 이미지를 갖기가 어려웠다. 문맥과 분위기에 맞지 않는 'ㅋㅋ', 'ㅎㅎ'은 웃음기를 사라지게 했고 친근함을 위한 이모티콘과 말줄임표는 어색함만 더했다. 가만있는 문장에 꼬투리 잡고 도끼눈 뜨는 사람이 나다.

그러나 글을 다루면서 매번 문법을 지키지는 않았다. 나는 이를 고의적 범칙이라고 했는데 이는 새롭거나 색다른 표현을 위해서였다. 콘셉트에 맞는다 싶으면 새로운 단어의 조합도 서슴없이 만들어냈고 문법도 지키지 않았다. '사람을 향합니다'나 '진심이 짓는다'처럼 실제로 문법에 맞지 않는 사례가 오히려 더 잘 기억되고 확장된 이해를 돕기도 한다. 틀린 문법이 매력적으로 들리는 경우이다.

예술은 법을 따르지 않는다. 창작 의도가 있다면 법의 테두리에서 벗어날 수 있다. 글은 문법을, 그림은 화법을, 음악은 곡법을 깨고 크리에이티브한 영역으로 진입한다. 크리에이티브는 범칙을 잘못이 아니라 의도로 해석하고 콘셉트로 이해해준다. 피카소의 그림도 왜곡이 만들어낸 걸작이다.

그러나 평소에 쓰는 말과 글에서는 규칙이 깨지는 것이 불편하다. 말줄임표와 신조어는 주된 주체인 10대를 이해하기 위해서 기성세대까지 그 어려운 말들을 외우고 기억하니 눈감아줘야 할 것 같다. 공영방송 뉴스에서조차 '내로남불' 같은 신조어, 줄임말을 아무렇지 않게 쓰는 시대인데.

하지만 정체불명의 경어와 맞춤법 실수는 이제 그만 듣고 그만 보았으면 한다. 일부러 한 장난이라면 한두 번 귀엽게 여기며 넘어가지만 잘못인 줄도 모른다면 그것은 무지이다. 무지가 어때서라고 하면 할 말이 없다. 품격 높은 세련된 언어와 화법을 구사하자는 것이 아니다. 다 같이 지키자고 약속한 법칙이 매일 쓰는 우리의 말과 글에도 있다. 룰은 깨지라고 있는 것이라고도 하지만 여기서는 아니다. 글발, 말발 전에 문법, 화법이 있는 법이다. 눈감을 수 없는 말과 글의 실수는 이랬다.

• 정체불명의 말
피부과에 가면 듣는 말. "예약하셨을까요?"
시술을 할 즈음이 되니, "이쪽으로 오실게요."
시술을 다 마치고 나면 또, "불편한 점은 없으셨을까요?"
식당에 가면 홀을 돌다 온 종업원이 하는 말. "주문하셨을까요?"

언제부터, 왜 생긴 것일까. 내가 겪은 이 정체불명의 말을 추적

해본 결과 주로 여성 고객을 상대하는 곳에서 젊은 여자 직원이 이런 말투를 더 구사했다. 여자 직원이 남자 손님에게 쓰는 경우는 보았어도 남자 직원이 이런 말투를 구사하는 것을 거의 들어본 적이 없다. 까다로운 여성 고객을 응대하느라 가끔 발생한 불편을 조치한다는 게 정체불명의 말로 튀어나온 것일까. 다정도 병이고 공손도 병이다. 공손하려고 했지만 바르지 않아 곱지 않다.

• 사물 높임말

편의점에서 물품에 대해 물으니 "거기 없으시면 없는 거예요."

헬스장을 안내하던 트레이너는 "여기가 탈의실이시구요."

뭐든 높여야 한다고 생각한 것일까. 일단 다 높이고 보면 높이지 않아서 문제되는 것보다는 낫겠다 싶어 에라, 다 높여버리자 해버린 것일까. 사람을 높인다고 사물을 높여버리는 실수는 매우 잦다. 이뿐만이 아니다.

카페에서는 "컵 뜨거우세요." "지금 그 메뉴는 안 되세요."

의류 매장에서는 "55사이즈는 품절이세요." "신상은 아직 입고 안 되셨어요."

아, 다들 왜 이러십니까.

• 맞춤법 실수

주로 SNS나 메신저에서 드러나는 실수이다. 아마 그들은 '들어난다'라고 썼을지도 모른다. 지금까지의 경험으로 맞춤법 실수는 대부분 남자들이 많이 했다. 오타인가, 탈자인가 싶어 그냥 넘겼더니 아닌 경우가 훨씬 많았다. 맞춤법이 틀리면 매력이 떨어진다. 이것은 배우고 배우지 못했고의 문제가 아니라 신경을 쓰냐 쓰지 않느냐의 문제이다.

아직도 '~습니다'를 '~읍니다'로 쓴다든가, '연애중인 상태'를 '연예중'이라고 한다든가, '감기 빨리 낳으세요' '어의없다'라고 쓰니 어이없다. 맞춤법이 자주 틀리면 일단 거슬리고 이단 깨고 삼단 호감도 확 떨어진다. 의도라고 해도 삼세 번. 헷갈리면 검색이라도 하든지, 검색이고 뭐고 다 귀찮으면, 글쎄 답이 없지 뭐.

매일 일어나는 사건사고는 사고 후 강조주간에만 집중단속할 것이 아니며 매일 하는 말과 글의 실수는 한글날에만 되돌아볼 것이 아니다. 국립국어원이든 한글 바로 쓰기와 직결되는 어떤 조직이나 기관이든 8시, 9시 뉴스 전에 자주 하는 맞춤법 실수와 제대로 된 표현을 공익캠페인과 같은 형태로 만들어 공유하면 좋겠다. 진행자 없이 시보 아래 큼직하게 한두 줄 자막이면 충분할 것 같은데.

취향과 직업병이 더해져서인지 남들보다 잘못된 표기나 말에 민감한 편이기는 하지만 이런 실수들이 감지되고 불편한 것은 나만이 아닐 것이다. 말과 글에 대한 관심은 역사상 끊이지 않았고 우리 모두는 여전히 대화와 소통을 잘하고 싶어하니까.

대부분 알면서도 그냥 쉽게 실수하고 실수를 아무렇지 않게 생각, 아니 생각해보지 않아서 같은 실수를 반복한다. 결국 관심과 노력의 문제이다. 옳고 그름을 알고 가급적 제대로 쓰려고 노력하면 우리의 말과 글이 바르고 고와지지 않겠나.

바른 것을 알아야 틀린 것을 알 수 있다. 어떻게 생겨난 것인지 그 시작은 모르겠지만 말과 글에 붙은 이런 습관과 실수는 끝이 있었으면 좋겠다. 유행처럼 한때 성행하다 언제 사라졌는지 모르게 스르르 사라졌으면. 그게 '곧'이면 더 좋고.

● 자작의 시대

혼자 사는 사람의 유형은 다양하다. 고향을 떠나 서울에 정착한 사회 초년생, 직장 가까이 집을 구해 독립한 직장인, 미혼·비혼·이혼·별거·졸혼으로 혼자인 성인 남녀, 사별과 자식의 결혼으로 혼자된 장년 혹은 노년층까지. 30년 뒤에는 10명 중 4명이 1인 가구로 산다고 한다. 홀로 사는 삶은 다양한 모습으로 우리 가까이에 있다.

나 혼자 영화를 보고, 나 혼자 밥을 먹고, 나 혼자 술을 먹고.

혼영, 혼밥, 혼술로 이어지는 '혼+X'의 형태가 늘어난다. 일을 마친 뒤 친구와의 치맥과 수다도 좋지만 가끔은 밀린 드라마를 몰아보고 치킨을 배달시켜 먹으며 혼자인 상태에서 편안함을 느낀다. 더이상 혼자 하는 일들은 궁상맞은 짓이 아니다. 이런 면에서 텔레비전 프로그램 〈나 혼자 산다〉의 인기 비결을 알 수 있다. 나처럼 평범한 사람은 원해서 혹은 원치 않아도 혼+X를 행하는데, 연예인도 나와 크게 다르지 않은 것을 보면서 재미와 동질감을 느끼는 것이다. 그들의 집과 나의 방은 크게 다르기는 하지만.

몇 년 전만 해도 혼자 식당에서 밥을 먹기가 껄끄러웠다. "친구도 없고 애인도 없나. 왜 혼자 밥을 먹으러 왔어" 하는 시선을 받는 것 같아서. 하지만 요즘은 1인 테이블이 없는 식당이 센스 없게 보일망정 식당에 홀로 앉아 밥을 먹어도, 심지어 삼겹살을 구워 먹어도 크게 이상하게 보지 않는다. 물론 식당에서의 혼밥 곁에는 든든한 내 친구 스마트폰이 있어야 함은 진리.

상황이 이런데도 '혼자', '나 혼자' 뒤에 붙는 말은 '외로워', '쓸쓸해'가 세트인 양 너무 자연스럽다. '혼자라서 행복해'보다 '혼자라서 외로워'를 더 이야기하고 듣고 있지 않은가. 어린 시절 어울리는 것끼리 연결하라는 학습지의 문제처럼 혼자—쓸쓸해, 혼자—외로워는 제짝인 듯 보인다. 어째서 나 혼자라는 말은 없음과 부족을 머금은 미완성처럼 들리는 것인가.

입에 달고 귀에 걸어온 지 너무 오래되어 혼자는 당연히 외로운 것, 쓸쓸한 것으로 습관적 단정을 지었던 것인지도 모르겠다. "많을수록 좋다(The more the merrier)"고 했듯이 나도 혼자보다는 둘이 좋고, 둘보다는 많은 것이 좋다. 아니 좋았었다. 즐거움은 나누면 배가 되고 슬픔은 나누면 반이 된다고 했지만 이것도 옛말이다. 가족 같은 회사, 우리 함께, 모두 다 같이를 강조하던 시대는 지나갔다. 아직도 이것들이 남아 있다면 그것은 누군가의 강요이자 횡포가 아닐 수 없다.

한 직장의 구성원이니까 함께, 가족이니까 함께, 친구이니까 함께, 연인이니까 함께. 다 함께하면 대체 언제 혼자 있을 수 있냐는 말이다. 자꾸 모두 함께, 다 같이로 끌어들이니 여럿은 매력을 잃고 혼자가 각광을 받는다. 혼자 있을 때에는 억지로 웃을 일도, 애써 듣기 좋은 말을 할 필요도 없다. 여럿이 주는 피로를 피해 혼자로 피신해서 마음대로 멋대로 웃고 먹고 말한다. 배달 음식과 미드까지 더해지면 금상첨화, 이런 소확행이 어디 또 없다.

혼자라서 더 즐거울 때가 있는데, 혼자가 차라리 낫다고 느끼는 순간이 분명 있는데 우리의 고정관념이 혼자라는 단어를 너무 외롭게 만드는 것은 아닐까. 혼자와 자꾸 같은 편을 먹으려는 쓸쓸함과 외로움이 따라오지 못하도록 살짝 생각을 비틀어보면? 혼자인 상태가 아니라 스스로라는 의식에 초점을 두는 것을 기본으로 혼자가 아니라 자작이라 말하고 생각할 것. 자작은 스스로 만든다는 뜻이라서 무언가 실물로 만들어야 할 것 같지만 나의 기분과 분위기를 스스로 만드는 것이니 실물보다 차원이 높다. 그러니 혼술, 혼밥이 아니라 자작술, 자작밥이라 해보자. 내가 만든 연애는 이성뿐 아니라 무엇을 향하더라도 자작러브, 내가 쓰는 인생은 자작라이프, 괜찮지 않은가.

혼자 한다는 것은 스스로 한다는 것과 한끗 차이이다. 혼자가 갖는 외로움이나 쓸쓸함보다 스스로가 풍기는 적극적 진취성을 취할 때이다. 바야흐로 혼자에 주체성을 부여하는 자작의 시대가 열렸다.

합리화라고? 상관없다. 어차피 일상과 인생은 합리화의 모음집 아니던가. 합리화하지 않는 인류는 이 세상에 없다. 남한테 피해 안 주는 나만의 합리화만큼 합리적인 합리화도 없다. 좌우 둘러봐도 나뿐이라, 혼자라서 더 혼자인 혼자들이여, 감정적 공허는 이제 그만 구겨버리고 이성적 독립으로 자작의 시대를 맞이하자. 우리 모두는 세상 유일무이한 1인, 가슴 활짝 펴지 않을 이유가 없다.

당신의 선택은

혼자 사는 친구들이 같이 살자고 합니다

혼자 사는 우리 같은 여자들이 모여서 커뮤니티를

이루자고 합니다

비혼녀들을 위한 아파트도 있다지요. 함께 그곳으로 입주할까요?

그나저나 남자의 방문은 엄청 눈에 띄겠군요

마음 맞는 사람들이 모여서 밥도 같이 먹고,

이야기도 하고 정보도 나누고 좋을 것 같습니다

그런데 정말 괜찮을까요?

바닥에 뒹구는 타인의 머리카락이, 코골이로 늘어나는

잠 못 드는 밤이,

반팔 차림의 고온 난방이 몹시 괜찮지 않을 것 같은데요

좋은 사이가 여행하면서, 동거하면서 틀어지는 것을

우리는 보고 겪어 알고 있죠

여행은 단편, 동거는 장편으로 둘이라서 좋지만 싫은 점을

부각시켜주지요

누가 있으면 좋겠는데, 외롭기는 싫은데,

긴 시간, 한 공간에서 둘이 잘 지내기란 쉬운 일이 아닌가봅니다

혼자는 부딪힐 게 너무 없어 외롭고, 둘은 부딪힐 게 너무 많아 괴로우니,

사람들은 외로운 것보다 괴로운 것이 더 싫어 혼자를 택하는 게

아닐까요

'홀로'인 채로 가끔 '함께'로 외도하며 사는 것도 나쁘지 않을 것

같은데요

외로워도 혼자? 괴로워도 둘?

당신이라면 어떤 선택을 할까요

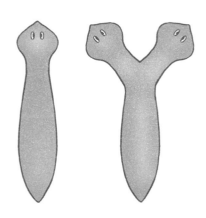

혼자에서 둘이 되는 건 쉬워
둘에서 다시 혼자가 되는건
누구에게도 쉬운 일은 아니야...

● 혼자는 무서워

그럼에도 불구하고 혼자는 무섭다. 외로움과 쓸쓸함은 자작의 시대로 떠넘겼는데 무서움은 쉽게 떨쳐지지가 않는다. 심은하는 여자라서 행복하다고 했는데 내 냉장고는 그녀를 내세운 LG 디오스가 아니라서 그런 것인가, 여자라서 조금 더 무섭다. 하긴 집안에 신(디오스는 스페인어로 신을 뜻한다)이 떡하니 버티고 있는데 무섭기보다 든든하고 행복하겠지. 신이시여, 나의 집은 어찌 모른 척하시옵니까.

인도나 남미 쪽 여인네처럼 진하게 생겼고 카리스마 있다는 소리 제법 듣는 내가, 미간을 찌푸리면 한 인상 하는 내가 무섭다고 하면 "왜?" 하고 물어오겠지만, "네가?"로도 돌려받겠지만 진하고도 센 인상인 나도 무섭다. 나 오늘 오늘밤은 어둠이 무섭단 말이에요.

올해 초 이사를 했다. 태어나서 처음으로 직접 이사 준비를 했다. 직장에 맞춰 동네를 고르고 돈에 맞춰 집을 고르면 끝일 것 같은 이 담백한 일은 수개월 동안 여러 항목에서 신경을 쓰게 했다. 당장 직장이 없으니 동네를 고르기가 애매했다. 그렇다고 다음번에는 저 동네에서 살아야지 할 정도로 찜한 페이버릿 타운 같은 게 있는 것도 아니었고, 아무 동네나 골라도 될 만큼 돈이 차고 넘치는 것도 아니어서 새집 찾기 구역은 쉽사리 좁혀지지 않았다.

가격이 적당하면 역세권을 벗어났고 역세권이면 가격이 적당치 않았다. 그렇게 추석 즈음에 시작한 집 알아보기는 크리스마스를 보내고 새해를 맞이하고 나서야 끝났다.

그다음은 은행. 은행을 가본 지가 언제더라. 카드로 결제하고 모바일로 이체하는 소비경제생활이라 은행에는 좀처럼 갈 일이 없다. 간다 해도 ATM 이용이 전부라 이사 덕분에 대출 창구라는 곳도 난생처음 가보았고 상담도 처음 받아보았다. 대출, 금리 같은 단어는 뉴스에서만 들었었는데, 그런 게 있는가보다 할 때가 좋았다. 내 일이 되니 복잡했다. 아무것도 몰라 듣기만 했는데 긴 설명 속에는 알아듣지 못하는 한자어 조합과 은행용 전문어가 꼬리에 꼬리를 물고 피곤을 몰고 왔다. 대출이라는 게 한번 잘못되면 지구가 멸망할 것 같았던지 조금씩 알아들은 뒤부터는 폭풍 질문을 해댔으니 처음에는 무지해서, 나중에는 질문이 많아서 미안했다, 상담자야.

20, 30대인데도 경제관념이 철저하고 재테크에 관심이 많은 사람들도 많을 거다. 유유상종이라고 하더니 내 주변에는 이런 부류를 찾아볼 수가 없다. 나이도 먹을 만치 먹어 마흔이 훌쩍 넘었는데 대출은 어떻게 하는 것인지, 은행금리가 무엇인지 제대로 알지 못한다. 이야기를 들으면 고개를 끄덕이지만 설명해보라고 하면 입을 뗄 수 없는 그 어렴풋한 앎, 흐리멍덩한 모름이랄까. 저금리 시대라고만 알았지 돈을 빌릴 때와 맡길 때의 금리와 그 차이도 몰랐다. 사실 제1금융권이 어디까지인지도 몰랐으니 말 다 했다. 부

모를 잘 만나 돈고생을 안 해서 그렇다고 엄마가 그러시는데 엄마가 직접 말씀하시는 건 좀…… 대단히 맞는 말씀이다! 악착같이 일은 했으나 악착같이 모으고 불리지 않았으니 돈으로 크게 억울하거나 슬픈 일이 없었던가보다. 어머니 아버지, 감사합니다.

'이 모든 게 결혼을 안 해서인가?' 떠오른 자문은 늘 이 모양 이 꼴이다. 그도 그럴 것이 결혼을 하면서 살 집을 마련하고 살면서 월세에서 전세로 전세에서 자가로, 작은 평수에서 큰 평수로 조금씩 늘려가며 자동차, 가전 등 생활 전반에서 하나씩 일궈가고 그 과정 속에서 많은 것을 알게 되니까. 물론 다 빚이라고는 하지만 늘리고 일구는 것은 꽤 의미 있는 일로 보인다. 나 혼자가 아닌 다른 사람과 함께 시행착오를 경험하면서 의견을 나누고 결정을 내리고 계획을 세우는 일, 두 사람의 합심으로 삶을 가꾸는 느낌이 드는 것이다.

직장생활을 할 때에는 조직 내의 모든 일을 내가 실행하고 관리했는데 내 삶으로 떨어지니까 내가 통제할 수 있는 게 하나도 없었다. 내 삶인데 떨어졌다는 표현을 쓰다니 참 주체성 없는 주인이로군. 조금 다른 이야기지만 그래서 운동에 몰입을 했었다. 몸만큼은 내가 컨트롤할 수 있었고 몸은 하는 만큼 결과를 보여주었기 때문이다.

혼자라서 무섭다고 했지만 실로 혼자인데 (몰라서) 무섭고, 혼자인데 (무슨 일이 생길까봐) 무섭다. 혼자는 무서워 사이 괄호 안의 (몰라서)와 (무슨 일이 생길까봐)가 무서움의 실체이자 혼자인 나의 진짜 속내이다. '혼자인데 몰라서' 이사도 대출도 어려웠고 무서웠다. 그러나 이 일은 에피소드로 어찌 지나갔다. 진짜 문제는 '혼자인데 무슨 일이 생길까봐' 무서워로 지나가는 혼자의 무서움이 아니라 주거 실태, 라이프스타일과 직결되어 사는 한 계속 달고 지내야 하는 무서움이다. 그러니까 결론은 그냥 혼자 집에 있어도 불쑥불쑥 무섭다는 말이다.

흔하디흔한 1인 가구 시대에 독거사는 더이상 노인만의 문제가 아니다. 이렇게 혼자 살다가 혼자 갈 수도 있겠다는 두려움은 나홀로 사는 가구 모두에게 겁을 준다. 나 혼자서 할 수 있는 게 없구나로 시작해 나 혼자서 죽을 수도 있겠구나로 끝나버리는 솔직하지만 무거운 마무리라서 유감스럽다. 혹시라도 무슨 일이 생길지 모르니 혼자 있어도 잘 차려입고 있자는 이기적이고 이타적인 당부도 이왕 유감스러운 김에 원스 모어 한 번 더.

생활 연기의 달인

공포 영화 시청 후 침대 프레임 밖으로 뻗은 팔에

화들짝 놀라 접어 올리며 경건한 팔을 연기

사건 뉴스를 보고 나서는 방문, 창문, 이중문, 대문

집안의 문이란 문은 모두 다 잠그고 밝은 척 연기

택배 기사님은 정말이지 너무 반갑지만 물건은

문 앞 혹은 경비실에서 대면하지 않고 찾는 부재중 연기

방문기사가 오기 전, 현관에 큰 남자 신발 투척

곧이어 유령오빠와 대화하는 척 커플녀 연기

새벽, 계속되는 윗집의 쿵쾅 소리와 바깥의 고성방가에

말 한마디 못하고 이어폰 속 볼륨만 키우는 꿀 먹은 벙어리 연기

혼자 사는 여자는 오늘도

무서움을 덮기 위해 연기를 합니다

● 일잘녀의 주홍글씨

한때 인터넷 커뮤니티를 뜨겁게 달구던 화젯거리가 있다. 여자 나이 마흔이 넘으면 서울대 나온 대기업 경력자나 고졸인 날라리나 e마트 계산대에서 동료로 만난다는 이야기였다. 서울대는 아니나 마흔 줄인, 직장을 그만둔 나는 e마트에서 계산할 때면 이 이야기가 떠올랐고 계산대의 그녀와 마주서면 기분이 묘해졌다.

서른 중반, 부장을 달던 무렵이었던가. 유리천장 직전에 다다른 것 같아 기분이 남달랐던 때가 있었다. 크리에이티브가 좋아서, 아이디어가 좋아서, 일이 주는 재미에 푹 빠져 있을 시절, 나와는 전혀 관계없는 말을 들은 적이 있는데, '전부장은 정치적이다'라는 말이었다. 이후 마흔 중반, 상무를 달고 나서던가. '전상무는 여우짓을 좀 배워야겠어'라는 말을 들었다. 여당 야당의 이름도 모르는 내게, 수주와 내수에 집중하는 내게 정치와 여우짓이라니.

업무능력은 좋으나 여우짓을 모르고 정치를 못해서일까. 결국 유리천장을 뚫지는 못했다. 나도 잘나갔었는데. 빛 좋은 개살구였나…… 하긴 왕년에 못 나간 사람 없더라.

조직에서 여성의 능력은 남성보다 모자랄 것이 없고 경험상 더 낫다고 판단한다. 꼼꼼하고 섬세해서 놓치는 게 없으니 실수가 적고 전달력이 좋아 의사소통 측면에서도 우수하다. 언변은 단어의 선택에서부터 설명까지 일목요연하며, 문서에는 정보는 물론이고 페이지의 구성과 요소의 배치까지 미적으로도 우수하게 작성하니 업무에서 여성적 우위는 돋보인다. 이 좋은 평판과 능력에도 불구하고 유리천장은 왜 그리 뚫기 어려운 것일까.

대기업에 다니는 후배 J와의 커피 한 잔. J는 직장을 다니면서 아이를 키우는 세상의 짐을 모두 둘러멘 직장맘이었다. 일, 육아, 지인의 안부 이야기 끝에 J가 꺼낸 말은 놀라웠다. 요즘 연애가 하고 싶다고 했다. 그래 연애는 누구나 하고 싶은 것이니 놀란 내가 촌스러웠을지도 모른다. J의 말에 따르면 나 빼고는 다 연애중이며 이혼한 팀의 후배는 사내에서 썸을 타고 있고 유부라 불리는 사무실의 남녀 거의 모두가 연애중이라고 했다. 허, 놀라웠다라는 말은 여기에서 등장해야 맞겠군. J는 회사, 집, 육아만 뺑뺑 도는 스스로가 영 재미없다고 했다.

광고회사를 떠나 기업에 안착한 선배 Y와의 저녁 식사. 구직을 하던 즈음에 만난 터라 Y는 내게 때마침 일자리를 소개해주었다. 포지션과 직책, 담당 업무, 회사 분위기, 경영진이 줄 세운 유력한 후보자 등을 설명하느라 Y의 입은 쉴 틈이 없었다. 전임자의 결원인지 확충인지 채용의 이유를 묻는 순간 Y의 바빴던 입이 잠시 다물어지며 침묵을 지켰다. 이내 전임자의 퇴사 비하인드 스토리를 이야기하느라 Y의 입은 다시 쉴 틈이 없었는데, 이야기인즉슨 전임자가 일을 그럭저럭 했는데 고객사 담당자와의 러브라인으로 일이 꽤 잘 풀렸고 썩 잘나가는 즈음까지 갔었다고. 그러다 러브라인에 먹구름이 끼더니 비바람과 폭풍이 몰아치다가 결국 러브도 업무도 개판으로 끝났다고. 그랬구나, 그랬었구나 하고 있는데 Y가 덧붙였다.

"남자랑 여자가 만나면 뻔하지."

거슬렸다. 성이 다르고 어지간하면 서로 끌리게 만들어놓았으니 틀린 말도 아니나 선배의 마지막 말은 나를 건드렸다. 특수한 조직을 제외하고 조직 구성원은 남자가 많은 편이고 특히나 임원직은 대부분 남자들이 차지하고 있다. 제아무리 뛰어난 능력과 인성을 갖춘 여자라도 가깝게 일하는 인물이 남자면 여자는 여성이 되고 남자는 남성이 되어 업무 케미는 어디 가고 성적 케미만 도드라지는지 모르겠다. 소문에는 과소와 과대가 있을 뿐 그러한 일이 있었음은 변치 않는 사실이라고들 말한다. 그러나 설사 그 소문이 사실이라고 해도 업무상 남녀의 결합을 그렇고 그렇지로 일축하는 것은 심히 불편하다.

일 잘하는 여자는 일도 잘하고 세상 살기도 쉬워 보이지만 세상 살기도 일을 잘해먹기도 참 쉽지 않다. 여자의 업무 성과 내지는 사회적 성공을 그녀의 능력 자체로 보지 않고 능력에 날개를 달아준 미모에서 찾거나 능력에 용수철을 달아준 성에서 찾기 때문이다. 그녀는 일을 잘해서 성과를 본 것이다. 미모가 뛰어나서 덤으로 러브라인이 생긴 것이고 생길 수도 있는 것이다. 선과 후, 메인과 서브를 자리바꿈하지 않아야 옳다. 이런 주객전도는 주로 주인공보다 주변인에 의해 이루어진다. 여자의 적은 여자라고, 일 잘하는 여자를 향한 입방아와 눈총은 같은 여자들이 더 서슴없다. 일 잘하는 여자인 당사자는 본인의 능력이 성과를 견인했다고 생각하고, 일 잘하는 여자를 보는 주변인은 그녀의 미모 혹은 꼬리치기에 얻어걸린 거라고 말한다.

일 잘하는 남자가 입방아와 눈총의 대상이 된 적이 과연 몇 번이나 있었던가. 그가 도마 위에 오르려면 고객사의 결정권자가 여자여야 하는데 슬프게도 나라, 조직, 업계를 막론하고 고위직에 자리한 여자는 극소수에 불과하지 않던가. 세상 많이 좋아졌다고, 남자도 육아휴직을 한다고 하지만 아직 멀었다. 일과 육아를 병행하는 고충은 여전히 남자보다 여자가 더 크고, 일을 선택한 그녀들은 그만큼 포기하고 감내해야 할 것이 많다.

남자들이 가득한 조직의 유리천장을 뚫기 어려운 것은 어쩌면 유리천장 앞에 편견의 벽이 가로막고 있어서인지도 모른다. 안 그래도 남자들이 가득한 조직이라 올라가봐야 유리천장까지가 현실인데 고군분투하는 그녀들에게 그 입질과 흘김질을 거두어야 맞지 않겠나. 승승장구하는 네년 뒤에는 든든한 스폰서가 있겠지, 그럼 그렇지 하는 추측으로 일 잘하는 여자들을 욕보이지 말 것. 일잘녀를 향한 입방아와 눈총을 쏟아붓는 것은 어쩌면 나는 그녀보다 일을 더 잘할 리 없고, 일 잘해서 성공할 일도 없을 것이라고, 스스로 작은 그릇임을 적극적으로 드러내는 일이라는 거. 지금부터라도 알아야 하겠다.

여자 대표

독하다,

드세다,

지랄맞다,

까칠하다,

자기주장이 강하다,

성깔 있다,

보통이 아니다

일 잘한다는 말 한마디에

따라붙는 몇 마디의 꼬리들

말랑하고 달콤한 말은 아니더라도

주렁주렁 꼬리를 달고 가더라도

당신을 응원하겠습니다

당신은 이미 세상의 반, 여자들의 대표이니까요

● 어른들의 취미생활

　요즘은 젊거나 늙었거나 꿈이 무엇인지 모르고 산다는 점에서 같다는 말을 들은 적 있다. 그만큼 꿈을 잊고 사는 사람이 많다는 이야기다. 사는 게 힘들어서, 바빠서, 꿈은 잊히고 버려진다. 한창 바빴던 그때, 꿈을 품고 키웠으면 어땠을까. 지금과는 다른 모습일까, 여전히 같은 길을 갔을까. 일어나지도 않을 일을 생각하는 것은 바보 같은 짓이라고 생각해왔는데 제법 시간이 쌓이니 안 하던 생각도 하게 된다. '꿈꾸기'를 강요받았던 때를 지나온 티를 이렇게 내는 건가.

　젊어서 꾸는 꿈과 나이가 들어 꾸는 꿈은 분명 다르다. 혹자는 그랬다. 꿈꾸는 사람은 늙지 않는다고. 내 생각은 다르다. 꿈꾸는 사람도 늙는다. 누구도 늙음은 피할 수 없다. 다만 꿈이 있으면 덜 외롭게 늙는다. 혼자 있어도 같이 있어도 외롭다는 노년, 축복인지 재앙인지 100세까지 산단다. 병원에 가는 일 이외에는 별다른 일 없는 노년의 일상이라면 살아도 산다는 느낌이 들까? 죽지 못해 산다는 어르신의 말은 듣기 불편해도 틀리지 않았다. 오래 쓰고 많이 써서 닳은 몸이라 병원행은 어쩔 수 없겠지만 나는 할머니 할아버지들이 즐겁기를 바란다. 아니 무료하지 않기를 바란다.

　요즘 60대는 중년이라 해야 맞는 것 같고 70대는 노년이라고 부르기 뭣하다. 몸은 늙었지만 마음만은 청춘이라는 말도 그 옛날의 화석 같다. 숫자인 나이만 바쁘지 몸과 얼굴은 의학의 발달과 젊음에 대한 관심으로 나이보다 느리게 늙는다. 할머니 할아버지는 나날이 젊어지고 있다.

주중 오후 시간, 패스트푸드 매장의 풍경은 신선한 충격이었다. 10대나 20대보다 60대와 70대가 많다는 사실에 놀랐다. 패스트푸드 매장은 1000원 남짓으로 종일 자리해도 되는 노년층의 놀이터였다. 하릴없는 노년 남성들은 공원에 있을 것이라는 내 생각은 그들의 나이보다 올드했다. 홀로 외로워하는 대신 함께 웃음을 나누니 보기 좋고 다행이다 싶다. 적은 돈으로 자리를 잡고 놀다 가니 좋지만, 언제까지 매일 그럴 수는 없는 일이다.

80대가 되면 어떨까? 외로움과 무료함은 짙어질 수밖에 없다. 밖에서 재밌거리를 찾는 것도 심드렁해지고, 무엇보다 몸이 불편해 집안에서 지내는 시간이 많아진다. 하루종일 텔레비전 보기와 식사하는 것 외에는 별다를 게 없는 하루를 보내는 노년도 있고, 취미생활을 하는 노년도 있다. 주로 전자는 다큐멘터리 프로그램에서 다루고, 후자는 정보 프로그램에서 다룬다. 프로그램에서 본 노인들 중 취미가 없는 노인은 웃음이 없었고 쓸쓸했다. 취미가 있는 노인은 웃음이 많고 활기찼다. 노년의 취미는 하루의 질을 지배한다.

매일 할일이 있는 노년, 꾸준히 할 수 있는 취미를 가진 노년은 건강하다. 몸보다 마음이 더 건강하므로 진짜 젊고 건강한 것이다. 취미는 함께하는 것보다 혼자 하는 것이 우선이 되어야 함은 청년이나 노년이나 다를 게 없는 듯하다. 눈앞에서 각자 플레이하는 할머니 할아버지를 본 적이 있는데 그 모습이 몹시 인상적이었다. 영국에서 내가 처음 머문 곳은 홈스테이로 학교와 거리가 먼 외곽이었는데, 나에게 방을 내준 부부는 백발의 단발 할머니 린다(Linda)와 민머리에 가까운 백발의 할아버지 이쉬(Ish)였다. 부부는 매일 각자 하는 일과 함께하는 일이 있었다. 할머니는 주로 봉사활동을 하기 위해 밖으로 나갔고 장을 봐왔으며, 할아버지는 집을 정리했고 정원을 가꾸며 요리를 했다. 저녁을 먹은 뒤에는 함께 소파에 앉아 텔레비전을 시청했고 좋아하는 퀴즈쇼에서 내는 문제를 풀며 이야기를 나눴다. 하루의 대부분을 혼자 보내다가 때가 되면 2인 모드로 적절히 스위치했다. 함께하는 소일거리, 혼자 하는 소일거리가 구분되어 있는 노부부의 모습은 무료하지도 적적하지도 않아 보는 나도 안쓰러울 새가 없었다.

인생은 짧고 예술은 길다고 했던가. 예술은 모르겠고 직장생활은 짧아지고 인생살이는 길어지니 예술을 잘 모르는 보통의 사람에게 이 말은 맞지 않는다. 인생은 길고 예술도 길다고 해야 요즘 시대에 맞을 듯하다. 그러니 결과물이 나오는 소일거리, 취미를 가지고 나이를 먹으면 좋지 않을까? 그렇게 100세까지 산다면 하고 싶은 것도 없고, 할 것도 없는 노년은 피할 수 있을 것이다.

노년의 취미를 위해 무엇을 준비해야 할까? 준비물은 딱히 없다. 하고 싶은 일, 시간 가는 줄 모르고 할 수 있는 일, 그 일이 무

엇인지만 알면 된다. 알지 못하면 찾으면 된다. 보통 이것을 꿈이
라고 부른다.

● 꿈자리가 사납다

우리는 매일 꿈을 꾼다. 기억하지 못할 뿐 꿈은 늘 잠을 자는 동안 나와 함께하고 있다. 그 꿈 중 대통령이 나오거나 돼지나 똥이 나오면 꿈 해몽을 하느라 이것저것 찾아보기 바쁘다. 잊지 못할 옛사랑이 등장하기라도 하면 꿈속에서도 꿈을 이어가려고 애쓰고, 왜 이런 꿈을 꾼 것인지, 이 꿈이 어떤 의미인지가 종일 머리에서 떠나지 않는다. 자면서 꾸는 꿈은 로또도 사게 하고 돈을 주고 사기도 하며 값어치를 인정받는데, 살면서 꾸는 꿈은 왜 값없는 군소리로 취급받는 것일까. 같은 꿈인데 대우가 너무 다른 것이 아닌가.

내 꿈은 부모님의 바람으로 한동안 판검사였으며, 아나운서, 유전공학자 외에도 라디오 DJ, 그냥 회사원이기도 했다. 나는 대한민국의 평범한 딸로 내 꿈은 '어떻게'가 아닌 '무엇'으로 선택되었다. 보고 따라하는 것이 빠르고 자연스러웠던 초등학생 때 꿈은 생겼다 사라지고 또다시 생기기를 반복했다. 어쨌거나 성인이 되기 전까지 꿈은 직업으로만 말하는 것으로 알았다.

중학생 때는 초등학교와 전혀 다른 세상이 펼쳐졌다. 친구와의 우정이 최우선이었다. 꿈에 대해 생각했는지는 기억나지 않는다. 고등학생 때는 대학 입학이 꿈이었다. 대학 때는 좋은 직장으로의 취업이 꿈이었고, 직장인이 되고 나서는 승진 혹은 높은 연봉이 꿈이었다. 바로 다음 단계를 위한 꿈을 꾸었던 것이다. 단기간의 심리적인 꿈들의 연속이었다. 이렇다보니 직장인이 아닌 상태에서의 꿈은 잘 잡히지가 않았다. 직장인 다음 단계를 생각해본 적이 없기 때문이다. 내가 꾸었던 것은 꿈이 아니라 목표였다. 목적이 아닌 목표, 단기적이고 단계별로 달성하면 그만인 것들. 단계별 달성도 나쁘지 않다. 작은 것부터의 성취가 얼마나 의미 있는 것인지는 많은 이가 말했고 들었다. 단계별 달성의 나쁜 점이 있다면, 과몰입하면 장기적 목표 혹은 목적을 떠올리지 못한다는 점일 거다.

시간은 흐르고 30대는 40대가 된다. 위태로워서인지 지루해서인지 직장생활을 마감하게 되면 꿈이라는 단어에 봉착하게 된다. 새삼스럽다. 말랑하고 희망찬 단어인 꿈은 40대에 마주하면 딱딱하고 막연한 것으로 다가온다. 약간 무섭기도 하다. 30대 중반, 야근, 밤샘, 휴일 근무를 하면서 종종 꿈이라는 단어를 떠올린 적이 있었다. 꿈을 떠올릴 때마다 순간 멈칫했다. 좋은 건데, 알겠는데, 지금은 안 된다는 듯 내 안의 이상제어기능과 현실가속기능이 동시에 작동했다. 꿈이란, 이루어야 할, 그래서 해야 할 일인데 하면 안 되는 일로 취급받았다. 아이젠하워의 박스로 치자면 중요하지만 급하지 않은 일로 분류되었던 것이다. 30대 때 내 꿈은 좋은 대우를 받지 못했다. 5분을 채 머물지 못하고 다시 일에 파묻혔으니 말이다.

이상한 일이다. 꿈을 어떻게 꾸는 것인지도 몰랐던 어린 시절에는 꿈을 강요받고, 자발적으로 꿀 수 있는 시절에는 까마득히 잊고 지내다 인생 2막이라고 하는 중년이 되면 다시 꿈 앞에 서게 되니 말이다. 어렸을 때에는 일단 고르면 되는 게 꿈이었지만 어른의 꿈은 고른다고 되지만은 않는다. 골라서 잘 꾸려가면 되는 것이 어릴 적 꿈이라면 고르고 골라도 잘 꾸려지지 않는 것이 어른의 꿈이다. 리얼하게 말하자면 딱히 고를 것이 없는 게 어른의 꿈이다. 더이상 청춘이 아닌 현실과 척박한 세상 탓에 더 그렇다.

다 커서 꾸는 어른의 꿈은 어렵다. 가장 어려운 것은 꿈이 무엇인지 모르겠다는 것이다. 뭐였더라 하고 떠올려도 생각이 나지 않고 생각이 났다 해도 너무 멀리 와버린 것만 같다. 한때 꿈에 꽂혀서 지인을 만나면 꿈이 뭐냐고 물었었다. 대부분 30대 후반에서 40대 초중반이었는데, 한동안 잊고 살았다, 지금에라도 생각해봐야겠다고 말한 사람은 단 한 명도 없었다. 그런 게 어디 있어, 그냥 사는 거지. 무슨 그런 질문을 하고 그래, 술맛 떨어지게. 얘가 갑자기 왜 이래 등등. 대부분의 답은 부정적이거나 회피에 가까웠다. 이렇듯 우리에게 꿈은 무엇이냐는 물음에서부터 홀대를 받는다.

나도 한동안 꿈을 잊고 살았다. 그놈의 일, 일, 일 때문에. 학생으로서 배우는 시기를 시즌 1로 본다면 직장인이 시즌 2, 지금이 시즌 3이라고 할 수 있겠다. 누군가는 시즌 3에 1, 2와 전혀 다른 일을 하기도 한다. 다른 만큼 어려울 것이다. 그래서 대단하다. 박수받아 마땅하다. 이런 점에서 나는 행운이다. 1, 2와 연관이 되어 있고 실제로 꿈꾸었던 일을 꿈으로 실현할 수 있어서. 몰랐었다. 시즌 1, 2를 거치면서 꿈을 잊었다 생각했다. 최근 지인과의 대화에서 나는 꿈을 잊은 적이 없다는 사실을 알았다.

수년 전 나는 멘토인 그녀에게 책을 쓰고 싶다고 했단다. 또 한 선배와의 술자리에서는 발리에서 한 달 사는 것과 책을 내는 것이 꿈이라고 했단다. 선배는 전자는 지금이라도 당장 마음만 먹으면 할 수 있는 일이니 꿈이라 보기 어렵고, 후자는 서서히 시간과 노력을 투자해야 하니 꿈이 될 수 있다고 했다. 그래, 기억난다. 정말이지 다행이다. 시즌 1, 2와 전혀 다른 일이 아니라서 다행이고, 오래전부터 하고 싶었던 일을 꿈으로 다시 맞이할 수 있어서 다행이다.

꿈을 꾸는 사람은 늙지 않는다는 말도 결국 신체보다 정신적 나이에 초점을 둔 것이리라. 정신이 건강하니 신체도 긍정의 영향을 받는다는 흐름일 게다. 비슷하지만 조금은 다른 관점으로 늙을수록 몸만큼 꿈을 챙기라고 말하고 싶다. 나이 들어도 환경이 바뀌어도 흔들리지 않는 꿈 하나쯤은 갖고 있어야 할 것 같다. 아니 흔들려도 좋고 하나가 아니어도 좋겠다. 어디 원대한 꿈만 꿈이던가, 소소한 꿈도 꿈이고, 어제부터 생긴 꿈도 꿈인데, 꿀 수 있는 꿈이 하나뿐일 필요는 없지 않겠는가.

꿈이 무엇이든, 언제부터였든, 몇 개이든, 분명한 건 전보다 꿈을 길게 가져야 한다는 것이다. 우리의 생명력이 길어졌으니 꿈의 생명력도 길어야 마땅하다. 그리고 이런저런 모든 꿈은 극진히 대우해주어야 한다. 누구도 아닌 내게서 끌어올린 나의 꿈이니까.

꿈의 외침

꿈을 크게 꾸라고 하지

돈이 드는 것도 아니고 꿈의 크기를 키우면 나쁠 건 없지

꿈이 크면 깨져도 그 조각이 크다고 했지

하지만 꿈 그게 뭔데

꾸어봤자 되지도 않는 거, 그게 꿈 아닌가

무엇을 꿈꾸든 그 이하를 보게 될 것 아닌가

무슨 꿈이든 그건 불가능하게 되어 있는 것 아닌가

아니, 아니야

가능한 것만 꿈꾸는 건 아니고,

불가능 그것은 사실이 아니라 하나의 의견일 뿐이라고

말하지 못한 꿈의 외침을

이효리와 무하마드 알리가 대신해주었더랍니다

PART II
퇴사 후유증

어느 날 문득 버려졌다
죄 없는 감정만 소용돌이치는구나

● 부장이 되는 순간 직장생활은 끝났다

말콤 글래드웰의 '1만 시간의 법칙'은 참 그럴싸했다. 그에 의하면 한 가지 일을 1만 시간 동안 하면 그 분야의 전문가가 된다. 하루 3시간을 투자하면 10년이 될 때 1만 시간에 도달하고, 하루 10시간을 투자하면 3년 만에 1만 시간에 도달한다. 광고계에 몸담은 지 15년이 넘었다. 휴일 없이 하루에 5시간씩 투자한 셈치고 계산해보니 총 2만 7375시간으로 약 3만 시간에 가까우며 대략 세 번의 1만 시간을 달성한 것과 같다. 그렇다면 나는 전문가×3인 셈이다. 전문가의 재주를 세 번 넘은 지금의 나는 저 '1만 시간의 법칙'이 우습다. 유통기한을 고려하지 않은 1만 시간의 법칙은 조직과 사회가 초년생을 꾀는 당근이자 채찍이었을 뿐. 1만 시간의 법칙은 1만 시간의 배신으로 직장인의 명줄을 끊었다.

나는 사회생활 기간이 20년에 육박하는 고경력자이다. 대학을 졸업하고 전공을 살려 건축사사무소에서 5년 정도 설계일을 했다. 이후 광고계로 이직해서 카피라이터, 크리에이티브·캠페인 디렉터(Creative Director, CD) 등으로 광고 마케팅 분야에서 15년 가까이 일했다. 그동안 일 잘한다는 소리를 꽤 들었으며, 광고제에서 몇 차례 수상한 적도 있다. 기획이나 전략, 크리에이티브 업무 등에 투입되면 당장에라도 진행과 총괄이 가능할 정도로 일이 몸에 붙었다. 9시 출근, 6시 퇴근이지만 야근과 휴일 출근도 많은 분야라 하루에 최소 5시간 이 일을 했다고 하면 6년 만에 1만 시간을 달성했다고 할 수 있다. 글 쓰는 일에 재능이 있고 매일 실전으로 연습했기 때문에 실제로는 더 짧은 시간일 것이다. 일의 재미에 빠져, 결과물을 만들어내는 성취감에 취해 말 그대로 죽어라 일했다.

그러나 고경력, 고직급의 전문가가 된 탓에 다니던 회사에서 버티기가 만만치 않았고, 회사를 옮기는 일은 더욱 힘들었다. 구직 시장에 나와 칼바람을 맞으며 깨달은 것은 우리 사회는 1만 시간의 법칙을 1회 달성한 대리급 정도를 원한다는 것이었다. 회사에서 써먹을 대로 써먹은 고경력자, 고연령자는 시간이 지나면 하나둘 버림받는다. 씁쓸하지만 피할 길 없는 현실이다.

나는 신입 시절부터 본부장을 지낸 지금까지 대략 세 번의 1만 시간을 달성했다. 그리고 지금 남은 것은 무엇인가. 회사에 다닐 때는 오롯이 일에 파묻혀 지내느라 회사 밖의 일을 생각하지 못했다. 광고일 외에 다른 일로 내 미래를 준비하는 것은 생각지도 못했다. 부서 해체로 원치 않은 퇴사를 한 뒤 한동안은 상실감에 좌절했고, 시간이 조금 흐르자 체념하게 되었다. 체력이 워낙 좋아철야 근무도 척척 해냈다고 생각했는데 그 밑천은 체력이 아니라 정신력이었던 모양이다. 일을 빼앗기니 몸에서 신호를 보내왔다. 조직에서 도려내어졌다는 사실에 정신은 큰 타격을 받았고 몸은 아프기 시작했다.

직장인에게 승진은 최고의 보상이다. 나도 부장이 되고 본부장이 되었을 때는 하늘을 날 듯 기뻤었다. 하지만 그날의 승진은 독이 든 성배였고 마지막 만찬이었다는 것을 미처 깨닫지 못했다. 그렇다. 부장이 되는 순간, 직장생활은 끝났다.

사회생활 20년차인 나에게도 신입사원 시절이 있었다. 사원 딱지를 떼고 대리를 거쳐 부장까지 착착 올라갔다. 부장 승진 평가에서는 전례없는 만장일치로 부장 타이틀을 거머쥐었다. 잘나갔다. 쌩쌩 달리는 경주마가 따로 없었다. 일에는 탄력이, 얼굴에는 빛이, 어깨에는 힘이 들어갔다. 아이디어 뱅크, 일 잘하는 여자, 워커홀릭, 골드미스, 마녀 소리까지 들으며 기고만장해졌다. 나는 직위로는 부장, 직책으로는 팀장을 거쳐 본부장의 자리까지 올랐다 (본부장이라고 하면 부장보다 더 높은 위치 같지만 본부장이면서 부장인 경우도 있다. 직위와 직책의 차이 때문이다.).

나는 본부장의 자리에 있는 동안 회사 특성상 실무와 관리를 동시에 진행했다. 완벽주의자, 섬세함과 꼼꼼함의 결정체로 나무 하나하나와 숲 전체를 꿰뚫어보고 관장했다. 소위 말하는 뒷방 늙은이처럼 자리만 보전하는 본부장은 아니었는데 그럼에도 불구하고 나에게도 올 것이 오고야 말았다. 경영 악화로 부서 해체 결정이 나면서 공들이던 조직, 아끼던 사람들과 헤어져야 했다. 인생 마지막 회사라고 생각하며 진심으로 열정과 열심을 다했던 터라 좌절은 이루 말할 수 없었다.

노타이틀 노매치

본부장님~

부장님~

누군가 나를 불러 세운다

고개를 돌려보면 본 적 없는 사람

나를 부른 것이 아니라는 것을 알고 다시 고개를 돌린다

길을 가다 혹은 카페에서 예전의 나는 불리고 있다

나에게서는 벗겨진 타이틀

허나 누군가에게는 여전히 유효한 타이틀

이제는 내 것이 아닌데도 아직은 익숙지가 않다

본부장, 부장으로 불리는 내가

몹시 만족스럽고 대단히 자랑스럽지는 않았지만

타이틀 없는 나는 나 같지가 않다

피부 없이 근육이, 근육 없이 뼈가 다 드러나는 것 같다

홀딱 벗겨진 채 세상에 버려진 느낌이다

세상이 낯설다

● 나는 퇴사를 당했다

요즘 젊은 친구들은 퇴사도 잘하고 이직도 잘한다. 새로운 회사로 출근하기 전에는 해외여행을 다녀오고 전혀 다른 일을 시도하면서 스스로에게 그럴싸한 휴식을 선사하는 모습도 본다. 그러나 나를 비롯한 70년대생들은 그런 일이 쉽지가 않다. 쉼 없이 일하는 것이 직장인의 미덕이라고 믿었던 것일까. 금요일 퇴사, 다음주 월요일 입사도 흔했고, 공백이라고 해봤자 기껏해야 일주일 정도였으며 출근 첫날의 야근은 딱히 튀는 그림도 아니었다. 오라면 오고 가라면 가는 을이라 그랬던 건지, 회사생활은 원래 이런 거야 말하는 선배들을 보며 익숙해져서 그랬던 건지. 무엇이 이유였더라도 그렇게까지 할 필요는 없었는데.

나는 단 1퍼센트도 퇴사를 원한 적이 없다. 아니 생각해본 적도 없다. 그런데 퇴사를 당했다. 그리하여 무직자가 되었고 구직활동을 시작했다. 쉬울 거라고 생각하지 않았지만 생각보다 너무 많이 어려웠다. 본부장까지 지낸 나를 뽑아줄 곳은 눈에 띄지 않았다. 괜찮다 싶으면 고경력, 고연령이 걸림돌이 되었다. 나이도 스펙이라고 한다던데 그런 면에서 나는 스펙이 좋지 않았다.

아직 한창 일할 '나'인데, 기회가 주어지지 않는 것이 억울했다. 몇 번의 고배 끝에 만난 한 선배는 "뽑아주는 데가 있어? 취업할 생각 말고 사업을 해"라고 했다. 사업으로 고전을 면치 못한다는 선배가 나에게 사업을 하라고 이야기하니 아이러니했다. 그 역시 상황과 환경의 압박으로 인해 취업이 아닌 사업을 택했으니 빈말은 아니겠구나 생각했다. 그러나 사업이 뉘 집 개 이름인가. 직장인으로 사는 동안 사업은 내 일이 될 것이라고 생각해본 적 없다. 사업은 왠지 나와 맞지 않는 것 같았다. 지금처럼 열심히 잘하면 계속 사무실에 나와 일하는 거고, 매일 아침 출근은 너무나도 당연한 일이었다. 당연하게 해오던 일이 하루아침에 사라져버렸다. 몇 번의 면접은 그 결과가 좋지 못했다. 시간이 지나자 면접을 보자는 곳조차 없었다. 재기의 날은 좀처럼 올 것 같지 않았다. 방 안의 천장을 바라보며 되뇌었다. '어떻게 하지.' '뭘 해먹고 살지.'

막막했다. 내가 시도할 수 있는 것은 구직 사이트를 살피고 지원하는 일밖에 없었다. 나는 일만 생각하는 착한 직원, 인생은 생각하지 않는 바보 같은 인간이었다. 오늘을 열심히 살아온 것이 죄가 되는 순간이었다. 더 나은 제작물을 만들기 위해 머리를 쥐어짜며 동료와 경쟁했는데 결국 회사의 경쟁력만 키워주고 길바닥에 나앉은 신세가 되었다. 그럼에도 불구하고 조직의 일원으로 생산활동을 이어가고 싶은데, 내가 몸담고 전문성을 쌓은 곳에서는 더이상 나를 찾지 않았다. 쓸모없는 늙은이 취급을 받는 것 같아 마음을 추스르기 어려웠다.

너무 전문가여도 안 되는 것이 회사이고 조직이다. 앞만 보며 주어진 현실의 일에 충실했던 '열심'에 대한 형벌이 가혹하다. 전문가가 만들어지는 1만 시간의 사이클을 세 번 달성한 사람도 사회와 회사에서 손을 내밀어주지 않으면 전문성을 발휘할 수 없다.

나는 막다른 길에 서게 되었다. 걸어온 길은 있는데 가야 할 길은 보이지 않는다. 사는 대로 살아온 죄를 받고 있는 중인가보다. '생각 없이 살면 사는 대로 생각하게 된다'는 말이 틀리지 않았다. 1만 시간의 세 배를 보냈는데 아무 생각 없이 살았을까. 생각은 많이 했다. 그러나 일만 생각하며 산 것이 문제이다. 나와 내 삶을 생각하며 살았다면 지금 다른 고민을 하고 있을지도 모를 일이다.

1만 시간의 배신은 지나갔고 3만 시간의 배신이 진행중일 수도 있다. 분노, 울분, 슬픔, 원망 등 말로 표현할 수 없는 감정은 여전히 가슴을 뻐근하게 하지만 이제 그만해야겠다. 대신 해야 할 것을 해야겠다. 생각만 하고 실행에 옮기지 않는다면 앞으로의 시간은 더 큰 쓸쓸함으로 도배될 것이 분명하다. 어쩌면 지금이야말로 3만 시간의 역습을 노리기 좋을 때인지도 모른다. 그렇게 하기 위해 과거를 돌아보고자 한다. 과거를 돌아보게 한 시간의 배신에 감사한다. 이런 아이러니한 감사가 있다니. 그나저나 20년을 돌아보려니 까마득하다.

인성 논란

가만히 당하고 있을 상은 아닌데?

가만히 당했습니다

뭐라도 해보지 그랬어?

할 수 있는 게 없었습니다

능력이 부족했나보네?

그런 건 아닙니다

큰 실수를 해서 피해를 준 거 아니야?

그런 적 없습니다

인성이 나빠서 그런 거 아냐, 그럼?

아이 씨, 아니래도!!!

원하지 않던 짤림을 당하면 인성이 개나빠집니다

● 경험이 실마리

예체능에 재능이 있었고 재미를 느꼈으나 이과를 가야 한다는 시대의 부름과 부모님의 압박에 따라 이과를 선택하여 대학에 진학했다. 졸업한 뒤 전공을 살려 첫 직장에 안착하는 듯했으나 재미를 느끼지 못해 이직했다. 이후 광고 마케팅 분야에서 전략을 세우고, 기획하고, 카피 쓰고, 광고 제작을 총괄하며 약 15년 동안 광고마케팅을 설계했다. 온라인 마케팅이 트렌드가 되었을 때 텔레비전 광고를 만드는 곳에서 온라인 광고대행사로 옮겼고, 외국계 회사에서 러브콜이 오면 바로 옮겼다. 학연, 지연의 덕 없이 오롯이 스스로를 믿고 선택한 길이었다. 결핍이 원동력이라는 것을 증명하듯이 도전하고 성취했다. 그야말로 미친 듯이 일했고 신들린 듯 일에 빠져들었다. 일은 생활, 즐거움 그 자체였다.

도시설계 엔지니어, 카피라이터, 광고 기획자, 매체 플래너, 크리에이티브 디렉터, 웹서비스 기획자, 영국 유학생, 브랜드 마케팅 & 광고 캠페인 총괄 디렉터까지 20여 년 동안 총 여덟 개의 잡 타이틀을 가졌다. 도시설계 엔지니어와 웹서비스 기획자를 제외하면 모두 광고 마케팅 분야에 관계된 것들이다. 이 타이틀은 이름 앞혹은 뒤에 붙어 나를 소개했고, 많은 이들이 나를 해당 타이틀로 불렀다. 20년 동안 여덟 개의 직업 타이틀을 줄 세워보니 기분이 묘하다. 이렇게 불리며 지나왔구나 싶어 장하고 짠하다.

수년 간의 업무 경험을 통해 '경험은 언제나 다음을 가능하게 하는 실마리가 되어준다'는 교훈을 얻었다. 실제로 첫 사회생활이자 직장이었던 건축사사무소에서의 경험은 광고회사에 첫발을 디딜 때 도움이 되었다. 이직률이 높은 광고업계에서 한 회사를 5년 동안 다닌 것이 장점이 되어 합격했고, 이것이 광고 마케팅업계로의 입문이 되었다. 지인의 추천으로 옮긴 외국계 게임회사에서의 업무는 이후 다시 복귀한 광고대행사에서 모바일 관련 프로젝트를 진행할 때 도움이 되었다. 카피라이터이자 광고 기획자로서의 경력과 경험은 활자와 계획이 빼곡한 세상 어디에 갖다놓아도 끼워맞출 수 있는 재능이었으니 큰 도움이 아닐 수 없었다.

'경험이 실마리'라는 문장을 쓰는 데 조금의 주저함도 없다. 모두 내가 겪은 경험이고, 풀어낸 실마리이기 때문이다. 하지만 다 좋기만 했을까. 이 중의 몇몇 타이틀은 충격적이었고 더티했으며, 충격적이고도 더티했다. 그럼 나머지 타이틀은 그저 해피했을까. 더티건 해피건 감정은 직업의 타이틀이 주는 것이 아니다. 그곳에서 만난 사람들, 그들의 일하는 방식, 말과 태도, 결정권자의 됨됨이가 그 시간을 더티 혹은 해피로 구분짓게 한다. 그러므로 하늘 아래 해피하기만 한 직장과 타이틀은 없나보다.

경험이 실마리다보니 경험이 많을수록 실마리를 풀 기회가 많다. 오랫동안 유명 오프라인 광고대행사에서 아트 디렉터로 일하던 후배가 있다. 회사가 서울에서 경기도로 이전하자 바로 경기도로 이사할 정도로 회사생활이 곧 개인생활이던 인물이다. 밀물처럼 몰려온 새로운 세력의 등장은 그를 조직 밖으로 끌어냈다. 후배의 바람과 다르게 회사로의 복귀는 이루어지지 않았고 그 역시 하루아침에 원치 않게 구직자가 되어버렸다. 오프라인 광고대행사 아트 디렉터 자리는 티오(TO, table of organization)가 적다. 디지털이 주류가 된 탓에 오프라인 광고대행사에서도 디지털 영역이 필요하거나 중요해졌고, 그 결과 온라인 광고대행사 출신의 경력자를 우대하는 세상이 되었다. 이런 이유로 오프라인 경험만 가진 경력자는 그 입지가 매우 좁아졌다. 오갈 데 없다는 말로 일축해도 과하지 않을 정도로.

구직생활을 시작한 후배의 한숨은 꽤나 짙었다. 오프라인 광고대행사 경력만 10년이 넘은 그는 디지털 경력이 전무했기 때문이다.

"난 오프라인밖에 모르고 할 줄 아는 건 디자인밖에 없잖아. 받아주는 곳이 있다면 어디든 들어가야지. 연봉을 깎아서라도 무조건."

회사를 옮길 때마다 한 달에 몇만 원, 몇십만 원 올리는 게 전부인 월급쟁이가 연봉을 삭감한다니. '눈물의 창고 대방출'이 따로 없다. 스스로 몸값을 낮춰 시장에 나서는 그 마음은 오죽했을까.

후배는 나를 부러워했다. 전략, 기획, 콘셉트, 카피라이팅, 제안서 작성 이외에도 발표도 할 줄 알고, 오프라인과 온라인, 디지털까지 경험했으니 부럽다는 것이었다. 이제 남은 것은 에이치알(HR, human resource)밖에 없지 않느냐며 한번 해보라고 우스갯소리를 하기도 했다. 많은 기회가 주어질 것 같다는 말이었다. 틀린 말은 아니나 틀린 말이었다. 경험이 많으니 기회가 많이 주어지는 것은 당연한 말이다. 하지만 다양한 커리어는 잦은 이직의 다른 말이기도 했다. 기업 인사 담당자가 좋아할 리 없다는 뜻이다. 이직이 잦은 사람은 기업에서 가장 꺼리는 지원자 중 하나다.

경력이 20년 가까이 되다보니 구직을 하면 지원자가 되고, 취직을 하면 면접관이 되었다. 면접관으로 수십 명을 인터뷰했었는데 내 성분이 그래서인지 한 직장에서 한 가지 업무만 줄곧 해온 지원자보다 공백기와 이직을 한 적이 있어도 그 기간 동안 경험을 위한 도전과 결과가 있는 지원자를 선호했다. 물론 지원한 업무 경력은 어느 정도 있어야 한다는 전제하에.

잡사이트에 들어가면 셀 수 없을 만큼 구인 광고가 빼곡하다. 다양한 경험을 가진 사람을 우대한다, 열린 사고를 하는 인재를 선호한다는 내용이 즐비하다. 열린 사고는 경험에서 비롯된다는 것을 알고 있으면서 경험을 위해 과감히 선택한 경력의 공백을 알아주는 조직은 많지 않다. 이직 횟수가 많은 인재를 불편해하는 조직도 적지 않다. 공백기와 잦은 이직을 이유로 서류 단계에서 탈락시킬 것이 아니라 선택의 이유가 무엇이었는지, 어떠한 경험과 교훈을 얻었는지 물어보아야 마땅하다. 다양한 경험을 가진 열린 사고의 창의적인 인재를 우대한다는 말이 거짓이 아니려면 말이다. 선호하는 인재상과는 딴판으로, 닫힌 사고와 판에 박힌 경험을 답습하는 건 아닌지 기업 스스로 물어보아야 마땅하다. 악법도 법이라더니 로마에 가면 로마법, 이 땅에서는 이 땅의 룰을 따라야 할 테지만 앞뒤가 맞지 않는 법과 룰은 참으로 많기도 하다.

한 우물만 파는 것이 좋은지, 가지치기를 많이 하는 것이 좋은지 잘 모르겠다. 분명한 것은 다양한 경험을 쌓은 고경력 전문가라고 해서 나을 건 하나도 없다는 것이다. 실로 여기저기 갈림길로 눈을 돌리며 걸어온 나나, 오롯이 한 길만 변함없이 걸어온 후배나 오갈 데 없는 신세가 된 것은 마찬가지이니 말이다.

부서가 해체되어 내몰렸다거나 새로운 경영진의 등장으로 밀려났다는 사실은 억울하나 그것도 같은 처지에게나 먹히는 감정, 들어줄 수 있는 이야기이다. "어디 가서 길게 말하지는 말자. 남의 일 같지 않다고 해도 당장 나에게 닥친 일이 아니라면 굳이 미리 괴롭고 싶은 사람이 어디 있겠니. 신세타령은 우리끼리 하고 치우자." "그라지요. 한잔해, 누나." 그날 둘의 대화는 이렇게 종료되었다.

직장인의 재앙, '퇴사를 당함'*은 피할 수 없다. 당장의 내 문제이냐, 앞으로의 내 문제이냐의 차이, 시기의 문제일 뿐 닥칠 것은 닥치게 되어 있다. 이것 또한 경험이라면 분명 실마리를 얻으리라 생각한다.

---

* 회사의 일방적인 해고통보는 거의 일어나지 않는다. 노동법으로 인해 근로자가 적극 보호받으므로. 그러나 인력 부족, 경영 악화, 연봉, 워라밸, 동료관계 등 회사의 운영과 처우, 기업문화로 인한 퇴사는 빈번하다. 특히 결원, 자금난처럼 회사의 경영 상태가 나빠지면 임원진은 스스로 사의를 밝히고 물러난다. 사태에 대한 책임보다는 고연봉을 이유로, 내 선배가 그러했고 내가 그러했다. 그러니 자의적 퇴사가 아닌 타의적 퇴사, 퇴사 당함이 맞다.

과거에 머무르면 불행하고 미래에 가 있으면 불안하다고 했다. 이는 현재가 중요하다는 말이다. 현재에 충실하기 위해 과거를 살피는 것은 유의미하나 과거 속에 살지 말라는 이야기이다. 또 미래만 생각하다 현재의 중요한 것을 보지 못하거나, 일어나지도 않은 일을 미리부터 걱정할 필요가 없다는 말이다. 과거의 일은 반성하되 후회하지 말라고 하지 않았던가. 회상은 과거를 돌이켜 맴돌기 위해서가 아니라 더 나은 현재와 미래를 위해야 한다. 과거로부터 배워 현재에 적용하고 충실하게 미래로 향하면 되는 것이다. 그렇다면 과거를 통해 나는 어떤 미래를 그릴 수 있을까?

엎어진 김에 쉬어가랬다고 강제 퇴사가 선물로 준 많은 시간을 나를 탐구하는 데 바쳐보기로 한다.

우리의 소중한 과거사

엘리베이터 ← 도르래+밧줄

고무지우개 ← 빵조각

자전거 ← 말

브래지어 ← 코르셋

신용카드 ← 현금+외상장부

세상을 뒤흔든 놀라운 발견은

과거의 불편에서 시작된 것

불편과 편리는 반대에 있지만

결핍과 충족은 양극에 있지만

불편이 편리를 만들고

결핍이 충족을 만든다는 진리

그러므로

미래의 변화된 나는 과거의 부족한 나로부터 비롯된다

아빠가 표시한 콘센트 구멍의 위치가

엄마의 전선 플러그 꽂기를 도운 것처럼

불편을 없애기 위한 시도가 계속되는 한

작은 나와 큰 세상은 과거로부터 조금씩 나아질 수밖에 없다

그렇게 경험은 실마리가 된다

● 백수가 간도 크지, 왜 그랬을까?

두 달 전, 2시간에 걸친 면접은 나쁘지 않았다. 면접관인 대표와 지원자인 내가 공백 없이 질문과 답을 주고받았다. 며칠 뒤 문자가 왔다. 대표는 회사 규모나 연봉 수준을 고려해서 최종 물망에 오른 두 사람 중 나 아닌 다른 지원자를 선택했다고 했다. 인터뷰 때 많이 배웠고 조금 더 성장해서 초빙할 수 있기를 바란다는 내용과 함께였다. 어쨌거나 탈락 통보였다.

"안녕하세요, 전혜성님. ○○○ 대표 아무개입니다. 새로운 일자리 찾으셨는지요?"

두 달 뒤 또다른 문자를 받았다. 두어 달 전 탈락을 통보한 그 대표다. 헤어진 연인의 이별 뒤 안부처럼 일순간 반가웠고 한참 동안 덤덤했다. 2개월이 지난 시점에서 회사 대표는 탈락한 지원자에게 왜 저런 질문을 했을까? 이유는 하나밖에 없었다. 와주십사 하는 연락이었다. 최종 합격자가 개판을 쳤는지 자진 퇴사를 고했는지 알 수는 없으나 자리가 다시 공석이 된 상태임은 분명했다. 그는 누구라도 눈치챌 수 있는 연락의 이유를 차근차근 설명했다. 주말에 굳이 애써 한 연락이니 다급한 정도를 알 것도 같았다. 열심히 들었다. 한마디도 놓치지 않았다. '통화에도 최선을 다하는 게 있다면 이런 것이겠구나' 싶을 정도였다. 그러나 그런 노력에도 불구하고 들을수록, 답할수록 심드렁해졌다. 몇 마디 후면 결정적 질문을 할 것이고 곧바로 키가 내게로 넘어올 참이었는데 무슨 일인지 더 듣고 싶지 않았다. 끝이 궁금하지 않았다. 그만 끊었으면 했다. 달갑지 않았고 짜증이 났다.

끊고 생각했다. 나를 중심에 둔 통화, 내 결정으로 사안이 종결되는 기승전 '너를 원해'의 대화였는데, 왜 그랬지. 이 심드렁함의 정체는 도대체 뭐였단 말인가.

- 본부장 자리이니 최근 직책을 이어갈 수 있다.
- 수입이 없는 상태이니 월급만으로도 다닐 이유는 충분했다.
- 연락한 곳이 광고회사였으니 적당히 다녀도 될 참이었다.
- 집에서 가깝고 야근이 없다는 것도 매력적이기는 했다.
- 최종 합격자의 자진 퇴사로 나만 승낙하면 되는 상황이었다.
- 봤지? 나 아직 안 죽었어. 그간의 고충을 씻을 기회이기도 했다.

마다할 이유를 찾기가 어려웠다. 백수가 간도 크지, 내키지 않는다니. 이런 소리 들을까봐 이 에피소드는 아무에게도 말하지 않았다. 그래, 배가 불렀나보지. 그런데 배부름의 정체는 무엇이었을까?

면접은 취직으로 이어지지 않았다. 취직은 고사하고 면접을 보자는 곳도 사라져 억울했고, 엄두가 나지 않는 사업 권유 앞에서 또 좌절했다. 할 만큼 했는데 오갈 데가 없어 막막했다. 가라앉는 자존감에 줄어드는 통장 잔고까지 모든 것이 바닥을 쳤다. 구구절절 오직 취직! 취직만이 살길이었는데, 어제의 간절함은 오늘의 배부름으로 바뀌어 있었다.

구직 기간이 1년 이하로 짧으면, 구직이 안 되는 상황에 업(業)의 가치를 생각하고는 한다. 예를 들면 이렇다. 경력자인 웹디자이너 A씨. 온라인, 디지털 세상에서 일을 하다보니 결과물은 언제나 파일이다. 최종, 진짜 최종, 최종이기를, 최종_230318, 최종_230319, 최종_230319_리뷰 전 마지막, 최종_230319_리뷰 전 마지막_수정중…… 한 프로젝트 안에서 파일은 셀 수 없이 늘어난다. 결과물은 version up되고 파일명에 붙은 숫자가 커질수록 수정, 보완의 횟수가 많았음을 의미한다. 끊임없는 유지·보수에도 불구하고, 리뉴얼은 피할 수 없다. 새 버전에 구버전의 흔적은 어울리지 않으니 옛것은 모조리 없애자. 그렇게 새 버전은 살고 구버전은 죽는다. 작업한 파일은 있으나 그 파일로 조합된 결과물은 존재하지 않는다. 서버의 신호를 받는 살아 있는 결과물은 지금만 살 뿐이다. 휘발성 높은 디자인만 해오다보니 실제로 만질 수 있는, 형태를 갖춘 디자인이 진짜 디자인처럼 느껴지기 시작한다. 드레스, 팔찌, 의자처럼 내가 한 디자인이 실물로 세상에 존재했으면 하는 것이다. 내가 해온 디자인은 가짜 같고, 바깥세상에 있는 디자인이 진짜같이 느껴진다. 같은 직장 동료로 일하다 나보다 앞서 퇴사했던 디자이너 실장의 이야기에 디자이너와 긴밀히 일하는 나 역시 동감했다.

반면 구직 기간이 1년 이상 길어지면 업의 가치는 제쳐두고 어쨌든지 회사에 들어가야 한다는 생각밖에 없다. 대부분의 구직자가 그렇다. 경제적인 이유가 가장 크다. 취업이 힘드니 사업을 생각해보기도 한다. 업의 본질을 다른 각도에서 보기 시작한다. 업을 업 자체로 보는 대신 업(業)과 생(生)을 함께 보기 시작한다. 이 관점에서라면 취업보다 사업이 나을 수 있다. 지치지 않고 오래 할 수 있는 일이 될 테니까. 잘릴 일은 없지만 문닫을 일이 생길 수 있다는 치명적 단점이 있기는 하지만.

구직 기간이 길지는 않았지만 기간이 길어질 가능성이 농후한 나는(앞에서 이야기한 대로 고연령의 고경력자이다) 어떻게든 직장인으로서의 생명을 연장해야 마땅했다. 그런데 왜 그랬을까. 예전 같았으면 흔쾌히 수락했을 일이다. 일주일에서 이주일 정도 쉬면서 긴장도 하면서 출근 첫날을 대비했을 것이다. 그런데 왜…… 전과 다른 감정과 결정에 대해 찬찬히 생각해보고 싶어졌다.

D-2주의 실체

Q: 언제부터 출근이 가능하신지요?

A: 입사 통보 이후로부터 이주일 이내로 생각하고 있습니다.

Q: X 프로젝트 관련 파일 전달하겠습니다. 중요한 제안 건이고 일정이 좀 빠듯해서요. 어차피 오시면 바로 진행하게 될 테니까 관련 내용 미리 파악하고 오시면 좋겠습니다.

A: 네, 전달해주세요. 살펴보겠습니다.

Q: 입사하면 바빠질 텐데 여행도 다녀오시고 정리도 좀 하시고 그러시겠네요.

A: 아, 네…… 하던 일 마무리짓고 X 프로젝트 좀 살펴봐야죠.

D-14 무념무상 퍼지기

입사 결정이 났으니 일단 퍼지기. 어차피 입사하면 바빠질 텐데 일주일은 그냥 놀자고~

D-07 낮에 쏘다니기

프로젝트 관련 문서 들추다 덮고 인터넷 서핑하기. 백화점, 영화관, 서점, 낮술 등 낮시간을 즐기자고~

D-05 밤에 쏘다니기

저녁 약속 몰아 잡고 술과 안주도 마구 끼워주기.
1차, 2차, 밤시간을 즐기자고~

D-03 방콕하기

프로젝트 관련 문서 들추다 덮고 드라마랑 영화 몰아보기.
아 출근하기 싫다고~

D-01 9PM 벼락치기

프로젝트 관련 문서 대충훑기. 첫날부터 지각하면 안 되지.
일찍 자자고~

* 대부분 입사 통보 이후 입사까지 주어진 시간은
주말 이틀에서 일주일 정도

● 을의 신성한 복수

'답정취직'이었던 내가 입사 제안을 고사한 것은 일단 그 회사가 나를 거부했던 곳이기 때문이다. 배움과 초빙이라는 단어로 탤런트와 커리어를 높여 말했으나 좋은 뜻으로 말을 하고 전했어도 결론은 탈락이었다. 두 사람을 두고 고민깨나 했다지만 결과적으로는 다른 사람을 택한 것이 사실이다. 다른 사람이 더 적합하다고 판단했다는 말은 내가 덜 적합하다고 판단했다는 말과 같았다. 최종 합격한 사람을 자리에 앉혀놓고 보니 실무 진행이 되지 않았고, 관리도 원활하지 않았다고 했다. 회사 분위기는 안 좋아졌고 합류 두어 달 만에 스스로 퇴사 의사를 밝혔다고 한다. 부서장이 없는 체제를 오래 유지해서 부서장의 존재 가치를 크게 느끼지 못했는지도 모른다. 대표와 기존 멤버 간의 유대가 돈독해 새 사람을 따듯이 품지 못했을 가능성도 있다. 자신에 대한 믿음이 커서 본인 아닌 다른 책임자를 신뢰하지 못하는 대표가 가장 큰 문제일 수도 있다. 이 세 가지는 대표와의 면접 때 받은 느낌이기도 하다.

내가 그 회사에 입사했더라도 두 달짜리 부서장과 크게 다르지 않았을지도 모른다. 무사고 베스트 드라이버도 방어운전에는 실패할 수 있으니까. 대개 회사 쪽에서는 신규 입사자가 잘 적응하기만을 바란다. 특히 부서장급의 임원이 합류할 경우 고경력에 고연령이므로 으레 잘 적응하겠지 생각한다. 새로운 곳에서 처음에는 누구나 헤매기 마련이다. 초행길인데 먼저 도착한 사람이 마중을 나와주면 좀 좋을까. 신규 입사자는 한 사람이고 기존 멤버는 다수로 조직의 문화를 만들었거나 알고 있는 사람들이니 회사 쪽에서 신규 입사자가 잘 적응할 수 있도록 더 크게 신경 쓰고 배려해주어야 한다고 생각한다. 이 말은 꼭 하고 싶었다. 채용을 진행하는 회사의 구성원이 읽고 기억해주면 좋겠다.

좁게 보면 앞의 이야기와 같은 이유에서이다. 회사 혹은 사회가 기회를 제공했으나 수락하지 않은 이유 말이다. 대표에게 기회를 주고 싶지 않아서가 더 적확하겠다. 이번에는 내가 거부하는 을이 되겠다는 것. 을의 신성한 복수라고 해도 무관하다. 그도 그럴 것이 나는 변한 게 없다. 그곳의 상황이 변했을 뿐. 넘친다던 나의 능력과 커리어가 갑작스레 그 회사의 규모와 연봉 수준에 맞게 적절해졌을 리 없다. 상황이 변하니 말이 변하고 태도가 변하는 것이다. 처음에 아니면 두번째에도 아닐 가능성이 높다. 한 번 보고 어떻게 아느냐, 한 번 실수한 것 가지고 뭘 그러냐 하겠지만 한번 아니면 아닌 것이다. 내 입장에서도 대표 입장에서도 처음에 아니었으니까 두 번은 볼 것도 없다. 서로 잘못 보고 놓친 것이면 그냥 놓치는 것이 맞다. 리쿠르팅 시장이건 연애 바닥이건 크게 다르지 않다. 재회했으나 같은 이유로 또다시 이별하게 되는 것처럼 이전에 선택하지 않은 이유는 나중에 반드시 불거지게 되어 있다. 다 그런 법이다. 그러니까 지난 인연에 연연하지 말아야 한다. 후회가 없으려면 끝까지 잡는 것도 방법일 테지만 그것도 상대가 받아주어야 가능한 일이다.

크게 보면 다음과 같은 이유에서이다. 취직할 수 있는 눈앞의 기회를 마다한 '배부름의 정체' 말이다.

- 2, 3년 후에 같은 고민을 다시 하고 싶지 않다.
- 지푸라기라도 잡고 싶은 심정으로 구직하던 때는 지났다.
- 5년, 10년 뒤 사는 모습이 달랐으면 한다.
- 열심히 살았으니 잘살아보고 싶다.
- 간절함의 속도와 방향을 바꾸었다.
- 유치하지만 나에게는 꿈이 있기 때문에.

든든하다. 배부를 만하다. 코앞의 일만 보며 살았는데 5년, 10년 뒤를 생각하다니 다 컸다. '얼마나 직장을 다닐 수 있을까.' 구직 기간 동안 가장 많이 한 생각이다. 입사를 하더라도 2, 3년 뒤에는 자의든 타의든 회사를 그만두어야 할 시점이 오지 않을까. 그럼 그때는 더 힘들어지겠지. 주위에서는 그건 그때 가서 생각하고 무조건 직장생활을 최대한 길게 해야 한다고, 그러니 일단 취직을 하라고 했다. 취업이 되면 일에 파묻혀 가장 많이 했던 고민도 잊을 것이다. 매일 회의하고 매달 돈이 들어오니 별 문제가 없다고 착각할 것이다. 나는 일, 착각에 잘 빠지는 타입이라 당장 발등의 불을 끄자고 남의 일을 하면 나중에 내 일을 하지 못할 것이 빤히 보였다.

또다시 '어떻게 하지', '뭘 해먹고 살지' 내 방 천장에 쓰고 싶지
는 않았다.

을달달한 세상

담당자 갑님은 사원

담당자 을님은 부장

갑사원은 을부장을 사원같이 부리고

을부장은 갑사원을 부장같이 모신다

그나마 갑사원, 을부장 조합이 낫다

갑님이 부장이고 을님이 사원이면 좋지 않다

을이 사원이든 부장이든 갑의 한 마디에

을 사원은 죄송한 낯으로 을 부장은 책임질 낯으로 함께 불려간다

모든 갑이 갑질을 하는 것은 아니고

모든 을이 일로 정당하지만도 않겠지만

갑이 바라는 일 그러나 못하는 일은

을이 잘하는 일 그래서 해줄 수 있는 일로

갑에게 을은 컨설팅을 해주는 전문가 혹은

갑의 목적과 가치를 함께 만들어가는 파트너이다

을은 갑에게 맞추는 일을 품으로, 갑에게 삯을 받는다

을의 품은 종종 업무를 넘어 비위 맞추기를 포함한다

모든 을은 이런 을 노릇이 달갑지 않다

전문가로, 파트너로 대우받으면 을 노릇도 달달할 것이며

을, 갑이라는 단어는 공급자와 수요자로만 구분되어 쓰일 것이다

이런 을달달한 세상이 아직도 저멀리 있는 건

비위 맞추기를 당연시하는 꼴'갑'들 때문이다

● 당분간 멱살잡이

지지리 궁상을 떨기도 싫고 우울하기도 싫다. 궁상과 우울을 전하기는 더 싫다. 그래서 랩 가사처럼 썼다. 그러니 보시는 분들도 읽지 말고 랩처럼 불러주셨으면 한다. 네, 당연히 속으로.

This is 후회의 또아리, 또아리 of 후회.
대낮에 떠오른 하지만 맨날 하는 생각.
한밤에 떠오른 하지만 대낮이랑 같은 생각.

아, 그냥 갈걸 그랬나.
집에서도 가깝고 본부장 자리이고
일단 월급이 들어오잖아.
아, 괜히 거절했나. aaaAAAA······ CCCceee······

신성한 복수한 지 얼마나 지났다고 벌써부터 후회질.
그냥 수락하고 입사하고 야근할걸.
2, 3년 후에 같은 고민을 다시 하더라도
당장 이틀 사흘만이라도 후회하지 않게,
뻔하고 짠한 직장인으로 돌아갈걸.

5년, 10년 뒤 사는 모습이 달랐으면 하는 바람은
5일, 5시간도 채 못 버티고 사라지는 걸까.
논리적이고 설득력 있는 이유로 줄 세웠다 했는데
봉인 해제된 후회 앞에 논리고 설득이고 먹히질 않아.

미래로 한 번 과거로 열 번
결심으로 한 번 좌절로 스무 번
반성으로 한 번 후회로 서른 번
퇴사 후유증이 멱살을 잡고 나를 끌고 가.

퇴사 후유증이란 과거와 미래 사이에서
부단히 부정적 감정에 휘둘리며
현실을 부정하고 싶은 마음으로 겪는 모든 것들.
가장 쉽게 드러나는 증상은 이랬다가 저랬다가.

일도 안 하는데 왜 이렇게 지쳐?
아 그래, 종일 멱살 잡혀 그래.
야근한 것 같아, 몹시 피곤해.
집에 가고 싶다. 집에 가고 싶다.
아 맞네, 집이지. 그래, 집이지⋯⋯

아프지 마요

퇴사, 이별, 바캉스, 명절

세상의 모든 후유증은 닮았다

상실과 후회를 동반한다

하지만 퇴사 전에 입사가 있었고

이별 전에 사랑이 있었으며

무기력 전에 휴가지에서의 생기가 있었고

상차림 전에 만들면서 먹는 재미가 있었다

얻은 것이 있으니 잃은 것이 있고

좋은 기억이 있으니 후회가 생기는 것이라고

덤덤하게 받아들이고 당연하게 여겨주자

후유증을 앓는 여러분~

일, 사랑, 휴가, 며느리 노릇 후

아프거나 아팠다면 당신은 순도가 높은 사람이라는 이야기예요

후유증이란 애정과 에너지를 듬뿍 쏟은 사람만이 가질 수 있는

고유한 것이니 너무 아파 말아요

후유증은 부작용도 장애도 아닌 성장통임을 잊지 말았으면 해요

● 오전의 하이힐

나는 항상 바쁘게 걸었다. 운동화, 구두, 샌들. 신발의 모양과 높이가 어떻게 바뀌든 내 걸음의 속도는 늘 빠름이었다. 너른 보폭으로 힘차게 걸으면 없는 활기도 생길 것 같았다. 걸음이 빠르다는 말 이외에도 자세가 바르다, 자신감이 넘쳐 보인다 등 좋은 말을 많이 듣는 내 걸음이 나는 좋다. 내 걸음보다 사랑한 것은 하이힐. 하이힐을 사랑하는 나는 아직도 여전히 하이힐을 신는데 그 이유는 작은 키의 극복이라기보다 '그럴싸해 보임'에 있다. 하이힐을 신으면 차려입게 되고 그에 따라 애티튜드가 달라지는 것이 좋다. 스스로에게 긴장감을 주는 장치랄까.

"오 아직도 하이힐을 신는구나."
"왜?"
"힝, 나도 구두 신고 싶다. 근데 난 못 신어."
"왜?"
"발이 아프니까. 그러니까 너는 발이 엄청 건강한 거야."
"그런가? 에이 나도 종일 신으면 아프지."
"나는 종일이 아니라 1시간도 안 돼서 발이 아프거든……."

약속 장소로 들어오는 나를 보며 언니가 말했다. 또각또각 소리

로 구두를 신은 것을 알았고 그게 나라서 놀란 눈치였다. 오래 걸
으면 아프고 조금만 걸어도 운동화보다는 불편한 하이힐을 신는
내가 언니는 신기하기도 부럽기도 한 모양이었다. 성인이 되면서
운동화보다 하이힐을 신은 날이 더 많았다. 모임이나 데이트 때 운
동화나 단화를 신고 나간 적은 손에 꼽을 정도이니. 대학생일 때
에도 12센티미터의 하이힐을 신고 다녔는데 그땐 곧 시작할 수업,
곧 떠나려는 버스와 지하철을 잡겠다고 그 구두를 신고 하루에도
몇 번을 뛰어다녔다. 대학생 때부터 지금까지 하이힐을 즐겨 신은
것이 믿기 어려울 만큼 내 발은 굳은살은 물론이고 모양과 색깔
에서 조금의 변형도 찾아볼 수가 없다. 그렇다. 나는 발이 건강한
여자이다.

취향에 건강까지 받쳐주니 구두 구매는 상습적이었다. 영국으
로 가기 전 본가로 짐을 옮길 때 스무 켤레 정도의 구두를 버렸다.
대부분 멀쩡한 놈들이었는데 말이지. 그러고도 구두는 신발장을
가득 채우고 있다. 그 구두 사랑이라는 것이 짙어지면 짙어지지
옅어지는 게 아니라서 말이다.

엄마가 청소 끝에 가끔씩 옷장이나 신발장을 열어두는 것을
보았는데 아마도 습기 제거 때문이었지 싶다. 생활의 지혜는 전무
하다시피 한 나는 청소의 날, 엄마의 장 열어두기를 따라했다. 옷
장을 연 뒤 현관으로 가 신발장을 열었다. 활짝 열린 신발장 안
하이힐은 코를 반짝이며 줄을 서 있었는데, 아, 나는 자리를 뜨지
못했다.

'앞으로 얼마나 신을까.'

노화든 병색이든 발부터 온다는 말을 들은 적이 없다. 발은 감춰져서 보이지 않는 것만큼이나 병과 병변이 자주 발생하는 신체 부위는 아닌 듯하다. 의학적 지식도 없고 의료인은 아니나 생활인으로 살다보니 그런 것 같다(틀려도 뭐라 하지 말아달라는 말씀). 그래서 저 속엣말은 아직은 건강하다는 다행의 혼잣말이자, 언젠가는 1시간도 신지 못할 만큼 발부터 피로를 느끼는 즈음이 올 것이라는 사실을 알고 있다는 불행의 혼잣말이기도 하다. 한편으로는 오전의 하이힐에 대한 그리움이기도 했다. 오전의 하이힐은 출근의 상징이며 오늘도 잘 해낼 수밖에 없다는 자부심, 거리낄 것 없는 당당함의 중무장을 의미했으므로. 한 발씩 내디디면 또각또각 소리로 존재를 알리던 하이힐, 그리고 그 위에서 높이의 긴장감을 견디며 그럴싸해 보임을 연출하던 나. 우린 제법 잘 어울리는 커플이었는데 말이지.

단화가 편하기는 하다. 하지만 그것은 발만 생각한 것이지 내 마음을 생각한 선택은 아니다. 발을 생각하면 단화나 운동화를 선택해야겠지만 마음을 생각하면 반드시 구두, 그것도 하이힐이어야 했다. 왜인지는 모르겠지만 아니 솔직히 말해서 단화를 신으면 발끝에 처지가 이입되어 털레털레 걸음걸이에서부터 잃은 자의 스멜이 풍길 것만 같았고 그래서 피하고 싶었다. 하이힐을 신은 나를 보면, 누군가는 아직도 과거에 빠져 산다고, 누군가는 여전히 지금도 변함없다고 하겠지만 누가 뭐라고 하든 어떻게 보든 분명한 것은 하이힐을 보며 슬퍼하는 건 옳지 않다는 것이다. 어차피 모두 다 늙어가고 누구나 한 번쯤 백수로 살 텐데 사회적 신분 하나 잃었다고 마음까지 낮게 임할 필요는 없으니까. 나이 들어도 마음만은 청춘, 하이힐 앞에서는 발부터 청춘이다.

오늘 저녁 약속에는 어떤 차림이 좋을까? 원피스, 청바지, 미니스커트, 수트. 옷이야 어떤 옷이든 무엇으로 정하든 그 끝은 하이힐, 답정힐이다. 올라서니 좋다. 입꼬리가 절로 올라간다. 힘들면 그때 내려오지 뭐. 허리 꼿꼿하게 펴고 착착착 앞으로 나아가게 하는 오전의 하이힐도 곧 신게 되겠지. 언제까지 하이힐을 신겠느냐는 내적 질문에는 발이 조금 아프더라도 출근을 하지 않더라도 기한 없이 가급적 하이힐을 신겠다고.

● 직장이 뭐라고

직장이 뭐긴 뭐예요, 돈벌이죠. 멋지다. 이렇게 말하는 이가 있다면 존경스럽다. 몸담고 달릴 줄만 알았지 정의 하나 쉽게 내리지 못했던 나와 비교하자니 명쾌해서 존경하고 싶다. 생계와 직결되어 놓을 수는 없으나 직장도 일종의 수단이라면 수단, 직장에 사활을 걸 필요는 없다고 말하는 것 같아 속이 시원하다. 지난날 스스로에게 이런 답을 주었다면 좋았을 것을. 아니 묻지도 않았으니 답을 줄 수가 없었지.

일과 생활이 균형을 이룰수록 삶의 만족도가 높다는 문화체육관광부 조사*가 있었다. 삶의 만족도가 높은 부문은 가족관계, 건강 의료, 자녀 양육 및 교육, 주거환경 순이었고, 일자리 소득, 사회보장복지, 자연환경과 문화 및 여가는 분야별 평균점을 밑돌았다. 삶과 관련해 가장 큰 걱정거리는 건강 의료와 일자리 소득이었다. 많은 사람들이 삶에서 만족도가 낮은 항목이자 큰 걱정거리로 일자리 소득을 꼽은 것이다.

"우리는 일과 생활의 균형에서 삶의 만족을 느낀다." 동감이라기보다 너무 당연해서 싱겁기조차 한 이 조사는 결국 워라밸이 중요

---

* 국민 삶의 질 여론조사(한국리서치. 2018). 전국 19세 이상 국민 1500명을 대상으로 진행하였고, 우리 국민 삶의 질 만족도는 10점 만점에 평균 6.4점으로 일과 생활의 균형 정도가 높다고 응답한 대상의 삶의 질 만족도(7.7점)가 높게 조사되었다.

하다는 말 한마디면 될 것이었다. 우리의 관심은 일 이외의 시간, 퇴근 후 저녁, 워크와 라이프 중 라이프에 기울어 있다. 하지만 조사 결과는 "일과 생활의 균형을 위해서는 일자리 소득이 필수이다". 즉, 일자리와 소득이 있어야 생활이 유지되고 삶의 만족도 견인할 수 있다고, 라이프를 위해서는 워크가 전제되어야 한다고 말하고 있다.

직장은 카지노의 도박이다. 느낌이 오면 모든 것을 건다. 그나마 딴 것도 모두 잃고 본전까지 말아먹고 나서야 자리에서 일어난다. 모두 잃었으므로 더 잃을 것도, 더 걸 것도 없으면서 빚을 내서다시 자리에 앉는다. 다시 만회할 수 있을 것 같아서, 이번에는 딸수 있을 것 같아서 다시 베팅을 한다. 이놈의 '같아서'가 사람을죽인다.

지금까지 인생의 산전수전은 직장에서 다 겪었다. 직장은 군대였고 국회였다. 고향, 학교 등 무엇으로든 서열 세우기를 좋아했고, 파벌과 라인이 존재하는 정치판이었다. 직장 내 연령과 위치가 높을수록 이런 쓸데없는 것을 쓸모있게 여겼다. 20여 년을 보낸 모든 직장이 이렇지는 않았다. 고작 두어 곳이었는데, 그곳에서 마주한 어르신들의 권위와 권력 부림을 자주 보고 가끔 당하면서 환멸을 크게 느끼고는 했다. 전략을 세우자니 직급으로 내리찍고 결과물을 보여주면 꼬장으로 휘저었다. 무개념 노친네들 같으니라고. 이꼴 저꼴 별꼴 다 보면서도 전략을 세우고 크리에이티브를 만들었다. 다른 대안이 없었다. 도박 중독자랑 다를 것이 없었다. 따거나 잃거나, 대부분 잃는다는 것마저도 비슷했다.

직장은 인생을 건 도박이었다. 그것도 멍청한 도박. 군대도 국회도 가본 적 없는 민간인이 잘살아보겠다고 그 전쟁 같은 정치판, 아니 개판에 그렇게도 많은 에너지를 쏟아부었는데. 친구, 동료, 성격 다 놓치고 버렸더니 내 이럴 줄 알았나. 그런데 희한한 것이 직장을 잃으니 잃는 것이 더 많아졌다. 내가 가진 것이 이렇게나 많았단 말인가. 기가 막힌다.

지긋지긋하지만 재미와 보람도 있는 것이 일과 직장이라 얻은 것도 많았다. 카피라이터, 크리에이티브 디렉터라는 내가 좋아하는 내 타이틀, 높은 연봉, 업무 능력, 멋진 동료, 괜찮은 오퍼를 받는 사회 속에서의 나. 자신감과 자존감, 당당함, 만족감과 같은 내 안의 나. 눈에 보이는 것부터 눈에 보이지 않는 것까지 많은 것을 직장에서 얻었다. 칭찬과 부러움, 질투 같은 인정까지도. 그리고 전부 잃었다.

직장을 잃으니 잃는 것이 속출한다. 일을 그만두니 일이 커진다. 워라밸의 기본은 워크와 라이프, 가치는 균형에 있으니 기본인 한 축이 사라졌는데 휘청하지 않는 것은 공식에 맞지 않는다. 7대 3, 6대 4, 5대 5로 만들며 균형을 맞춰야 하는데 0대 10이 되어버렸으니 균형이 다 무슨 말인가. 직장을 잃는다는 것이 이렇게나 큰일이었을까. 일상, 나아가서는 인생을 좌지우지, 쥐락펴락하는 직장이란 대체 무엇이기에.

머지않아 문방구 주인, 어묵집 사장이 되겠다던 지난날의 동료

둘은 40대가 되었고, 사이좋게 한 명은 기혼, 다른 한 명은 싱글인 채로 아직 둘 다 직장인으로 살고 있다. 40대 후반에 직장을 잃고 템플스테이를 떠났던 동료는 다행히 경력을 이어 50을 코앞에 두고 직장인으로 복귀했다. 누군가는 펼칠 꿈을 고이 접고 관둘 수 없는 곳이, 다른 누군가는 가능하다면 오래 다니고 싶은 꿈이 직장인가보다. 놓을 수 없는 직장인 생명 연장의 꿈, 이력보다 현역, 그들처럼 나도 가끔은 현역의 직장인이고 싶다. 일 중독인가, 직장인 중독인가, 아무튼 이 중독을 치유하는 데에는 시간이 조금 더 필요할 것 같다.

과거 직장이 뭐냐고 물었다면 생활의 전부라고 답했을 것이다. 지금은 일은 간절하지만 직장이 간절하지는 않다. 일을 직장에서만 찾은 것이 과오였고, 남의 일에 나의 인생을 오롯이 내어준 것은 착오였다. 지금의 나에게 직장은 다니면 좋고 다니지 않아도 그만인 돈벌이의 수단 정도이다. 소득은 직장에서만 나오는 것이 아니기에 직장은 인생과 맞바꿀 만큼 전부가 되지 못한다.

야근 없는 회사를 당연시하는 시대다. 많은 직장인들이 워라밸을 위해 저녁이 있는 삶으로 뛰어들고 있다. 그런데 워라밸에 간과한 것이 있다. 워크와 라이프, 엄밀히 말해 워크는 라이프 속 하나의 요소이다. 일상과 인생이 life로 혼용된 것이기도 하겠으나 과연 워크가 라이프에 대적할 만큼의 라이벌이 되는지 모르겠다. 워크와 라이프를 동등하게 놓고 균형을 논하는 우리가, 워라밸이, 워크의 힘을 은연중에 키워주는 것은 아닌가 싶다.

중간고사

문제와 시험과는 멀어진 그대에게 그러나

오지선다 객관식이 편한 그대에게 드리는 문제

직장에 대한 정의로 옳은 것은?

1) 사람들이 일정한 직업을 가지고 일하는 곳

2) 꼰대들의 왕국

3) 자아실현의 장소

4) 일하고 돈 받는 곳

5) 생활의 전부

1번을 선택한 당신은 사전적 의미로 접근했군요. 정답.

2번을 선택한 당신은 상사로 인한 스트레스가 많은가봐요. 어쩜 좋죠.

어쨌든 정답.

3번을 선택한 당신은 사회 초년생일 가능성이 높아요. 커리어에 몰두하고 있군요.

파이팅, 당분간은 정답.

4번을 선택한 당신은 내 스타일. 쿨내 진동. 지금 주어졌으니 오케이.

아님 말고의 그 정신, 높이 평가해요. 역시 정답.

5번을 선택한 당신은 위험해요. 공허해요. 이제 그만 정신 차려요. 땡! 오답.

● 이 와중에 합격 통보

할렐루야!

올 것이 왔다. 드디어 합격, 이제 다시 직장인으로 돌아가는구나. 비보도 희소식도 없이 무소식만 계속되던 나날, 후회의 똬리를틀 수 있을 만큼 틀고 있던 나에게 희소식이 날아들었다. 쥐구멍에도 볕들 날이, 빼앗긴 들에도 봄이 오고 있었다. 봄날의 썸 같은설렘이 시작되었다.

면접관이었던 회사의 대표와 고문이 동시에 낙점한 지원자는지금껏 처음이라며 함께 일했으면 좋겠다는 말을 듣고 너무나 기뻤다. 면접 때 다하지 못한 이야기가 있으니 마저 나누면 좋겠다고해서 다음 미팅을 잡기로 하고 전화를 끊었다.

통화 후 한 달이 지났다. 한 달 전 그날 끝인사를 나눌 즈음, 회사 사정상 한 달에서 석 달까지 대기를 해야 하는 상황이 있을 수도 있다는 말을 들었기에 한 달은 그렇게 넘길 수 있었다. 두 달이되어갈 무렵 슬슬 불안해졌다. 최장기간인 석 달은 넘지 않았으나상황 공유나 중간 체크가 있을 법도 한데, 아니 있어야 하는데 이건 좀 아니지 않나 하는 의문이 생기기 시작했다. 대기 기간에 대한 이야기가 나오기도 했고 급한 모습을 보이기도 싫고 해서 두달을 채우고 넘겼다.

점점 커지는 의문과 불안을 이길 수 없어 먼저 연락을 취했다.

해외출장과 휴가 등의 이유로 연락이 늦었다고, 양해를 바란다고, 복귀해서 연락을 드리겠다고 했다. 두 달이 지나 전해들은 답과 함께 나는 또 대기 상태가 되었다.

세번째 연락. 중요하고 급한 일이 생겼으니 빨리 시작해야 한다는 말에 내가 먼저 입사일을 제안했다. 일단 일 좀 하자는 마음이 컸다. 그간의 불안, 의문, 기다림은 확 줄이고 대신 가보자는 의지를 크게 키웠다. 일주일 뒤로 입사일을 정하고 계약에 관한 내용은 메일로 전달받기로 했다. 입사 전 계약 관련 내용을 메일로? 이런 경우는 직장생활을 통틀어 들어본 적도 없어서 의아했지만 '이 회사는 이런가보지. 받아보면 알겠지' 하면서 이 부분도 그냥 덮고 가기로 했다. 재고 따지고 할 것 없이 그냥 가자, 가보자는 순수한 의지 그대로.

그러나 주말 전까지 보내겠다는 계약 관련 메일은 오지 않았다. 주말까지 기다렸고 주말에도 기다렸다. 대체 이 회사는 나를 얼마나 기다리게 해야 직성이 풀리는 걸까. 좋은 게 좋은 거라고 며칠 뒤 출근에 긁어 부스럼 내지 않기 위해 참고 또 참았다. 참을 인(忍)으로 바를 정(正) 자를 몇 번을 썼던지. 인내심을 완전히 말려버린 건 주말을 넘겨 보내온 지각 이메일이 아니라 그 내용이었다. 연봉은 낮춰주기로 했으니 그렇다 쳐도 수습기간(글에도 억양이 있으면 좋으련만), 업무 내용 등 그러니까 전반적인 내용이…… 아 욕 나와.

뽑아놓고 보니 뽑을 때와는 달리 경력직도 수습기간이 적용되는 경우가 있다고 들었다. 회사 쪽에서도 위험을 감안해야 하니 경력직의 수습기간은 어쩌면 합리적일 수도 있다고 생각했다. 하지만! 두 번이나 만났잖아. 얼굴을 마주보며 몇 시간이나 이야기했잖아. 그럼 그때 말했어야지. 연봉 조정에 대해 이야기할 때도 말할 수 있었잖아!

업무 내용은 또 왜 이렇다지? 빼곡한 실무 운영부터 촘촘한 대내외 관리, 드넓은 사후 책임까지 직책만 디렉터지 대리처럼 일하고 이것저것 기획하고 운영하며 전체를 관리하고 책임도 기꺼이 져야 한다고 쓰여 있었다. 게다가 당장 나와 함께 일하게 될 멤버들과 조직 구조가 완전히 달라져 있었다. 이런 중요한 내용을 석 달이라는 시간 중에 가장 끝에, 그것도 이메일로 공유하는 행태는 도저히 이해하려야 이해할 수 없었다. 출근 이틀 앞두고 메일로…… 진짜…… 이미 너무나도 늦어버렸지만 그래도 일말의 양심과 인간의 감정이 있다면 유선으로 설명이든 변명이든 뭐라도 해야 맞지 않을까. 아니어도 이건 너무 경우가 아니잖아!

후우…… 좀처럼 찾아지지 않는 냉정을 찾으려고 애썼다. 나는 일이 필요하고 너는 손이 필요하니. 흐음, 당장 내일모레로 잡힌 외부 미팅에서 특급 소방관이 되어주어야 할까. 불편한 심기는 나중에 전하고 어찌되었건 급하고 중요한 외부 미팅만은 넘기게 해주는 게 맞겠다는 결론을 내렸다.

다음날, 첫 출근 전 아점을 만들어 먹었다. 오전 대표의 부재로 (외부 미팅을 위한) 내부 미팅 시간에 맞춰 오후에 출근해달라는 요청이 있었기 때문이다. 이제 슬슬 나갈 준비를 할 차례였다. 그러나 나는 자외선차단세조차 바르지 않은 채로 화장대 앞에 멍하니 앉아 있었다. 어젯밤 그리고 오늘 아침, 오후까지 생각하고 또 생각했다. 석 달 동안의 대기, 그 대기 시간 동안 수차례의 기다림, 첫 면접 때를 제외하고는 매번 내가 먼저 했던 연락, 정점을 찍었던 이메일의 내용까지. 삐걱거리는 곳이 한두 군데가 아니었다. 이 삐걱거림은 필히 어긋남이 될 것이라는 데 내 손모가지를 걸어도 될 만큼 앞으로의 상황이 빤히 보였다. 무엇보다 이렇게 불확실하고 신뢰를 저버린 제안을 수락하는 내가, 나에게 못할 짓을 하는 것 같았다.

30분 뒤 메일을 보냈다. 기다림과 이해는 내 몫인 것만 같아 안타깝지만 상황을 이해하려 했다고. 이해는 해보겠지만 함께 일하기는 어렵겠다고, 건승하라고. 이렇게 나에게 미안할 뻔했던 상황을 넘겼다.

이후에도 두어 번의 면접을 보았다. 직원들의 능력보다 인성을 본다는 대표는 일이 많아져서 직원들이 야근하는 모습을 보고 싶다는 망발을 해서 패싱당했다. 가족 같은 분위기를 강조하던 또다른 대표는 바쁜 일정으로 길에서 나를 픽업한 뒤 단골인 카페로 이동해 이야기를 나누려고 했으나 몹시 바쁘신 탓에 대화의 맥은 잦은 통화로 뚝뚝 끊겼다. 대단히 바쁘신 이 대표는 클라이언트와의 미팅이 있다며 나를 또 차에 태웠고 가는 동안 이야기를 나누자더니 또 걸려온 클라이언트 전화에 한참을 웃고 떠들어댔다. 전화를 끊은 뒤에는 통화의 대상이 어떤 브랜드의 옷을 입는지, 얼마나 럭셔리한지 입담 좋은 예능 패널이 되어 수다를 떠느라 지금 내 앞의 본분인 면접관으로 돌아오지 못했다. 친한 사이에도 중간중간 끊어지는 수다와 몰이당하듯 쫓기는 이동은 별로인데, 이 면접 같지도 않은 면접의 어수선함은 별로 중의 별로였다. 저녁 즈음 도착한 문자에 답하지 않음으로써 거절의 의사를 전했다. 그러니까 직원의 인성을 중요시하는 대표는 인성이 좋아 보이지 않았고, 가족 같은 분위기를 자랑하는 대표와는 가족 같은 분위기로 얽히고 싶지 않았다. 희한하게도 직원들에게 바라는 점이라며 강조하던 부분을 대표 스스로가 회사의 대표선수가 되어 말아먹고 있는 격이었다. 오너십을 가진 좋은 인재, 직원의 자격을 논하기 전에 오너 자신의 오너십부터 진단해야 하지 않나 생각한다.

18병

좋아도 티내지 말고

싫어도 티내지 마라

감정 드러내면 별로 안 좋아

좋은 게 좋은 거니까 그냥 넘겨

싫어도 별수없잖아 그러려니 해

절대 안 바뀌니까 그냥 도 닦는다 생각해

좋아도 참고 싫어도 참고

욕보여도 참고 불편해도 참고

이렇게 참으니 직장인의 18병은 스트레스

이슬맞으며
초섬닦으며
그렇게 또..

어라이 18병!

● 오늘부로 직장인, 은퇴하겠습니다

직장생활을 하다보면 삼퇴(三退)를 마주하게 된다. 사퇴(퇴사), 명퇴, 은퇴. 자의와 타의가 섞여 있는 것처럼 보여도 대부분은 타의에 의한 것들이다. 이런, 퉤퉤퉤! 자의로 직장을 그만둔다는 명예퇴직조차도 강요에 의한 떠밀림인 경우가 많다. 사전적 의미와는 다르게 명예퇴직은 정년이 아니어도, 징계 없이도 강요되기도 한다. 신청자를 받아 명예퇴직을 진행하는 경우도 더러 있다. 명예는 꿈꾼 적도 없고 퇴직은 생각지도 못했는데 명예퇴직이라니, 명예롭지 못한 것이 명예퇴직인가보다. 명예퇴직에서의 명예는 대체 어디에서 온 것인지, 누구를 위한 것인지. '이상과 현실에 괴리가 있'는 정도가 아니라 '대단히 다르다'고 해야 맞을 듯하다.

쎄빠지게 일은 내가 하고 퇴사 통보는 남이 한다. 타의적 사퇴는 받아들이기 어렵다. 어쩔 수 없는 조직의 선택이라고 해도(과연 어쩔 수 없었을까) 타의로 인한 퇴직은 억울함, 서운함, 씁쓸함, 나아가 사회에서 쓸모없는 인간이 된 것 같은 기분을 느끼게 하므로 일생일대의 타격을 받는다. 갈 때까지 가보고 할 때까지 해보는 직장생활에 인생의 3분의 1을 바친다. 길어진 인생 탓에 3분의 1은 3분의 2가 되었다. 우리의 인생은 직장이라는 틀에 갇힌 노동으로 점철되어간다. 행복하기 위해 돈을 벌고 돈을 벌기 위해 직장에서 일하며 직장에서 일하기 위해 눈뜨고 잠든다. 행복하기를 바랐는데 불행만 하지 않기를 바라며 혹은 불행이 더 큰 불행이 아니기를 바라며 24시간을 버틴다. 기형적 사회구조에 맞추어 우리의 인생이 기형적으로 변해가나보다.

돌아보니 나는 입사 제의를 수락하고 암묵적 퇴사 권고에 수긍하며 살아왔다. 직장인으로서의 내가 지금까지 내 인생의 전부였다. 그러던 내가 자의로 입사를 거부했다. 입사 거부가 뭐 그렇게 큰일인가 싶겠지만 직장밖에 모르고 산 고경력, 100세 시대의 공포까지 떠안은 대한민국 중년에게는 대단히 큰일이다. 어떻게든 이루어야 할 직장생활 연장의 꿈을 스스로 접었으니 말이다. 미친 것 같지만 비로소 진짜 내 인생을 찾은 느낌이다. 처음부터 내 인생이었는데 마흔이 넘어 내 인생과 내가 상봉한 것 같다.

연예인, 정치인, 운동선수에게 은퇴라는 단어는 흔히 쓰인다. 대중에게 얼굴이 알려진 이들의 은퇴는 선언이나 식의 형태로 미디어를 통해 알려진다. 더이상 자신의 일을 하지 않겠다는 본인의 의지와 그간의 수고와 행적을 기념해주는 타인의 마음이 만난 은퇴식은 눈물과 카메라 플래시, 축포와 박수로 채워지는 숙연하고도 감개무량한 자리이다.

월급쟁이 회사원의 은퇴는 어떠한가. 은퇴 선언, 은퇴식이라는 것이 있기나 한가? 자발적이지 않아서 없고 존경과 존중할 사람이 없어서 없고 누군가의 은퇴보다 나의 자리보전이 더 중요해서 없다. 조금이라도 더 일해야 할 판국에 은퇴라니, 은퇴라는 단어는 직장에서 쓰는 말이 아닌 것만 같다. 일터를 떠나고 싶어 떠난 사람이 과연 몇 명이나 될까. 떠나라니까 떠난 사람, 떠날 사람들만 있을 뿐이다. 유명인이나 직장인이나 직업인으로서의 노고는 크게 다르지 않으니 직장인의 은퇴도 잘 챙겨줘야 하는데 말이다.

퇴사는 네 맘대로 했으나 은퇴는 내 멋대로 하겠다. "그동안 수고하셨습니다", "그래, 잘 지내"로 오가는 짧은 인사 대신 마음속 현수막을 내걸겠다. 꾹꾹 눌러 담은 밥 한 공기처럼 직장인으로서 느꼈던 희로애락을 똘똘 뭉쳐 깊이 간직하련다. 그리고 직장인으로 보낸 세월에 정중히 한마디 하고자 한다.

"할 만큼 했습니다.

이쯤에서 직장인으로서의 삶을 마치려 합니다.

오늘부로 직장인, 은퇴하겠습니다.

그동안 나는 수고했습니다."

PART III
백수생활 절찬 영업중

달콤하기도 쏩쓸하기도 한

무소속으로 산다는 건

● 월요병이 뭐예요

〈월요일이 사라졌다What Happened to Monday?〉라는 제목을 들었을 때 직장인에 관한 영화인 줄 알았다. 월요일이 사라지면서 워커홀릭이 겪는 내외적 공백을 담은 일본풍의 영화. 월요일이 사라지니 병이 감쪽같이 나았고 그러므로 월요병은 증상이 아니라 바이러스였다는 사실. 하여 월요일 실종이 전 세계로 확산된다는 넷플릭스식의 진짜인 듯 가짜 같은 이야기.

극중 월요일은 일곱 쌍둥이 중 첫째인 먼데이, 즉 월요일이라는 이름의 주인공을 말한다. 그래서 이 영화에서 월요일은 요일보다 주인공의 이름으로 더 많이 불렸는데, 1가구 1자녀라는 엄격한 국가법에 따라 일곱 쌍둥이는 생명을 부지하기 위해 자신의 이름과 같은 요일에만 집밖으로 나갔다. 월요일에는 월요일, 화요일에는 화요일과 같은 식으로. 사람7부제라니 기발한 발상이다. 마스크 5부제도 겪었는데 사람7부제가 대수일까. 일주일에 한 번 일한다니 고용인은 두 손 들어 환영할 일이지만 고용주는 쌍심지 켤 일일 수도 있겠다. 어쩌면 쉽보다 돈이 우선이라 고용인이 나부터 일 좀 시켜달라고 두 손을 흔들 일일지도 모르겠다.

아무튼 영화 〈월요일이 사라졌다〉는 요일이 아니라 사람이 사라진 것, 집 나간 월요일의 행방을 쫓아가는 이야기이다. 영화는 월요일이라는 사람이 사라졌다지만 영화 제목을 처음 들었을 때처럼 진짜 월요일이 사라지면 어떻게 될까 상상해보았다.

하루가 사라지면 서운하고 걱정될 일이다. 하루만큼의 시간이 없어진 것이 되니까. 그런데 묘한 것이 월요일이 사라졌다고 가정해보니 그다지 서운하지가 않다. 당장 오늘이 월요일 아침이라면 출근을 해야 하고, 당장은 아니라도 오늘이 일요일이라면 내일이 월요일이라는 사실에 한숨부터 나올 게 분명하다. 바빴거나 심심했거나 일요일의 허리에서부터 말이다.

월요일은 다른 어떤 요일보다 숨막히는 날이다. 도로는 아침저녁으로 왜 그렇게 막히고, 지상으로 지하로 사람들은 왜 또 그렇게 쏟아지는지. 출근과 동시에 나를 기다리는 일들은 또 어떤가. 서로 처리해달라고 아우성이다. 메일 보관함이, 주간회의가, 클라이언트 미팅이, 급기야 철칙을 위배하는 월요일 야근이 기다리고 있다. 일주일의 첫머리를 야근으로 시작하면 한 주 내내 야근이라는 불안한 예감이 또 사실이 될까봐 월요일만큼은 야근을 안 하겠다 굳게 다짐했건만, 즐겁지 않은 일들이 줄줄이 기다리고 있으니 월요일이 기다려질 리 없다. 이러니 출근하자마자 집에 가고 싶을 수밖에. 출근하자마자가 아니라 출근하면서, 출근하면서가 아니라 집을 나서면서, 집을 나서면서가 아니라 눈을 뜨면서 이미 집인데도 계속 집이기를 바라는 마음이 한가득이다. 이쯤 되면 월요일은 먼데이로 쓰고 극혐데이로 읽어야 할는지. 월요일이 사라졌다고 하면 슬프기보다 기쁜 일, 섭섭하기보다 시원한 일일 것 같았다.

기쁘고 시원한 일은 아무에게나 주어지지 않는다. 선택받은 자에게만 주어지는 축복이다. 나는 이 기쁘고 시원한 일을 즐기는 행운아가 되었다. 백수생활이 시작되었기 때문이다. 백수라서 행복한, 백수의 맛은 월요일에 정점을 찍는다. 뭐니뭐니해도 백수의 맛 중 최고는 월요일 아침의 늦잠이다. 늦잠에 대해 거짓말할 필요가 없다는 것이 두번째 맛.

"차가 밀려서……."
"몸이 안 좋아서……."
"집에 일이 있어서……."

직장을 다니면서 가장 많이 한 거짓말 중 이 세 가지를 뺄 수가 없다. 이 거짓말을 한 번도 안 한 사람은 단 한 명도 없다고 백 퍼센트 확신한다. 물론 "내가 이 회사 때려치우고 만다!"의 아성을 뛰어넘을 수는 없겠으나 상사 앞에서는 하지 못하는 거짓말이니 뺐다.

말꼬리를 흐리는 TOP3의 거짓말 뒤에는 "…때문에 늦었습니다. 죄송합니다"가 철썩 들러붙는다. 지각을 무마하려고 억지 이유를 찾아 붙이는 것은 아무래도 어색하다. 늦잠, 늦은 출근, 그래 늦는 것은 좋지 않다. 거짓말하기 전에 아예 늦지를 말자. 그러나 지각과 결근을 은폐하기 위한 거짓말이 한편으로는 이해가 간다. 직장을 다니다보면 그럴 때가 있다. 출근시간이 늦었으나 서두르고 싶지 않고 사무실로 가야 하나 가고 싶지 않은 기분이 온몸을 휘감을 때. 그 기분이 기분으로 그치지 않고 뭔가 결심하게 할 때. 바로 이때 일부러 거짓말을 하게 된다. 그도 그럴 것이 일하고 싶지 않은 기분이 지속되고 그 기분으로 억지로 일하게 되면 병이 되기 때문이다. 그리하여 멀쩡한 몸 놔두고, 평온한 집 놔두고 지각하고 결근하는 것은 회사와 월요일이 만나면 월요병이 되니 스스로 제 몸을 지키고자 거짓말을 하는 것이다!라고 우겨본다.

그냥 지각, 그냥 결근과 고의적인 지각이나 결근은 완전히 다르다. 전자는 어쩌다보니 그런 것이고 후자는 마음먹고 그러겠다는 것이다. 회사 입장에서는 지각도 결근도 달가운 일은 아니겠지만 직원의 입장에서는 지각과 결근에 '고의'를 붙이면 아주 달콤한 일이 된다. 고의적 지각, 고의적 결근. 의도적으로 늦고, 나가지 않겠다는 의지의 발현이므로. 작정하고 일 안 하기라니, 달콤하다 달콤해.

세상에서 가장 달콤한 것은 연인의 입맞춤도 아니고 이탈리아 초콜릿도 아니다. 바로 월요일 아침 출근 안 하기이다. 이것이 온 직장인이 부러워하는 백수의 참맛, 백수생활 최고의 맛. 지겨울 만한 다섯 번의 출근 끝에 오는 즐거움이 주말이라면 지루할 만한 백수생활 끝에 오는 즐거움은 바로 매주 월요일 아침, 늦잠이다.

가장 무서운 말

아직은 이별 아닌데 그에게 들은

"사랑했었다."

1도 관심 없는 그녀에게 들은

"라면 먹고 갈래요?"

심심했거나 즐거웠거나

어쨌거나 일요일에 들은

"내일 월요일이에요."

● 폰생폰사

백수가 되면 줄어드는 것은 돈이요, 늘어나는 것은 시간이라고
했다. 그래서 허리띠 졸라매면 쏠쏠이 줄어들 줄 알았고, 종일 늘
어져 있어 바쁠 일 없을 줄 알았더니 천만의 말씀. 벌이는 없어도
욕구는 도마 위 활어처럼 펄떡펄떡 살아 숨쉬므로 보고 싶은 것,
먹고 싶은 것, 사고 싶은 것은 결코 줄지 않는다. 마음 가는 대로
보고 먹고 사는 자유와 호사를 누려본다. 백수기의 초반부니 좀
그래도 될 것 같아서. 본부장이 되기 전까지 근 15년 동안 공백기
는 IMF로 인해 전직하던 3개월이 전부였으니 좀 하고 싶은 대로
해도 되지 않겠냐며. 백수시대 개막, 그랜드오픈을 해보자. 인도에
가서 요가를 배워볼까. 이사를 했으니 감성 돋는 인테리어로 집도
꾸며야지. 방송댄스, 드럼, 쿠킹 클래스…… 다 배워볼 거야. 그러
니까 백수는 이전과 다른 하루를 살겠다는 의지로 (적어도 초반만
큼은) 직장인만큼 바쁘다. 그동안 일 외의 라이프스타일은 갖지 못
해 메말랐던 내 일상에 촉촉한 만회라도 하겠다는 듯, 생활을 재
정비하느라 의식주 전반에 할 것이 많아 바쁜 것이다.

의식주에 관한 구매는 끝이 없지만 그만할 때가 온다. 돈이 나
가니까. 할 만큼 보고 먹고 사고 꾸미면, 알아서 '여기까지'라고 브
레이크가 걸린다. 지출은 돈만큼 시간을 요한다. 갖기 전에는 알아
보고 재느라, 갖고 난 뒤에는 해보고 평가하느라 시간이 필요하다.

지출이 멈췄으니 시간이 늘어나는 게 당연한 듯하다. 안 그래도 백수라 이미 확보된 시간에 지출 중단으로 제자리로 돌아온 시간까지 합치니 시간 부자가 된 것이다. 늘어난 시간에 이제는 안 바쁘겠다 싶었더니, 천만의 말씀 2.

백수로 살기 시작하면서 몸의 특정 부위가 엄청 발달했다. 이 두 손이 얼마나 속도전을 치르는지 당신은 모르실 거다. 기생수처럼 손의 감각과 인지가 몹시 향상되었다. 내 몸의 기생수가 아니라 내 손의 기생신이 된 것 같은 느낌마저 든다. 손이 가는 곳에 눈이 가고 몸이 간다. 손이 나를 쥐락펴락한다. 손이 가는 곳이 폰이라 눈은 빠르게 몸은 꼼짝하지 않게 만든다는 것이 함정.

하릴없는 백수를 매일 빼곡하게 바쁜 일정으로 몰아넣는 것은 손, 그 안의 폰이다. 눈, 손(엄밀히 말해 손가락)의 속도가 빨라지고 뇌와 발은 빠름을 잊어간다. 아침에 잡았던 폰은 점심, 저녁에도 손에서 떨어지질 않았다. 폰으로 하루가 시작되고 날이 저물었다. 밖이 어둑해져도 별 느낌이 없었다. 종일 꼼짝하지 않고 폰만 보면서 하루, 이틀이 갔다. 시간의 흐름을 인지하지 못하는 상태에서 며칠이 훅 지나갔고 덜컥 겁이 났다. 폰만 쥐고 하루를 보낼 수 있다는 사실이 놀랍고 무서웠다. 물 없이는 살아도 폰 없이는 못 살 것만 같이 살고 있었다. 폰생폰사 그 자체였다. (폰생폰사, 폼에 살고 폼에 죽는다 노래했던 젝스키스가 폰생폰사, 폰으로 사는 나보다 폼이 나긴 나는 것 같다.)

예전에는 노트북을 열지 않으면 정보 검색조차 시원치 않았는데 이제 폰만 있으면 안 되는 게 없다. 완벽히 예속된 나를 보며 폰의 통제력과 실행력에 놀란다. 전화를 하고 사진을 찍던 폰은 이제 엽떡을 배달시켜주고 택시를 불러주고 호텔까지 예약해준다. 폰 너 이 녀석, 스마트하게 잘 커주었구나. 네 녀석 몸값이 100만 원을 훌쩍 넘는 데에는 다 이유가 있는 거었어.

손안에서 모든 것이 이루어지니 편하다. 물어보면 답을 주고 심심하면 재미를 준다. 슬프고 싶을 때는 슬픔을, 웃고 싶을 때는 웃음을 주니 감정까지 묻고 구할 수 있게 해준다. 이러니 빠져들고 중독될 수밖에. 백수가 되면 빠름과 바쁨에서 멀어져 늘어지고 게을러질 것만 같았는데, 느낌은 맞았다. 오직 한군데, 손안을 빼고. 손안에서는 그 어떤 때보다 눈을 뗄 수 없는 빠름과 바쁨이 이루어지고 있었다.

아이러니하게도 백수가 되고 나서 한층 더 디지털스러운 일상이 펼쳐졌다. 오전에는 페이스북, 하루종일 카카오톡, 저녁에는 유튜브, 자정 무렵에는 인스타그램. 하루를 SNS가 빼곡히 채운다. 페이스북은 여전히 자기 개발이나 업계 정보 같은 것들, 카카오톡은 허허실실한 대화들, 유튜브는 명강의나 뮤직비디오, 인스타그램은 주루룩 나열된 피드만 보아도 자정이 넘어버린다. 영상과 이미지에 푹 빠져 스크롤을 하다보면 새벽 3시도 우습다. 지금 이걸 꼭 봐야만 하는 미션도, 안 보면 안 될 것 같은 관심도 딱히 없는데 말이다. 킬링 타임인지 타임 킬러인지, 닭이 먼저인지 달걀이 먼저인지 알 수 없는 폰과 나, 이 관계의 관계, 흐름의 흐름…… 이

질긴 관계와 흐름은 폰이 얼굴을 내리찍은 후에야 끝이 난다. 그렇게 얻어맞고, 화들짝 놀랐다가, 스르르 잠든다. 언제 잠든지도 모른 채. 그렇게 오늘 하루도 순삭 디지털라이프.

폼남폼녀

제아무리 멋진 사람도 폰에 너무 열중하면 폼이 안 나더라고

폰 보고 킥킥 어깨 들썩이며 웃거나

그 소리가 밖으로 새어나오면 더

마하의 속도로 타닥, 타다다닥 텍스팅하는 거는 진짜 별로

요즘에는 폰이 아니라 책을 보고 있으면 그게 그렇게 좋아 보이더라

책이 그럴싸한 게 아니라, 남들 다 하는 거 안 하고 제 일 하는 게,

중독성 강한 폰을 멀리하는 게 클래식한 멋이 흐른다고나 할까

그런 사람이라면 나름의 철학도 여유도 있을 것 같거든

책을 챙겨 나와도 폰을 보게 되는,

책을 읽다가도 얼마 지나지 않아 다시 폰을 보는 내가 보기엔 그래

스몸비* 속에서 멋도 폼도 제대로인 사람들이야말로

멋진 남자, 멋진 여자, 이 시대의 폼남폼녀가 아닐까

---

* 스몸비: 스마트폰을 들여다보며 길을 걷는 사람들로 스마트폰(smart phone)과 좀비
(zombie)의 합성어.

● 비공식 N잡러

사회생활 20여 년 동안 여덟 개의 직업을 가졌다. 광고업계에서 비롯된 것이 그중 다섯으로 가장 많다. 하나의 직업으로는 살 수 없는, 끝나지 않는 긴 인생이라 사는 동안 적어도 서넛의 직업을 갖는 게 자연스러워졌으니, 오오, 나는 시대를 앞서갔던 것인가!

이런 시대의 부름에 또 앞장서겠다는 것은 아니나 일을 쉬니 일이 하고 싶어진다. 그래 일을 해야겠다.

취직을 하겠다고? 취직했다고? 그럴 리가.

그럴 뻔했지만 그리 되지 않았으니 적어도 아직은 NO.

백수생활 영업 조기 종영은커녕 절찬 영업중이니 역시나 NO.

취직도 알바도 아니라니까 그럼 백수가 일은 무슨 일이냐며 묻는다. 이것은 철저한 백수 비하 발언. 직장에서 하는 일만 일인가, 직장이 '일'이라는 단어의 독점 사용권을 획득한 것도 아닌데. 직장에서의 일 이외에도 세상에는 다양한 일이라는 게 존재한다. 해도 끝이 없고 티도 잘 안 나는 집안일도 일이요, 머릿속을 채우고 굴리는 공부도 일, 일주일 끼니를 위해 장바구니를 채우는 일도 일이라면 일인 것이다.

지금 나의 일이란 바로 "안 해서 그렇지 내가 하면 또 잘하잖아"

의 영역에 있는 일. 그 일들을 하나씩 시도하면서 조금씩 확장하는 중이다. 쭉 안 해온 일을 단번에 뚝딱 잘해내기란 쉽지 않다. 하지만 센스가 있으면 해보지 않은 일이라도 망치는 정도는 아니라서 "처음치고는 나쁘지 않은데"라는 소리쯤은 들을 수 있다. 서당개 3년이면 풍월을 읊는다고 어깨너머로 배운 것들은 대충 흉내낼 수 있게 되어 있다.

늦잠을 자고 일어난 주말 점심 식탁에서 훈수를 두는 일은 내 십팔번이었다. 뭔가 빠진 것 같다, 짜다, 퍽퍽하다, 양념이 과하다, 요거는 나쁘지 않고 조거는 엄지척 등등. 잘 해먹이고 싶어서 서둘러 차려냈더니 잔소리나 해대고. 평생 시어머니 역할은 해본적도 없고 며느리 역할은 일찌감치 졸업한 엄마는 시어머니 역할에 몰입한 딸년 덕에 별안간 며느리가 되어 주말 식탁 고부갈등의 주인공으로 소환되었다. 그때는 평가하는 입만 있어서 요리하는 고충을 알지 못했다.

식탁의 훈수는 입뿐 아니라 혀끝이 야물다는 뜻이기도 했다. 간만 봤다 하면 장금이가 되어 빈 맛의 원인을 찾고 맛의 공백을 채웠으니 어마마마께서도 그제야 웃으시며 "이제 되었다" 하셨다. 식당에서 나오는 브로콜리와 초장 덕에 그 둘이 단짝인 줄로만 알았던 엄마에게 외국식 재료는 외국스럽게 대해야 한다며 버터에 구워내었더니 식감도 맛도 새롭고 좋다며 재미 반, 맛 반으로 드셨던 에피소드는 나의 훈수가 밉살스럽기는 하나 들을 만한 것임을 증명해냈다. 그렇게 삐쭉대던 고부갈등은 깔깔거리는 모녀

상봉으로 빠져나오곤 했다.

입맛 까다롭고 혀끝 야물어 내가 하면 또 잘할 것 같아 요리를 하기 시작했다. 삼시 세 끼 내가 지은 밥과 반찬으로 건강하게 먹는 일은 바라던 바이기도 했다. 백수생활 절찬 영업중에 이런 일을 안 하면 뭘 한단 말인가. 일요일의 짜파게티 요리사가 아닌 매 끼니 직접 만들어 먹는 7일의 셰프가 되었다. 한식, 양식, 일식, 차리다보면 술상인지 밥상인지 모호했으나 내가 나를 먹이는 행위는 생각보다 의미 있었다. 나를 소중히 여긴다는 느낌이 들었는데 이 느낌은 끼니에서 생활로 이어져 그 범위가 넓어졌다.

밥을 먹고 나서 주로 커피를 마시지만 내가 차린 내 밥을 먹은 뒤에는 전통차를 마셨다. 국산 식재료로 짜지 않게, 반찬은 빨강보다 초록으로, 흰쌀 대신 현미를 먹으면서 마무리로 커피를 마시는 건 어딘가 부자연스러워서 도라지대추차나 유자생강차를 달여 마시기 시작한 것이다. 물론 커피도 마셨다. 커피의 향은 심신 케어의 역할이 크므로 끊거나 대체될 수 없다(기보다 커피와 빵, 이 황홀한 우주최강조합을 피할 길 없고, 금빵은 있을 수도 없는 일이라, 빵이 있는 한 커피는 끊을 수 없다).

따끈한 차와 함께 글 쓸 준비를 한다. 요리사에서 작가로 바통 터치를 하는 순간이다. 몇 줄을 쓰다 멍 때리고 멍 때리다 몇 줄을 다시 쓴다. 멍 때리기는 가끔 저 먼 곳으로 나를 데리고 가는데 이럴 때는 작가이면서 몽상가가 된다. 고급지게 액자소설, 저렴하게 알까기의 순간. 터무니없든 말든 아름다운 이상을 한껏 유영하다가 돌아온다. 얼토당토않은 몽상 끝에 생각을 정리해서 글로 녹이거나 녹이지 못한 것이라면 피식 웃고 치워버린다. 몽상의 끝으로부터 글과 하루가 정리되고 마무리된다.

이렇게 요리사, 작가, 몽상가로 살다가 글로 정리하면서 하루를 순환시키고 기름칠한다. 내 생활 안에서 나에게 잘 먹히는 일을 하고 또 종목을 바꾸어가면서 백수이나 건달스럽지 않게 몹시도 무해한 하루를 보낸다. 심심할 새 없고 우울할 겨를이 없다. 하고 싶은 일을 하고 스스로를 챙기는 일, 백수만이 가질 수 있는 여유이자 특권이다. 지금이 아니면 즐길 수 없으니 여유도 특권도 제대로 누려보련다. 캠페인 디렉터로 1일 1직업, 백만 가지 일을 하는 것보다 요리사, 작가, 몽상가 그리고 정리(전문)가로 1일 4직업, 직업당 한 가지 일에 집중하면서 다채롭게 산다. 지금 이대로 좋다. 백수라서 좋다.

물 만난 백수

백수는 돈 한 푼 없이 빈둥거리며 놀고먹는 건달

직업이 없어 돈을 벌지 않고 집에서 빈둥거리는 사람

건달은 하는 일 없이 빈둥빈둥 놀거나 게으름을 부리는 짓,

또는 그런 사람

아무것도 가진 것 없이 난봉을 부리고 돌아다니는 사람

백수의 정의는 건달로 끝을 맺었다

건달의 정의는 난봉을 품고 있다

막 바쁘지는 않지만 딱히 빈둥거리지도 않는데

빈둥거리고 게으름을 부려도 난봉은 부리지 않는데

그럼 백수는 건달인가, 한량인가?

건달도 한량도 별로

제대로 즐기고 있으니 물 만난 백수

깊이감도 더해가니 물오른 백수라 불러주세요

● 사회적 거리두기

집순이로도 얼마든지 다채로운 생활을 할 수 있지만 집안 구석구석을 돌자니(로봇 청소기가 아닙니다만) 세상 돌아가는 게 궁금해졌다. 뉴스로 보는 세상살이 말고 가까운 곳에서 사람도 보고 햇살도 맞는 세상 구경 말이다. 그래서 밖으로 나갔다. 테이크아웃 커피를 손에 들고 공원도 걷고 광합성도 하며 대낮의 여유를 가져보는 것도 좋지 않을까 싶어서. 집에만 있자니 침대와 냉장고의 유혹으로 눕고 먹다보면 금세 돼지꼴을 못 면할 것 같아서 더.

커피, 공원, 광합성 이 삼합을 종종 가졌다. 이후 책도 끼워넣어 여유를 더 짱짱하게 누렸다. 책을 읽고 커피를 마시고 앉았다 누웠다, 초록 나무로 둘러싸인 정자 밖으로 손을 내밀어 햇살을 받아내면 빗물과는 또다른 느낌이 들었다. 닿는 것, 보이는 것이 없는 것 같아도 따듯한 햇볕이 손바닥에 닿고 가녀린 바람이 손가락 사이를 빠져나갔다. 유유자적이라는 말이 절로 떠오르는 한낮의 공원이었다.

공원은 크기에 비해 정자가 꽤 많았다. 대략 열두어 개 정도였고 할머니 할아버지가 차지하고 있어서 빈 정자는 없었다. 고르고 골라 앉은 곳은 할머니 그룹의 정자였다. 나도 구민, 할머니들도 구민. 굳이 그럴 이유 없었는데 "저, 앉아도 될까요?"라고 말하고야 말게 하는 군집효과. 정자의 한쪽 귀퉁이에 자리를 잡고 예닐곱의 할머니와 함께 정자의 일원이 되었다. "저, 좀 누워도 될까요?" 두 번째 질문인데도 처음보다 훨씬 더 뻘쭘하게 건넸다. 왜 허락을 구해야 하는지 모르겠지만 어른들 앞에서 눕는 건 안 될 짓이라 배운 탓에 나도 모르게 그만.

할머니들께 과일도 받아먹고 전국노래자랑 출연자 이야기 끝에 누가 먼저랄 것 없이 시작된 트로트 합창도 얻어들었다. 대낮부터 술에 취해 시비로 여기저기를 들쑤시다 급기야 할머니 그룹의 정자에 다다르자 침까지 뱉어대던 시커먼 아저씨를 함께 욕할 수 있었던 것은 어쩌면 할머니들께 받고 얻은 후라 할머니 편에서 그래도 될 것 같은, 아군의 느낌이 들어서였을지도 모르겠다. 햇볕이 한풀 꺾일 즈음 자리에서 일어났다. 아, 이런 게 행복이구나.

이른 아침과 저녁, 주말을 피해 다니는 것은 새로웠다. 집에서 지하철까지 이외의 동선은 취할 필요도 알 필요도 없었는데, 지하철 반대 방향으로 가보기도 하고 고개를 돌려 눈에 들어온 골목을 모험하듯 들어가보기도 했다. 일상이 새로울 수 있는 것은 발견 때문이 아닐까. 누군가에게는 더이상 새로울 것 없는, 늘 같은 자리의 변함없는 것들이라고 해도 아직 가서 보지 못한 이에게는 낯선 새로움으로 남겨져 있어 산책과 여행은 의미가 있는 것이겠지. 화초와 수공예품이 편안한 분위기를 자아내는 아담한 카페, 없는 것 빼고 다 있는 동네 마트, 잘 안 될 수도 있다고 하지만 완벽의 결과를 내놓는 솜씨 좋은 수선집, 미스터리에 가깝도록 사시사철 찰토마토만 파는 과일 트럭, 걸어서 20, 30분 거리이지만 건지 않으면 몰랐을 낯선 풍경이 새롭다. 어제와 다른 동선에서 다른 것을 보고 느끼며 시간을 다르게 쓰는 나를 경험하는 일이 무엇보다 재미있다.

낮에 다니니까 좋았다. 어디든 뭐든 널널한 것이 덜 바쁘고 복잡하지 않아서 좋았다. 그래서 유직자와 무직자가 만나는 시간은 유직자의 점심시간이 되었다. 짧고 바쁜 만남이기는 했지만 점심이 저녁보다 나았다. 저녁 약속에 맞춰 나가면 어떻게든 퇴근시간 인파에 섞일 수밖에 없었고, 그 탓에 만나기 전부터 너무 피곤했기 때문이다. 같은 이유로 9시에서 10시 오전 약속과 예약은 내쪽에서는 먼저 잡지 않았다. 백수가 굳이 출퇴근시간에 왜 움직이겠냐고.

백화점의 주중 낮은 주말과는 많이 달랐다. 지갑은 두둑해도 월차를 내지 않고서야 갈 수 없던 곳이 백화점이었는데. 백화점을 별로 좋아하지는 않지만 주중 한낮의 백화점 나들이는 할 만했다. 사람이 적으니 천천히 보기도 좋았고 무엇보다 대기하지 않아도 되어 좋았다. 팔자 좋은 여인네들 많네, 속엣말을 하고 나니 나도 그렇게 보일 수 있겠다 싶었다. 뭐 그런 시선도 나쁘지는 않지.

좋은 기분만 있으면 밋밋할까봐 꼭 불편한 일이 끼어들어 나쁜 기분을 만들어준다. "아이가 몇 살이에요?"라든지 "신랑 챙겨주세요"라든지. 최악의 "어머니~"라든지. 친절함이라는 단어 뒤에 숨어 불쾌를 조장하는 점원들의 망언, 그 망언의 향연. 난 어머니가 아니고 애도 없고 신랑도 없거든요? 아, 엄마 보고 싶어.

"동안이잖아, 언니 나이로는 절대 안 보이지."

"야근중이면 미안. 그치만 지금 좀 들어야 해서, 내가 몇 살로 보이냐?" 야근이 아니어도 육아에 바쁠 후배에게 불쑥 뜬금없는 질문을 하고야 만다.

"백화점 점원은 그냥 생각 없이 한 말일 거야.""주중 낮에 다니니까 유부녀, 애 엄마로 생각했나봐." 탈탈 듣고 또 들어도 기분이 개운치 않았다. 아, 별로야.

친근함이라는 무례함이 대낮 나들이의 코털을 건드렸다. 누가 그렇게까지 친한 척 밀고 들어오래, 난 허락한 적 없는데. 초면의 개인적인 질문은 절대 친절함이 될 수 없다. 친절은 착각일 뿐 정반대의 무례와 불쾌로 전달된다는 걸 왜 모르는 걸까. 친절하기만 해도 되는데, 친근까지는 바라지도 않는데 잘 알지도 못하면서 어디서 친한 척.

집밖으로 나온 백수. 한창 신나서 쏘다닐 때이니 오지랖으로 펄럭이는 두 입술의 센스 없는 친한 척으로 쉽게 제동이 걸리겠냐마는 아주 잠깐, 정말 아주 잠깐 이 몸의 좋은 낮을 가릴 뻔했다고.

아니다, 다 내 탓이다. 나의 백수 내공이 부족한 탓이다. 집안의 백수 내공은 쌓았으나 집밖의 백수 내공은 아직 부족했던 것이다. 예민하게 받아들이지 않고 '그럴 수 있다, 그런가보다'라고 가볍게 넘기는 날이 올 것이다. 오기 전까지 無남편, 無키즈라고 써붙이고 다녀야 할까보다.

아니다, 내공은 쌓아도 무센스의 무례함은 봐줘서는 안 되겠다.

다음에 또 그러면 아주 볼 빨갛게 해줄 테다. 그래도 멈추지 않는 망언의 향연을 펼친다면 쌈닭으로 변신하여 무센스의 무례함을 신나게 쫄 예정이니 부디 고 조동아리 입센스에 신경을 쓰길 바란 다. 전적으로 내 탓만 하려니 착한 척이 몸에 안 받고, 속이 꼬여 서 안 되겠다.

친한 척 그만 캠페인

하나, 초면에 개인적인 질문을 하지 않습니다

두울, 잘 알지도 못하면서 추측, 짐작으로 떠보지 않습니다

세엣, 위의 사항을 친절로 착각해 남발하지 않습니다

오지랖은 멀리, 친절함은 가까이

무센스 무례함 확산을 방지하기 위한 사회적 거리두기

선을 넘지 않은 적당한 모른 척이 건강한 사회를 만듭니다

이제 당신이 동참할 차례입니다

 soooocial distancing

● 어중간해도 괜찮아

언젠가 텔레비전에 내가 나왔으면 정말 좋겠다더니 진짜 텔레비전에 내가 나온다. 갈 곳 없는 70년대생에 대한 보고였다. 청년은 사회 진출에서 노년은 생활 안정에서 도움을 받는 데 비해 중년은 사회적 보호, 도움을 받지 못하는 현실에 대한 지적이었다. 이런 식의 등장은 원하지 않았는데. 청년과 노년의 현실은 수차례 논하고 제도적 장치도 마련중이지만 중년의 현실은 실태만 한번 훑고 말았다. 그래서 눈에 더 띄었는지도 모르겠다. 세상은 90년대생이 몰려오는 것만 신경쓰지 70년대생이 밀려가는 것은 관심조차 없는 듯하다.

3명의 형제 중 둘째가 이런 기분일까. 첫 자식은 하늘이 내린 집안의 든든한 기둥이라 챙기고 막내는 물가에 내놓은 자식 중 가장 불안한, 집안의 유약한 꼬리라서 챙기니 둘째는 뒷전이 된다. 성인이 되어서도 부모에게 첫째는 첫째, 막내는 막내이고 그런 이유로 둘째는 여전히 둘째이다. 둘째의 끼어 있는 위치의 억울함, 서글픔은 세월이 지나도 크게 달라지지 않는다. 실제로 막내이기는 하지만 청년과 노년 사이 중년으로 있자니 셋 중 둘째의 기분이 어떤 것인지 알 것도 같다.

문득 무언가를 배워볼까 생각했다. 백수의 시간을 슬기롭게 보내고 싶었고 좁아진 인간관계를 좀 넓혀볼까도 싶었다. 시간을 다르게 쓰고 공간을 바꾸고 다른 사람을 만나면 나를 변화시킬 수 있다는 말을 기억하고 있었다. 그렇게 생전 해본 적 없는 커뮤니티를 찾아보았다.

대부분의 수업은 그룹의 형태로 콘셉트 자체가 직장인의 퇴근 후 의미 있는 시간 찾기, 워라밸에 있었다. 동종 혹은 다른 업계 사람들과의 정보 공유, 관심사가 비슷한 사람과 사귀기가 주목적이니 직장인이었던 현재 백수인 나는 가서는 안 될 것 같았다. 퇴근시간에 치일 것까지 감수할 마음이었으나 생각을 접었다.

취미는 자신의 이미지와 가장 동떨어진 것을 고르면 재미를 더 크게 느낄 수 있다는 말이 떠올라 꽃꽂이나 손뜨개질을 알아보았다. 오후 시간도 가능하고 시간대도 자유롭게 선택할 수 있을 테니 등록할 수 있겠다 싶었다. 부푼 가슴을 안고 찾아간 곳은 백화점 문화센터. 예상치 못한 (아니 왜 예상을 못했지) 복병을 만났다. 그곳은 동네 어머니들의 아지트였다. 그녀들을 보고 있자니 나의 다름(싱글, 노남편, 노키즈)이 수면 위로 동동 떠올랐고 앞뒤 좌우 없이 꽂히는 랜덤 질문에 억지웃음을 짓는 나의 모습이 겹쳐져 아득했다. 취미도 친목도 다져보려고 했는데 내가 다져질 것만 같아 스르르 발을 돌렸다. 어머니들을 욕하고 싶은 마음은 추호도 없다. 나도 나이로는 누군가의 어머니가 되기에 부족함이 없으니. 다만 근력운동만 하다가 줌바 수업에 들어간 어느 날 신입이 앞에 섰다고 어찌나 눈총과 핀잔을 받았던지. 불편의 정체가 무엇인지 사태를 미처 파악하기도 전에 강사는 나를 앞줄에서 걷어내 뒷줄에 꽂아 세웠다. 이날의 기억이 좋지 않아 그때부터 수업과 어머니들의 합을 경계하게 된 것이다.

취미 배우기와 사람 사귀기를 동시에 하는 건 어려운 일일까. 나와 커뮤니티의 목적은 같아 보였는데 어쩐지 어느 구석에서인지 맞지 않게 느껴졌다. 수업이면 수업, 친목이면 친목 두 가지 목적 중에 하나만 살려서 디밀어볼걸 그랬나. 둘 중 하나에 집중하다 보면 어느새 나머지 하나도 따라올지 모를 일인데 해볼걸 그랬나. 가리고 따지는 게 많아 시작이 어려운 나인지도 모르겠지만 인스타그램에 떠도는 커뮤니티도, 백화점 문화센터 수업도 물을 체크해봐야 옳았다. 수질관리는 오늘밤 클럽에서만 하는 것은 아니었다.

어찌 되었건 고를 게 없었다. 친목 도모에서도 신분 차이를 느끼게 되다니, 취미생활에서마저 벽을 느끼니 거 세상 참으로 드라이하다. 여자 코미디언을 써주지 않자 스스로 프로그램을 만드는 송은이처럼 중년 싱글, 퇴사자 혹은 백수를 위한, 그들도 마음 편히 어울릴 수 있는 문턱 낮은 모임을 내가 개설해야 할까.

젊은이 같기도 늙은이 같기도, 아가씨 같기도 아줌마 같기도, 유부녀가 몇 번은 되어도 남을 나이에 여전히 싱글이고, 노는 것 같기도 한데 일하는 것 같고, 불혹을 넘기고도 철딱서니 하나 없는 모양을 하고 있으니, 내 처지가 T팬티 같다 할까. 이쪽, 저쪽도 아닌, 정중앙의 가르마가 내 자리인 양.

모임과 수업으로 불만이 불거졌지만 사실 나는 끼어 있는 상황이 크게 싫지는 않다. 개인적 성향인지 직업적 영향인지 정확하지는 않지만 반대의 것을 붙이는 것이 좋았다. 이는 카피라이터일 때 두드러졌는데 우선 소속부터가 그랬다. 기획과 전략을 세워 콘셉트를 정하고 카피를 쓰니 기획부 소속이 맞다. 이미지, 영상과 함께 크리에이티브를 높이고 광고물을 완성하니 제작부 소속이 맞기도 하다. 좋게 말하자면 양쪽에서 모두 필요로 하는, 나쁘게 말하자면 어느 한쪽에도 온전히 속하지 않는 회색분자와 같은 위치와 존재가 카피라이터이다.

이런 카피라이터의 숙명 때문인지 여기에도 속하고 저기에도 속하는 것에 익숙하다. 게임에서 편 없이 이리저리 오가는 깍두기 혹은 조커라고 해도 크게 틀린 말은 아닐 듯하다. 반전이 좋은 것도 같은 맥락이다. 반전은 결국 둘 다 가지고 있음을 뜻하니까. 청순섹시라고 했던가. 깨끗하고 순수한 이미지와 도발적이고 요염한 이미지가 한 인물에 공존한다는 것인데 반전(매력)의 대표주자이다. 정반대의 개념이나 이미지를 동시에 가지고 있는 것이 반전이다. 나는 상반되는 둘이 하나로 뭉치는 게 좋고, 그 둘을 다 가지는 것이 좋다. 그러니까 내가 좋아하는 개념과 단어의 조합은 이런 것들이다. 냉정과 열정, 이성과 감성, 보수와 진보, 디지털과 아날로그, 원심력과 구심력, 안정과 모험, 독주와 합주 등. 반대의 둘 사이에서 양쪽을 넘나드는 것은 몹시 매력적이다.

광고 아이디어도 마찬가지이다. 비슷한 것끼리 붙여놓으면 편하지만 임팩트가 적다. 새로움과 자극, 독특함을 주기 위해 어울릴 것 같지 않은 것을 붙여놓으면 불편하지만 위력이 커진다. 익숙하니 잔잔하게, 평범하고 낯서니 독창적이고 강렬하게 느껴지는 것이다. 반대 속성을 가진 것들끼리 붙여놓는 작업은 크리에이티브라는 이름으로 유효했다. 직장과 업무에서는 양쪽 모두에 속하거나 한쪽에 온전히 속하지 않는 것이 어색하지 않았다. 하지만 일에서 벗어나니 어느 한쪽이건 양쪽이건 '속'해야 할 것 같다. 그렇지 않으니 애매하고 또 모호해 나는 누구, 여긴 어디의 순간에 자주 직면한다.

모든 것은 정의 내리는 것에서부터 시작한다고, 정의에 따라 모양과 가치가 달라진다고 한다. 하지만 사람은 좀 다르지 않을까. 누가 누구를 정의 내릴 수 있으며, 정의를 내린들 그 사람을 제대로 담을 수나 있을까. 정의를 내리는 사람의 '정의력'이 좋다는 것 말고는 더 할 게 무엇일까. 열 길 물속보다 모를 것이 사람 속이고, 사람 마음은 화장실 가기 전후 짧은 시간에도 바뀐다. 사람이란 태초부터 모호한 존재이다. 그런 사람이 사는 인생이라 인생은 답이 없는 미지의 향연인 것이다.

이도 저도 아닌 스스로가 싫을 때가 있다. 따져보면 우리 모두는 '이'였고 '저'였다. 조금 더 따져보자면 정확히 '이'였을 때에도, 곧 명백히 '저'일 때에도 이도 저도 아닌 것처럼 느꼈었고 앞으로 또 느끼게 될 것이다. 단호하지만 유약하기도 하고, 까칠하지만 다정하기도 하고, 똑똑하지만 바보 같기도 하고, 외향적이지만 내성적이기도 하고. 상황과 빈도로 판단될 뿐 사람은 양극단의 모습을 함께 가지고 있는 법이니까. 한 가지 색만 가진 사람은 세상에 없으며, 무엇보다 지금 이 세상은 한 가지 색만 고집하며 살 수 없게 생겨먹었으므로.

노선을 정확히 해라, Yes냐 No냐, 기냐 아니냐, 우냐 좌냐, 세상은 자꾸 선택을 강요한다. 흑일까 백일까, 흑으로도 밀려보고 백으로도 쏠려봤다. 그 결과 나는 선택하지 않는 것을 선택했다. 무엇을 선택하든 만족 뒤에는 미련이, 집중 뒤에는 피로가 오게 되어 있다. 어차피 그리될 것이라면 선택하지 않는 것이 현명할 수도 있다. 낀 상태로 시의적절하게 이도 되었다가 저도 되었다가, Yes도 하고 No도 하고, 이 노선도 타고 저 노선도 타고, 우로 갔다가 좌로 갔다가 넘나들면, 그러면 된다.

둘 중 하나를 고르지 않겠다. 끼어 있는 것도 나쁘지 않으니 애써 선택할 이유가 없다. 어느 한쪽에도 속하지 않은 채로 양쪽을 이어주고 중심을 잡아주겠다. 끼었다는 것은 가운데, 중심이니 불편할 일도 아니며 낀 상태는 모두에게 공평하게 다가오고 주어지며 지나가고 잊혀질 뿐이다. 선택의 날은 또 올 터이니 그건 그때 가서 생각하고 지금은 사이의 역할에 충실하고자 한다. 그레이존에서 독야청청하면서 말이다.

Between A and B

완벽주의자가 될지 빈틈주의자가 될지

잔 다르크가 될지 마더 테레사가 될지

쎈 언니가 될지 요조숙녀가 될지

개미가 될지 베짱이가 될지

섹시로 할지 청순으로 할지

A와 B 사이 잦은 기로에 선다

무엇일지 선택하지 못하겠다면

A와 B가 아닌 '사이'를 선택한다

둘 중 하나를 선택하지 못했다고

우유부단 소심작렬이라고 자책하지 않아도 된다

사이가 없었다면 선택도 없다

언임플로이드(unemployed)와 같은 뜻 다른 표현인

비트윈 잡스(between jobs)

실직한, 무직자를 대신하는 말로

구직중이라고 부드럽게 돌려 말할 때 쓴다

직역하면 일들 사이가 되는데

어떤 일을 할지 아직 정하지 않은 상태를 말한다

실직은 강요든 자발이든 마침표인 결과이나,

구직중은 쉼표인 과정, 진행중으로 들리니

비트윈 잡스가 낫다

우리의 지금은 어쩌면 비트윈 라이브스(between lives)

막막한, 그래서 헤매는 인생이라고 하기보다는

하루에서 평생으로 이어지는 수많은 삶 사이에서

이리저리 살아보면서 맞는 삶을 찾아가는 중이라고 생각해본다

멈추지 않고 살아내면서 찾고 또 찾는 중이라고

그러니 그때그때 쉼표를 두면서 가면 그저 그만이라고

● 백수의 클라스

'Luxurious white hand.'
라테는 말이야(Latte is horse)처럼 쓰자면
고급 백수는 럭셔리 화이트 핸드.
내가 말하려는 고급 백수는
하이클래스 잡리스(highclass jobless).

'고급 백수.'
말꼬리가 올라가고 곧 푸하하 웃을 말.
백수가 백수지 고급 백수가 무슨 말?
그렇다면 저급도 있다는 건가.
백수에 급이 있다는 건 처음 듣는데, 뭐야?

네, 백수에도 급이 있습니다. 초급과 고급이 있습니다.
오래 묵은 백수가 고급이고,
초짜 백수가 초급 같겠지만 아닙니다.
울트라 사원급의 고급 백수도 있고,
만년 과장급의 초급 백수도 있습니다.

프로의 세계는 능력으로 평가받지요.

오래 자주 해먹었다고 연수가 능력을 담보하지 않습니다.

백수에도 프로급 전문 백수가 있습니다. 고급 백수 말입니다.

백수의 클래스는 얼마나 시간을 잘 때우냐에 따라 나뉩니다.

오늘 하루는 또 무엇을 하면서 보내야 하나,

고민만 하다 통으로 흘려보내는 것이 아니라

오전, 오후, 저녁 시간을 구분해 할일로

하루를 열고 닫는 것을 의미합니다.

여기서의 일이란 하루를 제끼기 위한 것이 아니라

내일로 이어지는 일을 말합니다.

백수를 가리켜 할일 없이 시간을 보내는 사람이라고 합니다.

이는 초급 백수를 말하는 것입니다.

기억하세요. 현실안주형은 초급 백수,

미래지향형은 고급 백수입니다.

그럼 백수가 일이 있으면 백수인가 아닌가. 저도 헷갈리네요.

사회적으로 맡은 직무가 없으니 백수가 맞습니다만

개인적인 일이 있으니 고급 백수의 반열에 올라설 기본은 갖춘 것이라 해두죠.

백수라고 다 같은 백수가 아니며 누구나 고급 백수가 되는 것은 아닙니다.

다음을 위해 지금의 백수기를 잘 쓰는 백수만이 고급의 작위를 갖습니다.

이쯤에서 저를 다시 소개하죠. 저는 고급 백수입니다.

운동을 하고 건강을 생각하고 명상과 몽상을 하고 요리를 하고 글을 씁니다.

이 일은 차곡차곡 쌓여 다음을 기약하고 있으니 백수 중의 백수, 고급 백수입니다.

저도 한때는 '오늘 하루 뭐하며 보내나', '아, 그거 하면 되겠다'

골라잡아 천 원 천 원처럼 골라잡아 하루하루를 천 원 취급하면서 보냈습니다.

하루가 참 길더군요, 지겹기도 하구요.

그런데 그렇게 보낸 한 달은 참 빠르더군요. 남는 게 없었습니다.

백수기는 대부분 예고 없이 찾아옵니다.

당분간만 이런 모습일 것이라고 게으름을 부리고 나태해지죠.

곧 취직하고 백수기를 탈출할 것이라고 생각합니다.

그래서 하루 이틀 별일 없이 보내며 초급 백수에 머뭅니다.

하지만 백수기는 거의 기한 없이 늘어지기 십상입니다.

청년기를 어떻게 보내느냐에 따라 미래가 달라진다고 했던가요.

제 생각은 다릅니다. 청년에서 100세까지는 너무 멀거든요.

대신 이렇게 생각합니다. 한 차례 혹은 여러 차례

백수기를 어떻게 보내느냐에 따라 인생의 다음 챕터가 결정된다고.

"아름다운 사람은 머문 자리도 아름답습니다."

익숙한 문구를 묻고 더블로 가지요.

"목적이 있는 백수는 아름답습니다."

백수에도 클라스가 있습니다.

고급 백수의 조건

휘발되지 않고 결과로 남는 어떤 **일**[1]

보이지 않는 죽음의 마감일 **데드라인**[2]

정작 그때, 동력이 달리지 않도록 **몸관리**[3]

오늘을 정리하고 내일을 계획하는 매일의 **기록**[4]

[1] 오늘에서 내일, 쌓이는 일로, 백수기 다음의 단초가 되는 것이라면 Good

[2] 미룬다는 것은 하지 않겠다는 뜻이니 게을러지지 않도록 시간제한 두기

[3] 하고픈 일을 할 때 제동이 걸리지 않게 질 좋은 식사와 수면을 챙기고 운동하기

[4] 헛되이 보낸 날은 반성하고 의미 있게 보낸 날은 칭찬하는, 시간에 대한 평가 혹은 관리

네 가지 루틴을 갖는다면

당신도 무적의 백수

고급 백수

우아한 백수

자 함께 박수!

당신은 데드라인이 필요한 사람 Check 5

'어?! 내 이야기잖아' 싶다면 당신은 미루기의 달인

다섯 가지 모두 해당된다면 합리화의 고수입니다

달인이든 고수든 데드라인 도입이 시급하다는 말이죠

"그럴 기분 아니야"
감정을 살피는 것이 무엇보다 우선이 되어야 한다며 감정 뒤에 숨기

"생각중"
빈둥거리는 것으로 보여도 머리 굴리는 중이니 결코 시간 낭비가 아니라는 거짓말

"아무것도 안 하는 것과 딴짓은 다른 거야"
딴짓의 미루기는 새로운 시작이 된다는 식의 확률 낮은 성공 케이스 빌려오기

"오늘은 때가 아니야"
능률이 오르지 않을 때 잡고 있는 것만큼 미련한 일은 없다며 최적의 순간 기다리기

"내일 하지 뭐"
작은 행복이랍시고 오늘의 목표치를 현저히 낮게 설정하거나 적게 달성해도
그것으로 됐다 하며 내일에 기대기

● 럭셔리의 반대말은 천박함이다

첫 음식으로 나온 샐러드와 함께 후배의 회사 이야기가 시작되었다. 그녀는 스파게티 면을 감아올리며 보수적인 회사 분위기와 자비 없는 좌천과 퇴직으로 주제를 옮겼다. 출간하게 될 책에 대한 기대와 격려를 마무리할 즈음 감바스도 바닥을 드러냈다.

아들의 전화는 곧 일어나야 함을 알리는 알람과도 같아 후배와 나는 주섬주섬 수다를 마무리했다. 그녀는 나 주려고 챙겨왔다며 회사에서 곧 런칭할 신제품 건강식 열 개를 건네주었다. 건강식에 관심이 많은 터라 몹시 반가웠다. 선물로 준비한 것은 아니었지만 후배가 준 쇼핑백은 근래 받은 어떤 것보다 좋았다.

"내가 낼게."

"아냐, 내가 낼게. 책 나오면 그때 맛있는 거 사줘."

두어 번의 실랑이 끝에 후배의 지갑이 열렸고 내 카드는 주머니 속으로 다시 들어왔다. 쪼그라든 내 마음과 함께. 매번 그랬던 것은 아니지만 나도 옛날 사람인지라 선후배가 만나면 선배가 계산하는 그림에 익숙했다. 나이도 내가 많으니 당연히 내가 사야할 것으로 알았는데 후배가 낸다고 하니 순간 내 안의 공기가 어색했다. 커피를 사는 것으로 대신하기는 했지만 구겨진 마음을 펴기에는 역부족이었다.

벌이가 있을 때 후배가 저녁을 샀으면 기분이 좋았을 것이다. 무엇이 동등인지는 모르겠지만 뭔가 동등한 느낌으로. 하지만 백수인 선배로 후배에게 저녁을 얻어먹으니 마음이 편치 않았다. 예전처럼 같은 회사를 다녔으면 바로 다음날 점심이나 저녁으로 오늘의 신세를 갚으면 될 일이었는데.

비슷한 일은 계속 생겼다. 엄마는 식사가 끝나자 카드를 주며 계산하라고 하셨다. 수입 없는 딸자식이 밥값을 내는 것에 마음이 쓰였던 모양이었다. 무안하고 죄송스럽고 면목이 없었다. 친구와 쇼핑을 할 때면 친구가 마음에 들어하는 액세서리가 있으면 종종 내가 사준다며 계산했었는데 백수가 된 이후에는 거의 그러지 못했다. 친하다는 이유로 어느 순간부터 "나는 백수고 너는 직장인이잖아. 돈 버는 네가 좀 사" 하는 코맹맹이 소리도 어렵지 않게 나왔다. 급기야 지난 데이트에 크게 썼던 그가 이번 데이트에도 연이어 카드를 긁게, 모른 척 내버려두는 순간까지 오고야 말았다.

뻘쭘하고 면목없더니만 뻔뻔하고 염치없다. 선배 구실, 자식 구실, 친구 구실, 여친 구실 등 구실이란 구실은 다 말아먹었다. 그놈의 일, 일, 일이 문제더니 이제는 이놈의 돈, 돈, 돈이 문제다. 당장 못 먹고 못 입지도 않는데 당분간 통장 파먹기는 유효한데. 공짜가 그리 좋았더냐, 체면도 없지.

몇 번의 빌붙기 에피소드는 빠르게 막을 내렸다. 자매들의 정기 모임에서였다. 퍼주기를 좋아하는 1호 큰언니, 함께 만나면 으레 큰언니가 쏘는 흐름이었는데 나와 같이 줄곧 잘 받아먹던 3호 셋째 언니의 한마디로 국면이 전환되었다.

"n분의 1, 무조건 n분의 1."

두번째 마디는 어느 때보다 또렷했는데 하필 그때 나와 눈이 마주칠 게 뭐람. 우리의 만남은 주로 점심시간 무렵에서 저녁시간 전까지였다. 그래서 식사와 커피, 두 번의 계산이 발생했는데 장유유서(?)로 위에서부터 내려오면 내 차례는 거의 오지 않았다. 수입 여부와 관계없이 막내라는 이유로 계산에서 자주 빠졌던 것이다. 오랜 흐름을 한방에 끊어버린 이유는 알 수 없지만 3호의 그 한 방이 너무도 명쾌해 묻지도 따지지도 않고 입금을 주고받았다. 이날을 끝으로 자매의 퍼주기와 빌붙기는 종식되었다. 더불어 백수를 구실로 선배, 자식, 친구, 여친 여러 구실을 잡고 늘어졌던 빌붙기도 자체 마감했다. 다행히도.

백수는 당연히 돈이 없다. 백수가 돈이 많으면 백수가 아니라 금수저라고 해야 맞다. 나는 금수저도 아니고 그렇다고 흙수저도 아니다. 수입이 있으나 없으나 얻어먹기만 좋아하는 부류도 아니다. 멀쩡하게 사회생활을 하던 남자들이 예비군복만 입으면 태도가 돌변한다는 식으로 백수가 되더니 빌붙기를 당연하게 생각했던 것인지 참 찌질도 풍년이다.

알뜰은 좋은 습관이나 공과 사, 때와 장소를 가려야 한다. 알뜰은 혼자 있을 때 해야 알뜰이 되지, 함께 있을 때 하면 밉상, 민폐 혹은 궁상이 된다. 알뜰과 궁상의 경계를 명확히 구분 지을 줄 알면서 공짜에 눈멀어 저질 백수가 될 뻔했다. 자칫하다가 고급 백수 이미지에 스크래치 낼 뻔했다.

몇 번의 빌붙기 뒤에 생각했다. 돈이 없을 때 나타나는 모습이 진짜 내 모습일 수도 있겠다고. 그래서 돈을 많이 벌어야겠다고, 돈으로 성공해야겠다고 굳게 다짐했으면 좋겠지만 돈이 있든 없든 영혼이 가출하지 않게 정신적으로 단단해져야겠다는 생각을 더 많이 했다. 아직 배가 불러서인지도 모르겠다. 태도에서는 쪼치지 말자는 게 지금의 결론이다. 가난함은 태도로부터 나오니까, 태도가 가난하면 진짜 가난한 것이니까.

"우리가 돈이 없지 가오가 없냐."

영화 〈베테랑〉의 황정민

"럭셔리의 반대말은 천박함이다."

패션 디자이너 가브리엘 코코 샤넬

개헤엄

휴가지 리조트에서 본 그녀는 우아했다

누가 봐도 남미 출신으로 보이는 그녀는

물 밖보다 물 안에서의 자태로 내 부러움을 샀다

천천히 물살을 가르며 미소를 머금은 채 나아가는 그녀

수영을 하나 안 하나 그녀는 물에서도 여전히 뽀송했고

굵고 진한 눈썹, 긴 속눈썹, 붉은 입술, 볼터치까지

풀 메이크업도 어느 하나 무너지지 않고 완벽했다

정석으로 배워서 고개를 물속으로 처박아야 수영이 되는 나는

멈출 때마다 물미역 같은 머리카락을 얼굴에서 걷어내기 바빴고

민낯의 붉지 않은 입술에 다크서클까지 더해져

누구보다 풀 메이크업이 시급한 면상으로 수면의 위아래를 오갔다

그녀가 하는 것은 수영, 내가 하는 것은 물질에 가까웠다

꼴사나워서 얕잡아보던 개헤엄이 이토록 간절해질 줄이야

수영 수업에서는 물 찬 제비였는데 휴양지에서는 물미역이 되다니

나는 개헤엄을 못해 슬픈 짐승이 되어

개헤엄으로 백조의 자태를 뽐내는 그녀를 뚫어져라 쳐다봤다

수면 아래에서는 손발 빠르게 허우적댈지라도

수면 위에서는 웃으며 물살을 가르고 싶다

휴가지 리조트의 세뇨리타처럼

개헤엄을 배워야 할 때이다

● 디어 마이 인플루언서

연말이면 불우이웃돕기가 성행한다. 선한 액션을 두고 성행이라니 어감상 나쁘게 들리는 것 같다. 줘야 할 도움을 욕심으로 가로채는 자들이 선행의 물을 흐리니 안타깝지만 어쩔 수가 없다. 그렇기에 넉넉지 않은 형편에 자신보다 힘든 사람을 위해 써달라며 뭉칫돈을 내놓는 사람들이 돋보인다. 확실히 보통 사람은 아니다. 비범한 사람들의 따뜻한 마음과 불우한 이웃 사이에 불순물이 없었으면 하고 바라본다.

불우한 이웃 돕기에는 계절이 따로 없다. 불우이웃돕기 이야기가 나오면 나는 '가까운 곳의 불우한 이웃을 살펴라, 불우한 이웃은 생각보다 가까이에 있다, 나를 도와라' 우스갯소리를 하곤 했다. 유머를 날리는 나도 듣는 주변도 살 만하면서도 살 만하지 않은 소시민이라 이 유머는 자주 먹혔다. 무리 중 누구도 불우한 이웃도 수호천사도 아니라서 우리는 그저 보통 사람으로 서로 돕지도 도와주지도 않은 채 각자 제 앞가림하며 살아가는 중인 것이다.

어느 해 겨울, 보통 사람 중 비범하게 선량한, 그러니까 천사를 보았다. 우연히 보게 된 연말정산 기부금 칸을 채운 동료가 바로 그 주인공이었다. 채워진 항목이 새롭고 신기해서 몇 마디 건네고 나누었다. 이 천사는 나와 친한 인물은 아니었는데 그래서인지 어떤 인물이었는지 별다른 기억이 없다. 너무 착한 사람이라 나눈 대화가 재미없었다는 것은 기억이 난다. 어언 20년의 사회생활을 하면서 내(가 아는 한) 주변에서 기부금을 내는 사람은 그가 유일했다. 어쩌면 유일이라는 단어는 기부금을 내는 사람이 아니라 그를 알게 된 시점에 붙어야 맞을지도 모르겠다. 적지 않은 사람이 기부금을 내고 있었겠지만 내가 관심이 없었으므로 그렇게 모른 채로 지나왔을지도 모를 일이니 말이다. 자리를 양보하거나 무거운 짐을 대신 들어주거나 엘리베이터를 잡아주거나 길을 알려주는 정도의 심성은 가졌으나 굳이 주머니를 열어 돕는 선행은 하지 않았다. 플라스틱 소쿠리 옆으로 엎드린 등과 손글씨가 적힌 종이를 수거해가는 불편한 걸음에 몇천 원 거든 일 두어 번 정도, 그조차도 까마득한 옛날이다.

계좌 입금의 기부금, 몇천 원의 직접 전달. 그것이 자발적이든, 그래야 할 것 같은 눈치에서 비롯되었든 어찌되었거나 선행의 이름으로 누군가에게 영향을 끼쳤으리라. '도움을 주었다'가 아니라 '영향을 끼쳤다'로 바꿔 쓴 이유가 있다. 둘이 비슷한 의미로 쓰이고 도움이 영향보다 자주 쓰여 익숙하기는 하지만 나는 도움을 주었다, 받았다는 말보다 누군가에게 영향을 받았다는 말이 덜 거북하고 조금 더 현실적으로 들린다. 주고받는 입장의 차이 또한 분명 있겠지만, 도움은 제공자의 긍정적 의도에 치우치고, 영향은 수급자의 긍정적 결과에 기울어진 듯한 느낌이 들기 때문이다. 덧붙여 도움이란 대개는 물심(物心) 둘 중 하나라도 여유가 있는 사람이 그렇지 못한 사람에게 주는 것이며 영향이란 여유와 의도, 관계에 무관하게 주고받을 수 있는 것이라 뭔가 공정하게 들리는 기분도 있다. '도움'과 '영향'을 다르게 느끼고 구분해야 할 진짜 이유는 의도와는 다른 결과가 너무도 많고 많아서일지도.

아무튼 불우이웃도 천사도 아닌 소시민으로써 나를 비롯한 우리 대부분은 알아서 입에 풀칠하고 남에게 피해를 안 주는 선에서 남에게 도움 역시 주지 않고 살고 있지만 그럼에도 불구하고 누군가에게 영향을 주고 있을 거라 확신한다. 부정적 영향일 수도 있다는 것을 부정할 수는 없겠으나. 경제적으로 불우한 이웃을 돕기에는 백 마디 말보다 한 번의 입금이 실질적 도움이 되겠지만 보통의 소시민(역시 말보다 돈이 더 좋지만 물질적 도움은 더 급한 불우이웃에게로 보내고)은 주변을 보고 느끼며 배워가는 형태의 자발적 영향력 탐구가 더 맞겠다. 물질적 도움만이 도움은 아니(라며 非불우이웃인 보통의 소시민을 다독이고)니까, 최고의 영향력은 사람으로부터 나오니까. 이 얼마나 다행인가.

영향력 하면 한 번에 떠오르는 인물이 있다. 남편을 포함하여 사내를 셋이나 키우는 워킹맘 동갑내기 친구 Y. 육아와 가사, 업무노동으로 틈도 짬도 없는 일상을 쳐내며 살고 있지만 지친 기색, 우울한 기운, 가식과 과장, 나태하고 늘어진 삶의 태도, 일상에서의 닳음과 건조함을 1도 느낄 수가 없다. 냉철하면서 따뜻하고, 확고하면서도 유연한 Y의 말과 글은 언제나 나에게 영향을 주었다. 그 덕에 나는 고민이 생길 때마다 대화창을 열었다. 8시간의 시차에 엄마 역할과 선생님 역할을 하면서도 Y는 나의 근황과 고민을 정성껏 듣고 성의껏 답해주었다. 어느 새벽, 나는 Y에게 메시지를 보냈다.

"너는 나에게 영향을 주는 사람이야."

이야기 끝에 나온, 마음이 오롯이 담긴 글에 Y는 흥분하며 답했다. 삶의 지향점이 있다면 단 한 사람에게라도 영향력 있는 사람이 되는 것인데 그걸 네가 맞혔다고. 이날 처음으로 Y와 영향력에 대해 이야기를 나누었다는 사실을 믿을 수 없을 만큼 둘의 생각과 태도가 비슷해 놀랐다. 사람이란 주변인, 일, 공간, 자연, 더 많은 요소로서의 환경과 시간의 변화에 따라 생각과 태도가 달라지기 마련이라서 예전에 함께했던 기억과는 전혀 다른 인물이 되어 낯섦을 전하는 경우도 허다한데 Y와 나는 먼 나라 다른 시간에 살면서 삶의 자세와 태도가 더 비슷해진 것 같아 안도가 되었다. 한 줄의 글, 몇 개의 느낌표만으로도 공감하고 감동을 전하고 받을 수 있으니 이 어찌 기쁘지 아니할까. 놀라움과 기쁨이 섞인 대화를 마치며 우리가 주고받은 건 또 한 번의 영향이 아니었나 생각했다. 인생사 기브 앤드 테이크라고 우정까지 그래야 할 이유는 없지만 하나를 주면 반드시 하나를 받아내는 것이 아닌, 감정의 기브 앤드 테이크는 영향력이라는 이름으로 부정보다 긍정의 의미를 남긴 것 같다.

친구와의 공감 백배 대화를 나누었지만 나는 누군가에게 영향을 주는 사람이 되고 싶다는 생각은 해본 적이 없다. 내 앞가림도.

못하는데 영향력은 무슨, 말도 안 된다 생각했다. 나에게 긍정적인 영향을 주는 인물을 선택할 생각만 했지 내가 영향력 있는 사람이 되겠다는 생각은 하지 못했다. 나는 역시 주는 것보다 받는 것에 익숙한 인간인가보다.

작은 거인으로 불리는 나의 멘토는 나의 영국행과 이후의 행보에 영향을 주었다. 멘토의 멘트는 명사의 명강의와도 같아서 놓칠세라 새겨들었고 듣다보면 어느새 헤어질 순간이 코앞이었다. 멘토는 언제나 짧고 굵게 영향력을 행사했다. 반면 가랑비처럼 어느새 서서히 적시는 영향력도 있다. 패션과 제빵 브랜드 선택에 깊이 관여하는 쿨한 여자 K, 이별 후 허우적거림에 등짝 스매싱 같은 쓴소리를 날리는 B, 말이 많아지고 길어지면 마음이 허한가보다 이해하고 들어주는 천생 여자 J, 힘들면 언제든지 기대라고 시간과 공간을 기꺼이 내어주는 마음속 에어비앤비 같은 Y, 이 모든 이들이 나에게 영향력을 행사한다.

월드 피스까지는 아니어도 우리는 누군가에게 충분히 영향을 줄 수 있다. 나사 빠진 일상에 인디언밥을 내리치는 이가, 온종일 어둠뿐인 고담시 같은 울상에 웃음꽃을 주는 이가 나에게 순도 높은 영향력을 행사하는 리얼 인플루언서이다. 관계와 영향력이 맞물려 굴러가면 그것이야말로 진짜, 사람이 주고받는 것 중 최고의 기쁨이다.

지갑과 마음의 두께는 비례하지 않으니 다행이다. 마음만 떼어내어 마음만큼은 풍족하게 채우고 과소비할 수 있어 다행이다. 많은 사람들이 이미 마음을 쓰고 영향을 주며, 주는 것보다 더 많이 받는다고 믿으며 착하고 예쁘게 살고 있을 것이다. 나도 선한 마음 한번 펑펑 쓰는 마음 과소비자가 되어 타인에게 영향력을 발휘하고 싶다. 녹록지 않고 퍽퍽한 우리의 인생에서, 나를 내어 다른 이에게 영향을 줄 수 있다면 꽤 괜찮은 삶이 아닐까 하여.

가장 보통의 영향력

아침을 깨우는 향긋한 모닝커피

예상 시간에 정확히 도착하는 지하철

큰 수정 없이 제출해도 되는 보고서

기대를 저버리지 않는 심야식당

어김없이 도착한 굿나잇 인사

모닝커피 뒤에는 더운 땅의 커피콩이

지하철 뒤에는 애플리케이션이

보고서 뒤에는 김대리가

심야식당에는 후덕한 사장님이

굿나잇 인사 뒤에는 사랑하는 자기가

나의 하루를 받쳐주고 있다

소소한 일상에 지장이 없도록 지대한 영향력을 발휘하고 있다

보통의 우리를 위한 보통의 영향력은

편의점의 진열대보다 빈틈없이 빼곡하며

사이드미러로 보이는 사물보다 가까이에 있다

매일 더없이 잔잔하고 조용하게

● 욕창 시스터즈

　　．

　수많은 보고서와 제안서, 기획서. 직책은 조금씩 다르지만 그 문서들을 생산하느라 자리에서 일어날 새가 없던 두 여자가 있었다. 내가 광고대행사 카피라이터로 있었을 때 그들은 기획자, 그러니까 AE(Account Executive)였다. 보고서에 들어갈 자료를 위해, 논리의 뒷받침을 위해 봐야 할 문서와 해야 할 검색은 산더미였다. 그 와중에 광고주와 통화하고 회의를 했다. 나는 출근해서 퇴근할 때까지 그 두 사람이 서 있는 모습을 몇 번 보지 못했다. 팀원들과 함께 점심을 먹으러 갈 때에도 두 사람은 모니터를 보며 키보드를 두들겼다. 내가 밥을 먹고 들어오면 식사를 하고 온 건지 계속 앉아 있었던 건지 모를 정도였다. 미팅이나 아이디어를 위해 회사 근처 카페에 갔다가 돌아와도 두 사람은 그대로였다. 모니터를 보고 키보드를 치고, 모니터를 보고 키보드를 치고.

　욕창 시스터즈. 내가 지어준 별명이다. "너네들 그러다 욕창 생긴다~" 하면서 말이다. 모니터를 보던 눈은 잠시 내게로 와 꽂혔고 웃음 섞인 몇 마디 뒤에는 모니터를 보고 키보드를 치는 이전 모드로 다시 돌아갔다. 두 여자가 작성한 문서는 일주일에 몇 장이나 되었을까. 꾸역꾸역 앉아 토하듯 써내면 문서는 완성되었고 날짜에 맞춰 미끈하게 제출되었다. 욕창을 버텨낸 그녀들에게 '젊은 엉덩이상'을 주어야 마땅했다.

밖으로 돌다가 데드라인이 가까워오면 나 역시 엉덩이 딱 붙이고 카피를 썼다. 모니터를 보고 키보드를 치고, 쓰고 또 썼다. 디데이에 임박하면 화장실도 가지 않았다. 화장실 갈 생각을 하지 않았던 것 같은데 머리와 몸이 바쁜 것을 알고 장기가 알아서 자가제어를 했을지도 모른다. 종일 화장실을 한 번밖에 가지 않았다는 사실에 놀랄 때도 있었다. 그렇게 헤드라인을 쓰고 제안서를 썼다. 안 될 것 같아도 몸으로 엉덩이로 받아내면 다 써졌다. 살 없는 엉덩이에 발달한 꼬리뼈로 기차여행이나 세미나같이 장시간 착석을 요하는 자리는 내게 끊임없는 몸부림을 만들었는데 업무상 미션과 데드라인이 동시에 주어지면 꼬리뼈를 의자에 꽂고 초인적인 엉덩이힘을 발동하곤 했다.

잊고 있었던 엉덩이에 대해 추억해보았다. 지금은 엉덩이가 큰일을 해줘야 하는 타임이므로. 요리, 몽상, 정리, 대낮의 나들이 등 무엇을 하든 어디를 가든 배회 후에는 반드시 앉아야 한다. 나는 글을 쓰는 중이고 글을 쓰는 데에는 엉덩이 붙이기가 필수이기 때문이다. 글을 잘 쓰는 방법, 글쓰기 노하우 관련 콘텐츠가 많던데 내가 보기에 그런 건 없다. 있다 하더라도 요령과 기술이 될 수는 있겠지만 원칙과 기본이 될 수는 없다. 결국 하고 또 하고 하다 보면 시간이 내공을 증명해준다. 군이 꼽으라고 한다면 나는 발과 엉덩이로 쓰는 것이라고 말하겠다. 발로 구하고 엉덩이로 정리, 편집, 수정, 안 그러면 좋겠지만 뒤엎고 다시 쓰기까지를 버텨내야 양질의 글이 탄생한다고 믿는다. 엉덩이 딱 붙이고 쓰는 일이야말로 글쓰기의 원칙이라면 원칙, 잘 쓰는 방법이다.

글을 쓰는 일은 머리와 손이 다 하는 것 같지만 사실 발과 엉덩이가 큰 몫을 담당한다. 머리는 발과 편먹고, 손은 엉덩이와 합을 맞춰 글을 만든다. 발은 경험을 담당하고 엉덩이는 버티기를 담당하면서 말이다. 글은 머리에서 시작해 엉덩이로 끝내는 일임을 수년의 경험으로 너무나도 잘 알고 있다.

근력 운동 후의 뻐근함과 글 쓴 후의 뻣뻣함이 좋다. 엉덩이가 근육통으로 뻐근할수록, 오래 앉아 배겨서 뻣뻣할수록 흐뭇하다. 변태 같지만 불편하다는 것은 많이 잘 써먹었다는 이야기이니까. 엉덩이가 아픈 만큼 글은 성숙해질 것이라 믿으며 오늘도 열일한 엉덩이에게 감사한다. 그리고 기도한다. 자꾸 들썩이지 않게, 억지로 붙이고만 있지 않게, 잘 누르고 달래며 버텨달라고. 그 시절 욕창 시스터즈처럼.

● 부럽다, 벤자민

직장인을 대상으로 한 조사가 있었다. 사회 선배가 되어 바라보는 현재의 20대라는 주제의 설문조사였는데, 응답자의 30퍼센트 이상이 지금의 20대가 부럽지 않다, 우리 때가 더 좋았다고 답했다. 그 이유로는 가장 높은 비중을 차지한 취업난이 56.9%로 1위, 비싼 학비와 학자금 대출, 일자리 불안이 2, 3위를 차지했다. 다양한 경험의 기회와 젊다는 것 자체로 여전히 20대가 부럽다는 답도 50%가 넘었다.

2021년 기준으로 20대면 대부분이 90년대생, 그러니까 이 조사는 70, 80년대생 직장인이 바라본 90년대생의 모습으로, 70년대 직장인인 내 의견도 설문조사에 응한 다수와 크게 다르지 않았다. 20대의 생물학적 아름다움은 부럽다. 그러나 그들이 가진 난은 아름답지 않아 갖고 싶지 않다. 나는 2021년의 20대가 부럽지 않고 1990년, 2000년대 초, 20대였던 내가 부럽다. 그들이 가진 지금의 난은 그때에도 존재했지만 지금만큼 큰 문제는 아니었다. 적어도 내가 인식하기에는 그랬다.

10대 청소년들을 보면 그저 예뻐 웃음이 난다. 20대 청춘을 보면 좋을 때라고 감탄하고, 30대 젊음을 보면 잘나갈 때라고 끄덕인다. 사람들은 가끔 묻는다. 젊었을 때로 돌아간다면 언제로 돌아가고 싶으냐고. 10대는 대입 수능을 앞두고 야자를 해야 하니까 노노, 돌아가고 싶지 않다. 20대는 가장 아름답고 열정 가득했으나 미숙해서 쏘쏘. 30대는 성공과 행복에 대한 고민과 정의 없이 그저 열심히 일하면 성공하고 행복할 줄 알고 야근과 철야를 밥 먹듯이 해서 고개 젓게 되지만 대입이나 미숙보다는 나으니 지나온 시절 중에는 30대가 제일 나은 것 같다.

부러운 20대, 돌아갈 만한 30대, 하지만 나는 되돌아가고 싶지 않다. 인생은 미완성이라는 말이 있듯이 어차피 이번 생은 완성에 가깝기보다는 미완성에서 허우적대다 끝날지도 모르겠다만 이왕 이만큼 지나온 거 무르고 싶지는 않다. 미완성이라고 고민과 고충만 있었던 것은 아니고 미완성에도 보람과 만족은 있을 수 있으니까. 전체로 보면 미완성이지만 나누어보면 분기별로 완성의 시기도 분명 있었으니까.

젊었을 때로 돌아가고 싶지 않으나 대신 시간이 거꾸로 흘렀으면 좋겠다. 혹 떼려다가 더 큰 혹을 붙인 것 같은 답이기는 하지만, 젊음을 지나온 것이 아니라 앞으로 맞이할 것으로 두고 싶다. 되돌리고 싶지 않다고 말은 했지만, 되돌리지만 않을 뿐 실은 되돌리는 것과 같으니 왔던 길을 다시 가는 반복은 싫고 좋은 것만 취하고 싶은 단순한 이기심일지도. 나이가 들수록 팽팽해지는 얼굴과 올라붙는 뱃살, 빨라지는 걸음걸이에 풍성해지는 머리카락까지, 벤자민 버튼처럼 그렇게 시간이 거꾸로 흘렀으면 좋겠다. 다만 영화 〈벤자민 버튼의 시간은 거꾸로 간다〉와는 다르게, 우리 모두의 시간이 거꾸로 흐르면 좋겠다. 젊은이거나 늙은이거나 무리 속

나만 홀로 반대인 세상살이는 또 별로일 것 같아서. 벤자민 버튼이 갓난아이로 연인의 품안에서 생을 마감하는 장면은 너무나도 슬펐기에.

늙을수록 젊어진다니 상상만 해도 신난다. 늙으면 어때, 젊음이 오는데라고 생각하니 살수록 경쾌해질 것만 같다. 걸음걸음에 즐거움이 묻어 매일매일을 주체할 수 없는 방정맞음으로 까불거리며 살지도 모를 일이다. 세상도 지금과는 정반대의 모습을 할 것이다. 직장에서는 입사면접을 보는 신입사원 노인과 앳된 간부급의 면접관이, 대부분의 사무실에서는 노년 인턴과 청년 CEO가 당연하게 받아들여질 것이다. 영화 〈인턴〉의 늙은 인턴 로버트 드니로와 젊은 CEO 앤 해서웨이의 역할이 현실이 되는 셈이다. 아파트 단지에는 아기같이 작은 할머니가 탄 유모차를 끄는 젊은 여자가, 명절에는 만수무강을 비는 주름진 자식과 덕담을 건네는 그야말로 아기 피부의 팽팽한 부모가 있을 것이고, 초·중·고등학교의 체육시간은 스트레칭 위주의 근력 단련이 전부일 수도 있겠다. 시골의 이장 어르신과 청년회장의 외모와 역할도 지금과는 반대가 되어야 맞는 그림이 된다. 세상은 뒤집어지겠지만 100세, 120세 시대에 늙을수록 젊어진다니, 개인, 가정, 사회, 국가, 세계 아니 우주의 걱정이 절반으로 줄어드는 기분이다. 혼란도 있겠지만 긍정적인 면이 더 많을 것 같다. 외적·내적 성숙도가 밸런스를 맞추어, 청춘은 어린 정신에 늙은 신체를 가져 마냥 럭비공처럼 튀지 않을 것이며, 노년은 어린 신체에 성숙한 정신을 가지니 누구나 이만하면 즐거운 인생이다 생각지 않을 수 없을 것이다.

이런 삶, 이런 세상에서 가장 긍정적 측면이라면 늙었다고 늙은이를 홀대하는 분위기가 사라질 거라는 점이다. 청춘의 모습을 한 노인들을, 그 늙음을 젊은이들은 부러워하며, 자의든 타의든 젊은이들 눈치를 보고 비위를 맞추던 노인들은 노화와 병치레를 걱정하는 인생에서 이 둘을 걷어내어 더없이 푸르고 싱그러운 청춘의 모습을 할 것이다. 늙는 것도 서러운데 젊은 것들 눈치를 봐야 한다니 하고 서글플 필요까지는 없는 세상이 된다는 말이다. 30, 40대를 지나면서 더욱 싱그러워지는 낯빛과 지치지 않는 체력을 가진다면 늙은 게 죄라는 말 대신 늙은 게 복이라고 기분 좋게 말할 것이다. 화초를 내건 SNS 프로필 사진은 젊은 외모를 과시하는 셀카로 바뀌어도 이상하지 않다. 꼰대, 개저씨, 뒷방 늙은이라는 말도 갈 곳을 잃어 사라질 것이다.

거꾸로 흐르는 인생은 정신적인 측면에서도 긍정적이다. The best is yet to come. 내년은 올해보다 더 즐겁고 아름다워질 것을 이미 알고 또 기대할 수 있으니 안정적이고 즐거운 삶이 아닐 수 없다. 삶의 요철에서 '이 또한 지나가리라'를 수없이 되뇌며, 전성기는 아직 오지 않았다고 억지로 긍정하는 것이 아니라 육체와 정신이 온전히 충만한 생을 영위하게 되어 애써 긍정하지 않아도 사는 것 자체가 긍정으로 향해감으로써 그저 일상을 살 뿐인데 삶의 궁극적 가치를 이뤄가고 있는 사람들, 삶. 노년의 다른 이름은 노화와 우울이 아닌 건강과 긍정이 되어도 하나 이상할 게 없다.

28청춘의 윤기나는 외면에 산전수전, 공중전까지 경험한 나름의 판단과 지혜가 쌓인 내면. 이것이 노년이라면 노년은 그토록 외롭거나 쓸쓸하지 않다. 82노년의 주름지고 구부러진 외면에 미숙과 미완성이 만들어낸 치기어린 내면, 이것이 청년이라면 청년은 무모하려야 무모할 수 없다. 청년기를 잘 살아내면서 노년기를 기대하며 기다리고 마침내 노년기에 삶의 기쁨을 심신으로 꽃피우는 인생, 인생의 주기가 청춘에 꼭짓점을 둔 곡선이 아닌 노년에 꼭짓점을 둔 우상향의 직선이라면 좋았을 텐데. 삶이란 이렇게 설계되었어야 바람직한데 어쩌자고 신은 청춘을 앞에 두고 노년을 끝에 둔 인생을 인간에게 주었을까. 지나온 인생이 얼마나 바보 같았는지 깨닫게 하기 위해서일까? 잘살았든 못살았든 살아온 인생에 대한 반성과 후회를 주기 위해 다시 되돌릴 수 없도록 얼마 남지 않은 시간과 힘 빠진 육체를 동시에 그것도 끝에 배치해놓았단 말인가. 신은 참으로 고약하다.

청춘(青春), 만물이 푸른 봄철이 청춘이다. 인생의 가장 아름다운 시기, 청춘은 계절의 첫머리인 봄과 맞닿아 있다. 한 해의 꽃을 피우는 봄, 인생의 꽃을 피우는 청춘, 계절의 순서와 인생의 순서는 꼭 이래야만 했을까. 어째 신의 조직 배치도가 영 마음에 들지 않는다. 무너지는 외적 변화와 흔들리는 내적 고독을 삶의 끝에 몰빵 당하지 않은 벤자민 버튼이 그저 부러울 뿐이다.

20대의 젊음이 마냥 부럽지는 않다고, 지금이 아니라 90년대에 20대였던 내가 부럽다고 해놓고 노년에 젊음을 붙이는 상상을 꽤 늘어놓은 것은, 청춘을 지나와 중년, 장년으로 가고 있는 시점에서 시대를 탓하기 전에 내 한 몸, 이 마음을 건강하게 건사하는 것이 결코 쉽지 않다는 것을 알아버려서인지도 모르겠다.

뒷산을 내려오다 노을을 보았다

사그라드는데 달아오르는 것 같은,

뜨겁게 저무는 해가 점이 될 때까지

나는 눈을 떼지 못했다

오늘, 어제, 몇 년 전까지 훑게 한 벌건 여운은

내일로 단어를 옮기며 하산을 명했다

'내일은 내일의 태양이 떠오르겠지'

스칼렛 오하라처럼 새로운 각오를 다지며

바람과 함께 산을 내려왔다

PART IV

삶의 잔기술

모호한 삶에 대단한 기술이 있으려고
그래도 작고 사소한 기술은 먹히더라

● 혼잣말 솜사탕

내가 무슨 말을 했었지? 셀 수 없을 만큼 많은 말을 했는데 무슨 말을 했는지 잘 기억하지 못한다. 내가 한 말보다 남에게 들은 말이 더 또렷한 와중에 내가 한 말 중 기억나는 것은 대부분 실수로, 아닌 밤중에 이불킥만 부른다. 짧은 탄식 혹은 굵은 포효와 함께.

나는 남 앞에서 말하는 일에 익숙하다. 프레젠테이션이다 브리핑이다 갑 앞에서는 물론이고 아군인 을 앞에서도 말하는 상황은 자주 주어졌다. 그러다보니 많이 해봐서 잘하는 수준은 되었다. 나의 말은 주로 설명, 강조, 설득, 동의, 공감 쪽으로 공적언어의 화법에 치우쳤고 다져져왔다.

어찌되었거나, 남 앞에서 하는 말은 신경이 쓰인다. 단어의 선택은 적절했는지, 실수와 오해는 없었는지, 생각의 깊이가 너무 얕지는 않았는지. 말이 곧 생각이라는 의견에 동의하듯 가끔은 어디서 주워들은 명언이나 공감 글귀를 인용하기도 하면서 자신의 말을 그럴싸하게 포장하기도 한다. 드라마 주인공부터 정치사회, 지구 평화에 이르기까지 시시콜콜하면서도 굵직한 주제로 넘나들며 의견을 표현한다. 우리가 흔히 말이라고 하는 것은 주로 남이 개입

된 상태에서의 말을 가리킨다. 공적언어이거나 사적언어*이거나.

하루 동안 쓰는 공적언어와 사적언어의 비중은 얼마나 될까. 직장인은 공적언어의 비중이 높다. 일찍 출근하고 늦게 퇴근하는 패턴이라면 사적언어에 내어줄 자리는 없다. 하루종일 공적언어라고 하는 높임말의 녭무새**로 산다면 이러려고 직장인이 되었나 자괴감이 들 것만 같다. 1인 기업, 재택근무를 하는 직장인의 경우는 직장인이기는 하나 공적언어의 비중은 높지 않을 듯하다. 주부나 학생의 경우는 상대적으로 사적언어의 비중이 높다. 해도 해도 이야기할 거리가 끊이지 않는 드라마와 연예인 이야기를 시작으로 패션, 미용, 맛집, 피부과, 성적, 정치, 사회, 법제도까지 넘나드니 주부나 학생의 사적언어는 뭐라 말을 얹기가 어렵다. 아무튼 공적언어는 멋있을 수 있으나 딱딱하고 사적언어는 친근하나 자질구레해서 하루의 언어만큼은 공사 구분 없이 섞이는 게 좋겠다. 그렇게 수직적 공적언어와 수평적 사적언어가 균형 있게 사용되었다면 건강한 하루였다고 여겨도 될 것 같다.

사적인 언어 중 최고로 사적인 것은 혼잣말이다. 주제가 공적이다 사적이다 할 것 없이 주제랄 것도 없는 말, 혼잣말. 남에게 하는 말보다 앞에 두어야 할 것은 스스로에게 하는 말인 혼잣말이다. 혼잣말은 혼자 사는 사람들이 잘한다. 반려동물에게 하는 말

---

* 공적인 상황에서 사용하는 언어인 공적언어에 반대되는 의미로 사용했다.
** '녭'과 '앵무새'의 합성어로, 모든 대답을 '녭'으로 반복하는 직장인을 이르는 말로 대개는 상급자의 지시와 요청에 하급자가 자주 하는 반사적 대답으로 이해된다.

이 아니라도, 어디에 두었더라, 뭘 먹을까, 텔레비전이나 볼까 하는 말을 나 홀로 있는 공간에서 소리 내어 말하곤 하는데, 여기에 리듬까지 붙이면 독거 경력이 꽤 있다고 보아도 무방하다. 혼잣말이 많아지면 나이 든 증거라고도 하던데(다행히 나이는 들었으나 티가 덜나는 철딱서니 없는) 나는 혼잣말을 전혀 하지 않는다. 흔히 하는 샤워하면서 노래 부르기, 요리하면서 흥얼거리기도 하지 않는다. 약속 없는 주말, 입병이 돋아 오라메디 연고를 발랐더니 저녁때 거의 다 나았더라는 후문. 믿거나 말거나.

혼잣말은 정신없는 사람 혹은 정신 나간 사람이 하는 것이라 생각했다. 직장에서 혼잣말하는 타입은 부산스러워 나의 집중을 분산시켰고 길에서 혼잣말하는 사람은 사회에 불만이 많아 큰소리를 내서였던가, 혼잣말을 좋게 볼 수가 없었다. 그래서인지 혼잣말은 나와는 상관없는 먼 나라 이야기라 여겼던 내가, 요즘 혼잣말에 맛들였다.

'나는 뚱뚱해.'
'나는 예쁘지 않아.'
'내가 뭘 할 수 있겠어.'
'내가 그럼 그렇지. 잘될 턱이 없지.'
'나만 불행한 것 같아.'

혼자 하는 말이 부정적이면 우울증에 걸리기 쉽거나 이미 진행중이라고 했다. 진단이 너무나 와닿아 출처는 중요하지 않았으나 기억도 나지도 않는다(이런). 이 진단을 더욱 명확히 기억하는 이유는 당시 나의 혼잣말이 위처럼 거의 부정적인 것들이었다는 걸 알게 했기 때문이다. 잘되는 일 없고 웃을 일 없고 별다른 일도 없고, 없고 없고 없고의 연속인 나날에 부정의 기운이 가득했던 때였다.

부정의 혼잣말은 돌아가면서 덩치를 키우는 솜사탕을 닮았다. 누가 시킨 것도 아닌데 비관적인 혼잣말은 밖으로 나오지 못하고 속에서 뱅뱅 돌며 부피를 키웠다. 풍선처럼 부풀어오른 솜사탕은 공갈빵처럼 크기만 컸지 혀를 대면 녹기 시작한다. 달콤하게 또 허망하게. 부정의 혼잣말을 없애는 방법과도 똑 닮았다. 입을 떼서 내 안으로 사라지게 하는 것처럼 말이다. 부정의 혼잣말 다스리기를 가장 잘하는 사람은 우리의 엄마들이다. 가장 지혜롭고 현명하게 부정적 혼잣말에서 벗어나곤 했는데 그 모범답안이 바로 '엄마는 왜 모든 걸 다 노래로 할까?'의 그것이었다. 부엌에서 다용도실에서 집안일을 하며 싱어송라이터가 되어 노래를 부르던 엄마는 자식 걱정, 돈 걱정, 남편 흉, 친구 욕, 신세한탄과 팔자타령을 곡에 실어보냈다. 그러고는 아무렇지 않게 가족을 위한 상을 차려냈으며, 친구와 웃으며 통화를 했다. 고비를 넘기고 더 단단해진 것처럼. 엄마는 입 밖으로 내뱉어진 혼잣말의 위력을 알고 계셨던 것은 아닐까. 부정적인 속엣말을 밖으로 꺼내어 리듬과 운율로 잘 포장해서 곡으로 흘려보내면 좀 낫다는 듯이. 이 또한 지나가리라는 심정으로 그렇게 마음의 상처와 머릿속 고민을, 고된 노동의 시간을 곡으로 흘려보낸 것은 아닐지.

다른 사람의 말보다 나 자신의 말에 귀기울여야 한다. 그다음 입 밖으로 내뱉어야 한다. 마치 배설하듯이. 입 밖으로 나온 혼잣말은 긍정이어야 한다는 팁은 중요하나 굳이 강조할 필요는 없다. 소리에 얹은 혼잣말은 부정적인 것이 부자연스러워 자연스레 긍정으로 흘러간다. 내가 해봐서 안다. 못 믿겠다면 앞에서 이야기한 다섯 가지 부정적인 혼잣말을 지금 크게 소리 내서 읽어보기 바란다. 금방 어색해질 것이다. 긍정으로 바꿔서 똑같이 이야기해보면 어색하지 않다. 다행히도 우리는 부정보다 긍정이 어울리는 사람들이다.

남의 말보다 내 말이 중요하고, 남에게 하는 말보다 나에게 하는 내 말이 중요하다. 확신에 찬 긍정의 혼잣말은 운명까지 흔든다. 나의 혼잣말은 어떠한지 살펴보자. 자기암시, 자기확신을 부정적으로 하는 인간이 어디 있냐고 하겠지만 그게 바로 그대일지도 모른다. 내 안의 부정은 눈치채기가 어렵다.

입 밖으로 소리 내어 혼잣말을 연습해보자. 긍정도 부정도 알고 보면 습관이다. 가급적이면 긍정으로 앉히자.

생각을 조심하라. 말이 된다.

말을 조심하라. 행동이 된다.

행동을 조심하라. 습관이 된다.

습관을 조심하라. 성격이 된다.

성격을 조심하라. 운명이 된다.

결국 우리의 운명은 생각하는 대로 된다.

나는 언제나 이길 수 있다고 생각한다.

그래서 이 세상 누구도 나를 굴복시킬 수 없다.

마거릿 대처

나에게 내가 하는 말

남이 하는 말에 신경이 쓰이나요

남에게 한 말에 신경이 쓰이나요

스스로에게 하는 말은 어떤가요

남의 말에 신경쓰느라

내게 하는 말을 잊은 건 아닌가요

이제부터라도 자신에게 말을 걸어보세요

누구보다 내게 하는 말에 신경을 써야 해요

혼잣말이 고와야 당신이 고와진답니다

오늘 나에게 어떤 말을 해줄 건가요

● 아끼다 똥 된다

치킨 한 마리를 앞에 두고 나는 망설임 없이 가슴살을 고른다. 다이어트 때문이 아니다. 취향이다. 쓸 일 없는 가슴살보다 자주 쓰는 다리 살이 탄탄한 것은 나도 잘 안다. 하지만 나에게는 맛있는 부위가 아니다. 일단 거무죽죽한 그 살색이 싫고, 맨질맨질한 질감이 마음에 들지 않는다. 나는 하얀 식빵처럼 뜯어지는 질감이 좋다. 그래서 언제나 닭은 가슴살이다. 닭가슴살만 고르는 취향으로 고맙다는 인사도 종종 받았다. 고맙긴, 애초에 다리 살은 마음에 두지도 탐내지도 않았는걸. 나의 닭가슴살 선택은 닭다리 양보로 인한 차선책이 아닌 비주얼도 식감도 빵점인 닭다리에 대한 회피이자 만족도 높은 부위를 꼽은 최우선책이었을 뿐인데.

혹자는 치킨 앞에 자비란 없다며 닭다리 사수에 밉상을 자처하기도 했다. 종이 상자 안 치킨 조각의 배치가 닭다리 쟁탈전을 더욱 부추긴다고 보는데, 특히 뜨거운 포장박스 맨 위에 놓인 닭다리가 그렇다. 박스를 열자마자 닭다리를 먼저 낚아채려는 손의 부딪힘을 목격할 때마다 그들의 빠른 손, 진지한 자세를 보면 웃음이 나왔다. 나에게는 참여 의지 하나 안 생기는 쓸데없는 쟁탈전일뿐더러 다 큰 어른이 닭다리 앞에서 이토록 진지할 일인가 해서. 닭다리 앞에서는 애 어른 할 것 없이 누구나 밉상이 될 수 있었다. 애들과 함께 치킨을 먹게 된 한 어르신은 자신보다 빠르게 닭다리를 낚아챈 아이들을 두고 가정교육까지 들먹였다. 어리고 어여쁘지만 닭다리를 탐하는 어린것들은 탐탁지 않았던 모양이다. 그도 그럴 것이 치킨하면 닭다리, 닭다리에 진심인 어른 닭다리파가 어린 닭다리파에게 밀려 닭다리 대신 공기만 잡은 무안한 손으로 눈 뜨고 닭다리를 빼앗겼으니. 빼앗긴 것도 씁쓸한데 우걱우걱 먹는 어린것들을 보고 있자니 더, 거기에 마음 같지 않은 맛있게 먹으라는 말까지 던져야 했으니 더욱더. 당장에라도 어린 손의 닭다리를 채고 싶었겠지만 자라나는 새싹인지 뭔지 닭다리 라이벌인 어린것들에게 그렇게 닭다리를 양보해야만 했으니 힘겹게 어른스러움을 지켜냈다고 해야 할까. 나도 닭다리를 좋아한다, 나도 닭다리가 먹고 싶다, 니들만 입이냐, 너희들은 장유유서도 모르냐, 할 말은 꽉 찼지만 할 수 없는 어른이라니, 어른 노릇하기도 참 힘들다.

나에게도 양보하기 어려운 먹거리가 있다. 딸기, 나는 딸기를 무척이나 좋아한다. 딸기가 한창인 철에는 딸기가 끼니가 될 정도로 딸기를 달고 산다. 치킨도 비주얼 운운하여 닭다리를 거부하더니 딸기 역시 비주얼을 들먹이려고 하는 걸 보니 나는 눈이 즐거운 먹거리를 선호하나보다. 싱싱한 초록 꼭지와 빨간 몸뚱이는 컬러 조합도 비율도 너무나 완벽해서 바라만 보아도 기분이 좋다. (너무 예쁘지 않은가? 역시 최고의 미는 자연미라니까.) 두고두고 아껴먹으면 좋으련만 딸기는 쉽게 무른다. 무른 딸기는 한차례 펀치를 맞은 것마냥 패이고 뭉개진 모습을 한다. 진심으로 속이 상한다. 그리하여 무른 징조가 보이거나 이미 무른 딸기부터 먼저 먹는다. 먹는다기보다 해치우는 것인데 어쨌거나 일단 싱싱한 것만 남으니 안도하게 된다. 안 보면 멀어진다는 말처럼 무른 딸기는 안 보이게 해서 멀리하고 싱싱한 딸기만 남겨 예쁜 딸기의 예쁜 모습만 보겠다는 의지이기도 했다.

그러니까 나는 좋아하고 아끼는 것은 나중에 취하는 타입이다. 그러다보니 딸기 한 소쿠리를 사면 무른 것부터 먹게 되었고, 먹다보면 언제나 가장 무른 딸기만 먹게 되었다. 싱싱한 딸기를 사놓고는 상한 딸기를 먹는 셈이었다.

아이스크림도 비슷했다. 땅땅하게 언 아이스크림은 첫 숟가락을 푸고 나면 두번째부터는 가장자리가 슬슬 녹기 시작했다. 잡은 손의 온기 때문인지 가장자리는 잘도 녹았다. 녹은 가장자리를 훑어내면 녹지 않은 부분만 보였다. 나라도 녹은 부분을 먹어야 보기 싫은 부분은 없어지고 먹기 좋은 부분만 남는 것이라 아이스크림에서는 양보도 적잖이 했었는데 같이 먹는 사람은 죽어라 가운데만 팠다. 아이스크림 한 통에도 양보와 이기가 공존했다.

어렸을 때에는 녹는 부분이 뻔히 보이는데 녹지 않은 부분만 파먹는 언니가 얄미웠다. 그 순간만큼은 어린이가 미워할 수 있을 만큼 언니를 미워했던 것 같다. 하나를 보면 열을 안다고, 어릴 적부터 언니는 이기적이라는 소리를 들었고 나는 희생적이라는 이야기를 들었다. 둘이 먹는데 희생과 이기를 누가 알아준다고 그냥 좋은 것을 취하면 될 일이었는데 나는 늘 희생의 편에 서서 이기적이지 못했다. 닭다리와 가슴살은 선호가 있어 그럴 일이 없었지만 녹은 아이스크림이야 좋아하는 사람이 어디 있으려고. 이제 함께 아이스크림을 퍼먹을 일도 거의 없지만.

어려서부터 희생적이라던 나는 어느 순간 희생과 담을 쌓고 살고 있는 것 같다. 성인군자, 도인이 되긴 글렀다. 좋아서 해줘놓고서는 말로든 행동으로든 비슷한 정도의 보상을 돌려받았으면 하고 바라고 있더라. 아주 가끔 배려하고 양보해놓고 돌려받기를 바라고, 그렇지 못하면 속이 상하고 눈을 흘기는 소심한 나라는 인간. 희생과 배려가 몸에 배서 보상을 받지 않아도 상관없었던 적은 손에 꼽을 정도로 적었고 그조차도 마음을 먹어야 가능했다. 문제는 티도 안 나는 배려와 양보를 해놓고 티나게 돌려받기를 바랐다는 것이다. 착하다는 말 정도면 될 것을 성인군자, 도인까지 운운하는 거 자체가 그릇이 큰 사람은 못 된다는 말이고, 이런 식으로라도 자기반성을 하니까 그나마 다행이라고 해야겠다. 어쨌거나 지금은 시키지도 않은 배려를 하고 돌려받으려는 마음이 이상하다는 생각을 하기도 한다. 돌려받으면 좋지만 돌려받지 않아도 좋은 마음으로 시작한 배려와 양보, 희생이라면 그걸로 됐다고 말이다. 내가 건넨 선한 마음은 나를 단단하게 하는 긍정적 성향과 자존감으로 돌아오는 것이니 상대에게 받는 것보다 더 큰 보상이 아닐 수 없다. 그러니 당시의 언니는 현명했고 나는 미련했다. 희생, 이기 그게 다 뭐람, 그저 개인주의적이었던 것일 뿐인데. 너도 나도 서로 피해주지 않고 각자 좋은 것을 취하면 되는 것이었는데.

나도 가장자리만 훑을 것이 아니라 가운데를 파면 됐고, 녹아버린 아이스크림은 버리거나 다시 얼려서 다음에 먹으면 되는데, 이 많은 경우의 수를 두고서 왜 그리 마음 상했던지.

무르지 않은 딸기와 녹지 않은 아이스크림. 싱싱한 것부터 먹으면 나는 항상 처음부터 나중까지 가장 싱싱한 것만 먹게 된다. 살짝 무른 딸기가 눈에 띄더라도 녹은 아이스크림이 보이더라도 모른 척하고 좋은 것부터 먹으면 된다. 더 상할까봐 상하기 직전 것부터 먹고 더 상하지 않을까 신경쓰지 말고 그냥 좋은 것부터 먼저 취하는 것이다. 이미 나쁜 것은 더 나빠질 수밖에 없으므로 나빠지도록 내버려두고 좋은 것에 집중한다. 딸기와 아이스크림으로부터 배운 삶의 태도이다.

좋은 것이라서, 아끼느라 늘 안 좋은 것만 갖지 않았던가. 딸기든 아이스크림이든 사람을 향한 감정이든 좋아하는 것에는 양보

가 없는 게 낫다. 나중은 잠시 꺼두어도 좋다. 우물쭈물하다 아끼다가 똥 된다고, 내 이럴 줄 알았다고. 좋아하면 아끼면 당장 덤벼들어야 옳다.

● 불청의 기술

"그 입 다물라." 예능 프로그램에서 들은 이 말은 사이다처럼 시원하게 귀에 박혔다. 실로 이 말을 하고 싶은 상황이 너무나도 많은 관계로. 더이상은 못 들어주겠다고, 그만 듣겠다고 전하는 인내심의 최전선. 공식적인 자리에서는 꺼내지도 못할 이 말이 네이버 국어사전 오픈사전에 등록되어 있다. "어떠한 듣기 싫은 말 혹은 말이 되지 않는 소리를 듣게 되었을 때, 상대방을 한방에 일축시킴과 동시에 기를 위축시키는 말"이라는 뜻으로, "포커페이스를 유지하면서 무미건조한 음성으로 발음해야 한다"는 깨알 같은 팁과 함께.

마라톤회의에서 쓸데없는 말을 하는 멤버에게, '잘'하라고 '똑바로' 하라고 '제대로' 하라고 '마음에 안 든다'고 결국 '너는 못났고 나만 잘났다'고 말하는 상사에게, 1절만 하면 좋겠는데 3절, 4절까지 하고야 마는 엄마에게, 궤변을 쏟아내는 국회의원에게, 제 이익 때문이면서 다 너를 위한 거야라고 말하는 무개념들에게, "그 입 다물라"고 하고 싶다.

왜 긴 말, 많은 말의 주인공들은 하필 나보다 나이가 많고 직급이 높은 것일까. 왜 그들은 그렇게나 하고 싶은 말도, 해주고 싶은 말도 많은 것일까. 누차 말했는데도 아직까지 변하지 않았고 말 말이 옳은 말이라 골백번을 말해도 지나치지 않는다고 생각해서

일까. 아니면 듣는 사람이 한없이 부족해 뭘 해도 마음에 안 들게 하는 바보 멍청이여서 그럴까.

화자와 청자의 역할을 함께 수행해야 하는 우리는 화자만큼이나 청자가 결코 그리 쉬운 일이 아니라는 것을 잘 안다. 말하는 것보다 듣는 것이 백배는 어렵다. (이런데도 스피치 학원은 있어도 리스닝 학원은 없다는 게 아이러니하다.) 그리하여 우리는 발언자를 앞에 두고 졸거나 낙서를 하거나 딴짓을 할 수밖에 없다. 그 자리에 있지 않았더라도 집중하지 못한 청자를 탓할 수만은 없는 것은 다문 입으로 열린 입의 대장정을 받아내는 건 보통일이 아니라는 것을 경험으로 알고 있어서일 것이다.

딴짓이 허용되는 원거리에 자리했다면 눈에 띄지 않으면 그만이다. 문제는 꼼짝없이 듣고 호응해야 하는 근거리의 경우이다. 말하는 입장에서는 거리에 상관없이 모두 잘 들어주기를 바라겠지만 듣는 입장에서는 거리고 뭐고 얼른 끝났으면 한다. 내가 원해서 찾아간 강연에서도 하품은 나오기 마련이니까. 듣기 좋은 소리도 길면 지겹고 질린다. 하물며 듣기 싫은 이야기는 오죽할까.

언젠가 청자의 역할이 몸부림치게 버거웠던 날이었다. 기나긴 잔소리의 향연에서 피골이 상접해가는 나는 변화 하나 없는 옆자리의 그녀에게 어찌된 것인지 이유를 물었었다. "안 들으면 돼." 들리는데 안 듣는다고? 그게 가능해? 세상에 그런 놀라운 능력이? 엑스맨이야 뭐야, 신기했다.

길고 지루했던 강연. 쓸데없는 이야기를 복기하며 낱낱이 묘사하는 나에게 헐렁한 반응을 보이는 것이 마음에 안 들어 되물었더니 그런 이야기가 나왔었냐며, 모르겠단다. 딱히 딴짓을 하지도 않던데, 아니 오히려 정말 잘 듣고 있는 것으로 보였는데 의외의 답이었다. 딴생각을 했었단다. 1시간 남짓 나란히 앉아 있었는데 한 사람은 다 듣고 피곤했고, 한 사람은 덜 듣고 아무렇지 않았다.

티끌 같은 소리도 죄다 듣고야 마는 소머즈* 같은 내 귀는 딴생각을 하고 싶어도 강연자의 소리가 들려서 딴생각을 할 수가 없었다. 그러고는 궁시렁 궁시렁 강연만큼 길고 지루한 불만을 내뱉었다. 나도 그녀처럼 안 듣는 기술이 있었으면 좋겠다 했다. 그녀의 귀는 청력 이상의 능력이 탑재되어 있었고 작동에 이상이 없었다. 들을 소리 듣지 않을 소리를 구분하는 그녀의 귀는 미드 〈섹스 앤 더 시티〉의 샬롯과 같이 잘 작동하는 것 같았다. 내 안의 소리에 집중하던 끝에 외부 소음 단절에는 성공했으나 그러느라 바깥의 소동을 눈치채지 못해 난리법석으로 끝났던 에피소드이기는 하지만.

나는 청력만 좋았지 경청의 기술은 한없이 모자라고 불청의 기술은 한 줌도 없는 터라 싫은 소리, 나쁜 소리 하나 걷어내지 못한

---

* 〈소머즈The Bionic Woman〉: 1970년대 유명 외화시리즈 중 하나. 58편의 에피소드로 구성된 미국 TV 시리즈로 국내에는 〈소머즈〉라는 제목으로 방영되었다. 치명적 사고로 팔과 양다리, 귀에 기계장치를 이식해 슈퍼우먼으로 되살아난 제이미 소머즈라는 생체공학 기계인간의 활약이 주내용으로, 소머즈는 특히 오른쪽 귀의 청력이 뛰어났는데, 시리즈의 인기 덕에 작은 소리도 잘 듣고 귀가 밝은 사람을 소머즈라고 부른다. 지금까지 예능 프로그램이나 보도기사에서 소머즈급 청력, AI 소머즈 등으로 쓰이고 있다.

다. 연습만이 살길이라고 안 듣기도 연습하니 나아지는 것도 같다. 불행인지 다행인지 불편한 소리는 어제도 오늘도 들려오고, 내일도 계속될 테니 매일 불청력이 향상될 모양이다.

잘 듣는 사람이 부럽더니 이제는 잘 안 듣는 사람이 부럽다. 고흐처럼 귀를 떼어낼 수야 있겠나. 자리를 박차고 나갈 수도, 바삐 움직이는 저 입에 재갈을 물릴 수도 없으니 고도의 기술을 쓸 수밖에 없다. 내 귀의 모드를 경청에서 불청으로 전환한다. 길어지는 잔소리 쓴소리는 불청객, 불청객은 불청으로 상대해줘야 제격이다. 나의 주변인에게도 불청을 추천한다. 나의 말도 가끔 아니 자주 많아지고 길어지고 있으니.

헉! 그런 거였어. 그날의 그녀는 내 궁시렁에도 불청의 기술을 썼던…… 소오름.

귀꺼풀

잔소리, 쓴소리 막아주는 귀꺼풀이 있었으면

온오프 스위치를 바꾸면 열고 닫고

귀의 개폐를 자유자재로 할 수 있었으면

이어폰이나 귀마개는 너무 티가 나니까

상사와 엄마에게 전격 반항하는 걸로 보이니까

들키면 그 소리 더 길어지고 많아질 테니까

눈에 띄어도 의심할 것 없는 귀꺼풀이 있었으면

새나 파충류의 눈처럼 창문의 블라인드처럼

스르르 막아주는 눈꺼풀이 귀에도 있었으면

그렇지만 귀의 귀썹은 없었으면

귀에 털은 지저분하니까, 비위가 상하니까

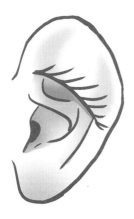

• Who am I?

서랍을 정리했다. 아이폰 5 케이스, 만료된 여권, 한 쪽만 들리는 이어폰, 버리지 못한 소품들이 많았다. 크리스마스 케이크 장식은 왜 있는 거니. 지난번 정리 타임에서 버릴까 말까 망설이다 휴지통이 아닌 서랍으로 다시 자리한 놈들 중 몇은 휴지통으로, 대부분은 다시 서랍으로 들어왔다. 이번 정리 타임도 저번과 비슷했다. 제거가 아닌 재배치 수준으로, 결국 버리지 못해 다시 서랍으로 돌아온 것들은 배치를 바꿔줌으로써 새로움을 부여했으나 그것은 소품이 아니라 서랍에게 주는 새로움이었다.

작은 협탁인데도 정리에 꽤 많은 시간이 걸렸다. 물건은 사람과 연결되어 있어 추억을 떠올리게 한다. 오래된 물건은 그래서 정리가 어렵다. 완전히 삭제되지 못하고 보관의 형태로 생명을 이어간다. 추억이 있는 한 정리는 쉽게 끝나지 않는다. 정리는 추억을 부르니까. 애시당초 정리는 정리가 아닌 추억소환으로 끝나는 일이었던 것이다.

서랍 정리에 있어 가장 많은 시간을 할애한 것은 명함이었다. 투명비닐이 명함 크기로 칸칸이 나눠져 있는 명함집은 비는 칸 없이 앞뒤로 채워져 있었고, 간혹 명함이 두 개씩 꽂혀 있는 칸도 있었다. 정사각형과 세로로 긴 형태의 직사각형 명함집, 이렇게 두 개의 명함집이 있었는데 둘 다 넘쳐나는 명함으로 배가 불러서 납작하게 닫히지 못하고 1/3 정도 벌어진 상태로 속을 보이곤 했다. 명함집이 두꺼워질수록 커리어가 쌓였고 명함집이 늘어날수록 인맥도 넓어지는 것 같았다. 커리어가 계속해서 쌓이기만 하는 것은 아니고 인맥도 넓어지는 것만은 아니라는 것을 어느 순간 알게 되었지만.

업무상 미팅을 하면 명함을 교환했고 사무실로 돌아와 명함집에 꽂았다. 연락할 일이 생기면 명함을 찾아 사무실 전화로 통화를 했다. 업무상 연락할 갑과 을이 꽉 찬 명함들은 사회생활의 기록이자 재산이었다. 회사를 옮길 때에도 내 명함은 버려도 재직하는 동안 받은 남의 명함은 챙겨서 가져왔으니 명함도 명함집도 귀한 대접을 받았다. 지금은 명함을 사진 찍어두거나 휴대폰 연락처로 바로 등록한다. 업무상 소통도 휴대폰 통화와 메신저가 담당하다보니 휴대폰이 곧 명함집이 되었다. 명함 교환은 유효하나 명함집은 무효한 시대가 되었다. 타인의 명함을 쥐고 있는 모습처럼 클래식한 그림도 없는 것 같다. 영화나 드라마에서나 나오는 장면이 되어버렸을 만큼.

명함을 하나씩 빼서 확인했다. 갑질하던 갑님, 갑으로 모시겠다는 을님이 명함으로 남아 있었다. 절반의 미소와 절반의 썩소를 짓게 한 명함들을 버렸다. 더이상 갑질도 을 노릇도 할 생각이 없으므로. 남긴 명함은 지금은 지인이 된 당시 동료의 명함, 다른 업계 종사자의 명함 몇 개, 그리고 내 명함 두 개 정도. 미소를 짓게 하는 추억의 주인공 몇몇, 그들의 명함은 정리하지 않았다. 내 명함은 지금보다 한참 어렸을 때 만든 프리랜서 명함 하나, 가장 높은 직위였던 마지막 회사의 명함 하나, 이렇게 딱 두 개만 남겼다. 회사를 옮기고 직급이 오르면 명함이 가장 먼저 티를 냈다. 직급이 올라가거나 입사를 하면 회사에서는 명함부터 찍어주었다. 같은 내 이름에 다른 회사, 다른 직급의 명함을 줄 세워놓고 보니 지난 시간이 눈앞에서 흘러갔다. 명함은 나이테이자 인생의 계보였다. 그래서 최근까지 가지고 있을 수밖에 없었던 모양이다. 달콤한 추억도 오래 씹으면 씁쓸해져서 지난날의 회상은 여기까지만 해야겠다. 명함은 그렇게 맨 먼저와 맨 나중 것만 빼고 죄다 버려버렸다. 시작과 끝이 있으니 중간은 굳이 소환하지도, 설명하지 않아도 되겠다는 심정으로.

남긴 명함 중 둘에 대해 쓰고 싶다. 우선 내 명함에 대한 짧은 이야기부터. 내가 직접 내 명함을 만들었던 것은 카피 아르바이트 건이 늘어나면서부터였다. 프리랜서로 활동하기 위해서이기도 했지만 프리랜서에게 명함이 필수는 아니므로 회사 명함이 구렸다는 것에서 이유를 찾는 게 빠르겠다. 내 명함은 내가 만들자는 사명 아래 캐릭터를 그렸고 폰트를 골랐다. 그렇게 내 명함에는 웬만한 회사에서는 쓰지 않을 폰트와 직접 그린 내 캐릭터가 들어갔고 누가 보아도 회사 소속은 아닌 프리랜서의 명함으로 완성되었다. 회사 이름 대신 내 이름이 최상단에 배치된 이 명함으로 주니어 카피라이터 시절 몇 건의 카피 아르바이트를 했었다. 시작은 회사 선배에게 받았지만 이후에는 직접 명함을 교환하며 인사하고 직접 작업을 전달하는 형태로 케이스를 이어갔다. 내 이름을 걸고 한 첫 돈벌이였다.

또하나의 명함 이야기는 내가 본 최고의 명함에 대한 것이다. TVC 제작회의차 들른 프로덕션에서 첫 인사를 나누며 수순대로 명함을 교환했다. 프로덕션에서 일하는 피디라서 그런지 외모부터 남달랐다. 하지만 정작 눈길을 끌었던 것은 그가 건넨 명함이었다. 세상에서 가장 신박한 명함이라고 할까. 회사명, 이름, 직책, 전화와 팩스번호, 홈페이지, 이메일 주소 등 뻔한 요소의 뻔한 명함에 다를 게 뭐 있겠냐 싶겠지만 완전히 달랐다. 명함 한 면을 다 잡아먹을 기세로 적힌 큰 글씨는 "기타 치는 피디 아무개". 이것 하나밖에 기억나지 않지만 다른 직원의 명함도 같은 콘셉트인 수식어+잡 타이틀로 구성되었던 걸로 기억한다. 만화 덕후 피디도 있었던가.

광고나 디자인 계통 회사는 크리에이티브를 명함에서부터 드러내기도 하는데 한동안 그렇게 자신만의 크리에이티브를 뽐내는 명함이 유행인 시절이 있었다. 명함의 끝을 동그랗게 돌리거나 명함을 조금 크거나 작게 만들어 크기와 모양에서 차별점을 둔 경우도 있었으나 다른 크리에이티브한 명함에 비해서는 평범했다. 컬러, 텍스트 스타일, 레이아웃으로 크리에이티브를 과시하던 비범한 명함 중에서도 유독 빛났던 명함은 그 프로덕션의 명함이었다.

내가 만난 그는 기타를 치는 피디였다. 수식어를 붙인 명함이라니 너무 매력적이지 않은가. 그의 명함은 자기소개를 제대로 수행했고, 생각지도 못한 상상까지 만들었다. 명함이 상상의 나래를 펼쳐주었고 기분까지 살짝 띄워주었다. 명함을 받고 기분이 좋기는 처음이었다. 다시 그를 보았을 때 그는 기타를 치지 않았지만 기타를 치고 있었다. 내 머릿속에서. 그리고 이 사람은 어떤 사람일지 바로 궁금해졌다. 그와 기타에 대해 뭐라도 물어봐야 될 것만 같았다. 잘 만든 명함은 사람의 기분을 좋게 하고 궁금증을 자아냈다. 본분을 망각하고 사명을 넘어선 희대의 명함이었다.

지금껏 내가 받은 명함 중 최고라고 생각한다. 자신의 최대 관심사와 직업을 함께 표기하여 보이지 않은 것을 연상케 하고 말하지 않으면 모르는 것까지 한눈에 알게 했던 명함. 아이스브레이킹(ice breaking)에도 좋았고 사람도 다시 보게 만들었다. 명함도 광고(廣告. 세상에 널리 알림. 또는 그런 일)의 하나로 볼 수 있는데 그렇게 보면 그 명함, 주인공인 피디를 제대로 광고하고 있었음이 분명했다.

그렇다면 나의 직업 앞에는 무엇을 써넣을 수 있을까? 말발 좋은 광고쟁이, 완벽주의자 광고쟁이, 전략적 크리에이터, 잘나가던 광고인. 일과 직결된 것들을 붙여놓으니 매력이 없다. 이 정도만 해도 보통의 명함과는 확연히 구분되겠지만 희대의 명함을 겪고 나니 나의 명함에 올릴 수식어는 더 이야기할 나위 없이 부족한 것 같다. 그날의 명함이 내게 준 것은 명함에 대한 기준만이 아니었다. 나의 수식어, 일을 제외한 나의 관심사는 무엇인지에 대해 생각하게 했다.

수식어+잡 타이틀로 명함을 만든다면 수식어를 무엇으로 하고 싶은가. 일과 관련 없는 자신의 관심사, 취미에서 찾아야 한다면 무엇이 될 수 있을까. 잠꾸러기나 술꾼, 욕쟁이 같은 부정적인 이미지부터 떠오르는 단어는 피해야 한다. 예를 들어 잠꾸러기 개발자 같은 조합은 좋지 않다. 잠이 많은 자신을 잘 드러내기는 하지만 비즈니스용으로는 적절치 않다. 개발하라고 했더니 자꾸 잠만 잘 것 같은 개발자에게 일을 맡기고 싶은 클라이언트는 없다. 엄연히 다른 이유로 늦어지는 개발 진도를 잠이 많은 당신에게 묻는다면 억울하지 않을까. 그러니 당신이 우주 최강 잠꾸러기라고 하더라도 이런 수식어+잡 타이틀은 꿈도 꾸지 않는 게 좋겠다. 희대의 명함까지는 아니어도 나를 설명하면서 사업상 신뢰도 살짝 얹어줄 수 있다면 베스트일 텐데. 이참에 한번 생각해보자. 관심사와 취미로 나를 소개하면서도 일에 지장을 주지 않을 수식어, 나에게는 무엇이 있을까?

양다리

연애에서 양다리는 좋지 않다

하지만 삶에서의 양다리는 환영이다

두 다리가 주어졌으니 양다리도 걸쳐본다

어쩌다 양다리가 동시에 두 사람에게 애정을 붓는

나쁜 짓을 의미하게 되었는지

그 시작은 알 수 없으나

연애가 아닌 삶의 양다리는 괜찮다

양다리는 밸런스를 의미하기도 하니까

워크와 라이프의 밸런스

워라밸도 결국 양다리이다

일을 제외한 나는 무엇을 탐닉하는지

직업 앞에 수식어를 두어보면

워크와 라이프의 밸런스를 알 수 있다

붙일 수식어가 떠오르지 않는다면

지금의 삶에 일만 있고

색과 향기가 없다는

무색무취의 경고이니

무미건조한 일상이 삶이 되지 않도록

양다리 한번 제대로 걸쳐보시길

연애에서 양다리는 지옥

하지만 삶에서 양다리는 행복이다

가능하다면 더할수록 더 좋다

삼다리, 사다리, 오다……리?

사다리까지만 가는 게 좋겠습니다

● 원더풀 원더우먼

일은 하기 싫고 직장은 다니기 싫고. 그런데 돈은 벌고 싶다, 아니 벌어야 한다. 우리 대부분은 카드값을 메우기 위해, 자금 대출을 갚기 위해, 학원비를 대기 위해 쉴 틈 없이 일한다. 월급이 입금되면 카드사와 은행, 보험사가 조용히 나의 계좌에 다녀간다. 한 치의 오차도 없이 나의 지출을 뒤처리하는 것이다. 이런 이유로 입금은 한 번, 출금은 대여섯 번. 마이너스 혹은 빨간 숫자가 수차례 찍힌 내역을 보고 있자면 월급이란 통장을 스치는 것이라는 정의에 동의할 수밖에 없다. 내 것이나 내 손에 잡히지 않고 남의 손에 잘 잡히는 것이 월급이라니 내 것 중 월급만큼 슬픈 것이 또 있으랴.

슬픈 월급이라고 해도 한 달을 채운 하루하루의 노동은 커리어가 된다는 점에서 보람차다. 월급과 노동의 고리를 반드시 슬프게 볼 일은 아니라고 입꼬리 올리며 스스로를 달래본다. 하지만 커리어가 쌓일수록 피로와 스트레스도 함께 쌓이니 커리어와 피로도의 관계에서 다시 한번 슬픔 모드가 소환된다.

어차피 스쳐갈 월급이라면, 이미 쌓인 카드 빚이라면, 그 누구도 아닌 내가 나에게 선물이라도 주자 싶어 비싼 밥을 먹이고 신상을 입히고 신겨본다. 엔도르핀이 돌고 어머나 세상에, 낯빛까지 환해진다. 과하게 엔도르핀이 돈 것도 아닌데 고생한 내게 주는 선물놀이 몇 번 하다보면, 카드값은 늘고 은행잔고는 줄고, 낯빛은 잿빛이 된다. 선물 주고 스트레스 받는 대환장 사이클의 탄생. 이 시대의 가장 보편적인 직장인, 월수입의 빚쟁이는 이렇게 완성되는 것인가보다.

보편적인 월수입의 빚쟁이 직장인들은 보편적으로 고되고 힘든 직장생활을 한다. 누가 더 업무로 힘들고 바쁜지 이야기하다보면 고충의 각축장이 따로 없다. 세상에 쉬운 돈벌이가 어디 있냐는 너덜한 결론만 날 뿐이다.

바쁘고 고된 직장인 중 나는 유독 어린 여성 직장인에게 마음이 갔다. 무슨 이유에서인지 언제나 어떤 (심지어 자신이 잘 모르거나 틀린 정보를 가지고 있는) 주제에서조차 자신만만하고 여유 있는 농익은 선배들보다 싱그러우나 매사에 쭈뼛거리며 잘 모르는 표정을 하는 말간 얼굴의 어린 직원에게 신경이 더 쓰였던 것이다. 꾸미면 꾸민 대로, 못 꾸미면 못 꾸민 대로, 일찍 출근해 앉아 있는 주니어를 보면 마음 한구석이 짠해왔다. 신입사원이 그러했고, 인턴사원이 더 그러했다. 입고 나온 옷차림부터 출근시간까지, 업무 시작 전부터 보이지 않는 사무실 사람들의 시선을 신경써야 했고, 대답과 행동에서의 속도와 정도, 심지어 식사(의 주문)에서도 열심과 열정을 드러내야 했다. 그래야 싹싹하고 괜찮은, 성격 좋은 인재라는 소리를 들었다. 그도 그럴 것이 업무에서는 모르는 게 많고 실수도 적지 않으니까 업무보다는 인성이 우선시되었다. 대학에선 고참(혹은 노땅) 대접을 받았는데, 직장에서는 직장어린이, 초짜 취급을 받게 된다. 문서를 복사하고 파일을 출력하고 회의와 다과를 준비하고 이리저리 뛰다가 화장실마저 뛰어가는 그녀들의 뒷모습에서 기특함과 애처로움을 동시에 느꼈다. 지금은 너무 멀리 와 기억조차 나지 않지만, 내 마음과 신경이 어린 그녀들을 향했던 건 나 역시 그들처럼 짠한 직장 입문기를 치렀기 때문이겠지. 그녀들에게 짠한 거리가 하나 더 있었는데, 월급 말고 매월 찾아오는 또하나의 그것 월경. 금전적 애락(哀樂)이 월급이라면, 월경은 그냥 신체적 고충(苦衷)이었다.

그것으로 상상조차 할 수 없는 고통을 겪는 친구들이 있었다. 그들은 대부분 아랫배가 빠질 것 같다, 허리가 끊어질 것 같다고 했다. 그 말을 들은 나는 속으로는 너무 무서워라고 생각하며 일을 대신해주고 따듯한 음료를 사주며 살펴보았으나, 그녀들은 더 많은 약을 먹거나 점심식사를 거르고 엎드려 눈을 감는 것 말고는 무적의 생리통을 피할 길이 달리 없어 보였다. 그저 이 구간이 지나가기만을 바랄 뿐. 통증이 없으면 불편이, 통증이 있으면 불편에 고통까지 더한 먼슬리 이벤트는 아침부터 저녁까지, 때로는 다음날 새벽까지 진행되었다.

내가 본 광고계 여자 후배들은 대다수가 비슷한 모습을 했다. 월급, 쇼핑, 생리통에 이어 책상 위 물건들까지 그랬다. 책상 위의 립 제품(틴트, 립밤, 립스틱 등)과 세워둔 거울은 거의 모두의 공통분모였다. 거울의 먼지를 닦을 겨를은 없어도 거울을 보는 횟수는 여전했는데 그중 몇몇은 거울을 CCTV처럼 썼다. 제 자리 근방의 인물을 살피기 위함으로 상사 출몰 관찰이 주목적이었다. 그 몇몇을 제외한 대부분은 얼굴과 화장의 상태를 살피기 위해 거울을 썼다.

가끔 회사의 책상을 화장대로 착각하는 것이냐며 올려놓은 화장품과 세워둔 거울을, 또 곱게 화장을 고치는 그 모습을 곱지 않게 보는 시선도 있었는데, 남자들의 보기가 '그러려니'였다면 여자들은 '왜 저런다니'로 꼬나봤다. 남자들과는 다른, 여자라서 하는 행동이 훗날 트집거리가 되거나 눈 밖에 나는 일이 될까봐 더 싫은 내색을 했던 것일까. 같은 여자라서 사전 예방 차원의 과장으로 제 편들기를 한 것인지도 모르겠다. 단순 여적여*가 가장 유력하지만 정확한 이유는 알 수 없다.

어찌되었거나 화석 같은 선배가 되어서 보니 자리에서 화장을 고치거나 말았거나 거울을 수시로 보는 그 모습은 지금의 나와 달라도 그때의 나와는 닮았을 테니, '그러려니'를 훌쩍 넘은 고운 시선으로 이해할 수 있게 되었다. 사무실 책상에서 하는 화장은 '일은 안 하고 화장이나 하는 것'으로 보이겠지만 사실은 '일을 하려고 화장을 확인하는 것'이다. 작은 거울 앞에서 하는 화장은 공을 들일 수 없어 잘되지도 않을뿐더러 뷰티 유튜버가 아닌 이상 화장하는 모습을 사람들에게 노출하고픈 사람은 사무실에 없다고 봐도 무관하다. 화장의 이유는 허망하게도 짧은 시간, 단순 확인

---

* 여자의 적은 여자라는 뜻의 줄임말.

용으로 얼굴과 화장의 상태를 살피는 것이 전부다. 아침에 발견한 뾰루지의 상태나 감고 나오지 못한 머리의 기름진 정도를 확인하는 용으로. 대부분은 내외부인과의 대면 미팅을 위해, 그러니까 거지꼴은 면하려고 하는 확인과 화장이라는 걸 내가 해서 알고, 나와 함께 일하던 그때의 그녀들이 하는 걸 봐서 알고 있다. 미팅 때문이 아니라고 해도 여자의 '거울 보기'는 본능에 가까워서 시도 때도 없이 거울을 보는 것이라 이해하는 게 빠를 수도 있다. 우는 여자 친구를 달래면서 지나가는 다른 여자에게 시선을 꽂고 뗄 줄 모르는 (그러나 절대 안 봤다고 하는) 남자들의 본능처럼.

눈엣가시로 본다고 뭐 달라지겠는가, 본능에 가깝다는데. 또하나, 거울에 비친 내가 예뻐 보이지 않아서 예뻐 보이려고 바르는 립스틱, 두드리는 쿠션의 화장도 있다. 하루종일 일만 하다보니 칙칙해진 눈가와 피부, 톤을 올려도 생기가 없을 때에는 입술에 컬러를 얹히면 낫다는 건 여자들은 다 아니까. 일을 쳐내다보면 점심시간. 눈코 뜰 새 없이 업무에 휘둘리다보면 어느새 또 퇴근시간. 아이라인과 마스카라는 눈 밑으로 내려와 화장실 거울에 비친 나는 팬더인지, 팬더가 나인지 속이 상한다. 여자 사람으로 출근했다가 성별 모를 동물로 퇴근하는 기분은 싫으니 거울을 수시로 볼 수밖에. 화장을 잘하고 오면 화장이 무너지지는 않았나 봐야 하고, 화장을 안 하고 오면 화장을 해야 하나, 너무 칙칙하지 않나 봐야 한다고.

땀과 기름이 많은 지성피부는 일을 할수록 유분기가 올라와 얼굴이 잔뜩 기름져지고, 일을 해도 땀, 기름 하나 올라오지 않는 건성피부는 사무실에 있을수록 바짝 건조해진다. 피부 타입 구분 없이 책상 위 가습기 추가. 미스트, 립밤, 핸드크림, 생리대, 안마기, 선풍기, 히터, 빵, 과자, 페이스롤러, 클린징폼…… 시간은 없고 일은 많고 미모는 지켜야겠고 부족과 불편을 해결하다보면 책상 위에 늘어나는 물건은 끝이 없다. 여자들은 일하면서 왜 그렇게 거울을 보는지, 책상 위 물건은 왜 그렇게 많은지 이쯤하면 설명이 된 것 같다.

바쁜 날 사무직 직장인은 택시기사를 닮았다. 자리에서 한번 일어날 새 없이 앉아 있는 게 똑 닮았다. 영업직이 아닌 이상, 프로젝트의 첫머리가 아닌 이상 사무실 밖으로 나갈 일은 거의 없다. 제안서 때문에 점심은 빵으로 때우기도 하고 저녁은 시간절약을 위해 배달음식으로 점심에 이어 탄수화물 파티가 펼쳐진다. 점심식사와 저녁식사 후 졸음을 멀리하기 위해 회사에서 인심 쓰듯 풀어놓은 과자와 초콜릿을 먹는다. 먹으면 안 되는데 하면서 하나둘 뜯어 먹은 비닐포장이 벌써 셋은 쌓였다. 먹고 또 먹으며 그렇게 몇 날 며칠, 두어 달을 보내면 차곡차곡 살이 차오른다. 앉아 있을 때 55 사이즈 같았는데 일어나서 보니 66, 77까지도 너끈할 것 같다. 앉아서 꾸준히 당분을 섭취한 결과다. 입사할 때에는 날씬했는데 지금은 후덕해졌다. 통통이 이내 퉁퉁, 곧 뚱뚱이 될 것 같아 다이어트가 시급해진다. 회사 근처 헬스클럽의 전단지는 받았으나 갈 시간이 없다. 운동은 어렵겠고 식단조절을 위해 닭가슴

살과 샐러드를 주문하여 도시락을 싸서 다닌다. 도시락을 들고 동료들과 식당에 가서 먹자니 유난을 떠는 것 같아 뻘쭘하다. 사나흘 간이 안 된 닭가슴살과 풀떼기만 먹으니 기운이 없고 초초예민해진다. 야근이다. 샐러드는 안 될 거 같고 그래 결심한 듯 조심스레 반 공기만 먹자 했더니 누구니, 피자랑 치킨을 주문한 인간은. 달고 짠 음식은 피하고 사흘을 버텼는데 단짠 제대로인 야식이 차례로 세팅되고 줄줄이 내 입으로 들어오는 혼돈의 회의실이라니. 회의실은 음식과 나만이 스포라이트를 받는 무대가 된다. 먹방의 무대. 이러면 안 되는데 하면서도 맛있어 죽겠다는 입과 미간을 달래는 요량으로 한 번 두 번 먹다보니 또다시 돼지꼴. 간밤에 무릎 꿇은 다이어트는 자극적인 점심식사와 고칼로리의 음료 앞에 크게 자제력을 잃어버렸다. 저녁까지의 공백을 과자와 초콜릿으로 채우고 있자니 나는 탄수화물 중독이었구나, 새삼 깨닫는 줄 알았더니 야식 앞에 속절없이 무너지는 나는 그저 식탐 많은 먹보였던 게로구나. 통제 불능의 주둥아리와 오장육부는 요요를 불러놓고 다이어트를 또 모른 척한다. 다이어트와 함께 잘록한 허리도 아디오스, 굿바이. 일하느라 얻은 하체 비만, 셀룰라이트, 피부 건조. 직장생활 3년 차, 거칠어진 것은 성격만이 아니라고, 맞는 말이다.

통화하랴, 메이크업 살피랴, 회의 준비하랴, 피부 보습하랴, 간식 먹으랴, 옆 이야기에 리액션하랴, 사무실의 여자들은 진정한 멀티 플레이어다. 내야수, 외야수, 공격수, 수비수, 윙, 키퍼 모든 포지션을 커버한다. 멀티플레이어로 계절을 넘기고 해가 바뀌면 여자의 업무 처리는 빨라지고 능력은 개발되고 업그레이드된다. 그렇게 슈퍼맨을 능가하는 원더우먼이 된다.

내일이면 또 알람소리에 일어나 출근을 준비할 것이다. 내일은 잘 꾸미고 가야지 했다가도 늦잠을 잔 탓에 또 풀 메이크업은 노 메이크업이 될 모양이다. 하지만 걱정할 필요는 없다. 우리에게는 지하철이 있으니까. 앞머리에 헤어롤을 말고 아이라인을 그리는 모습은 더이상 낯선 풍경이 아니라서 놀랍지도 당황스럽지도 않다. 단 마스카라 바를 때 입은 다물기로 우리 약속하자.

일은 안 하고 거울만 보는 것 같아도, 자꾸 화장실만 가는 것 같아도, 앉아서 먹고 수다만 떠는 것 같아도 하나만 하지 않으니 선배님들, 걱정 붙들어 매셔도 된다. 여자들은 하나만 하기에는 그렇게 단순하지 못하니까. 복잡해야 여자, 여자는 멀티플해서 직장에서는 더 뷰티풀한 법이다.

사무실에서 업무 종료 시간까지 일하고 집에 와서 휴식 없이 육아와 가사노동으로 연장 근무하는 워킹맘은 멀티와 뷰티를 넘어 경이롭다. 내가 만났던 모든 워킹맘. 그녀들의 멀티플에 엄지를, 뷰티풀에 박수를, 그 원더풀함에 아낌없는 찬사를 보낸다. 그녀들이 지나온 과거, 지금 말간 얼굴의 루키녀들에게도 힘찬 응원의 박수를 보내는 바이다.

● 현명한 포기

민낯 중의 민낯. 이번 글은 어디서도 드러낸 적 없는 자아비판이 될 것 같다.

나 아니면 안 되는 줄 알았다. 내 아이디어가 팔리고 내 카피가 먹히고 PT를 따내고, 나의 콘셉트와 전략은 이번에도 옳았다. 좋은 결과가 반복되니 나라서 가능한 일, 나 때문에 이룬 성공이라고 쉽게 해석했다. '쓸모 있는 사람이 되자' 되뇌던 주니어는 어느새 대체 불가의 시니어가 되어 있었다(고 느꼈다).

나라서 된 걸로 알았다. 입 밖으로는 여러분 덕이라 했으나 마음속으로는 크게 내 공으로 여겼다. 남들보다 승률 높고 긍정의 결과를 많이 거머쥐어 승진도 빠른 인물이라 괜한 생각은 아니었다. 하지만 당연한 이 생각은 그만하면 좋았다. 잘한다는 정도로 받아들이고 멈췄어야 했다. 그랬다면 적어도 긍정의 결과 몇 개는 보전하며 지금에 와서 바보 같은 생각이라는 자기평가를 피할 수 있었을 것이다.

계속된 성공은 자신감을 높여주어 성공의 긍정적인 측면을 제대로 타격한다. 그러나 긍정이 과하면 부정만 못하다. 긍정의 자신감도 격하게 솟구치면 자만심으로 변질되고 착각의 엑셀레이터를 딛게 된다. 착각의 엑셀레이터는 속도를 늦추는 법을 모른다. 브레이크를 밟을 생각은 하지도 못하고 가속과 과속으로 내달린다. 착각은 병으로 돌려받는다. 내로남불 뻔뻔병, 네 것도 내 것 인터셉트병, 책임은 싫어 (오너십과 반대되는) 만년손님병, 수많은 직장인병 중에 가장 꼴보기 싫은 것으로 기고만장 우쭐병을 꼽는다. 모든 병이 문제를 일으키지만 다른 병은 어떤 지점과 사건을 기반으로 드러나는 데 비해 기고만장 우쭐병은 아침저녁으로, 요일무관, 계절무관, 장소불문으로 시공을 초월하여 툭툭 불거진다. 우쭐대고 뽐내는 모습은 웬만해서는 잡히기 어렵다. 보기 싫은 꼴을 계속하는 인물은 스스로 제 모습이 얼마나 꼴보기 싫은지 알아채기 어렵기 때문이다. 게다가 '한 번 보기 싫은 꼴'은 회를 거듭할수록 '더는 보기 싫은 꼴'로 업그레이드되기 때문에 '꼴 뵈기 싫어 죽겠네' 주변인들을 희한하게 죽여준다. 나 역시 이 우쭐병으로 몇 명을 죽여줬는지 모르겠다. 그때 알아챘으면 좋으련만, 타인을 무시하고 인정하지 않으면서 주변을 불편하게 만들었던 건 아닌지. '남들보다 잘남'이 만든 치명적인 우쭐병에 걸려 한동안 병색 짙은 시간을 보낸 것 같다. 벼는 익을수록 고개를 숙인다지만 나는 고개 숙일 줄 몰랐다. (지금의 몇 줄은 몹시 겸손하군.) 조영남도 리쌍도 노래했던 우쭐병의 특효약인 겸손은 힘든 것이며, 내 마음속에 겸손은 그때는 없었기 때문에.

내가 있어야만 하는 조직은 없다. 나 하나 없다고 돌아가지 않는 회사가 어디 있던가. 그런 회사는 기고만장 우쭐병인 한 인물보다 더 문제다. 우쭐병 직원은 조직을 쥐락펴락하고 조직은 그 인물이 좌지우지하게 된다. 그를 제외한 모든 이들이 싫거나 좋거나 그 눈에 들기 위해 애를 쓰는 바람에 조직 내 라인을 작동, 일터는 정치판이 되어가기 십상이다. 직원들은 단체 서포터즈이거나 들러리거나, 뒷받침이거나 뒷배경으로 잘난 인물의 뒤치다꺼리만 하는 신세가 되어 어찌되었거나 건강하지 않은 조직이 된다. 한 명의 스타플레이어만 내세우는 팀은 스타 없어도 팀워크으로 밀어붙이는 팀에게 패하게 되어 있다. 하지만 놀랍고도 슬픈 사실은 이런 모양의 조직이 꽤 많다는 것이다. 많은 직장인이 이 같은 문제적 회사에 다닌다는 것이 문제, 총체적 난국이다.

그래, 멋쩍지만 나는 뭐든지 잘할 수 있을 것이라고, 아니, 잘할 수밖에 없다고 생각했다. 만만치 않은 일도 나를 거치면 결국 긍정적인 결과를 토해낼 수밖에 없다고, 진심으로 나의 능력을 오랫동안 믿어왔다. 실제로 변변치 않은 브랜드의 승산 없어 보이는 PT를 자진해서 진행하고 수주하곤 했다. 안 될 것 같은 일도 내가 맡으면 해낸다는 식으로, 스스로 미다스를 자처했다. 어려운 일이라면 내 기꺼이 뛰어들어 불(不) 자를 부러뜨리고 브랜드를 정복했다. 열정과 욕심과 자만으로 탄탄하게 뭉친 나는 덤비면 쟁취했고 실패가 거의 없었다. 나에 대한 믿음은 커져갔고 그럴 만도 했다. 내 사전에 한계와 포기는 없었다.

일이 잘 안 풀릴 때면 운이 없었다고 했다. 나와 우리의 것은 우수했으나 운이 좋지 않았다며 침울하지 않고 오히려 당당했다. 실로 그러했으니 실패에도 여유가 넘쳤다. 기고만장의 기운은 좀처럼 꺾일 줄 몰랐다. 계속해서 일이 풀리지 않자 운이 다했다고 했다. 모든 것이 운의 탓, 남의 탓, 내 탓만은 하지 않았다.

연예 관계자가 그랬다. 가수 비처럼 열심히 하는 친구는 가수가 아니라 뭘 해도 잘했을 거라고, 잘될 수밖에 없다고. 나도 그런 줄 알았다. 나도 비처럼 뭘 해도 잘할 줄 알았다. 그렇지만 영화계로 간 비는 기를 펴지 못했다. 캐릭터를 소화하기 위한 물리적인 노력도 연기도 나쁘지 않았는데, 그렇다면 비도 나와 우리처럼 운이 없었던 걸까. 태양을 피하고 싶다던 비를 관객들은 영화에서 피하고 싶었던 것을 보면 '제 아무리 잘해도 잘되지 않을 수 있다'는 말에 쉽게 설득된다. 나도 비처럼 기를 펴지 못하던 때가 있었다. 자타가 추켜세우며 만능이라 믿었으나 만능은커녕 무능으로 바닥을 치며 허우적대다 스스로에게 가장 크게 절망하며 더 깊이 침몰하던 그때.

다니던 광고회사에서는 광고뿐 아니라 직접 마이크로사이트도 만들었다. 내부 웹팀이 디자인을, 개발팀이 개발을 담당했다. 몇 번의 마이크로사이트 제작으로 웹팀과 가까워졌고 먼저 퇴사한 웹팀의 장이 게임회사로 옮겨 내게 오라 열렬히 손짓했다. 광고회사가 아닌 IT, 그것도 외국계라는 점에 끌려 열렬한 손짓에 흔쾌히 응답했다. 광고회사에서 웹 기반의 기획을 했으니까 게임회사의 웹 기획도 비슷하지 않을까? 웹팀장이 나를 끌어들이며 했던 그 말처럼 나도 그렇게 생각했다. 크게는 같고 달라봤자 작게 다를 거라는 생각으로. 광고회사의 마이크로사이트 페이지 기획과 게임회사의 웹 기획은 매우 크게 달랐고 아주 작게 같았다. 생각과는 완전 반대였다. 모르는 만큼 보이지 않았던 거다. 내 마음대로 믿었던 무지가 긍정의, 미지의 세계를 미궁의 터널로 만들어놓았다. 꽃길을 상상했는데, 어둡고 답답한 길에 서다니 비현실 같았지만 믿을 수밖에 없는 현실이었다.

부딪히면 해내고야 마는 나를 믿었으나 대단히 틀렸다. 꾸준히 하다보면 되겠지 했는데 되지 않았다. 남다른 센스와 빠른 판단력, 의심한 적 없었던 창의의 DNA를 모조리 끌어당겨도 매일매일이 유효하지는 않았다. 실전이 곧 훈련, 훈련이 곧 실전이고 조금씩 나아지고 배워갔지만 공부해서 채운다고 될 일도 아니었다. 아예 안 하는 것보다는 낫겠지만 계속 이 일을 해온 사람도 있고, 계속 이 일을 해왔음에도 불구하고 매일매일 공부하는 사람도 있는데 영역을 바꾼 내가 문제없이 매끄럽게 일을 처리한다는 건 불가능에 가까웠다. 내게도 한계가 있음을 부정할 수 없게 되었다. 어느 순간 이마에 한계라는 글자가 떠올랐고 스스로 가슴에 새겨버렸다. 나도 못하는 게 있구나. 그래, 나는 이 구역, 이 위치에서는 아마추어일 수밖에 없구나.

뭘 해도 잘할 것 같은 사람이 잘 안 되는 이유는 운도 운이지만 한계와 포기를 모르기 때문이라는 것을 깨달았다. 열정과 긍정이 낳은 부정적 결과다. 일이 잘 안 풀릴 때, 마음과 다르게 돌아갈 때 그것이 나의 잘못된 역량 측정에서 비롯된 것은 아닌지 의심해볼 필요가 있다. 실패한 적이 없기 때문에 한계도 포기도 경험한 적이 없고 그러니 한계 측정이 불가했다는 것을 그때 나는 그렇게 알게 되었다.

어디에서도 털어놓은 적 없는 뼈아픈 과거이다. 못하겠다는 말은 죽기보다 하기 싫었다. 나는 포기할 수 없었고 실패할 수 없었다. 포기하지 않으면 부족한 역량은 어렵지 않게 채워질 거라 믿었다. 왜? 나니까! 그런데 지금 보니 참으로 얼토당토않은 생각을 했었다. 내 영역에서 내가 쌓은 커리어와 노하우는 귀하게 여기면서 내가 모르는 영역에서 그들이 쌓은 경험치는 쉽게 본 것과 다를게 없었다. 판단력, 창의력, 지구력, 업무에 관한 한 강점은 죄다 끌어와 최고치로 올려놔도 모르는 일 앞에서는 주저했고 확신이 서지 않아 불안했다. 그래도 멈출 수는 없으니 잘할 수 있을 거라 다짐하고 긍정의 마음을 키우는 수밖에 없었다. 경험 많은 경력자도 변수는 예측할 수 없고, 새로운 것은 배워야 하고, 또 모르는 게 죄는 아니니까. 합리화를 위한 긍정이 극에 치달았다. 잘 모르는 이에게는 모든 경험이 다 변수다. 늘어나는 변수에 열정도 긍정도 지쳐갔다.

왜 그랬을까? 포기하지 않고 달려들어도 상황은 크게 나아지지 않았는데. 그때 나는 왜 물러서거나 멈추지 않았을까. 나는 나를 속였다. 포기가 필요한 순간마다 열정의 옷을 입혀 순간을 모면했다. 조금 나아지면 전부가 나아질 수 있을 거라고 스스로에게 사기를 쳤다. 그렇게 포기를 모르는 것을 미덕이라고 여기고 집착의 단계로 들어섰던 거다.

불가능은 아무것도 아니고, 해서 안 되는 일은 없다고 하지만 긍정만이 능사가 아님을 아는 사람은 안다. 나는 할 수 있다는 긍정은 잘 못하는 것을 잘 해보겠다는 노력의 뉘앙스까지로만 이해해야 맞다. 뭐든 잘하는 사람이라고 사막에서 바늘을 찾을 수 없고, 밑 빠진 독에 물을 채울 수는 없다. 뭐든 잘하는 사람이라는 전제도 한 영역 안에서 다른 파트를 오가는 정도이지 영역을 아예 바꾸었는데 바꾼 영역에서도 잘할 거라고 기대하거나 믿으면 안 되는 거였다. 지금까지 몸담은 영역의 일은 경력이 쌓이는 만큼 잘할 수 있겠지만, 전혀 다른 영역의 일을 경험 많은 기존의 영역에서의 성과만큼 해낸다는 건 시작부터 말이 안 되었다. 처음이라 어렵고 경험하면서 경력을 채운다고도 하지만 경력의 세계에서는 그 마음가짐이야말로 주변을 힘들게 하겠다는 말과 다름이 없다. 그러니 경험이 전무한 영역에 뛰어들어 열정으로 채워보겠다는 그런 류의 긍정은 개나 주는 게 맞다. 쉽게 말해, 아예 시작도 하지 말아야 한다. 모험과 도전을 좋아하고 포기와 실패를 몰랐다고 다른 영역에 뛰어들어 모험이니 도전이니 운운하지 말아야 한다. 여행도 아니고 혼자만의 자격증 따기도 아니다. 동료에게 민폐를, 조직에게 불이익을 가져다줄지도 모른다. 주변인 걱정할 것 없이, 망가지는 건 나 자신이다. 자신감과 자존감이 무너질 때까지 버티지 말아야 한다. 커리어도 마구잡이로 쌓는 게 아니라 차곡차곡 쌓아야 건강한 커리어가 된다.

못하는 건 못하겠다고, 한계를 인정하고 깔끔하게 포기하는 것이 방법이다. 한계도 모르고 포기도 몰라 애꿎은 열정만 태우고 운만 탓하는 것은 바르지 않다. 그럼에도 한계를 넘고 성취하고 스스로 업그레이드하는 일은 계속되어야 한다. 넘고 넘는 한계 속에 실패가 없었다면 한계를 측정할 수 있는 계기가 없었을 테니 그런 의미에서라도 실패하고 한계에 부딪히면서 포기를 배워야 할 것이다. 그렇게 스스로 자신의 한계를 알아가야 한다. 그리하여 선택과 집중만큼 포기도 신중하고 현명해야 함을 깨닫고, 나아가 선택에서 집중, 포기로 이어지는 순환에 나만의 기준을 세울 수 있으리라.

한계를 몰라 포기할 때를 알지 못했던 것이 지난날의 실수라면 포기할 때를 아는 것이 앞날의 한 수가 되기를 바라는 마음으로, 무겁게 시작했으나 가볍게 마쳐보련다.

● EXIT to EXIST

일상에서 자화자찬은 필수이다. 내가 내 사기를 북돋우지 않으면 무너지기 쉬운 날들의 연속이다. 잘한 것에는 자화자찬이 제격이다. 하지만 잘못한 것에까지 자화자찬 프레임을 씌울 수는 없을 것이다. 그럴 때는 괜찮다고 앞으로 잘하면 된다고 반성에서 다독임으로 넘어오는 수밖에.

안전운전에도 방어운전이 필요하다. 내가 잘 지키고 조심하는 것만으로는 안전할 수 없다. 고의든 아니든 선을 넘는 난폭운전에는 당할 수가 없으니 내가 정신을 더 바짝 차리는 것 말고는 달리 방법이 없다.

자화자찬과 다독임, 방어운전에도 불구하고 나는 다친다. 비위를 맞추고 눈치를 살피고 신경을 바짝 썼는데도 넘어지고 무릎이 까지고 마음에는 멍이 든다. 아무 일이 일어나지 않아도 집에 오면 가방을 던지고 쫙 뻗고 싶은데, 마음을 심하게 다친 날은 시원한 캔맥주도 바삭한 치킨도 당기지 않는다. 이대로 영원히 잠들었으면, 내일이 오지 않았으면 한다.

일에서 사람으로 사람에서 일로, 말에서 행동으로 행동에서 말로, 순서만 바뀔 뿐 일과 사람, 말과 행동이 하루를 겨우 살게 만든다. 받아내도 받아내도 끝이 없는 공격과 위험은 도처에 깔려 있다. 안전불감증의 하루살이는 위험에 둔해져 사태를 인식하지 못한다. 그러다 덜컥 사고가 난다. 몸과 마음을 잘 쓰지 못하게 된다. 내가 나를 막 굴린 탓에. 갑작스러운 사고는 언제나 그렇듯이 예고되어 있었는데도 나는 나를 지켜내지 못했다.

해도 해도 안 되면 도망이 상책이다. 도망치는 무언가를 보면 잘못, 사고, 무책임, 회피라는 단어가 떠오른다. 목적지에 닿기 전 도망은 포기로 이해되고, 견디는 힘이 없다, 물러 터졌다는 식의 부정적 평가를 만든다. 결국 '못난 놈'이라는 소리를 듣게 된다. 이렇듯 도망은 부정적인 이미지를 깔고 있다. 도망이 꼭 나쁜 것만은 아닌데 말이다. 구직의 어려움을 겪는 여주인공이 개발자 독신남의 가사도우미가 되면서 펼쳐지는 계약 결혼 러브스토리인 〈도망치는 건 부끄럽지만 도움이 된다〉라는 일본 드라마처럼, 도망은 새로운 장을 펼쳐놓기도 한다.

미국의 심장전문의 로버트 엘리엇은 스트레스로부터 건강한 삶을 지키기 위해서는 피할 수 없으면 즐겨야 한다고 했다. 긍정적인 생각으로 적극적인 인생을 살라는 말이다. 나날이 쌓이는 스트레스로 매일 슬럼프의 한가운데 선 기분이라면 과연 즐길 수 있을까? 세상만사가 스트레스가 되는 시대, 그래서인지 거의 모든 병원 진료의 시작과 마무리 멘트는 스트레스다. 만병의 근원은 스트레스라고 하더니 모든 병의 진단을 스트레스로 내려버리니 의사님들 참 쉽기도. 그래, 만병의 근원이라니 맞기도 하다.

긍정의 힘, 초긍정, 매사 긍정적으로…… 이제 긍정도 신물이 난다. 긍정이라는 말을 들으면 부정적이고 싶을 정도로. 마냥 긍정

잘
존재하기 위해
좀
도망가는 것일 뿐 ㅋ

EXIST

적으로 받아들이는 것도 스트레스가 될 수 있다는 생각이 든다. 긍정적으로 마음 단단히 먹고 나왔는데 부정 천지인 세상, 세상이 나를 부정적으로 끌고 가는데 마냥 긍정할 수가 있을까. 피할 수 없다면 즐길 것이 아니라 즐기기 위해 일단 피하고 봐야 할 것 같다. 부정적인 상황은 재난, 도망을 가야 한다!

치열하게 일할 때 나의 도피처는 음악이었다. 음악이라는 도피처는 시간을 따로 내지 않아도 구할 수 있어서 소박했지만 일하면서 수시로 도망갈 수 있다는 점에서 강력했다. 〈토요명화〉와 MTV를 보고 자란 나는 할리우드 MTV 키드였는데, 뮤직비디오는 비주얼과 텍스트로 응축된 대중성 높은 콘텐츠라서 광고 아이디어를 얻기에도 좋은 창구가 되어주었다. 회의를 기다릴 때, 아이디어를 낼 때 지루함과 갑갑함을 씻어줄 비상구이자 써먹을 아이디어를 제공하는 소스 역할을 했다.

쓰는 카피마다 아닌 것 같아 하얀 화면에 커서만 껌뻑이는 게 일상인 루키 시절에는 에라 모르겠다 하고 엎드려 귀가 터져나갈 정도로 음악을 들었다. 등 따가워 고개를 들어보니 대표님이 파티션에 기대어 물끄러미 미소 지으며 나를 바라보고 계셨고 귀에서 이어폰을 빼는 순간, 하드락의 굉음이 사무실을 찢을 듯 쩌렁쩌렁 울리는 바람에 황급히 사무실을 뛰쳐나왔던 일도 있었다. 낯 뜨거운 일화는 업무중 이어폰은 한쪽만, 도망도 반만이라는 교훈을 남겼다.

어린 카피라이터였던 나처럼 조용하면서 시끄러운 귓속 하드락으로 도망가도 좋다. 또는 지금의 나처럼 운동으로 눈을 돌려도 좋다. 시부모(특히 꼬장꼬장한 시아버지)를 모시고 사는 워킹맘 후배의 도피처는 호텔이다. 시아버지가 직장에도 없는 꼰대 역할을 하셔서 몸고생, 마음고생 꽤나 한 모양이었다. 후배는 고생으로 얻은 스트레스로 가볍지 않은 병을 얻어 병원을 다녔다. 중병의 원인을 시아버지에게서만 찾을 수는 없겠으나 스트레스의 큰 요인이 시아버지이기는 했다. 시월드의 왕을 피해 택한 호텔에서의 하루는 그녀에게는 일탈이자 숨구멍이 되어주었을 것이다. 워크숍 간다 하고 호텔로 간 그녀에게 누가 뭐라 할 수 있을까. 죽을 것 같더니 이제 살 것 같은 기분이라면 살기 위해서라도 기꺼이 도망가야 하지 않을까. 그녀의 도피는 부정적인 회피가 아니다. 건강히 복귀하기 위한 잠깐의 거리두기다.

삶에도 비상구가 필요하다. 자화자찬도 하고 다독여보아도 여전히 제자리라면 잠시 떠났다 오는 거다. 명상, 혼코노, 양궁, 사우나, 당일치기 여행…… 어떤 형태라도 좋다. 마음의 파장을 잠재우는 것이든 심장의 맥박을 다시 뛰게 하는 것이든 잠시 피했다 돌아올 수 있다면.

긍정타령이 먹히지 않는 재난의 상황에는 피난을. 삶의 비상구하나, 열 일을 해낸다는 걸 알게 되기를 바라며, 정체기의 그대에게, 지금, 도망을 추천한다.

● 미정의 미학

나는 잘 가고 있는 걸까? 내가 가는 이 길이 맞는 걸까? (신이라면 알고 있을까. 안다고 해도 80억에 가까운 인간 군상을 신이 모두 체크할 수 있을지, 기본이 80억 건이라니 아무리 신이라고 해도 너무했다. 이런 업무 과부하가 세상 어디에 또 있을까.)

살다보면 알게 된다. 내가 잘하고 있구나, 이렇게 하면 되겠구나. 그렇게 살다보면 또 알게 된다. 내가 잘하고 있는 걸까, 어떻게 하면 되는 걸까. 살아보니 "인생 이거다" 하는 답은 그 누구도 얻지 못할, 처음부터 풀리지 않을 숙제는 아니었는지. 그러다 명쾌하게 깨닫는 건, 내가 모른다는 사실뿐이다.

나이 먹으면 알 수 있는 게 인생이라면 그래서 대처할 수 있다면 우리네 인생은 불행과 불만이라는 단어를 몰라도 되었을 텐데. 우리 모두는 행복과 만족을 지향하지만 한 치 앞도 몰라서 사실은 그저 불행을 피하고 불만을 다스리며 살아가고 있을 뿐이라서.

인생은 길에 비유되고는 한다. 아는 길은 쉽고 모르는 길은 어렵다. 내비게이션이 있으면 모르는 길도 조금은 쉽게 갈 수 있다. 가다보면 막다른 길도 나오지만 길이란 이어지고 통하는 것이 기본이므로 막힌 길은 자주 등장하지 않는다. 그런데도 잘못 들어섰을까봐 겁이 난다.

빨리 가자고, 서두르자고 나를 또는 옆을 채근하지 않아도 된다. 좌로 우로 비집고 들어가고, 끼어들기는 일절 용납하지 않으며, 자비 없이 가더라도 도착지까지 줄이는 시간은 고작 몇 분이다. 앞의 얼쩡거리는 차를 제쳤는데 신호에서 그 차를 또 만나는 것이 길의 이치이다. 늦게 출발했다고 늦게 도착하고, 일찍 시작했다고 빨리 끝나는 게 아니다. 다른 길을 모색할 수도 있고 우연찮은 행운으로 새로운 길이 열리기도 한다. 인생도 이렇지 않을까.

나는 무계획보다는 계획을 선호하고 정해진 약속은 철칙처럼 지키며 살아왔다. 내뱉은 말은 지키려고 했고, 매사에 완벽을 기했으며, 정해지지 않은 것에 불안과 불편을 느끼는 타입이었다. 그러던 내게 어쩌면 모든 일이 이토록 안 풀릴 수 있을까 했던 때가 있었다. 정해지는 거 하나 없이 죄다 엉망처럼 느껴졌던 그때 그랬다. 내 인생, 누가 좀 정해주면 좋겠다고. 다른 생각 안 하고 정해진 대로 가겠으니 제발 누가 좀 정해달라고. 그러면 불안, 우울, 불만, 걱정 같은 건 안 해도 될 테니까. 이런 것들로 꽉 찬 생각에 그만 시달리고 싶어서, 그럼 적어도 잠은 좀 잘 수 있지 않겠냐고.

시험지를 주면 문제를 풀고, 과제를 내주면 기한에 맞춰 제출하고. 내 인생을 굽든 삶든 마음대로 해도 좋으니 누가 대신 맡아줬으면 하고 바랐다. 재미를 중심에 두고 살던 한 사람의 인생이 재미를 포기하는 쪽으로 기울려고 했다. 재미없는 것에도 곧 길들여질 것이라고 재미없음도 즐기면 되지 않겠냐고 지금까지의 나와는 다른 생각을 했다. 몰라서, 모르겠어서 답답해 죽을 지경이니 재미를 앗아가고 일상을 돌려달라고 허공에 애원했었다. 책을 쓰기 전에 백수가 되었고 책을 쓰면서 건강상의 문제가 생겼고 그와 이별을 했고 책을 마무리할 즈음 새로운 직장을 다니게 되었고 인생의 반쪽을 찾았으니. 우연히도 뜻밖에도 굴러가지는 게 인생인데 왜 그리 혼자 비운의 주인공역을 자처했던 건지. 지나고 보니 그리 큰일도 아니었는데.

긴 인생은 모르면서 한 치 앞의 기분에는 참으로 민감하다. 멀리 있는 것은 못 보고 코앞의 것은 또렷한 것이 시력과도 같다. 젊어서는 가까이에 있는 게 잘 보이고, 나이가 들면 바짝 붙은 것이 잘 보이지 않는다. 거리를 두어야 잘 보이기 시작한다. 인생의 답은 여전히 알기 어렵지만 뭔가 좀 알겠다 싶은 느낌은 그래도 살아온 연수를 따라가기는 하나보다. 신은 80억 번의 1대 1 개인지도를 할 수 없어 세상을 들이고 마음을 보는 눈에 인생의 이치를 숨겨두었는지도 모르겠다.

가봐야 아는 것에, 어쩌면 가도 알지 못하는 것에 잦은 의문은 품지 않기로 했다. 대신, 왜 사는지, 무엇을 위해 사는지 자주 묻고, 가볍게 답할 수 있다면 그게 건강한 삶이겠구나 생각한다. 그리고 하루하루 재미있고 유쾌하게, 또 단순하고 담백하게 보내면 그것도 좋지 않을까 싶다. 하루하루는 성실하게, 인생 전체는 되는 대로. 이제 도달한 이 생각은 영화평론가 이동진의 인생관이기도 하더라.

"가면서 결정하자." 영화 〈쓰리 빌보드〉 중 가장 기억에 남은 한 줄이다. 인생은 정해놓은 대로 오차 없이 가는 것만을 길로 여기지 않는다. 정해지지 않은 길은 가면서 정하고, 지나면서 정리해도 나쁘지 않을 것 같다. 경험하고 교훈을 얻고 나름의 기준이 정해지는 것, 이것이야말로 길을 떠나는 자의 자세일 테니.

미리 앞을 내다보는 지혜는 우리에게는 없으니까, 그런 것은 살면서 어쩌면 조금씩 생길 수도 있으니까 지금은 선견지명 대신 심미안을 키우는 게 현명하겠다. 미정의 미학, 낯선 것에도 아름다움은 존재하고, 계획에 없던 곳에서 발견한 즐거움이 더 큰 법이니까.

신의 길

내가 가는 이 길이 어디로 가는지 어디로 날 데려가는지

그곳은 어딘지 알 수 없지만 알 수 없지만 알 수 없지만

오늘도 난 걸어가고 있네

사람들은 길이 다 정해져 있는지

아니면 자기가 자신의 길을 만들어가는지

알 수 없지만 알 수 없지만 알 수 없지만

이렇게 또 걸어가고 있네

나는 왜 이 길에 서 있나, 이게 정말 나의 길인가

이 길의 끝에서 내 꿈은 이뤄질까

무엇이 내게 정말 기쁨을 주는지 돈인지 명예인지

아니면 내가 사랑하는 사람들인지 알고 싶지만

알고 싶지만 알고 싶지만 아직도 답을 내릴 수 없네

자신 있게 나의 길이라고 말하고 싶고 그렇게 믿고

돌아보지 않고 후회도 하지 않고

걷고 싶지만 걷고 싶지만 걷고 싶지만

아직도 나는 자신이 없네

그룹 god의 〈길〉이라는 노래 중 일부인데,
평범한 철학자로 인생을 살아가는
우리 모두의 이야기 같습니다.

나는 왜 이 길에 서있나
이게 정말 나의 길인가

god
chapter 4

● 낭만의 기술

사랑은 끊이지 않는 인생의 화두이다. 호랑이 담배 피우던 시절을 지나 디지털시대인 지금까지 사랑은 살아남았다. 사랑은 시간에 갇혀 살지 않으므로. 사랑은 로맨스라는 이름으로 지금을 살지만 낭만은 로맨스에서 온 것임에도 불구하고 지금과 어울리지 않는다. 사랑의 감정 저 너머 향수와 운치를 머금은 낭만이 그립다. 낭만은 어디로 간 것일까, 과거에 머물러 있는 것일까. 낭만의 행방이 묘연하다.

낭만은 오래된 것과 궁합이 잘 맞는다. 이를 증명이라도 하듯이 우디 앨런의 영화 속 주인공은 지금에서 과거로, 과거에서 더 과거로 가 낭만을 만끽했다. 영화 〈미드나잇 인 파리〉에서 2000년대를 사는 남자주인공은 1920년대를, 1920년대의 여자주인공은 1890년대를 동경했다.

드라마의 흔한 주제도 사랑, 로맨스이다. 로맨틱 코미디, 로맨스 드라마는 있지만 낭만 코미디, 낭만 드라마라는 말은 낯설다. 낭만을 담은 로맨스라면 앤티크 로맨스가 되어야 할까? 낭만은 사랑보다 깊고 세월을 묵은 듯, 분위기를 풍긴다. 낭만은 좋으나 왠지 모르게 올드한 느낌이 있다. 그래서일까? 트렌디한 드라마에서는 좀처럼 낭만에게 타이틀을 내어주지 않았고, 낭만은 시대극의 대사에서나 잠깐 언급되곤 했다. 이성 간의 사랑보다 인간을 보는 시선, 삶에 대한 자세를 그렸기에 〈낭만닥터 김사부〉는 시대극이 아닌데도 낭만을 내세울 수 있었던 것 같다.

최백호가 노래하고 한석규가 연기한 낭만. 낭만과 로망은 같은 말인데 로망은 로맨스, 사랑으로 쓰고 해석되지만, 낭만은 그렇지 못한다. 그 뜻이 '현실에 매이지 않고 감상적이고 이상적으로 사물을 대하는 태도나 심리 또는 그런 분위기'라서일까. 합리와 이성을 따르며 현실에 묶여 사는 현대인들에게는 낭만이란 취하면 안 될 것이 되어버렸는지도 모르겠다.

요즘의 사랑은 썸부터 시작한다. 젊은 친구들이나 타는 게 썸인 줄 알았더니 마흔, 오십줄에도 썸을 타고 싶다는 말을 서슴없이 하는 것을 보면 썸은 연애의 전 단계를 칭하는 게 맞는가보다. 연애면 연애지 왜 썸을 타고 싶은 건지들. 연애가 되기 전 알콩달콩하고 심쿵달쿵한 단계를 썸이라 한다면 OK. 하지만 썸이라 해두고 상대의 감정을 쥐락펴락 가지고 노는 썸은 몹쓸 짓이라 NOT OK. 빠르게 치고 빠지는 점심시간의 소개팅도 떨떠름하다. 연애의 전 단계는 대체 얼마나 편이해지려는 것인지.

너도나도 할 것 없이 타는 썸의 궁극적 목표를 사랑이라 할 수 있을까. 썸 탄다는 말은 남녀가 서로 좋아하는 감정은 있으나 고백하기 전 혹은 사귀기 전인 상태로 그 과정에서 서로의 마음을 알기 위해 혹은 확신하기 위해 밀고 당기는 과정이라고 '순수하게' 정의 내릴 수 있다. 그래서 썸은 알콩달콩의 대명사로 연애 직전 썸을 탄다고 하면 부러움을 사기도 한다. 내가 자주 접한 썸에 관한 이야기는 1. 썸 타는 중이다 2. 썸만 탔다 3. 썸 탈 때가 좋았다 인데 썸의 이 알 듯 모를 듯한 애매함 때문에 좋은 감정을 이용하거나 이용당하는 에피소드가 많았다. 좋은 감정이 급작스레 커지면 어느 순간 손잡고 키스해도 되고, 아니다 싶으면 손 놓고 급작스레 '안녕' 해도 되는 사이 말이다. 그러니까 내 보기에는 순 '개수작' 같다. 조금의 상처도 받지 않을 준비부터 하는 사람의 썸이 과연 연애가 될 수 있을까. 많은 경우 썸은 심각한 사이는 되고 싶지 않고 쉽게 깊어졌다 쉽게 빠져나오기 위한 걸쳐둠 정도로, 바람둥이가 되기 위한 전초전이기도 했고, 바람둥이들의 합리화이기도 했다. 만나면서 내 거 같았다가 아닌 거 같았다의 기로에서 조심스레 관계를 만들어가야 하는데, 뭐 내 거일 수도 있고 아니면 말고. 처음부터 불성실한 태도로 만나는 것 같았달까.

이런 썸은 내가 타지 않아도 음흉한 것이 영 개운치 않다. 음흉한 썸에 사랑이 싹을 틔울 수나 있으려고. 그래서 썸을 타고 싶다는 말만큼 많은 것이 썸만 타다 끝났다가 된 것이다.

현실이 반영된 합리적이고 이성적인 사랑의 방식이라고 하면? 그래도 석연치 않다. 괜히 좋게 포장하는 것 같다. 편하려고만 하는 썸에 사랑을 붙이는 게 어째 불편하다. 사랑을 하기나 했을까? 맹랑한 썸이 사랑스럽지 않다.

내가 생각하는 진짜 썸은 이런 거다. 사랑이라 부르면 무겁고 좋아한다 말하면 가벼운 느낌. 나의 감정을 제대로 알고 너에게 전할 수 있는 상태라면 썸은 단계일 뿐 다른 불순물은 없어 보인다. 이런 썸에 사랑이 뿌리내리지 않을 이유도 낭만이 깃들지 않을 이유도 없다.

천천히, 느리게, 불편을 감수하는 마음, 기다림이 괜찮은 여유, 낭만은 이런 것에서 산다. 그래서 무엇이든 쉽게 구할 수 없던 시대에 어렵사리 구한 무언가에 대해 그리고 그 노력에 대해 낭만이라고 이름 붙일 수 있던 것이다. 그리하여 인간과 감정, 삶과 철학, 문학과 예술을 탐구하고 심취할 수밖에 없었던 그 시대는 낭만의 시대라고 부르기에 부족함이 없었다.

파리의 몽마르트르 언덕이나 노천카페에 가야만 낭만을 찾을 수 있는 것은 아니다. 낭만은 엄마 아빠의 젊은 시절 사진 속에 갇혀 있는 것도 아니다. 무성영화 시대에도 21세기 LTE 시대에도 낭만은 살고 있다. 자주 찾지 않아 뒷줄에 세워둔 것일 뿐 낭만은 어디에나 있다.

고급스러운 공간에서 시간을 보내는 것이 돈으로 분위기를 산 것이라면 자연의 공간에서 내 감정을 상대에게 내보내는 것이 마음으로 얻은 낭만이다. 내가 살고 있는 동네도 모르는 곳이 수두룩하지만, 떠나면 고생인 게 여행이라는 것을 알지만, 같이 간 사람이 너라서 의미도 더하겠지만, 자고로 여행이란 낭만에 거는 기대로, 우리가 여행을 꿈꾸는 건 이미 겪은 낭만을 기억하기 때문일 것이다.

시커먼 남자들, 시뻘건 여자들의 여행은 장소만 옮긴 술판이겠지만 어차피 밥, 커피인 데이트가 가끔은 여행 속에 있기를 바란다. 영화가 끝나면 밥으로, 밥이 끝나면 커피나 술로 재빠르게 장소를 옮기는 데이트, 눈빛이 오갈 수 있는 시간이 적은 데이트보다 별달리 볼 것 없고 할 것 없어도 그래서 더욱 손을 잡고 눈을 맞추며 표정을 나누는 순간을 자주 맞이할 수 있는 여행이 낭만을 느끼기에 더욱 좋지 아니한가.

낭만은 속도전이 아니다. 느려지는 순간 낭만은 다가와 있다. 차에서 내려 걷고, 너와 나 손을 잡고, 오른쪽에 선 네가 오른쪽을, 왼쪽에 선 내가 왼쪽을, 그렇게 선 쪽에 가까운 주변을 보며 걷는다. 주변을 바라보다 오른쪽의 내가 왼쪽을, 왼쪽의 내가 오른쪽을 보면서 눈이 마주치고, 눈을 마주치면 표정을 나누고, 느낌과 감정을 나누면서 너와 나 사이, 낭만은 그렇게 자연스럽게 온다.

며칠 만에 도착한 편지. 지금 여는 것은 단순히 봉투가 아니라 사실은 그의 마음을 열어보는 것이며, 둘이 걷는 산책로에는 발맞춤뿐 아니라 눈맞춤, 나아가 입맞춤이 있다. 고급 레스토랑의 비싼 스테이크에는 최상의 맛과 분위기가 있지만, 잔디 위 자리잡은 피크닉, 그녀가 준비해온 샌드위치와 주먹밥에는 애정어린 정성이 담겨 있다. 굳이 시간을 들여 애써 불편을 감수하는, 이 수고스러움과 애틋함이 낭만이 아니던가.

낭만은 서두르는 순간 사라진다. 시간을 들이는 일이고, 기다려도 괜찮아야 낭만이다. 간절한 마음이 정성스러운 모습으로 되돌아올 때 낭만이 깃들고 사랑으로 완성된다. 낭만은 상대를 향한 마음, 그리고 그 마음을 전하는 노력에 기반한 것이니까. 이렇듯 낭만이 애틋한데 데이트 코스를 돈으로 칠갑할 필요는 없다. 활활 타오르다 꺼지는 불꽃은 뜨겁지만 한때. 답답한 듯 잔잔하지만 낭만은 속도와 온도를 유지하며 오래간다. 인생도 연애도 낭만으로 오래도록 따뜻하면 좋겠다.

바쁘겠지만 너무 서두르지 않았으면, 시간이 걸리지만 기다려주었으면, 빠르지 않지만 한 번쯤은 아날로그로 기울어주었으면, 우리의 일상에 천천히, 느리게, 불편하게를 심어두었으면 한다. 늘 사랑하고 문득 낭만적이었으면. 그렇게 우리 모두 낭만기술자가 되었으면 좋겠다.

낭만 심폐소생술

저쪽 테이블의 남자분이 쏜 군만두가

여자의 테이블로 전달되는 중국집의 낭만

좋아하는 그 애 한번 보겠다고 숨은 벽 뒤의 낭만

엎드려 자다 눈을 뜨니 "이거 먹고 힘내요"라는

포스트잇 메모와 음료가 있는 도서관의 낭만

낭만과 비슷한 말은 사랑이 아니라 센스

상대의 기분과 감정을 알아차리고

나의 마음을 행동으로 표현하는

말 한마디, 행동 하나로 감동시키는

센스가 제대로 된 낭만

늦게 와도 괜찮다고 서두르다 넘어진다고

조심히 천천히 오라는 남친은 낭만적

그러니까 왜 그리 굼뜨냐고, 오래 걸리느냐고

엄마를 뒤에 두고 저만치 앞서가는 아빠는 아니 낭만적이다

지금의 아빠는 그 시절의 오빠였는데

● 유머 DNA

개그맨은 웃기는 일을 직업으로 한다. 익히 개그맨을 웃기는 사람이라고 한다. 하지만 실제로 개그맨들은 잘 웃는 사람들이란다. 남들보다 웃기는 사람인 줄 알았더니 남들보다 잘 웃는 사람들이 개그맨이라는 말이다. 먹어본 놈이 먹을 줄 알고 놀아본 놈이 놀 줄 안다고, 웃어본 놈이 웃길 줄 안다니 맞는 말이다.

쉽게 웃으면 쉬운 사람으로 보일까봐 웃는 얼굴을 가렸더니 어느새 웃을 줄 모르는 사람이 되어버린 것 같다. 가끔 격하게 웃기도 하지만 가볍게 자주 웃지 못하는 사람, 울상은 아니지만 웃상은 절대 아닌 무뚝뚝한 얼굴의 주인이 되었다. 잘 웃는다고 쉬운 사람이 아니고 웃긴다고 우스운 사람이 아닌데 말이다.

하는 짓이나 꼴이 마땅치 않을 때 우리는 '웃긴다'고 한다. 조금 더 쉽게 말하자면, 입에 올릴 만한 거리도 못 되는 수준의 상황 혹은 상황을 발생시킨 사람에게 내리꽂는 말로 "웃기고 있네(웃기시네)" 혹은 "웃기고 자빠졌네"라고 한다. 이런 불편한 상황을 제외하고는 웃긴다는 것은 말 그대로 재미있고 즐겁다는 소리다.

그러니까 웃음은 두 종류, 웃거나 웃기거나 둘 중 하나로, 내가 준 것인가, 받은 것인가로 구분된다. 우리 인생도 마찬가지이다. 웃거나 웃기거나, 주거니 받거니 웃음이 오가면서 즐거움과 행복으로 채워진다. 불만과 불행도 인생의 인자(因子)이겠으나 끼어들 틈

없게 자주자주 웃어보자, 활짝.

"마지막에 웃는 인생이 성공한 인생이다"라고 했다. 성공을 인생의 저 끝에서 맞이할 것이라 여기고 성취의 웃음을 마지막에 배치한 것일 테다. 웃음의 편에서 본다면 이 말은 틀렸다. 저마다 성공의 기준은 다르고 성공이 무엇이든 쉽게 이루어지지 않으며, 열심히 노력한대도 운이 따라야 겨우 거머쥐는 것이므로 저 말대로 한다면 평생 웃을 일이 없을지도 모른다. 그러니 "자주 웃는 인생이 성공한 인생이다"가 알맞은 말이다.

금전적 여유와 사회적 지위와 명성을 모두 거머쥔 인생, 웃음이 절로 나오겠다지만 우리는 안다. 사회 고위층, 금전적 여유가 넘치며 이름을 대면 누구나 다 알 만한 그들이 늘 웃는 얼굴은 아니라는 사실을. 기름기 촬촬 흐르는 그들의 얼굴은 오히려 울상에 가깝다. 반면 저소득층이나 사회적 약자는 "늘 웃는 얼굴이다"라고 말할 수 있었으면 좋겠지만 이들도 그렇지 못하다. 물질적 풍요와 빈곤이 웃음의 잣대는 아니다. 행복해서 웃는 게 아니라 웃어서 행복하다는 말은 정확했다.

우리는 대부분 평범하게 살아갈 뿐이라서 딱히 즐거울 일도, 대단히 행복한 일도 없다. 매일 즐겁고 행복한 사람은 부럽다기보다 이상하다 싶을 정도로 우리네 하루는 별일이 없다. 바쁜데 심심하고 다양한데 지루하다. 그냥 웃을 일이 없다. 그럼에도 표정 없는 스스로를 모르고 상대의 무표정에는 신경을 쓴다. 상대의 울상은 고개 돌려 피하고 싶지만, (우리는 그래도 사회적 동물이고자 하니)

대신 무엇 때문인지 물어봐준다. 좀 웃어, 왜 그렇게 인상을 찡그려, 무슨 걱정 있니, 넌 웃을 때가 예뻐…… 그의 걱정, 근심, 미모를 신경써주는 것 같지만 실은, 내 눈에 담긴 너의 그런 표정은 보기 싫으니까, 좀 그만하라고 강구하며 울상과 찌푸린 인상을 걷어내려고 별의별 말로 애를 쓴다는 거다. 하나만 알고 둘은 몰랐다고, 웃지 않는 얼굴을 향한 나의 지적과 훈수는 웃지 않는 얼굴에 더 웃지 않을 일을 쏟아붓는 것이다. 웃는 얼굴을 보는 것이 좋으면 그저 웃게 해주면 된다. 즐거울 일 없어서 웃을 일도 없다는 엄마에게 내가 선물이, 개그맨이 되어드리면 된다. (엄마들의 잣대는 높고도 높아 효(孝)까지 건드려야 하므로 결코 쉽지가 않다. 쉽게 자주 웃게 해드리는 일은 단연 입금이라는 것을 알게 되기도 하지만.) 친구가 무표정한 이유를 묻고 또 물을 것이 아니라 내가 먼저 즐거울 거리를 제안하면 된다. 선물이었다가, 코미디언이었다가…… 이 노력에 누가 "웃기고 있네"라고 망발하겠는가. 자, 이제 웃기는 것은 내 몫, 자빠지는 것은 네 몫이다. 하하.

결국, 그들의 웃음이 나를 웃게 한다. 웃게 하면 웃을 수 있다. 나는 웃음의 선순환을 위해 웃거나 웃기거나 기꺼이 개그맨이 되겠다. 인생은 가까이 보면 비극, 멀리 보면 희극이라고 했다. 너무 많이 생각하고 너무 적게 느끼는 것이 웃음 없는 하루를 살게 하지는 않는지. 찰리 채플린의 이 명언처럼 때때로 적게 생각하고 많이 느끼며 웃음으로 하루를 감싸면 이보다 더 좋을 수는 없겠다.

얼짱 시술 100% 할인

예쁜 얼굴+무표정 or 찡그림=예쁨

안 예쁜 얼굴+무표정 or 찡그림=못생김

예쁜 얼굴+미소 or 웃음=진짜 완전 예쁨

안 예쁜 얼굴+미소 or 웃음=예쁨

미소와 웃음은 외관상 예쁨을 넘는다

자주 자꾸, 얼굴에 웃음을 넣고 채우자

보톡스와 필러보다 자연스레 예뻐지게 될 테니

게다가 부작용도 없다

● Love myself

금쪽같은 내 새끼, 눈에 넣어도 아프지 않은 내 새끼, 우물가에 내놓은 것 같은 기분, 이 모두 부모의 자식 사랑을 대변하는 말이다. 나는 자식이 없어 부모의, 특히 어미의 사랑은 가늠할 수가 없다. 제 자식이 있어 부모 역할을 하면서도 제 부모에게 사랑은 돌려드리지 못한다는 점에서 자식 있는 그들이나 자식 없는 나나 자식의 입장으로 같기는 하나 다행인지는 모르겠다.

신은 나를 아무 이유 없이 이 세상에 내놓을 만큼 한가하지 않다. 무수히 많은 '나'들이 하루를 살아 인생을 채우면서 삶의 가치를 깨닫게 하는 대장정에 신의 손길이 깊숙이 닿지 못하기에 모든 '나'에게 엄마를 보냈다. 신의 능력을 투영한 엄마의 사랑은 그 넓이와 깊이가 너무나도 방대해 알 수 없어 살면서 갚는다는 건 어림도 없다. 반면에 자식은 부모의 속을 후비는 전문이라 부모 속을 안 썩이는 것만으로도 보통이 아닌 자식 취급을 받는다.

엄마는 신의 능력을 가진 인간, 사랑의 능력치는 최대값으로 받았으나 죄를 벌할 권한과 능력은 부여받지 못했다. 대신 잔소리로 자식의 모든 소소한 잘못과 실수를 지속적으로 살피고 고문한다. 나는 속 후비기 전문, 엄마는 잔소리 전문. 그러니까 우리 모두 한 분야에서만큼은 전문이군.

"누굴 닮아 저런지 몰라", "딱 너 같은 자식 키워봐라", "내가 널 어떻게 키웠는데 네가 나한테 이럴 수 있냐." 누군가의 엄마는 한숨을 섞은 한을 쏟아내고, 누군가의 아들딸은 대들었다 외면했다를 반복하며 분을 다스리고 있을지도. 어미와 자식, 기대와 실망의 끝없는 소모전은 슬슬 그만할 때도 되었다. 부모 자식 간의 언쟁 혹은 잔소리는 "내가 널 어떻게 키웠는데 네가 널 이렇게 키우냐"로 '초고도 노처녀'인 나는 이러한 소란에서 완전히 벗어나기는 했지만, 어머니의 곡소리는 여전히 나의 마음을 뒤숭숭하게 한다. 부모라는 명찰을 받는 순간 인생의 고난이 시작된다 해도 크게 어긋난 비유는 아니다. 자녀 없는 사람은 있어도 부모 없는 사람은 없으니 '나'라는 자식으로 인한 부모의 고충을 모르는 사람은 세상에 없지 싶다. 어느새 자식은 부모가 되고 부모는 조부모가 된다. 부모에 조 자 하나 붙였을 뿐인데 자식이 다 큰 덕으로 고충의 크기를 덜어낸다. 하지만 부모 사랑 어디 안 간다고 다 큰 내 새끼를 힘들게 하는 손자가 마냥 예쁘지만은 않다. 쑥쑥 커가는 손자를 보면 팍팍 축나는 내 새끼가 보이고, 내 닮고 늙음은 그렇다 쳐도 내 새끼가 닮는 건 마음 아프다. 자식은 이제야 진심으로, 엄마가 얼마나 고생하며 나를 키워냈는지 알겠다고 한다. 딱 나 같은 자식을 키워보니 그 시절 엄마의 포효가 틀린 게 아니었다는 걸 깨닫게 되었다고. (어른들 말은 왜 하나 틀린 게 없을까.) 그러니 이제 제 부모에게 제대로 효도할 일만 남은 것 같았는데 온몸과 마음은 제 자식으로 향하면 더 향했지, 제 부모에게로는 향하지 않는다. 내리사랑이라더니, 정말이지 나로서는 알 수 없는 부모의 세계, 가능할 수 없는 모성애로다.

우리집 엄마와 딸자식들의 이야기에서 나는 생각한다. 자식과 부모는 분리되어야 한다고. 그래야 더 행복하다. 따로 사는 것을 일면 포함하기도 하지만 강조하고 싶은 것은 부모의 인생을 자식에게 올인하지 않았으면 좋겠다는 말이다. 자식 된 자로서 부모에게 너무 오래 기대지 않았으면 좋겠다는 말이기도 하다. 부모의 품 안에 살다가 성인, 사회인이 되어 세상으로 던져지는 순간이 오면 결혼 여부 자식 유무와 관계없이 나는 스스로 나의 부모가 되어 내 삶을 꾸려가야 한다.

우리 모두는 누군가의 자식, 새끼이다. 하지만 우리 모두는 부모, 자식이기 전에 스스로 먹이고 키워야 하는 내 새끼다. 스스로 먹고 입힐 능력을 갖추지 못할 때에는 나는 부모의 자식이고 저노무 자식의 부모는 내가 맞는다지만, 아이에서 성인이 되면 그때부터는 자식인 나도 내 새끼, 부모인 엄마 아빠도 나는 내 새끼 버전으로 돌아가, 스스로를 제 자식처럼 여기는 시즌으로 돌입해야 한다. 낳아주고 길러주신 사랑에 감사하며 이제 내가 나를 길러보겠다고 자식이, 너를 키우느라 성인에서 다시 성인군자가 된 나도 다시 나를 보살피겠다고 부모가, 각자 나로 살기에 집중해야 옳다.

그러니 나 스스로를 내 새끼로 여겨 정성을 다해야 한다. 그러면 자식도 행복하고 부모도 행복하다. 효는 따로 있는 것이 아니다. 내가 나를 금쪽같은 내 새끼로 물고 빨면 그것이 내 행복, 그런 모습을 보는 것이 부모의 행복이다. 여전히 싱글이든 돌아온 싱글이든 자식이 있든 없든 내가 내 새끼임은 변하지 않는다.

부모의 내리사랑은 자식으로서 당해낼 재간이 없다. 취직, 결혼, 출산, 승진, 내 집 마련 등 인생의 수순을 평범하고 순탄하게 밟는 것이 효도라면 효도이겠지만 수순이 엉키거나 생략되었어도 제 삶을 아끼고 적극적으로 사는 자식을 불효로 여길 부모는 없다. 그렇다 해도, 가까스로 불효만 면하지 말고 떳떳한 모습으로 충분히 효도할 수 있기를. 그 시기가 얼른 오기를 바라는 자식의 마음만큼은 부모의 사랑과 다름없이 진하다는 것을 우리의 어머니, 아버지가 알아주셨으면 좋겠다.

우리 모두는 이 세상에 태어나면서 '나'를 명받았다. 태어나게 해주신 어머니와 아버지께 감사드리며 애지중지 키우신 당신의 딸인 나를 나 스스로 책임지고 싶다. 내가 나의 말에 귀기울이고 마음을 쓰며 기분을 챙겨주고 기운을 북돋아주면서 정성껏 보살펴주련다. 부모님의 애지중지에 버금가는 지극정성으로 나를 찐하게 사랑하리라, 다짐해본다. 또하나, "내가 널 어떻게 키웠는데 네가 널 그렇게밖에 돌보지 않느냐"로 부모의 책임과 의무가 자녀에게 한없이 인수인계되기를 바라본다.

우리 엄마

엄마는 세상에서 내 걱정을 가장 많이 하는 사람

밥은 잘 챙겨먹는지 아픈 데는 없는지 일은 힘들지 않은지

아직까지도 차 조심하라는 말을 하는 유일한 사람

예쁜 것, 좋은 것만 내게 입히고 먹인 사람

나의 배움에는 아낌이 없었던 사람

내 취향 맞추기에 실패할 줄 알면서도 옷을 사들고 오는 사람

외식하기로 해놓고 나 좋아하는 음식은 일단 만들어놓는 사람

나의 연애사가 가장 궁금한 사람

내게 가장 큰 기대를 거는 사람

내게 인생을 걸었던 사람

돌려받지 못할 것을 알면서 퍼주기만 하는 사람

주기만 하면서도 더 줄 건 없는지 생각하는 사람

세상에서 내 생각을 가장 많이 하는 사람

엄마

에필로그

이 글을 쓰면서 우연히 영화 〈나는 나를 해고하지 않는다〉를 보게 되었다. 영화는 현장의 노동자를 통해 직장의 속성을 가차없이 드러냈다. 사무직에서 현장직으로 좌천된 노동자, 동료가 곧 적군인 현장, 송전탑에서 내려와야 종료되는 노동의 특성, 퇴근 후 다시 시작되는 두번째 직장. 영화는 원청과 하청 사이에 낀 인물을 중심에 두고 열악한 노동환경, 하청업체와 노동자가 겪는 부당한 대우, 불공정, 고용불안을 다뤘다.

원청의 사무직에서 경험 없는 하청 현장직으로 낙하한 주인공의 수순은 해고. 주인공은 해고당하지 않으려고 없던 사무 일을 만들어 근무하지만 현장에서 그녀 같은 사무직 인력은 필요가 없다. 남자밖에 없는 업무 현장에 여자가 등장하면 으레 흘러가는 흐름이 있을 만도 하지만 그곳의 남자들에게 주인공은 해고의 위태로움을 더하는 고용불안의 또다른 옵션일 뿐이었다.

원청으로의 복귀를 위해 하루를 버티는 여자, 편의점으로 돌아와 조금이라도 수입을 확보해야 하는 남자. 남들보다 조금은 더 힘겨운 하루를 공통분모로 하는 두 사람으로 영화는 척박한 세상 속 소소한 위로로 진입하나 했다. 하지만 영화는 따듯한 구석을 내주지 않았다. 등장인물들은 오늘 당장 송전탑을 정비하다가 죽는다 해도 이상하지 않을 위태로운 현장에서 일했다. 자칫하면 오늘 죽고 여차하면 내일 죽을 수 있는 일, 목숨을 걸고 죽음을 깔고, 그들의 직장은 그런 곳이었다. 그런데도 그들은 35만 볼트에 구워져, 아니 튀겨져 전기구이가 되는 것보다, 227미터 송전탑 꼭대기에서 무차별 낙하하는 것보다 해고당하는 것이 더 무섭다 했다. 그들은 쉬운 목숨의 일꾼이었다.

나는 차가운 바람을 막아주고 뜨거운 태양도 가려주는 빌딩의 내 자리에서 일했다. 업무의 실수가 생명에 직결되지도 않았다. 그러나 이들의 일은 갑작스러운 바람, 잠깐의 태양, 약간의 안개에도 생을 마감할 수 있는 일이었다. 매 순간 생과 사를 오가는 일을 하는 사람의 기분은 어떨까. 영화가 끝나고 찜찜한 내 기분은 미안함, 감사함 그런 것들이 아니었나. 나는 할 만큼 하고 대우도 받으면서 직장생활을 했구나 싶어서. 직장인 은퇴라는 말이 사치스럽게 느껴져서.

영화에서처럼 누군가는 송전탑을 오가는 허공 속 줄타기에 생을 걸고, 또 누구는 신사업에 사활을 걸고, 또다른 누군가는 일단 들어가고 보자는 식으로 입사에 목을 맨다. 그리고 누군가는 일단 살고 보자, 퇴사로 숨구멍을 내기도 한다. 삶까지는 못 미치지만 나는 직장인 은퇴로 그 시절의 나를 구제했다. 직장이 신의 영역이라도 되는 것인가, 직장이 삶과 죽음, 구제의 지분을 이렇게나 가지고 있어도 될 일인가.

내가 직장인으로서 은퇴 선언을 했다고, 원치 않은 퇴사를 했다고 세상 모든 직장을 부정하고 싶은 생각은 없다. 모두 다 직장을 때려치우고 백수가 되자 선동하는 것도 아니다. 이 책을 쓰기 시작했을 즈음에는 백수였으나 계약 시점에는 다시 직장으로 돌아갔으니 백수 선동 대장이 되기에 나는 자격 미달이다.

그저 갑작스레 내 차례가 된 퇴사에 어차피 무너질 멘탈 조금이라도 덜 처참하게, 직장이 전부라고 생각하지 말자고, 훅 치고 들어온 백수 신분에 당황하지 말자고, 치즈처럼 쭈우욱 길어진 무직의 시간, 쓰고 싶은 대로 써보자고, 유직이 반드시 조직 내 한 자리를 뜻하는 말은 아닐 거라고, 괜찮은 입사 기회가 오면 마다하지 말고 직장인 생명 연장의 꿈을 이어가자고, 퇴사하더라도 혹 입사하더라도 남의 일 아닌 내 일을 만들고 계속하자고, 이번 백수기는 이전보다 알차게 꾸리자고, 백수를 거듭할수록 단단해지자고 여러분을 끌어들여 나를 다지는 것으로 이해하기 바란다.

직장인 은퇴 선언을 하고 어떤 때보다 직장을 잘 다니고 있다. 직장이 전부였던 생각으로부터 은퇴했기 때문이다. 언제 떠나더라도 후회 없이, 어떤 이유에서든 미련 없이, 나는 이제 가벼운 마음으로 직장을 다닌다. 웃으며 출근하고 웃으며 퇴근한다. 전쟁터가 아닌 놀이터에 가는 기분으로 일한다. 반 백 살에 찾은 내 이런 마음과 기분이 그대에게는 더 일찍 들면 좋겠다.

지금 실직과 구직, 재직으로 힘든 나날을 보내고 있대도 직장이 삶을 쥐고 흔들지 않게 마음을 다독이고 기분을 챙겨줄 것을 부탁한다. 다음이 있는 백수, 맷집 좋은 직딩이면 그걸로도 이미 충분하다.

그동안
나는
수고하셨습니다
ⓒ 전혜성

초판 1쇄 인쇄 2023년 8월 6일
초판 1쇄 발행 2023년 8월 16일

글·그림 전혜성

편집 김윤하 이원주 | 디자인 김이정
마케팅 김선진 배희주 | 브랜딩 함유지 함근아 김희숙 고보미 박민재 정승민 배진성
저작권 박지영 형소진 최은진 서연주 오서영
제작 강신은 김동욱 이순호 | 제작처 천광인쇄사

펴낸곳 (주)교유당 | 펴낸이 신정민
출판등록 2019년 5월 24일 제406-2019-000052호

주소 10881 경기도 파주시 회동길 210
문의전화 031.955.8891(마케팅) | 031.955.2680(편집) | 031.955.8855(팩스)
전자우편 gyoyudang@munhak.com
인스타그램 @thinkgoods | 트위터 @thinkgoods | 페이스북 @thinkgoods

ISBN 979-11-92968-39-1 03810